Dänisch ohne Mühe

Die Methode für jeden Tag

Dänisch ohne Mühe

von
Jean-Françoise BATTAIL
und
Karl Ejby POULSEN

Deutsche Übersetzung und Bearbeitung von
Claudia Mahr

Zeichnungen von J.-L. Goussé

Postfach 47
52388 Nörvenich
Deutschland

ISBN 978-3-89625-013-1

Der Assimil-Verlag bietet folgende Sprachlernmethoden an:

Grundkurse: Reihe „ohne Mühe“

Amerikanisch • Arabisch • Bulgarisch
Chinesisch (2 Bände) • Chinesische Schrift
Dänisch • Deutsch (als Fremdsprache)
Englisch • Finnisch • Französisch
Griechisch • Hebräisch • Hindi • Italienisch
Japanisch (2 Bände) • Kanji-Schrift
Niederländisch • Norwegisch
Polnisch • Portugiesisch • Russisch
Schwedisch • Spanisch • Tschechisch
Türkisch • Ungarisch • Vietnamesisch

Vertiefungskurse: Reihe „in der Praxis“

Englisch • Französisch • Italienisch • Spanisch

Wirtschaftssprache

Englisch/Amerikanisch

Weitere Titel in Vorbereitung

Die Tonaufnahmen mit den fremdsprachigen Texten aller Lektionen und Verständnisübungen aus diesem Buch (insgesamt 172 Min. Spieldauer) können Sie bei Ihrem Buchhändler bestellen:
„Dansk uden tårer“
Auf 4 Audio-CDs – ISBN 978-2-7005-1234-2

ASSiMiL®
B.P. 25 - F-94331 Chennevières-sur-Marne Cedex FRANCE

VORWORT

Mit einer Fläche von 43.000 m^2 und gut 5,5 Mio. Einwohnern ist Dänemark zwar relativ klein, trotzdem hat es dem Besucher viel zu bieten. Allem voran seine freundlichen Bewohner, die sich durch eine für nordeuropäische Verhältnisse schon fast „südländische" Gelassenheit auszeichnen. Man kann sich zwar mit Englisch und oft sogar Deutsch gut durchschlagen, aber wer dänisch mit den Menschen sprechen kann, bekommt einen viel intensiveren Kontakt und ganz andere Einblicke in die dänische Kultur und das Alltagsleben.

Zusammen mit Schwedisch, Norwegisch und Isländisch bildet das Dänische die Gruppe der skandinavischen Sprachen innerhalb der Germanischen Sprachfamilie. Die Verwandtschaft zum Schwedischen und besonders dem Norwegischen ist so eng, daß Dänen, Schweden und Norweger sich „skandinavisch" unterhalten können, d.h. jeder spricht in seiner Muttersprache und wird trotzdem von den anderen verstanden. Auf Island, Grönland und den Färöer Inseln wird Dänisch ebenfalls verstanden, da es dort Pflichtfach in den Schulen ist.

Auch zum Deutschen besteht eine gewisse Nähe, die Ihnen bei Grammatik, Wortschatz und Leseverständnis eine große Hilfe sein wird. Die größte Schwierigkeit stellt für die meisten Lerner die Aussprache und das Hörverständnis dar. Viele Buchstaben werden verschluckt, und für ungeübte Ohren klingt das Dänische oft etwas „genuschelt"; böse Zungen behaupten gar, Dänisch sei die einzige Sprache, die man mit geschlossenem Mund sprechen könne. Aber keine Sorge: Mit ein wenig Geduld und regelmäßigem Üben werden Sie die anfänglichen Schwierigkeiten bestimmt bald überwinden. Neben der Sprachvermittlung bieten die Lektionstexte verschiedene Einblicke in das dänische Alltagsleben, denn zum Sprachenlernen gehören schließlich nicht nur Wörter und grammatische Strukturen, sondern auch ein Verständnis der Kultur und Wissen über Land und Leute.

INHALT

Anhänge

DÄNISCH OHNE MÜHE MIT ASSIMIL

Allgemeines

Dieses Lehrwerk richtet sich an Personen, für die das Dänische noch eine völlig unbekannte Sprache ist, aber auch an solche, die bereits über Dänischkenntnisse verfügen und diese gerne auffrischen möchten. Es vermittelt in 64 Lektionen modernes und lebensnahes Dänisch. Insgesamt umfaßt der Wortschatz, den Sie in diesem Kurs erlernen, ca. 2.500 Vokabeln.

Die Voraussetzung für Ihren Lernerfolg ist die Regelmäßigkeit, mit der Sie lernen. Widmen Sie der dänischen Sprache täglich ca. 15-20 Minuten. Haben Sie einmal wenig Zeit, so vermindern Sie die Lerndosis lieber, als daß Sie sie ganz streichen. Sie müssen nicht pro Tag eine Lektion durcharbeiten, sondern können eine Lektion auf zwei oder drei Tage verteilen. Lernen Sie nicht „zwischen Tür und Angel" oder wenn Sie unter Streß stehen oder zu müde sind. Wählen Sie zum Lernen einen Ort und eine Tageszeit, der bzw. die auf Ihre Lerngewohnheiten abgestimmt ist. Lesen Sie auf jeden Fall die Einleitung, besonders die Erläuterungen zur Aussprache und die Liste der Laute. Beides ist eine wichtige Ergänzung zu den Tonaufnahmen; außerdem wird hier beschrieben, wie Sie die vereinfachte Lautschrift lesen. Vor allem in den ersten Tagen Ihres Studiums sollten Sie sich die Liste der Laute möglichst täglich ansehen und die Laute laut und deutlich nachsprechen. Außerdem können Sie diese Liste jederzeit zum Nachschlagen benutzen.

PASSIVE UND AKTIVE PHASE

Wie alle Assimil-Kurse gliedert sich auch dieser Kurs in eine passive und eine aktive Phase (auch „2. Welle"). Bis Lektion 28 lernen Sie zunächst passiv, d.h. Sie sollen nur verstehen, was Sie lesen und hören. Hören Sie möglichst oft die Aufnahmen an, machen Sie sich mit der Aussprache vertraut, lesen Sie die Anmerkungen, und absolvieren Sie die Übungen. In dieser Phase bilden Sie noch keine eigenen Sätze, sondern sammeln lediglich passive Kenntnisse an. Mit Lektion 29 beginnt die aktive Phase oder „2. Welle". Sie finden nun am Ende jeder Lektion den Hinweis „Zweite Welle:", gefolgt von einer Lektionsnummer. Nachdem Sie eine Lektion wie gewohnt studiert haben, gehen Sie zurück zu der angegebenen Lektion und arbeiten diese aktiv durch, d.h. Sie sollen den deutschen Dialog auf der rechten Buchseite auf Dänisch formulieren, wobei Sie die linke

Buchseite zudecken. Dies üben und wiederholen Sie so lange, bis Sie den Text korrekt in die Fremdsprache übersetzen können.

Aufbau der Lektionen

A. Lektionstext

Auf jeder linken Buchseite finden Sie den fremdsprachigen Lektionstext, auf der gegenüberliegenden Buchseite die deutsche Übersetzung, die eine sinngemäße Übersetzung ist. Um Ihnen vor allem am Anfang das Verständnis zu erleichtern, finden Sie in den Sätzen, in denen es nötig ist, auch die wörtliche Übersetzung einzelner Wörter oder Satzteile in runden Klammern (...). Dagegen sind Satzteile oder Ausdrücke im Deutschen, die im dänischen Text nicht vorhanden sind, jedoch für das Verständnis oder für die syntaktische Korrektheit des Deutschen wichtig sind, mit eckigen Klammern versehen [...]. Eingekreiste Zahlen am Satzende im dänischen Dialog verweisen auf die Anmerkungen (siehe Punkt C.).

B. Vereinfachte Lautschrift (UDTALE)

Unter dem Lektionstext finden Sie einen mit **UDTALE** („Aussprache") überschriebenen Absatz, der den Lektionstext in vereinfachter Lautschrift wiedergibt. Hierbei handelt es sich *nicht* um die internationale Lautschrift, sondern eine speziell von ASSIMIL entwickelte Phonetik, die Ihnen die Aussprache des Dänischen erleichtern soll. Betonte Silben sind fett gedruckt. Bis Lektion 13 wird jeweils der gesamte Dialog in vereinfachter Lautschrift wiedergegeben, ab Lektion 15 nur noch die Ausdrücke und Wörter, deren Aussprache schwierig oder ungewöhnlich ist. Nur in der allerletzten Lektion wird gänzlich auf die vereinfachte Lautschrift verzichtet. Wie Sie die Phonetik lesen, wird in der vorliegenden Einleitung erläutert.

C. Anmerkungen

Eingekreiste Zahlen im dänischen Lektionstext verweisen auf die Anmerkungen, die grundsätzlich auf der gleichen Buchdoppelseite zu finden sind; das erspart Ihnen umständliches Hin- und Herblättern. Die Anmerkungen enthalten in Kürze wichtige Informationen zum Verständnis des jeweiligen Satzes, eines Satzteils oder eines Wortes bzw. deren Grammatik, ergänzenden Wortschatz, Synonyme und Antonyme zu bestimmten Wörtern und gelegentlich landeskundliche Details.

D. Verständnisübung mit Lösung

Die 1. Übung jeder Lektion ist eine aus wenigen dänischen Sätzen bestehende Verständnisübung, in der das Vokabular der aktuellen Lektion und auch der letzten Lektionen wieder aufgegriffen und in einen anderen Kontext eingebettet wird. Anhand dieser Übung können Sie feststellen, ob Sie den bisher gelernten Wortschatz verstanden und assimiliert haben. Die Lösung dieser Übung finden Sie in Form der deutschen Übersetzung der Übungssätze auf der gegenüberliegenden rechten Buchseite.

E. Lückentextübung mit Lösung

Die 2. Übung jeder Lektion ist eine Lückentextübung, die ebenfalls auf dem bislang erlernten Vokabular basiert. Hier sollen Sie auf der Grundlage der angegebenen deutschen Sätze in die darunter stehenden dänischen Sätze fehlende Wörter einsetzen. Die „Lücken" werden durch Punkte dargestellt, wobei jeder Punkt für einen Buchstaben steht. Endet ein Satz mit einer „Lücke", so ist der Schlußpunkt des Satzes fett gedruckt. Die Lösung zu dieser Übung, d.h. die fehlenden Wörter, die Sie einsetzen müssen, finden Sie auf der gegenüberliegenden rechten Buchseite.

F. Wiederholungslektionen

Jede 7. Lektion ist eine Wiederholungslektion. Hier wird in systematischer Form die Grammatik der vergangenen sechs Lektionen wiederholt, vertieft und anhand von Beispielen erläutert. In diesen Lektionen finden Sie u.a. auch Konjugations-, Deklinations- und Wortschatzlisten, die Sie vielleicht in den Lektionen vermißt haben.

G. Motivationshinweise

Alle paar Seiten finden Sie kleine Absätze in Kursivschrift, die dazu dienen sollen, Sie zu ermuntern und zu motivieren, Sie also sozusagen „bei Laune zu halten". Sie enthalten auch wichtige Tips für das effektive Lernen und für Situationen, in denen Sie auf Schwierigkeiten stoßen oder in denen Sie sich demotiviert fühlen.

H. Illustrationen

Schenken Sie schließlich auch unseren mit viel Liebe gemachten Illustrationen ein bißchen Aufmerksamkeit. Jede Karikatur dreht sich um einen Satz aus der jeweiligen Lektion. Vielleicht helfen Ihnen die Illustrationen, sich bestimmte Wendungen oder Ausdrücke besser zu merken, weil Sie sie mit einem Bild bzw. einer Situation verbinden können.

I. Tonaufnahmen

Sie können zwar auch mit dem Buch alleine lernen, wir empfehlen Ihnen dennoch dringend, die Tonaufnahmen auf vier Audio-CDs zu erwerben. Sie enthalten sämtliche dänischen Lektionstexte sowie die dänischen Texte der Verständnisübungen. Professionelle Sprecherinnen und Sprecher gewährleisten eine hohe Authentizität in Aussprache, Betonung und Satzmelodie. Zunächst ist das Sprechtempo relativ langsam. In den ersten sechs Lektionen ist jeder Lektionstext zweimal aufgenommen, danach nur noch einmal. Im Laufe der Lektionen steigert sich das Sprechtempo zu dem typischen, recht schnellen Dänisch, wie Sie es in Dänemark antreffen werden. Die Wiederholungslektionen sind nicht auf den Tonaufnahmen enthalten.

ARBEITSWEISE

1. Hören Sie sich zunächst die komplette Lektion mehrmals hintereinander auf den Tonaufnahmen an, und vergleichen Sie die Aussprache mit der vereinfachten Lautschrift unter dem Lektionstext.

2. Hören Sie sich dann die Aufnahmen erneut an, und lesen Sie den dänischen Text Satz für Satz laut mit. Machen Sie sich aber vor allem am Anfang keinen Streß mit der Aussprache. Akzeptieren Sie, daß Ihr Ohr sich erst allmählich an die fremden Laute gewöhnt und Sie eine gewisse Zeit brauchen, um diese zu hören und zu erzeugen. Lesen Sie parallel auch die Übersetzung auf der rechten Seite.

3. Lesen Sie die Anmerkung zu jedem Satz, zu dem eine Anmerkung vorliegt.

4. Hören Sie sich am Ende die Lektion noch einmal komplett auf den Tonaufnahmen an.

5. Lesen Sie jeden Satz so oft laut, bis Sie ihn wiederholen können, ohne ins Buch zu sehen.

6. Hören Sie sich die Lektion noch einmal komplett an.

7. Wenn Sie den gesamten Lektionstext verstanden, sich mit der Aussprache vertraut gemacht und die Anmerkungen gelesen haben, absolvieren Sie die Verständnisübung, am besten schriftlich.

8. Arbeiten Sie anschließend, am besten schriftlich, die Lückentextübung durch, natürlich ohne zwischendurch auf die Lösung zu sehen!

9. Gehen Sie erst dann zur nächsten Lektion über, wenn Ihnen die aktuelle Lektion keinerlei Schwierigkeiten mehr bereitet!

DIE AUSSPRACHE DES DÄNISCHEN

Die vereinfachte Assimil-Lautschrift soll als Hilfestellung bei der Aussprache der fremdsprachigen Laute und als Unterstützung neben den Tonaufnahmen dienen. Die meisten der verwendeten Lautschriftzeichen sind der deutschen Sprache entnommen; Sie werden also keine Schwierigkeiten haben, sie zu lesen. Im gesamten Buch sind die Laute durch kursiv gedruckten Text in eckigen Klammern ([*Laut*]) gekennzeichnet.

Lesen Sie die folgenden Lautschrifttabellen sorgfältig durch, und hören Sie sich die dazugehörigen Beispielwörter auf den Tonaufnahmen an. Zuvor aber noch ein paar Worte zu einer dänischen Besonderheit, dem sogenannten **stød** „Stoß", der in der Lautschrift durch ein Ausrufezeichen ([*!*]) gekennzeichnet ist.

Der Stoß ist ein typisches Merkmal der dänischen Sprache. Er entsteht durch eine kurze Unterbrechung des Luftflusses. Der Kehlkopf wird dabei für einen Moment verschlossen. Das Phänomen kennen wir übrigens auch im Deutschen: Vergleichen Sie z.B. die Wörter „ver-reisen" (ohne Stoß) und „ver-eisen" (mit Stoß). Ein besonders gutes Beispiel ist auch das deutsche Wort „be-inhalten".
Im Unterschied zum Deutschen kann der Stoß im Dänischen nicht nur zwischen zwei Silben, sondern auch in einem Vokal auftreten. Das klingt dann ungefähr so, als ob man den Vokal zweimal schnell hintereinander spricht. Das dänische Wort **gul** „gelb" klingt dann wie [*gu-ul*]. Manche Wörter mit ganz unterschiedlicher Bedeutung unterscheiden sich im Klang nur durch den Stoß:

ohne Stoß	mit Stoß
mor [*mor*] „Mutter"	**mord** [*mo!r*] „Mord"
guld [*gul*] „Gold"	**gul** [*gu!l*] „gelb".

Wie kann man nun wissen, wann der Stoß verwendet wird? In den dänischen Grammatiken finden Sie hierzu eine Vielzahl von Regeln mit noch mehr Ausnahmen. Wir halten uns daher getreu unserer Methode lieber an die Praxis. In der Lautschrift ist der Stoß durch [*!*] angegeben, und wenn Sie unsere Tonaufnahmen regelmäßig hören, werden Sie den Stoß unbewußt und fast automatisch übernehmen, Sie brauchen nur ein wenig Geduld. Es ist aber auch keine Katastrophe, wenn Sie den Stoß falsch verwenden; aus dem Kontext geht die Bedeutung eines Wortes in der Regel hervor. Außerdem kommt der Stoß in einigen süddänischen Dialekten gar nicht vor.

1. Vokale (Selbstlaute)

Laut (im Wortbeispiel)	Laut-schrift	Aussprache und deutsches Beispiel
b**a**kke	*a*	Kurzes a wie in Katze
gr**a**tis	*a:*	Langes a wie in Vater
t**a**rm	*a!*	a mit Stoß
k**a**ste	*ă*	Sehr helles a, das zwischen a und ä liegt und in dieser Form im Deutschen nicht existiert.
l**a**de	*ă*	Sehr helles a, zwischen a und ä, nur lang.
g**a**d	*ă!*	Laut zwischen a und ä, mit Stoß.
inde	*i*	Kurzes, dumpfes i wie in immer.
n**e**de	*e:*	Langes e wie in Leben.
n**e**d	*e!*	e mit Stoß
k**i**k	*ie*	Helles i wie in die, aber kurz. Diesen Laut gibt es in der kurzen Form im Deutschen nicht.
s**i**le	*ie:*	Langes i wie in die
v**i**d	*ie!*	i mit Stoß
foto	*o*	Diesen Laut gibt es im Deutschen nicht; er wird wie ein o mit gespitzten Lippen gesprochen (z.B. in Boot), aber kurz.
s**o**le	*o:*	Langes, mit spitzen Lippen gesprochenes o wie in Boot.
s**o**l	*o!*	Mit spitzen Lippen gesprochenes o, mit Stoß.
s**u**t	*u*	Diesen Laut gibt es im Deutschen nicht; er wird wie ein deutsches u gesprochen (z.B. in Ufer), aber kurz!
kl**u**de	*u:*	Langes u wie in Ufer.
t**u**d	*u!*	u mit Stoß
d**y**st	*ü*	Diesen Laut gibt es im Deutschen nicht; er wird wie ein deutsches ü gesprochen (z.B. in Mühle), aber kurz!
l**y**de	*ü:*	Langes ü wie in Mühle.

l**y**d	*ü!*	ü mit Stoß
v**æ**lte	*ä*	Kurzes ä wie in nett, fällen.
v**æ**re	*ä:*	Langes ä wie während.
s**æ**r	*ä!*	ä mit Stoß
fr**e**mmed	*ä* nach r	Kurzes ä nach r wie in frech.
k**ø**d	*ö*	Kurzes, mit spitzen Lippen gesprochenes ö wie in Ökonomie.
b**ø**de	*ö:*	Langes, mit spitzen Lippen gesprochenes ö wie in böse.
s**ø**d	*ö!*	ö mit Stoß
s**ø**nner	*Ö*	Kurzes, mit geöffneter Mundhöhle gesprochenes ö wie in köstlich.
h**ø**ne	*Ö:*	Mit geöffneter Mundhöhle gesprochenes ö wie in köstlich, aber lang!
d**ø**r	*Ö!*	Mit geöffneter Mundhöhle gesprochenes ö, mit Stoß.
s**u**ppe	*Oo*	Dieser Laut existiert im Deutschen nicht; er liegt ungefähr zwischen dem geschlossenen o wie in Boot und dem offenen o wie in Post
h**å**be	*Oo:*	Laut zwischen dem geschlossenen o wie in Boot und dem offenen o wie in Post, aber lang!
h**å**b	*Oo!*	Laut zwischen geschlossenem und offenem o, mit Stoß.
t**å**re	*Oo* vor *r*	Vor r wird dieser Laut mit etwas weiter geöffneter Mundhöhle gesprochen, fast so offen wie o in Norm.
k**o**nge	*O*	Kurzes, mit geöffneter Mundhöhle gesprochenes o, wie in Post.
st**o**rme	*O:*	Mit geöffneter Mundhöhle gesprochenes o, wie in Post, aber lang!
t**o**m	*O!*	Mit geöffneter Mundhöhle gesprochenes o, mit Stoß.
gern**e**	*(e)*	Flüchtiges e, meist am Wortende, wie in gerne.

2. Doppelvokale (Diphtonge)

Laut (im Wortbeispiel)	Lautschrift	Aussprache u. dt. Beispiel
h**av**ne [*haun(e)*], g**av**ne [*gaun(e)*]	*au*	a+u wie in Haus
h**av**n [*hau!n*], g**av**n [*gau!n*]	*au!*	a+u mit Stoß
l**ev**ne [*lä(u)n(e)*], n**æv**ne [*nä(u)n(e)*]	*ä(u)*	ä+u. Diesen Laut gibt es im Deutschen nicht. An das ä wird ein kurzes, unbetontes u angehängt.
l**ev**n [*lä(u)!n*], n**æv**n [*nä(u)!n*]	*ä(u)!*	ä+u mit Stoß
egne [*ain(e)*], r**eg**ne [*rain(e)*]	*ai*	a+i wie in ein
leg [*lai!*], f**ej** [*fai!*]	*ai!*	a+i mit Stoß
tv**iv**le [*twi(u)l(e)*]	*i(u)*	i+u. Diesen Laut gibt es im Deutschen nicht. An das i wird ein kurzes, unbetontes u angehängt.
tv**iv**l [*twi(u)!l*]	*i(u)!*	i+u mit Stoß
s**øv**ne [*ßö(u)n(e)*], h**øv**le [*hö(u)l(e)*]	*ö(u)*	ö+u. Diesen Laut gibt es im Deutschen nicht. An das ö wird ein kurzes, unbetontes u angehängt.
s**øv**n [*ßö(u)!n*], h**øv**l [*hö(u)!l*]	*ö(u)!*	ö+u mit Stoß
doven [***dO***(*u)(e)n*], **ho**ven [***hO***(*u)(e)n*]	*O(u)*	O+u. Diesen Laut gibt es im Deutschen nicht. An das O wird ein kurzes, unbetontes u angehängt.
v**og**n [*wO(u)!n*], s**og**n [*ßO(u)!n*]	*O(u)!*	O+u mit Stoß
n**øj**e [*nOi(e)*], l**øg**ne [*lOin(e)*]	*Oi*	O+i wie in heute
n**øj** [*nOi!*], l**øg**n [*lOi!n*]	*Oi!*	O+i mit Stoß
h**uj**e [*hui(e)*], t**uj**a [*tuia*]	*ui*	u+i wie in pfui
h**uj** [*hui!*]	*ui!*	u+i mit Stoß

3. Konsonanten (Mitlaute)

Laut	Lautschrift	Aussprache und Beispiele
d	*d*	Nach Konsonant und am Wortanfang wie deutsches d: **dansk** [*dånßg*]
d (t)	*(d)*	Dieses „weiche d", das meist nach einem Vokal gesprochen wird und das im Deutschen nicht existiert, erfordert viel Übung. Stellen Sie sich vor, die runden Klammern wären Ihr etwas geöffneter Mund, und die Zungenspitze stößt fast an die leicht geöffneten Schneidezähne, berührt sie aber nicht ganz. Ähnlich wie beim englischen th, nur daß die Zunge etwas weiter zurückliegt: **hedder** [*he-(d)Or*] Ein t nach flüchtigem *(e)* wird oft auch wie *(d)* gesprochen.
d	–	Nach l/n/r meist stumm. Beispiel: **vende** [*wän(e)*].
g	*g*	Am Wortanfang, bei gg, vor t und manchmal am Wortende wie das deutsche g: ***goddag*** [*go-då*]
g	*j*	Nach Vokal und l oft wie ein sehr schwach gesprochenes deutsches j: **jeg** *[jai]*
g	–	Oft ist das g auch stumm: ***goddag*** [*go-då*].
h	–	Vor v und j ist das h stumm. Beispiel: **hvem** [*wäm*], **hjem** [*jä!m*].
k/p/t	*k/p/t*	Am Wort- und z.T. auch Silbenanfang wie deutsches k/p/t: **kone** [*ko:-n(e)*]
k/p/t	*g/b/d*	Im Wortinneren und am Wortende meist wie deutsches g/b/d: **stykke** [*ßdö-g(e)*]
ng	*ng*	Nasallaut wie im deutschen Menge: **ung** *[Oo-ng]*
s	*ß*	Immer stimmlos („scharfes s") wie das deutsche Maß: **sol** *[ßo!l]*. Das deutsche stimmhafte („weiche") s wie in Sonne existiert im Dänischen nicht!
sch, ch, tio	*ßj, sch*	Liegt, je nach Sprecher und Region, irgendwo zwischen *ßj* und *sch*: **lektion** *[läk-scho!n]*
v	*w*	Wie deutsches w: **velkommen** *[wäl-kOm-(e)n]*

Diese Liste der Laute sollte vor allem in der ersten Zeit Ihres Dänischstudiums Ihr täglicher Begleiter sein!

Mit Dänisch haben Sie sich für eine Sprache entschieden, die sich durch eine extrem schwierige Aussprache auszeichnet. So kann es am Anfang passieren, daß Sie einige der ungewöhnlichen Laute des Dänischen nicht hören und auch mit ihrer Erzeugung Schwierigkeiten haben. Lassen Sie sich davon nicht entmutigen. Das bedeutet nicht, daß Sie sprachunbegabt sind. Erfahrungen zahlreicher Dänischlerner haben gezeigt – und selbst Experten bezeugen das -, daß dies völlig normal ist und daß Sie erst mit der Zeit, wahrscheinlich erst nach den ersten 14 Lektionen, langsam damit beginnen, die komplizierten Laute

▶ Første (1.) lektion [*för-ßd(e) läk-***scho!n**]

En samtale

1 – God**dag**, **jeg** hedder **Han**sen. Jens **Han**sen. ①②③

2 **Hvad** hedder **De**? ④⑤

AUSSPRACHE

[*en* ***ßam****-tã:-l(e)* **1** *go-***dã jai** *he-(d)Or* **hãn***-ß(e)n* **jänß hãn***-ß(e)n* **2 wã** *he-(d)Or* **die**]

herauszuhören und richtig nachzusprechen. Dieses Phänomen tritt auch bei zahlreichen anderen Sprachen auf und es sollte Sie nicht frustrieren! Hören Sie sich die Lektionen häufig an, und versuchen Sie, die Laute nachzusprechen - wobei Sie immer wieder auf die Aussprachebeschreibung und die Liste der Laute in der Einleitung zurückgreifen sollten! Geben Sie sich am Anfang damit zufrieden, die Dialoge zu VERSTEHEN. Und denken Sie immer wieder daran: Mit der Zeit und durch tägliches Üben werden Sie ein Gefühl und ein „Ohr“ für die dänischen Laute bekommen.

Erste Lektion

Ein Gespräch

1 – Guten Tag, ich heiße Hansen. Jens Hansen.
2 Wie (was) heißen Sie?

ANMERKUNGEN

① Der hier mit [*ā̆*] wiedergegebene Laut in **Goddag** liegt zwischen unserem a und dem ä. Das g am Ende von **Goddag** ist stumm, d.h. es wird nicht mitgesprochen: [*go-**dā̆***].

② *(d)*: Das „weiche“ d, ein schwieriger Laut, den Sie am Anfang wahrscheinlich nur schwer heraushören. Stellen Sie sich vor, die runden Klammern wären Ihr etwas geöffneter Mund, und die Zungenspitze stößt fast an die leicht geöffneten Schneidezähne, berührt sie aber nicht ganz. Ähnlich wie beim englischen th, nur daß die Zunge etwas weiter zurückliegt.

③ Denken Sie daran: Das [*(e)*] ist ein kurzes, stummes, eigentlich nur kurz angedeutetes e, wie der Auslaut von „Kass<u>e</u>“.

④ Vor **v** ist das **h** immer stumm. Auch das **d** am Ende eines Wortes wird oft nicht mitgesprochen. **Hvad** spricht man daher meistens [*wā̆*].

⑤ Das Lautschriftzeichen [*ie*] steht für ein sehr helles i, das nicht wie *i* + *e*, sondern als ein Laut, wie im deutschen „d<u>ie</u>“, ausgesprochen wird.

3 – **Jeg** hedder **Jen**sen. **Hans Jen**sen. ⑥
4 – Er **De** fra **År**hus? ⑦
5 – **Nej**, **jeg** er fra **O**dense. ⑧
6 Men jeg **bor** i **Ål**borg. ⑨⑩
7 Er **De** fra **Ål**borg?
8 – **Nej**, **det** er jeg **ik**ke. **Jeg** er fra Køben**havn**. ⑪
9 Men jeg **bor** i **Es**bjerg.
10 **Jen**sen er **fyn**bo.
11 **Han**sen er køben**hav**ner.
12 **Pe**tersen er **jy**de.
13 **Sø**rensen er **sjæl**lænder. ⑫

AUSSPRACHE

[*__3 jai__ he-(d)Or __jän__-ß(e)n __hãnß jän__-ß(e)n __4__ är __die__ fra __Oor__-huß __5 nai jai__ är fra __o__-(d)(e)n-ß(e) __6__ män jai __bo!r__ ie __Ol__-bO!r __7__ är __die__ fra __Ol__-bO!r __8 nai de__ är jai __i__-g(e) __jai__ är fra kö-b(e)n-__hau!n 9__ män jai __bo!r__ ie __äß__-bjä!r __10 jän__-ß(e)n är __füü__-bo __11 hãn__-ß(e)n är kö-b(e)n-__hau__-nOr __12 pe__-dOr-ß(e)n är __jü:__-(d)(e) __13 ßÖ__-rön-ß(e)n är __ßjä__-lä-nOr*]

Im Moment sollen Sie den dänischen Text lediglich verstehen. Zur Erinnerung: In den runden Klammern im deutschen Lektionstext finden Sie die wörtliche Übersetzung bestimmter Satzteile des Dänischen, während die eckigen Klammern Satzteile beinhalten, die im Dänischen nicht vorhanden sind, im Deutschen jedoch aus Gründen des Verständnisses oder des Satzbaus erforderlich sind.

1. ÜBUNG: VERSTEHEN SIE DIESE SÄTZE?

Anhand der Verständnisübung können Sie kontrollieren, ob Sie das bisher erlernte Vokabular, eingebettet in einen anderen Kontext, verstehen.

❶ Jensen er fra Århus. ❷ Men Hansen er københavner. ❸ Hvad hedder det? ❹ Nej, jeg er ikke fra Ålborg. ❺ Jensen bor ikke i Odense.

3 – Ich heiße Jensen. Hans Jensen.
4 – Sind Sie aus Århus?
5 – Nein, ich bin aus Odense.
6 Aber ich wohne in Ålborg.
7 Sind Sie aus Ålborg?
8 – Nein, das bin ich nicht. Ich bin aus Kopenhagen.
9 Aber ich wohne in Esbjerg.
10 Jensen kommt von [der Insel] Fünen (ist Fünenbewohner).
11 Hansen ist Kopenhagener.
12 Petersen ist Jütländer.
13 Sørensen ist Seeländer.

ANMERKUNGEN

⑥ Die Konjugation (Beugung) der Verben ist ganz einfach: Die Form ist für alle Personen gleich: **jeg hedder**, **du hedder**, **De hedder**, usw. „ich heiße, du heißt, Sie heißen".

⑦ Die höfliche Anrede **De** „Sie" wird immer groß geschrieben und [*die*] ausgesprochen.

⑧ Hier können Sie feststellen, daß man den Laut *(ɑ)* oft fast gar nicht hört.

⑨ In der unbetonten Form wird [*jai*] oft zu [*ja*] verkürzt.

⑩ Wie schon oben in **Århus** ist der Anfangslaut von **Ålborg** ein zwischen dem geschlossenen und dem offenen o liegender Laut, also ein o, das mit relativ weit geöffneter Mundhöhle gesprochen wird, transkribiert mit [*Oo*].

⑪ Sehr häufig wird an ein „Nein" der Satz: **det er jeg ikke** „das bin ich nicht" angehängt. Ebenso: **Ja, det er jeg** „Ja, das bin ich".

⑫ **Sjællænder**: Die Aussprache [*ßj*] schwankt je nach Region und Sprecher zwischen dem deutschen [*ßj*] und [*sch*], kommt aber nie ganz an das deutsche [*sch*] heran.

LÖSUNG DER 1. ÜBUNG: HABEN SIE VERSTANDEN?

❶ Jensen ist aus Århus. ❷ Aber Hansen ist Kopenhagener. ❸ Wie (was) heißt das? ❹ Nein, ich bin nicht aus Ålborg. ❺ Jensen wohnt nicht in Odense.

2. ÜBUNG: SETZEN SIE DIE FEHLENDEN WÖRTER EIN!

Bei der Lückentextübung entspricht jeder Punkt einem Buchstaben.

❶ Guten Tag, wie (was) heißen Sie?

. . . . . . , hvad . . . . . . De?

❷ Petersen ist kein (nicht) Seeländer.

Petersen . . . . . . sjællænder.

❸ Sind Sie aus Odense?

Er . . . . . Odense?

❹ Sørensen wohnt nicht in Århus.

Sørensen . . . ikke . Århus.

▶ **Anden (2.) lektion** [*ắn-(e)n läk-**ßjo!n***]

Velkommen

1	– God **af**ten, **John**. Kom **in**denfor. ①
2	**Det** er min **ko**ne **Li**se. ②③
3	**Li**se. **Det** er **John**. **Han** er eng**læn**der.

UDTALE

[***u(d)**-tắ-l(e)*]

[***wäl**-kOm-(e)n **1** go **af**-d(e)n **dschOn** kOm **in**-(e)n-fOr **2 de** ä(r) mien **ko:**-n(e) **lie:**-ß(e) **3 lie:**-ß(e) **de** ä(r) **dschOn hắn** är **äng**-län-Or*]

Hinweis zur Lautschrift: Die runden Klammern in der Lautschrift des „weichen d“ [*(d)*] *haben im Gegensatz zu anderen eingeklammerten Buchstaben eine Sonderbedeutung: Sie stehen für die leicht geöffneten Schneidezähne beim Sprechen dieses Lautes. Bei den Lauten* [*(r)*] *und* [*(e)*] *bedeuten die Klammern, daß diese Laute nur schwach angedeutet werden.*

❺ Sind Sie Jütländer? – Nein, das bin ich nicht.

.. De .... ? – Nej, ... er ... ikke.

LÖSUNG DER 2. ÜBUNG: DIE FEHLENDEN WÖRTER.

❶ Goddag – hedder ❷ er – ikke ❸ De – fra ❹ bor – i ❺ Er – jyde – det – jeg.

Nun, wie war der Einstieg ins Dänische? Nun ja, daß die Aussprache etwas gewöhnungsbedürftig ist, das werden Sie schnell gemerkt haben... Auf der anderen Seite gleicht der dänische Satzbau stark dem deutschen, was die Sache wiederum einfacher für Sie macht. Und daß die Verbform für alle Personen identisch ist, ist auch eine große Erleichterung!

Zweite Lektion

Willkommen

1 – Guten Abend, John. Komm rein.
2 Das ist meine Frau Lise.
3 Lise. Das ist John. Er ist Engländer.

ANMERKUNGEN

① **John**: Die Aussprache [*dsch*] liegt zwischen dem deutschen [*dj*] und [*dsch*] und tendiert je nach Region und Sprecher mehr zu dem einen oder dem anderen.

② Das **t** am Ende von **det** ist immer stumm; **det** wird daher [*de*] ausgesprochen.

③ Hier können Sie hören, daß das [*r*] am Ende von **er**, aber auch in anderen Fällen, verschluckt werden kann – wie Sie in den nächsten Sätzen feststellen werden, ein häufiges Phänomen. Wir haben es dann in Klammern gesetzt.

4 – God **af**ten, **John**. **Og velkommen.**
5 For**står** du **dansk**, **John**? ④
6 – **Ja**, jeg lærer **dan**sk på **af**tenskole i København. ⑤
7 – Er det **svært**?
8 – Det er **let** at **læ**se og **skri**ve **dansk**. ⑥
9 Men det er **svært** at **ud**tale **dansk korrekt**. ⑦
10 – Så må du **læ**re nogen **dansk**ere at **ken**de. ⑧
11 – **Ja**, jeg **er al**lerede i **fuld gang**. ⑨

UDTALE

[*4 go* ***af****-d(e)n* ***dschOn*** *O* ***wäl****-kOm-(e)n* ***5*** *fOr-****ßdOr*** *du* ***dắnßg dschOn 6 jắ*** *jai lä:-(r)Or* ***dắnßg*** *pO* ***af****-d(e)n-ßgo:l(e) ie kö-b(e)n-****hau!n 7*** *är de* ***ßwä!rt 8*** *de är* ***lät*** *O* ***lä:****-ß(e) O* ***ßgrie:****-w(e)* ***dắnßg 9*** *män de är* ***ßwä!rt*** *O* ***u(d)-tắ****-l(e)* ***dắnßg*** *ko-****rät 10*** *ßO mO du* ***lä:****-O(r) no-(e)n* ***dắnß****-gO-(r) O* ***kä****-n(e)* ***11 jắ*** *jai* ***är ắ****-l(e)-rắ-(d)(e) ie* ***fu!l gang!***]

4 – Guten Abend, John. Und willkommen.
5 Verstehst du Dänisch, John?
6 – Ja, ich lerne Dänisch auf [der] Abendschule in Kopenhagen.
7 – Ist das schwierig?
8 – Es ist leicht, Dänisch zu lesen und zu schreiben (zu lesen und schreiben Dänisch).
9 Aber es ist schwer, Dänisch korrekt auszusprechen (zu aussprechen Dänisch korrekt).
10 – Dann mußt du einige Dänen kennenlernen. (lernen einige Dänen zu kennen).
11 – Ja, ich bin schon dabei (in vollem Gange).

ANMERKUNGEN

④ Die familiäre Anrede **du** ist sehr viel stärker verbreitet als in Deutschland und kann auch Fremden gegenüber verwendet werden. Das höfliche **De** ist im Gespräch mit älteren Menschen oder in sehr formellen Situationen üblicher.

⑤ Auch hier hört man das [*r*] in der Wortmitte bei **lærer** kaum.

⑥ **at** kennzeichnet hier den Infinitiv (die Grundform) des Verbs (wie „to“ im Englischen). Ist Ihnen aufgefallen, daß hier **at** und **og** beide [*O*] ausgesprochen werden?

⑦ Was hier gesagt wird, können Sie wahrscheinlich schon bestätigen. Sie stellen auch fest, daß ein und derselbe Laut manchmal unterschiedlich ausgesprochen wird.

⑧ **danskere** ist der Plural (die Mehrzahl) von **dansker**.

⑨ Denken Sie beim [*(d)*] noch einmal daran: Die Klammern symbolisieren den leicht geöffneten Mund; die Zunge spricht ein *d*, stößt aber kaum an die Schneidezähne.

In den ersten Lektionen liegt der Schwerpunkt auf dem Hören und Verstehen des Dänischen. Sehen Sie sich möglichst oft die Liste der Laute in der Einleitung an. Sprechen Sie die Wörter langsam, laut und deutlich, und zögern Sie nicht, Wörter oder Sätze, bei denen Sie „steckenbleiben“, mehrmals zu üben. Klappt es mit dem Nachsprechen noch nicht so ganz, werden Sie nicht ungeduldig. Mit der Zeit wird es besser werden.

FØRSTE ØVELSE: FORSTÅR DE DISSE SÆTNINGER?

[***för***-*ßt(e)* ***ö:***-*w(e)l-ß(e) fOr-****ßdOor*** *die* ***di***-*ß(e)* ***ßäd***-*nieng-Or*]

❶ Velkommen, Lise! Kom indenfor. ❷ Min kone er dansker. ❸ Du må lære at udtale dansk. ❹ Er han i fuld gang? ❺ På aftenskole er det let at lære nogen danskere at kende.

ANDEN ØVELSE: INDSÆT DE MANGLENDE ORD!

[***ắn***-*(e)n* ***ö:***-*w(e)l-ß(e)* ***in***-*ßät die* ***mang***-*l(e)-n(e)* ***o!r***]

❶ Ich verstehe Dänisch.

Jeg . . . .

❷ Meine Frau ist schon dabei.

Min . . . . er . . . . fuld . . . . .

❸ Ist das einfach? – Nein, das ist schwierig.

. . det . . . ? – Nej, . . . er svært.

❹ Lernst du, Dänisch zu lesen und [zu] schreiben?

. . . . . du . . . . . . og . . . . . . dansk?

Tredje (3.) lektion [*tre:(d)-j(e) läk-****scho!(n)***]

Et møde ①

1 – **Hej Pia!** ②

(UDTALE)

[*ed* ***mö:***-*(d)(e)* ***1 hai pie:***-*ắ*]

FØRSTE ØVELSES LØSNING: HAR DE FORSTÅET?

[***för**-ßt(e)* ***ö:**-w(e)l-ß(e)ß* ***löß**-ning har die fOr-**ßdOo**-(e)d*]
❶ Willkommen, Lise! Komm rein. ❷ Meine Frau ist Dänin. ❸ Du mußt lernen, Dänisch auszusprechen (zu aussprechen Dänisch). ❹ Ist er dabei, [es zu tun] (in vollem Gange)? ❺ Auf der Abendschule ist es leicht, einige Dänen kennenzulernen (zu lernen einige Dänen zu kennen).

❺ Er ist kein (nicht) Engländer, er ist Däne.

Han er ikke . . . . , han er . . . .

ANDEN ØVELSES LØSNING: DE MANGLENDE ORD.

[***ắn**-(e)n* ***ö:**-w(e)l-ß(e)ß* ***löß**-ning die* ***mang**-l(e)-n(e)* ***o!r***]
❶ forstår – dansk ❷ kone – allerede i – gang ❸ Er – let – det ❹ Lærer – at læse – skrive ❺ englænder – dansker.

Lernen Sie niemals auswendig. Sie können die Sätze dann lediglich später wieder abspulen, ohne aber deren Sinn zu verstehen oder sie der jeweiligen Situation anpassen zu können.

Dritte Lektion

Eine Begegnung

1 – Hallo Pia!

ANMERKUNGEN

① Substantive (Hauptwörter) sind vom Geschlecht her entweder Utrum oder Neutrum. **En** ist der Artikel für das Utrum, **et** der für das Neutrum. Leider kann man dem Substantiv nicht ansehen, zu welcher Gruppe es gehört. Am besten merken Sie sich ein neues Wort immer gleich zusammen mit dem jeweiligen Artikel.

② Denken Sie immer daran, das **i** hell zu sprechen, wie in „d<u>ie</u>"? Und haben Sie bemerkt, daß das **a** von **Pia** hier stark in Richtung [*ä*] geht?

2	– **Dav E**rik! Hvo**rdan har** du **det**? ③④
3	– **Fint**, **tak**. Har du **travlt**? ⑤
4	– **Nej**, i **dag** har jeg **god tid**. ⑥
5	– Skal vi **sæ**tte os og **snak**ke **lidt**? ⑦
6	– Ok.
7	– **Tje**ner! **To øl**! – en **fad**øl til **mig**, **tak**!
8	– **Du**, **E**rik. Du **er** nu en **smart fyr**! ⑧⑨⑩
9	– **Ja** - **øh**, **hvor**for **si**ger du **det**? ⑪
10	– **Jo**, **du** bestiller **to øl**, men **jeg** be**ta**ler. ⑫

(UDTALE)

[***2 dau e****-(r)ik wOr-****dãn har*** *du* ***de 3 fie!nd tak*** *har du* ***trault 4 nai*** *ie* ***dã*** *ha(r) ja* ***go!(d) tie!(d) 5*** *ßgã wie* ***ßä****-d(e) Oß O* ***ßna****-g(e)* ***lid 6 O(u)****-käi* ***7 tjä****-nOr* ***to öl*** *en* ***fã(d)****-öl ti* ***mai tak 8 du e****-(r)ik du* ***är*** *nu en* ***ßma!rd fü!r 9 ja Ö: wOr****-fOr* ***ßie:****-Or du* ***de 10 jo du*** *be-ßdi-lOr* ***to öl*** *män* ***jai*** *be-****tã****-lOr*]

2 – Tag Erik! Wie geht es dir (wie hast du es)?
3 – Gut (fein), danke. Hast du [es] eilig?
4 – Nein, heute habe ich viel (gut) Zeit.
5 – Sollen wir uns setzen (setzen uns) und [uns] ein bißchen unterhalten (reden wenig)?
6 – OK.
7 – Ober! Zwei Bier! - Ein Bier vom Faß (Faßbier) für mich, bitte (danke)!
8 – Du, Erik. Du bist schon (nun) ein schlauer Kerl!
9 – Ja - äh, warum sagst du das?
10 – Tja, du bestellst zwei Biere, aber ich bezahle.

ANMERKUNGEN

③ **Dav** (oder auch **davs** [*dauß*]) ist eine Kurzform von **goddag** und wird wie **hej** zur Begrüßung unter guten Bekannten verwendet. **Hej** sagt man in informellen Situationen auch zum Abschied: „Tschüß".

④ Da das **r** in **Erik** kaum hörbar ist, steht es hier in Klammern.

⑤ Hier hören Sie wieder gut das helle **i**: [*ie*].

⑥ Bitte beachten Sie das **i** in **i dag** „heute". Dieses **i** steht auch in **i morgen** [*ie* ***mO***:*-r(e)n*] „morgen" und **i går** [*ie* ***gO!r***] „gestern".

⑦ Das **k** wird im Wortinneren meistens wie ein deutsches „g" ausgesprochen, sogar ein doppeltes **k** wie in **snakke** [***ßna****-g(e)*].

⑧ Das Wörtchen **nu** „nun, jetzt" wird oft auch als Füllwort oder, wie hier, zur Verstärkung eingesetzt.

⑨ **smart** hat zwei Bedeutungen: 1. „schick, modisch, cool"; 2. „schlau, gerissen". Mit dieser Doppeldeutigkeit wird hier gespielt.

⑩ Bei den beiden letzten Wörtern dieses Satzes können Sie sehr gut den Stoß hören. Sprechen Sie ihn deutlich nach.

⑪ Haben Sie bemerkt, daß **siger** hier wegen der starken Betonung der ersten Silbe fast wie eine Silbe ausgesprochen wird?

⑫ **øl** hat im Singular (Einzahl) und Plural (Mehrzahl) die gleiche Form. Wir werden später noch näher auf die unterschiedlichen Pluralformen eingehen.

FØRSTE ØVELSE: FORSTÅR DE DISSE SÆTNINGER?

❶ Erik har travlt. ❷ Du bestiller og jeg betaler. ❸ Pia har god tid i dag. ❹ Er Erik en smart fyr? ❺ Hvorfor siger De det?

ANDEN ØVELSE: INDSÆT DE MANGLENDE ORD!

❶ Warum bestellst du zwei Bier[e]?

. . . . bestiller . . to øl?

❷ Ich habe viel Zeit, sagt Erik.

. . . har god tid, ... Erik.

❸ Heute bezahle ich.

I . . . . jeg.

❹ Pia hat [es] eilig.

Pia . . . .

❺ Sollen wir uns setzen und reden?

. . . . vi . . . . og . . . . . . ?

▶ Fjerde (4.) lektion [***fjä**:-O(r) läk-**ßjo!n***]

På arbejde eller „goddag mand økseskaft" ①

1 – God **mor**gen **Han**sen! ②
2 Hvor**dan går det**?

UDTALE

[*pO **ar**-bai-d(e) ä-lOr go-**dã mãn! ök**-ß(e)-ßgaft **1** go **mO:**-r(e)n **hãn**-ß(e)n **2** wO(r) **dãn gOo!: de***]

FØRSTE ØVELSES LØSNING: HAR DE FORSTÅET?

❶ Erik hat [es] eilig. ❷ Du bestellst, und ich bezahle. ❸ Pia hat viel (gut) Zeit heute. ❹ Ist Erik ein schlauer Typ? ❺ Warum sagen Sie das?

ANDEN ØVELSES LØSNING: DE MANGLENDE ORD.

❶ Hvorfor – du ❷ Jeg – siger ❸ dag – betaler ❹ har travlt ❺ Skal sætte os – snakke.

Hören Sie sich, wenn Sie eine neue Lektion beginnen, diese zunächst immer ein paar mal im Ganzen an, bevor Sie anfangen, sich mit den einzelnen Sätzen zu befassen. Und wenn Sie an einem Tag einmal wenig Zeit zum Lernen haben, so reicht es schon aus, wenn Sie sich die Tonaufnahmen Ihrer aktuellen Lektion mehrmals anhören. Wichtig ist, daß Sie die Sprache täglich im Ohr haben!
Vergessen Sie nicht, sich auch die Seitenzahlen und die Lektionsnummern anzusehen, um das Zählen auf Dänisch zu lernen!

Vierte Lektion

Auf [der] Arbeit oder „Guten Tag Herr (Mann) Axtstiel“

1 – Guten Morgen [Herr] Hansen!
2 Wie geht es?

ANMERKUNGEN

① **Goddag mand økseskaft** („Guten Tag Mann Axtstiel“) ist eine Redewendung, mit der man jemanden scherzhaft darauf hinweist, daß er nicht richtig zugehört hat.

② Bei guten Bekannten kann die Anrede „Herr“ vor dem Namen weggelassen werden.

3 – God **mor**gen hr. **Pe**tersen. ③
4 Det går **fint**, **tak**. ④
5 – God **mor**gen **Jen**sen!
6 Hvor**dan har** De **det**?
7 – God **mor**gen hr. **Pe**tersen.
8 **Jeg** har det **godt**, **tak**. ⑤
9 Men min **peng**epung har det **ik**ke **godt**. ⑥
10 **Den** er **slun**ken. ⑦
11 – **Glim**rende. Bliv **ved** med **det**. ⑧
12 Og **hils** fru **Jen**sen. Far**vel**. ⑨
13 – **Så**dan **er Pe**tersen!
14 Han **spør**ger **ven**ligt, hvor**dan** vi **har** det. ⑩
15 Men han **hø**rer **ik**ke **ef**ter, **hvad** vi **si**ger.

UDTALE

[*3 go **mO:**-r(e)n här **pe**-dOr-ß(e)n **4** de gOo!r **fie!nd tak 5** go **mO:**-r(e)n **jän**-ß(e)n **6** wOr-**dãn har** die **de 7** go **mO:**-r(e)n här **pe**-dOr-ß(e)n **8 jai** har de **gOt tak 9** män mien **pän**-g(e)-pOong har de **i**-(e) **gOt 10 dän** är **ßlOn**-k(e)n **11 glim**-(e)(r)-n(e) bliu **we** mä **de 12** O **hielß** fru **jän**-ß(e)n fa(r)-**wä**. **13 ßO**-dãn **är pe**-dOr-ß(e)n **14** hãn **ßbö**:-rOr **wän**-lied wOr-**dãn** vie **har** de **15** män hãn **hÖ:**-rO(r) **i**-g(e) **äf**-dOr **wã** wie **ßie:**-Or*]

Haben Sie Schwierigkeiten, bestimmte Laute auf den Tonaufnahmen herauszuhören und nachzusprechen? Das ist nicht schlimm; halten Sie sich damit momentan nicht auf. Sie werden merken, daß sich dies mit der Zeit bessern wird. Wirklich wichtig wird die Aussprache erst zu Beginn der „2. Welle“ (ab Lektion 29), und bis dahin haben Sie noch viel Zeit zum Üben!

3 – Guten Morgen Herr Petersen.
4 Es geht gut, danke.
5 – Guten Morgen [Herr] Jensen!
6 Wie geht es Ihnen (Wie haben Sie es)?
7 – Guten Morgen Herr Petersen.
8 Mir geht es (ich habe es) gut, danke.
9 Aber meinem Portemonnaie geht es nicht gut.
10 Es ist leer.
11 – Ausgezeichnet. Machen Sie weiter so (bleiben Sie bei mit dem).
12 Und grüßen Sie Frau Jensen. Auf Wiedersehen.
13 – So ist Petersen!
14 Er fragt freundlich, wie es uns geht.
15 Aber er hört nicht zu, was wir sagen.

ANMERKUNGEN

③ **hr.** ist die Abkürzung für **herre** „Herr".

④ Achten Sie hier darauf, wie hell und klar das **i** in **fint** gesprochen wird, verdeutlicht durch [*ie*].

⑤ **god** „gut" ist Ihnen ja schon mehrfach begegnet, z.B. in **god aften** [*go **af**-d(e)n*]. Wenn es als Adverb (Umstandswort) verwendet wird, hängt man einfach ein „t" an: **godt** [*gOt*]. Dies verändert bei der Aussprache nicht nur die Endung, auch das **o** wandelt sich von [*o*] zu [*O*].

⑥ Hier können Sie hören, daß **ikke** im Redefluß fast zu [***i**-(e)*] verkürzt wird.

⑦ **Den** „er/sie/es": Utrum-Wörter (**en**-Gruppe) haben das Pronomen (Fürwort) **den**, Neutrum-Wörter (**et**-Gruppe) das Pronomen **det**. Nur wenn es sich um Personen handelt, verwendet man die Pronomen **hun** „sie" bzw. **han** „er".

⑧ **Bliv ved**: Imperativ (Befehlsform) von **blive ved** [*bliu **we(d)***] „fortfahren, weitermachen". Oft folgt darauf die Präposition **med** „mit": **blive ved med...** „fortfahren, zu.../fortfahren mit...".

⑨ **hils**: Noch ein Imperativ. Der Infinitiv heißt **hilse** [***hiel**-ß(e)*] „grüßen".

⑩ Hier wird mit **venligt** wieder ein Adverb gebildet, indem man ein **t** an das Adjektiv **venlig** anhängt (vgl. **god** – **godt**).

FØRSTE ØVELSE: FORSTÅR DE DISSE SÆTNINGER?

❶ Min pengepung er slunken. ❷ Hr Petersen spørger, hvordan det går. ❸ Hansen har det ikke godt. ❹ Hils hr og fru Jensen. ❺ Jeg siger ikke god morgen, jeg siger farvel.

ANDEN ØVELSE: INDSÆT DE MANGLENDE ORD!

❶ Du hörst nicht zu, was ich sage.

Du . . . . . ikke . . . . . , ... jeg siger.

❷ Ich frage, wie es geht.

Jeg . . . . hvordan . . . .

❸ Es geht mir gut, danke.

Jeg . . . det . . . . , tak.

❹ Guten Morgen, sagt Jensen.

. . . . , siger Jensen.

❺ So ist Frau Hansen!

. . . . . er . . . Hansen!

▶ **Femte (5.) lektion** [*fäm-t(e) läk-**ßjo!n***]

På hotel

1 – God**dag**. **Har** De et **væ**relse for en **u**ge?

UDTALE

[*pO ho-**tä!l** **1** go-**dă** **har** die e* **wä**-*(r)(e)l-ß(e) fOr en* **u**:-*(e)*]

FØRSTE ØVELSES LØSNING: HAR DE FORSTÅET?

❶ Mein Portemonnaie ist leer. ❷ Herr Petersen fragt, wie es geht. ❸ Hansen geht es (hat es) nicht gut. ❹ Grüße/Grüßen Sie Herrn und Frau Jensen. ❺ Ich sage nicht guten Morgen, ich sage auf Wiedersehen.

ANDEN ØVELSES LØSNING: DE MANGLENDE ORD.

❶ hører – efter – hvad ❷ spørger – det går ❸ har – godt (fint) ❹ God morgen ❺ Sådan – fru.

Denken Sie weiterhin an Ihre tägliche „Dosis“ Assimil? Lernen Sie entspannt – und blättern Sie auch ruhig hin und wieder mal ein paar Lektionen zurück, und wiederholen Sie, vor allem, wenn Sie sich noch nicht so ganz sicher fühlen.

Fünfte Lektion

Im Hotel

1 – Guten Tag. Haben Sie ein Zimmer für eine Woche?

2 – **Med** eller **ud**en **bad**? ①

3 – **Med bad**, **tak**.

4 – Til **ga**den eller til **går**den? ②

5 – Til **ga**den, **tak**. ③

6 Jeg holder **me**get af at be**trag**te **ga**delivet om **mor**genen. ④⑤

7 **Bi**lerne, cyk**lis**terne. ⑥⑦

8 – Er De tu**rist**?

9 – **Nej**, det er jeg **ik**ke.

10 Jeg er **fol**kepensionist.

11 Jeg **bor** i **Spa**nien.

12 Jeg er **hjem**me for at **se**, hvordan **Dan**mark ser **ud** i **dag**.

13 Når jeg **ser** dem **flin**tre af**sted** om **mor**genen, ⑧

14 **tæn**ker jeg **på**, hvordan det **var** i **min tid**. ⑨

UDTALE

[***2 mä(d)*** *ä-lor* ***u:****-(d)(e)n* ***bắ(d) 3 mä(d) bắ(d) tak 4*** *til* ***gắ:****-(d)(e)n ä-lor til* ***gOo!****(r)-(e)n* ***5*** *til* ***gắ:****-(d)(e)n* ***tak 6*** *jai hO-lOr* ***mai****-(e)(d) ắ O be-****trag****-d(e)* ***gắ:****-(d)(e)-lie-w(e)(d) Om* ***mO:****r-n(e)n* ***7 bie!****-lOr-n(e) ßü-****kließ****-tOr-n(e)* ***8*** *är die tu-****rießt 9 nai*** *de är jai* ***i****-g(e)* ***10*** *jai är* ***fOl****-k(e)-pang-ßjo-nießt* ***11*** *jai* ***bo!****(r) ie* ***ßbắn****-j(e)n* ***12*** *jai (är)* ***jä****-m(e) fOr O* ***ße!*** *wOr-dắn* ***dắn****-mark ße!r* ***u!(d)*** *ie* ***dä! 13*** *nOr jai* ***ße!r*** *däm* ***flin****-dr(e) a-****ßdä(d)*** *Om* ***mO:r****-n(e)n* ***14 tän****-kOr jai* ***pOo!*** *wOr-dắn de* ***war*** *ie* ***mie!n tie!(d)***]

ANMERKUNGEN

① Hier haben Sie mehrfach Gelegenheit, das „weiche d“ zu üben: Die runden Klammern suggerieren die etwas geöffneten Schneidezähne, die Zunge spricht ein d, berührt die Zähne jedoch kaum.

② Der bestimmte Artikel („der/die/das“) wird an das Wort angehängt. So wird aus **gade** „Straße“ **gaden** „die Straße“ und aus **gård** „Hof“ **gården** „der Hof“. Mehr dazu in Lektion 7.

2 – Mit oder ohne Bad?
3 – Mit Bad, bitte.
4 – Zur Straße oder zum Hof?
5 – Zur Straße, bitte.
6 Ich mag es sehr gern (halte viel davon, zu betrachten), das Straßenleben am Morgen zu betrachten.
7 Die Autos, die Radfahrer.
8 – Sind Sie Tourist?
9 – Nein, das bin ich nicht.
10 Ich bin Rentner.
11 Ich lebe in Spanien.
12 Ich bin [hier] (zu Hause), um zu sehen, wie Dänemark heute aussieht.
13 Wenn ich die [Leute] am Morgen losrasen sehe,
14 denke ich daran, wie es zu (in) meiner Zeit war.

ANMERKUNGEN

③ **tak** heißt nicht nur „danke", sondern im übertragenden Sinne auch „bitte". Bitteschön hingegen müsste man mit **værsgo** übersetzen. In Dänemark bedankt man sich wesentlich öfter als in Deutschland; so sagen z.B. Gast oder Gastgeber beim Abschied **Tak for i dag!** [*tak fOr ie då̃*] „Danke für heute!". Die Antwort lautet dann z.B. **Selv tak** [*ßä!l tak*] „Danke gleichfalls" (selbst danke).

④ **holder af**: Infinitiv: **holde af** „gern haben, mögen"; häufig ist eine Präposition, wie hier **af**, unverzichtbarer Bestandteil des Verbs.

⑤ Bei **gadelivet** „das Straßenleben" ist der Neutrum-Artikel **et** als bestimmter Artikel an das Wort **gadeliv** „Straßenleben" angehängt.

⑥ **Bilerne**, **cyklisterne**: Plural (Mehrzahl) mit bestimmtem Artikel. Singular (Einzahl) **bil** „Auto", **bilen** „das Auto". Plural: **biler** „Autos", **bilerne** „die Autos".

⑦ Auch hier wird wieder deutlich, wie hell das **i** gesprochen wird.

⑧ **afsted** „los, fort". **flintre** kommt ursprünglich von **flint** „Feuerstein" und bedeutet „sprühen, blitzen". Es wird aber vor allem, wie hier, zusammen mit **afsted** verwendet und bedeutet dann „losrasen, lospreschen".

⑨ **var** ist Imperfekt (einfache Vergangenheit) des Hilfsverbs **at være** [*ad **wä:**-r(e)*] „sein" (**at** ist das Infinitivkennwort; mehr dazu in Lektion 7).

Falls Sie in den Lektionen die Grammatik vermissen, so hat das seine Richtigkeit. Wir wollen Sie damit möglichst wenig belasten. Gedulden Sie sich bis zur nächsten Wiederholungslektionen (jede 7. Lektion). Dort wird vertieft und ausführlicher erläutert. Und schließlich gibt es ja noch den grammatikalischen Anhang.
Hören Sie weiterhin oft die Tonaufnahmen, und trainieren Sie die Aussprache der dänischen Laute. Greifen Sie in Zweifelsfällen auf die vereinfachte Lautschrift zurück. Wie Sie sie lesen, wird in der Einleitung beschrieben.

FØRSTE ØVELSE: FORSTÅR DE DISSE SÆTNINGER?

❶ Bor De i Spanien eller i Danmark? ❷ Når jeg ser bilerne, tænker jeg på, hvordan det var i min tid. ❸ Folkepensionisten holder af at bo i Spanien. ❹ Han betragter gadelivet om morgenen. ❺ Jeg ser, hvordan hotellet ser ud!

ANDEN ØVELSE: INDSÆT DE MANGLENDE ORD!

❶ Er hält viel davon, im Hotel zu wohnen.
Han . . . . . . meget . . . . bo . . hotel.

❷ Ich bin kein Tourist, ich bin Rentner.
Jeg er . . . . turist, jeg er . . . .

❸ Ein Zimmer für eine Woche, bitte (danke).
Et . . . . for . . . . . , ...

❹ Ich habe ein Zimmer zur Straße [raus].
Jeg har . . værelse . . . .

❺ Wie sieht Spanien heute aus?
. . . . ser Spanien . . i . . . ?

FØRSTE ØVELSES LØSNING: HAR DE FORSTÅET?

❶ Wohnen Sie in Spanien oder in Dänemark? ❷ Wenn ich die Autos sehe, denke ich daran, wie es zu meiner Zeit war. ❸ Rentner halten [viel] davon, in Spanien zu wohnen. ❹ Er betrachtet das Straßenleben am Morgen. ❺ Ich sehe, wie das Hotel aussieht!

ANDEN ØVELSES LØSNING: DE MANGLENDE ORD.

❶ holder – af at – på ❷ ikke – folkepensionist ❸ værelse – en uge, tak ❹ et – til gaden ❺ Hvordan – ud – dag.

Vergessen Sie nicht, sich zu jedem neuen Substantiv, das Sie lernen, auch gleich den zugehörigen Artikel mit einzuprägen. Wenn Sie sich die Texte häufig (auch mal ohne Buch) auf den Tonaufnahmen anhören, werden Sie dies mit der Zeit ganz automatisch assimilieren.

▶ Sjette (6.) lektion [*ßjä:-d(e) läk-**ßjo!(n)***]

Den nye lejlighed ①

1 – **Dav Jyt**te! **Si**kke en **pæn lej**lighed!
2 – Ja, den er **ik**ke **stor**. Men den er **hyg**gelig.
3 Her er **stu**en.
4 Der står en **so**fa, en re**ol**, et **so**fabord, **to læ**nestole og en **va**se med **blom**ster. ②
5 Jeg har **tæp**per på **gul**vet og en **stor lam**pe i **lof**tet. ③④
6 – **Hvor spi**ser du?
7 – Jeg **spi**ser **u**de i **køk**kenet.
8 – **Ken**der du **E**va?
9 Hun bor **og**så **her** i kvar**te**ret.
10 – **Nej**, det gør jeg **ik**ke.
11 Vil du **ha**ve en kop **kaf**fe? ⑤
12 **Sæt** dig i **so**faen.

(UDTALE)

*[dän **nü:**-(e) **lai**-lie-he!(d) **1 dau jü**-d(e) **ßi**-g(e) en **pä!n lai**-lie-he!(d) **2** jă dän är **i**-g(e) **ßdo!r** mär dän är **hü**-g(e)-lie **3** här är **ßdu:**-(e)n **4** där ßdO!r en **ßo:**-fă en re-**o!l** ed **ßo:**-fa-bo!r **to:! lä:**-n(e)-**ßdo:**-l(e) O en **wă:**-ß(e) mä **blOm**-ßdOr **5** jai har **tä**-bOr pO **gO!**-l(e)(d) O en **ßdo!r lam**-b(e) ie **lOf**-d(e)d **6 wOr ßbie!**-ßOr du **7** jai **ßbie!**-ßOr **u:**-(d)(e) ie **kö**-kä-n(e)d **8 kä**-nOr du **e:**-wă **9** hun bo!r **O**-ß(e) **här** ie kwar-**te**-(e)(d) **10 nai** de gÖr jai **i**-g(e) **11** wil du **hă** en kOb **kă**-f(e) **12 ßäd** dai ie **ßo:**-făn]*

Sechste Lektion

Die neue Wohnung

1 – Tag Jytte! Was für (solch) eine schöne Wohnung!
2 – Ja, sie ist nicht groß. Aber sie ist gemütlich.
3 Hier ist das Wohnzimmer.
4 Da steht ein Sofa, ein Regal, ein Couchtisch, zwei Sessel und eine Vase mit Blumen.
5 Ich habe Teppiche auf dem Boden und eine große Lampe an (in) der Decke.
6 – Wo ißt du?
7 – Ich esse draußen in der Küche.
8 – Kennst du Eva?
9 Sie wohnt auch hier im Viertel.
10 – Nein, die kenne ich nicht (das tue ich nicht).
11 Möchtest du eine Tasse Kaffee haben?
12 Setz dich aufs (ins) Sofa.

ANMERKUNGEN

① Steht ein Adjektiv vor dem Substantiv, wie bei **den nye lejlighed** „die neue Wohnung", wird der bestimmte Artikel nicht angehängt, sondern steht *vor* dem Adjektiv.

② **lænestole** ist der Plural von **lænestol** „Sessel', **blomster** ist der Plural von **blomst** „Blume". Auf die Pluralendungen -**e** und -**er** werden wir später eingehen.

③ **tæpper** ist der Plural von **tæppe** „Teppich".

④ **gulv-et**, **loft-et**: Haben Sie es erkannt? Hier wird wieder der bestimmte Artikel **et** (Neutrum) angehängt.

⑤ Beachten Sie die von der Schreibung abweichende Aussprache von **have**: [*hā́*].

13 **Så** kommer **jeg** med **kaf**fen og **ka**gerne og en **lil**le „a**vec**" i **da**gens **an**ledning. ⑥⑦⑧

14 – **Er** der en **an**ledning?

15 – **Ja**. Det er min **fød**selsdag. ⑨

UDTALE

[*13 ßO kO-mOr* ***jai*** *mä* ***kǻ****-f(e)n O* ***kǻ:****-jOr-n(e) O en* ***lie****-l(e) a-****wäk*** *ie* ***dǻ:****-j(e)nß* ***åń****-le(d)-ning* ***14 är*** *där en* ***åń****-le(d)-ning* ***15 jǻ*** *de (är) min* ***fö****-ß(e)lß-dǻ!*]

FØRSTE ØVELSE: FORSTÅR DE DISSE SÆTNINGER?

❶ Jeg har også en ny lejlighed. ❷ Eva vil have en kop kaffe og to kager. ❸ Den lille sofa står i stuen. ❹ Hvor er køkkenet? ❺ Jytte bor ikke her i kvarteret.

ANDEN ØVELSE: INDSÆT DE MANGLENDE ORD!

❶ Kennst du Else? – Ja (das tue ich).

. . . . . . du Else? – Ja, ... jeg.

❷ Sie ist nicht groß, sie ist klein.

. . . er . . . . stor, hun er . . . . . .

❸ Wo sind die Kuchen und der Kaffee?

. . . . er . . . . og . . . . . . ?

❹ Was für (solch) ein gemütliches Wohnzimmer!

. . . . . en hyggelig . . . . !

❺ Ich hole (komme mit) einen Schnaps zur Feier des Tages (in Tages Anlaß).

Jeg . . . . . . med en „avec" . . . . anledning.

13 Dann komme ich mit dem Kaffee und dem Kuchen und einem kleinen Schnaps zur Feier des Tages (in Tages Anlaß).

14 – Gibt es (ist da) einen Anlaß?

15 – Ja. [Heute] (es) ist mein Geburtstag.

ANMERKUNGEN

⑥ Auch im Plural wird der bestimmte Artikel an das Substantiv angehängt und heißt **-(e)ne**: **kagerne** „die Kuchen" ist also der Plural mit bestimmtem Artikel von **kage** „Kuchen, Kuchenstück".

⑦ **en lille avec**, von französisch „avec" „mit", ist ein kleiner Schnaps/Cognac/Likör etc., den man zum Kaffee trinkt.

⑧ Auch im Dänischen erhält das Substantiv im Genitiv (Wes-Fall) ein **-s** als Endung: **dagens anledning** „Feier des Tages".

⑨ Das Verb **er** wird hier im Redefluß völlig verschluckt. Bemühen Sie sich jedoch, alle Silben sauber auszusprechen.

FØRSTE ØVELSES LØSNING: HAR DE FORSTÅET?

❶ Ich habe auch eine neue Wohnung. ❷ Eva möchte eine Tasse Kaffee und zwei [Stück] Kuchen haben. ❸ Das kleine Sofa steht im Wohnzimmer. ❹ Wo ist die Küche? ❺ Jytte wohnt nicht hier im Viertel.

ANDEN ØVELSES LØSNING: DE MANGLENDE ORD.

❶ Kender – det gør ❷ Hun – ikke – lille ❸ Hvor – kagerne – kaffen ❹ Sikke – stue ❺ kommer – i dagens.

Nun, nach den ersten sechs Lektionen, haben Sie schon einen umfassenden Eindruck vom Dänischen bekommen. Die nachfolgende Wiederholungslektion soll dafür sorgen, daß sich Ihre Kenntnisse ein wenig ordnen und festigen.

Syvende (7.) lektion [**ßü(u)!**-*(e)n(e) läk*-**ßjo!n**]

Wiederholung und Anmerkungen

Dies ist Ihre erste Wiederholungslektion. Das sagt auch die dänische Stimme auf den Audio-CDs, die Sie auch darüber informiert, daß es zu dieser Lektion keine Tonaufnahmen gibt.

Hier wird nun „Bilanz gezogen", d.h. der Stoff der letzten sechs Lektionen ausführlicher erläutert, vertieft und anhand von Beispielen illustriert. Lesen Sie sich alle Erklärungen möglichst mehrmals durch. Benutzen Sie sie auch zum Nachschlagen. Gehen Sie erst dann zu Lektion 8 über, wenn Ihnen die Erklärungen keine größeren Schwierigkeiten mehr bereiten.

1. Aussprache

Die Aussprache stellt für die meisten Dänischlerner das größte Lernproblem dar; daher sollten Sie sich die Hinweise zur Aussprache in der Einleitung jetzt, nachdem Sie in den ersten sechs Lektionen einen Grundstock von Vokabeln gelernt haben, noch einmal gründlich ansehen und die Aussprachebeispiele auf den Tonaufnahmen anhören und nachsprechen. Eine wichtige Hilfe bei der Aussprache ist die vereinfachte Lautschrift und vor allem die zu diesem Kurs gehörenden Tonaufnahmen auf vier Audio-CDs. Zuhören und Wiederholen ist die effektivste Methode, eine fremde Aussprache zu lernen.

Ihnen ist wahrscheinlich schon aufgefallen, daß einige Wörter anders ausgesprochen werden, als es die Schreibung vermuten läßt. **De** [*die*] ist ein gutes Beispiel dafür, wie auch **have** [*hă*], **bliver** [*blier*], **sagde** [*ßă:-(e)*], **havde** [*hă:-(d)(e)*] oder **også** [*O-ß(e)*]. Diese kleinen Hürden lassen sich mit viel Übung und Geduld überwinden.

Zwei Aussprachephänomene des Dänischen, das „weiche d" und der „Stoß", sollten Sie am Anfang nicht entmutigen. Vertrauen Sie darauf, daß Sie mit der Zeit und durch häufiges Hören und Nachsprechen ein Gefühl und ein „Ohr" hierfür entwickeln werden. Wenn Sie bei der „2. Welle" (ab Lektion 29) ankommen, wo Sie beginnen, eigene Sätze auf Dänisch zu formulieren, werden Sie beides beherrschen.

Siebte Lektion

Das „weiche d“: [(d)]

Es wird Ihnen in der ersten Zeit Probleme bereiten, die Sie aber durch fleißiges und häufiges Üben beseitigen können. Versuchen Sie, diesen Laut zu erzeugen, indem Sie die Zungenspitze fast an die leicht geöffneten Schneidezähne stoßen lassen. Die Zungenspitze berührt die Zähne aber nicht ganz. Falls Sie Englisch sprechen: Der Laut ähnelt etwas dem englischen th, nur daß die Zunge etwas weiter zurückliegt.

Der Stoß

Auch er wird für Sie wahrscheinlich sehr kompliziert sein. Versuchen Sie, den Buchstaben, der vor dem Stoß steht, schnell und kaum hörbar zu verdoppeln: [*hu:!ß*] sprechen Sie also wie *hu-uß*, oder Sie unterbrechen nach dem *u* schnell den Luftstrom, indem Sie den Kehlkopf kurz verschließen. Es wird eine Weile dauern, bis Sie den Stoß richtig hören und sprechen können. Haben Sie Geduld, und konzentrieren Sie sich nicht zu sehr darauf. Wenn Sie regelmäßig die Tonaufnahmen anhören und nachsprechen, wird der Stoß mit der Zeit fast automatisch kommen.

2. Substantive (Hauptwörter) und Artikel (Geschlechtswörter)

Anders als im Deutschen unterscheidet man im Dänischen nur zwei Geschlechter: Utrum: **en** und Neutrum: **et**.

In der unbestimmten Form steht der Artikel (**en/et**) vor dem Substantiv.

en gade, **en gård**	„eine Straße, ein Hof“;
et møde, **et gulv**	„ein Treffen, ein Boden“.

In der bestimmten Form wird der Artikel **en/et** dagegen an das Substantiv angehängt (bei Wörtern, die auf unbetontem -**e** enden, lautet die Endung nur -**n**/-**t**).

gaden, **gården**	„die Straße, der Hof“;
mødet, **gulvet**	„das Treffen, der Boden“.

Der bestimmte Artikel im Plural wird ebenfalls an das Substantiv angehängt und heißt –**ne**:

bilerne	„die Autos";
cyklisterne	„die Radfahrer".

Sie haben bisher erst wenige Pluralformen kennengelernt, und es wäre verfrüht, schon hier auf die verschiedenen Pluralformen des Substantivs einzugehen, also bitte etwas Geduld!

3. Verben (Tätigkeitswörter)

Die Verbformen des Präsens (Gegenwart) sind sehr einfach. Alle Personen haben im Singular und Plural die gleiche Endung; normalerweise hängt man einfach ein –**r** an den Infinitiv (Grundform) an:

at	**komme**	„kommen"
jeg	**kommer**	„ich komme";
du	**kommer**	„du kommst";
han/hun	**kommer**	„er/sie kommt";
vi	**kommer**	„wir kommen";
i	**kommer**	„ihr kommt";
de	**kommer**	„sie kommen".

Der Infinitiv (Grundform) endet normalerweise auf –**e** und wird von dem Infinitivkennwort **at** begleitet (ähnlich wie das englische 'to'):

Jeg holder af at betragte... (Lektion 5).

Nach Modalverben („müssen, sollen, wollen" usw.) fällt das **at** vor dem Infinitiv allerdings weg:

Du må lære... (Lektion 2); **skal vi sætte os**... (Lektion 3).

Die beiden Hilfsverben **at være** „sein" und **at have** „haben" sind unregelmäßig, aber auch hier haben alle Personen die gleiche Endung:

at være:	**at have**:
jeg/du... er	**jeg/du... har**

Sie haben in den vergangenen Lektionen auch schon einige Imperative (Befehlsformen) kennengelernt:

Kom indenfor (Lektion 2); **Bliv ved med det**, **Hils fru Jensen** (Lektion 4) sowie die Vergangenheitsform **var** (von **at være**). Auf die Bildung und Verwendung dieser Formen werden wir zurückkommen, wenn Sie einige weitere Beispiele gesammelt haben.

4. Begrüßung und Höflichkeitsformen

Unter Freunden und Bekannten begrüßt man sich normalerweise mit **dav** [*dau*]/**davs** [*dauß*] oder **hej** [*hai*]. **Hej** dient ebenfalls zur Verabschiedung. Ein weiterer informeller Abschiedsgruß ist **vi ses** [*wie **ßeß***] „wir sehen uns".

Die formelleren Begrüßungsformen sind: **god morgen**, **goddag**, **god aften**, und der häufigste formelle Abschiedsgruß heißt **farvel** [*far-**wäl***].

Das Duzen ist in Dänemark sehr viel stärker verbreitet als in Deutschland. So werden in der Regel auch Vorgesetzte oder Lehrer geduzt. **De** „Sie" wird gelegentlich gegenüber älteren Leuten oder in sehr formellen Situationen verwendet.

Das wahrscheinlich wichtigste Wort der dänischen Sprache ist das kleine Wörtchen **tak**. Bietet man Ihnen etwas an, antworten Sie nie nur mit **ja** oder **nej**, sondern immer **ja, tak** oder **nej, tak**. Auch unter guten Bekannten und innerhalb der Familie ist es üblich, sich für jede kleine Handreichung oder z.B. für die Mahlzeiten zu bedanken.

5. Dänemark: Eine Halbinsel und viele Inseln

Dänemark besteht aus der großen Halbinsel Jütland (dänisch: **Jylland**), die im Süden an Schleswig-Holstein grenzt, sowie aus über 470 Inseln, von denen ca. 100 bewohnt sind. Die größten Städte auf Jütland sind Århus, Ålborg und Esbjerg. Die beiden größten Inseln sind Fünen (**Fyn**) mit der Provinzhauptstadt Odense und die Insel Seeland mit der Hauptstadt Kopenhagen. Im Großraum Kopenhagen lebt übrigens über ein Drittel der gut fünf Millionen Einwohner Dänemarks. Zum Staatsgebiet gehören außerdem noch die Faröer Inseln (**Færøerne**) im Nordatlantik und Grönland (**Grønland**), die allerdings unter eigener Verwaltung stehen.

Wir hoffen, daß diese kleine Wiederholung Ihnen geholfen hat, mehr Struktur in das Erlernte hineinzubringen, und daß Sie nun mit Schwung und Neugierde an die nächsten Lektionen herangehen können.

▶ Ottende (8.) lektion [*O-d(e)-n(e) läk-***scho!n**]

Fest

1 – Det er en **pæn kjo**le, du har **på**.

2 – **Tak**, **Per**. Det er **og**så et **pænt slips**, **du** har **på**. ①

3 – **Tror** du, det bliver en **hyg**gelig **af**ten? ②

4 – **Ja**, **det tror** jeg. **Kajs ven**ner er **fest**lige. ③④

5 **Sam**men med **dem ke**der man sig **al**drig.

6 – **Så**! **Nu** er **jeg klar**. Skal vi **kø**re?

7 – **Ja**, **lad** os **det**.

8 Men **husk nu** at ben**zin** og **al**kohol er en **livs**farlig **cock**tail. ⑤⑥

9 – **Det** skal jeg **nok**. ⑦⑧

UDTALE

[***fäßd 1*** *de (är) en* ***pä!n kjo:****-l(e) du ha(r)* ***pO! 2 tak per*** *de (är)* ***O-****ß(e) et* ***pä!nt ßlipß du*** *har* ***pO! 3 tro!r*** *du de blier en* ***hü****-g(e)-lie* ***af-****d(e)n* ***4 jä de tro!r*** *jai* ***ka!iß vän****-Or är* ***fäßd****-lie:-(e)* ***5 ßa****-m(e)n mä* ***däm ke:****-(d)Or mãn ßai* ***al****-dre* ***6 ßO nu*** *är* ***jai kla!r*** *ßgã wie* ***kö:****-(e)* ***7 jä lä(d)*** *Oß* ***de 8*** *män* ***hußg nu*** *äd bän-****ßie!n*** *O* ***al****-ko-hOl är en* ***liuß****-fa:r-lie* ***kOg****-täil* ***9 de*** *ßgä jä* ***nog***]

ANMERKUNGEN

① Vergleichen Sie **en pæn kjole** und **et pænt slips**. Da das Substantiv **slips** neutral ist (**et**-Gruppe), erhält das davor stehende Adjektiv **pæn** ein **-t** als Endung.

Achte Lektion

Fest

1 – Das ist ein schönes Kleid, [das] du [da] trägst (hast auf).
2 – Danke, Per. Das ist auch ein schöner Schlips, [den] du [da] trägst.
3 – Glaubst du, das wird ein gemütlicher Abend?
4 – Ja, das glaube ich. Kajs Freunde sind witzig.
5 Zusammen mit denen langweilt man sich nie.
6 – So! Jetzt bin ich fertig. Sollen wir fahren?
7 – Ja, laß uns [fahren] (das).
8 Aber denke [daran] (nun), daß Benzin und Alkohol ein lebensgefährlicher Cocktail sind.
9 – Das werde ich schon.

ANMERKUNGEN

② **bliver** wird [*blie!r*] ausgesprochen.

③ **festlige**: Plural von **festlig**. Anders als bei uns werden im Dänischen die Adjektivendungen auch dann an das Substantiv angepaßt, wenn das Adjektiv wie hier hinter dem Substantiv steht.

④ **festlig** hat ein breiteres Bedeutungsspektrum als das verwandte deutsche „festlich". So kann es neben der Bedeutung „festlich, feierlich" auf Menschen bezogen auch „witzig, unterhaltsam, in Partylaune" heißen.

⑤ **at huske**: „sich erinnern/daran denken, daß...".

⑥ Bisher haben wir **at** in der Lautschrift mit [*O*] wiedergegeben; das ist die umgangssprachliche und häufigste Aussprache. Wenn man aber sehr betont oder deutlich spricht, lautet die Aussprache (wie hier) [*ắd*].

⑦ **skal** (Infinitiv: **skulle**) bedeutet nicht nur „sollen", sondern wird auch zur Bildung des Futurs (Zukunft) benutzt. Beispiel: **Jeg skal komme** „Ich werde kommen".

⑧ **nok** wird häufig verwendet, um eine Aussage etwas zu modulieren. Es läßt sich dann nicht direkt übersetzen. Hier entspricht es in etwa „schon, klar, keine Sorge".

10 **Så**, nu **er** vi her...
11 God **af**ten, **Kaj**. **Hvor** er de **an**dre?
12 – **Øh** - de **kom**mer, **men** - **øh** - **først** i **mor**gen!

UDTALE

[*10* ***ßO** nu **är** wie här* ***11** go **af**-d(e)n **ka!i** **wO(r)** är die **an**-dr(e)* ***12** **ö**:-(e) die **kO**-mOr **män** **ö**:-(e) **fÖrßd** ie **mO**:-r(e)n*]

FØRSTE ØVELSE: FORSTÅR DE DISSE SÆTNINGER?

❶ Sammen med Pers venner keder jeg mig. ❷ Lis tror, det bliver en livsfarlig aften. ❸ Husk nu, at vi skal køre i morgen. ❹ Det tror de andre ikke. ❺ Evas ven kommer først i aften.

ANDEN ØVELSE: INDSÆT DE MANGLENDE ORD!

❶ Man langweilt sich nie zusammen mit Pers Freunden.

. . . keder . . . . sammen med . . . .

❷ Denk daran, daß sie morgen kommen.

. . . . nu, at . . . . i morgen.

❸ Lis ist fertig; wir (werden) mit ihnen zusammen fahren.

Lis er . . . . ; vi . . . . sammen med . . . . .

❹ Ja, das werden wir schon [machen].

Ja, . . . skal vi . . . . .

❺ Ist das ein schönes Kleid, [das] Eva anhat (hat auf)?

Er . . . en pæn . . . . . Eva . . . . . ?

10 So, jetzt sind wir da (hier)...
11 Guten Abend, Kaj. Wo sind die anderen?
12 – Äh – die kommen, aber – äh – erst morgen!

FØRSTE ØVELSES LØSNING: HAR DE FORSTÅET?

❶ Zusammen mit Pers Freunden langweile ich mich. ❷ Lis glaubt, das wird ein lebensgefährlicher Abend. ❸ Denk daran (nun), daß wir morgen fahren werden. ❹ Das glauben die anderen nicht. ❺ Evas Freund kommt erst heute abend.

ANDEN ØVELSES LØSNING: DE MANGLENDE ORD.

❶ Man – sig aldrig – Pers venner ❷ Husk – de kommer ❸ klar – skal køre – dem ❹ det – nok ❺ det – kjole – har på.

Sie werden in diesen frühen Lektionen mit ein wenig grammatischer Terminologie konfrontiert. Zum besseren Verständnis steht beim ersten Auftreten eines grammatischen Fachworts die deutsche Entsprechung in Klammern dahinter. Die grammatischen Erklärungen sind lediglich als Hilfe gedacht; lassen Sie sich nicht abschrecken, wenn Sie nicht alles verstehen; wichtiger ist das intuitive Lernen.

▶ Niende (9.) lektion [*nie!-(e)-n(e) läk-ßjo!n*]

Spørge-Jørgen

1 – **Mor**, **mor**. **Hvad** hedder **den der**? ①
2 – **Det** er en **bus**, **Jør**gen!
3 – Skal vi med **bus**sen, **mor**? ②③
4 – **Nej**, **Jør**gen. Vi skal med **to**get.
5 – **Mor**, **hvad** hedder **den** - og **den** - og **den** - og **den der sjo**ve **ting**?
6 – **Det** er et **æble**, en kar**to**ffel, en ba**nan**, en to**mat**, et sa**lat**hoved og en **gu**lerod.
7 – **Mor**, jeg kan **ik**ke lide **gu**lerødder. ④⑤
8 Hvorfor skal jeg spise **gu**lerødder?

UDTALE

[***ßbÖ:***-*Or* ***jÖ:rn 1 mo-a:r mo-a:r wã*** *he-(d)Or* ***dä!n dä!r 2 de*** *är en* ***buß jÖ:rn 3*** *ßgã wie mä* ***bu***-*ß(e)n* ***mOr 4 nai jÖ:rn*** *wie ßgã mä* ***tO!(u)***-*(e)(d)* ***5 mo-a:r wã*** *he-(d)Or* ***dä!n*** *O* ***dä!n*** *O* ***dä!n*** *O* ***dä!n dä!r ßjO(u)***:-*(e)* ***ti!ng 6 de*** *är ed* ***äb***-*l(e) en kar-**tO**-f(e)l en ba-**nã!n** en to-**mã!t** ed ßã-**lãd**-ho:-w(e)(d) O en **gu**-l(e)-ro!(d)* ***7 mo:r*** *jai kã **i**-g(e) lie **gu**-l(e)-rö!-(d)Or* **8** *wOr-fOr skã ja ßbie:-ß **gu**-l(e)-rö!-(d)Or*]

Neunte Lektion

Frage-Jørgen

1 – Mama, Mama. Wie heißt das da?
2 – Das ist ein Bus, Jørgen!
3 – Fahren (sollen) wir mit dem Bus, Mama?
4 – Nein, Jørgen. Wir fahren mit dem Zug.
5 – Mama, wie heißt das – und das – und das – und das komische Ding da?
6 – Das ist ein Apfel, eine Kartoffel, eine Banane, eine Tomate, ein Salatkopf und eine Karotte.
7 – Mama, ich kann Karotten nicht leiden.
8 Warum soll ich Karotten essen?

ANMERKUNGEN

① **mor** „Mutter" wird normalerweise [*mo:r*] ausgesprochen. Kinder sagen aber oft [***mo**-a:r*]; deshalb finden Sie in dieser Lektion zwei Lautschriftvarianten. Koseformen wie „Mama" oder „Mutti" werden in Dänemark kaum benutzt.

② Haben Sie bemerkt, daß bei der bestimmten Form **bussen** das **s** verdoppelt wurde: **bus – bussen**? Auf diese Konsonantenverdopplung werden wir später noch zurückkommen.

③ Wird **skal** in einer zukünftigen Bedeutung mit einem Verb der Fortbewegung wie „gehen, fahren" usw. verwendet, kann man dieses Verb auch weggelassen, wenn ein Verkehrsmittel oder ein Ziel die Bedeutung klärt: **Skal vi med bussen?/Vi skal hjem** „Fahren wir mit dem Bus?"/ „Wir fahren/gehen nach Hause".

④ **lide**, Aussprache [*lie*], entspricht der verwandten deutschen Form „leiden" (unter Schmerzen, Hunger etc.) und hat in Kombination mit **kunne** „können" die Bedeutung „mögen, gern haben": **Jeg kan godt/ikke lide ham** „Ich kann ihn gut/nicht leiden".

⑤ **gulerødder** „Karotten" ist der Plural von **gulerod** „Karotte"; wie im Deutschen wird manchmal beim Plural ein Umlaut notwendig.

9	– Det er **godt** for **øj**nene. ⑥
10	– **Hvor**for er **gu**lerødder **godt** for **øj**nene?
11	– Har **du no**gen **sin**de **set** en ka**nin** med **bril**ler **på**, **Jør**gen? ⑦⑧⑨

UDTALE

[*9 de är **gOt** fOr **Oi**-n(e)-n(e) 10 **wOr**-fOr är **gu**-l(e)-rö!-(d)Or **gOt** fOr **Oi**-n(e)-n(e) 11 har **du n**ɔ:-(e)n **ßi**-n(e) **ße!t** en ka-**nie!n** mä **bri**-lOr **pO jÖ:rn***]

FØRSTE ØVELSE: FORSTÅR DE DISSE SÆTNINGER?

❶ Hvad hedder du? – Jeg hedder Jørgen. ❷ Mor skal med bussen. ❸ Har du nogen sinde set den der sjove ting? ❹ Jytte kan ikke lide det. ❺ Jeg skal spise en banan.

ANDEN ØVELSE: INDSÆT DE MANGLENDE ORD!

❶ Hast du Mama mit Brille (Brillen auf) gesehen?

Har du set . . . med . . . . ?

❷ Ist das nicht gut für die Augen?

Er . . . ikke . . . . for . . . . . . ?

❸ Jørgen kann Karotten nicht leiden.

Jørgen . . . ikke . . . . gulerødder.

❹ Wie heißt das komische Ding da?

. . . . den der . . . . . ting?

❺ Fahren (sollen) wir mit dem Bus? – Nein, wir fahren mit dem Zug.

. . . . vi . . . bus . . ? Nej, vi . . . . toget.

9 – Das ist gut für die Augen.
10 – Warum sind Karotten gut für die Augen?
11 – Hast du jemals ein Kaninchen mit Brille (Brillen auf) gesehen, Jørgen?

ANMERKUNGEN

⑥ **øjnene** ist der Plural in der bestimmten Form von **øje**. Singular: **et øje** „ein Auge", **øjet** „das Auge"; Plural: **øjne** „Augen", **øjnene** „die Augen".

⑦ **nogen sinde** „je, jemals" kann auch zusammengeschrieben werden: **nogensinde**.

⑧ **Har du set** „Hast du gesehen" ist das Perfekt (die zusammengesetzte Vergangenheit) von **se** „sehen".

⑨ Anders als im Deutschen gibt es für „Brille" nur die Pluralform **briller** (weil sie aus zwei Gläsern besteht).

FØRSTE ØVELSES LØSNING: HAR DE FORSTÅET?

❶ Wie heißt du? – Ich heiße Jørgen. ❷ Mutter fährt (soll) mit dem Bus. ❸ Hast du jemals das (da) komische Ding da gesehen? ❹ Jytte kann das nicht leiden. ❺ Ich werde/soll eine Banane essen.

ANDEN ØVELSES LØSNING: DE MANGLENDE ORD.

❶ mor – briller på ❷ det – godt – øjnene ❸ kan – lide ❹ Hvad hedder – sjove ❺ Skal – med – sen – skal med.

*Übrigens, die Buchstaben **ø**, **æ** und **å** stehen ganz am Ende des dänischen Alphabets. Daran müssen Sie denken, wenn Sie ein Wort im Wörterverzeichnis am Ende dieses Buches oder in einem Wörterbuch nachschlagen.*

▶ Tiende (10.) lektion [*tie!-(e)-n(e) läk-**ßjo!n***]

Min dag

1 – Min **dag**?
2 Jeg står **op** klokken **seks**. ①
3 Fra klokken **seks** til **halv syv løber** jeg en **tur** i **par**ken.
4 Klokken **syv** spiser jeg **mor**genmad:
5 et **rund**stykke med **smør** og marme**la**de og en kop **kaffe til**.
6 Klokken **kvart** i **o**tte **ta**ger jeg **bus**sen til **ar**bejde.
7 Jeg **ar**bejder på et kon**tor i**nde i den **in**dre **by**.
8 Klokken **kvart** over **tolv** spiser jeg **fro**kost: ②
9 **tre hal**ve stykker **smør**rebrød med et glas **mælk til**.
10 Jeg kommer **hjem** fra **ar**bejde klokken **halv fem**. ③
11 Klokken **seks** spiser vi **mid**dag. ④

UDTALE

[*mien **dă!** 1 mien **dă!** 2 jai stOor **Ob** klO-g(e)n **ßägß** 3 fra klO-g(e)n **ßägß** ti(l) **ha!l ßü!(u) lö**-bOr jai en **tu!r** ie **par**-k(e)n 4 klO-g(e)n **ßü!(u)** ßbie-ßOr jai **mO**-r(e)r-mă(d) 5 et **rOon**-ßdö-g(e) mä **ßmÖr** O mar-m(e)-**lă:**-(d)(e) O en kOb **ka**-f(e) **til** 6 klO-g(e)n **kwart** ie **Oo:**-d(e) **ta!r** jai **bu**-ß(e)n til **ar**-bai-d(e) 7 jai **ar**-bai-dOr pO et kOn-**to!r i**-n(e) ie dän **in**-dr(e) **bü!** 8 klO-g(e)n **kwart** O(u)-Or **tO!l** ßbie-ßOr jai **fro**-kOßt 9 **tre hal**-w(e) ßdö-gOr **ßmÖ**-r(e)-brÖ!(d) mä et glaß **mä!lk til** 10 jai kO-mOr **jä!m** fra **ar**-bai-d(e) klO-g(e)n **ha!l fä!m** 11 klO-g(e)n **ßägß** ßbie-ßOr wie **mi**-da*]

Zehnte Lektion

Mein Tag

1 – Mein Tag?
2 Ich stehe [um] sechs auf (auf die Uhr sechs).
3 Von sechs Uhr bis halb sieben laufe ich eine Runde im Park.
4 [Um] sieben Uhr esse ich Frühstück:
5 ein Brötchen mit Butter und Marmelade und eine Tasse Kaffee [da]zu.
6 [Um] Viertel vor acht (die Uhr Viertel in acht) nehme ich den Bus zur Arbeit.
7 Ich arbeite in einem Büro (drinnen) in der Innenstadt (inneren Stadt).
8 [Um] Viertel nach zwölf (Viertel über zwölf) esse ich Mittagessen:
9 drei halbe belegte Brote (halbe Stücke Butterbrot) mit einem Glas Milch dazu.
10 Ich komme [um] halb fünf von [der] Arbeit [nach] Hause.
11 [Um] sechs Uhr essen wir Abendbrot.

ANMERKUNGEN

① **klokke** „Uhr“ erscheint bei Zeitangaben immer mit dem bestimmten Artikel, also: **klokken** „die Uhr“. Außerdem steht **klokken** vor der Zeitangabe und kann auch dann stehen, wenn **kvart** oder **halv** der Zahl vorausgeht.

② Beachten Sie: **kvart <u>i</u> otte** „Viertel <u>vor</u> acht“, und **kvart <u>over</u> tolv** „Viertel nach zwölf“.

③ **hjem** „nach Hause“ drückt bereits eine Bewegung in eine bestimmte Richtung aus; daher ist die Präposition „nach“ nicht erforderlich. Im Unterschied dazu heißt es **hjemme**, wenn man sich „zu Hause“ befindet (keine Bewegung). Dies wird durch die Endung **-e** ausgedrückt, so daß auch hier „zu“ nicht erforderlich ist.

④ Nicht verwechseln! **middag** bezeichnet nicht das „Mittagessen“, sondern das „Abendbrot“, das in den meisten Fällen die Hauptmahlzeit und die einzige warme Mahlzeit am Tag darstellt.

12 **Ef**ter **op**vasken drikker vi **kaf**fe og ser TV-a**vis** klokken **halv ot**te. ⑤
13 **De**refter **ple**jer jeg at **læ**se i en **god bog**. ⑥
14 På **sla**get **el**leve går vi i **seng**.
15 – **Pe**ter! **Pe**ter! **Se så** at komme **ud** af **fje**rene!
16 **Klok**ken er **halv ot**te. **Det** er det sæd**van**lige med **dig**...! ⑦

(UDTALE)

[*12* ***äf****-dor* ***Ob****-waß-g(e)n dr-gOr wie* ***ka****-f(e) O ßer* ***te****-we-a-****wie!ß*** *klO-g(e)n* ***ha!l Oo:****-d(e)* ***13*** ***där****-äf-dor* ***plai****-Or jai O* ***lä:****-ß(e) ie en* ***go!(d) bOo!(u) 14*** *pO* ***ßlă!****-j(e)(d)* ***äl****-we gOor wie ie* ***ßä!ng 15 pe****-dOr* ***pe****-dOr* ***ße ßO*** *O kO-m(e)* ***u!(d)*** *ă* ***fje****-Or-n(e)* ***16 klO****-g(e)n är* ***ha!l Oo:****-d(e)* ***de*** *(är) de ßä(ð)-****wăn****-lie:-(e) mä* ***dai***]

FØRSTE ØVELSE: FORSTÅR DE DISSE SÆTNINGER?

❶ Jeg plejer at løbe en tur i parken efter opvasken. ❷ Tager Hansen bussen til arbejde? ❸ Jeg kommer hjem fra kontoret kvart i seks. ❹ Fra klokken halv syv til kvart over syv spiser vi middag. ❺ Jeg arbejder på mit kontor fra klokken ni til klokken fem.

ANDEN ØVELSE: INDSÆT DE MANGLENDE ORD!

❶ Frau Hansen steht um halb acht auf.

Fru Hansen . . . . . . klokken . . . .

❷ Wir trinken ein Glas Milch und eine Tasse Kaffee zum Mittagessen.

Vi . . . . et . . . . mælk og en . . . kaffe . . . .

12 Nach dem Abwasch trinken wir Kaffee und sehen Fernsehnachrichten um halb acht.
13 Danach pflege ich in einem guten Buch zu lesen.
14 (Auf den) Schlag elf gehen wir ins Bett.
15 – Peter! Peter! Sieh [zu] (so), daß du aus den Federn kommst (zu kommen raus von den Federn)!
16 Es (die Uhr) ist halb acht. Das ist immer das Gleiche (Gewöhnliche) mit dir...!

ANMERKUNGEN

⑤ **avis** bedeutet generell „Zeitung", mit **TV-avis** bezeichnet man dagegen die Fernsehnachrichten.

⑥ **pleje** „pflegen" wird für „pflegen" im Sinne von z.B. Kranken-, Alten- oder Körperpflege verwendet, aber auch für gewohnheitsmäßige Handlungen. In dieser zweiten Bedeutung ist es im Dänischen wesentlich üblicher als im Deutschen.

⑦ Beachten Sie die Aussprache von **dig** „dich, dir": [*dai*].

FØRSTE ØVELSES LØSNING: HAR DE FORSTÅET?

❶ Ich pflege nach dem Abwasch eine Runde im Park zu laufen. ❷ Nimmt Hansen den Bus zur Arbeit? ❸ Ich komme [um] Viertel vor sechs aus dem Büro nach Hause. ❹ Von halb sieben bis Viertel nach sieben essen wir Abendbrot. ❺ Ich arbeite in (auf) meinem Büro von neun Uhr bis fünf Uhr.

③ Gewöhnlich sieht Hansen (Das Gewöhnliche mit Hansen ist, daß er) die Fernsehnachrichten [um] acht.

. . . . med Hansen er . . han . . . TV-avis klokken . . . . .

④ Pflegst du nach dem Abendbrot in einem Buch zu lesen?

. . . . . . du . . . . . i en . . . efter . . . . ?

⑤ Nimmst du den Bus um Viertel vor sieben oder um Viertel nach sieben?

. . . . . du bussen . . . . . . syv eller kvart . . . . syv?

Elvte (11.) lektion [*äl-t(e) läk-**ßjo!n***]

På indkøb med fru Hansen, pensionist

1 – God **mor**gen, fru **Han**sen. **Hvad** skulle det **væ**re? ①

2 – **Jeg** vil gerne **be**de om **seks æg**, **tre** to**ma**ter, **to** kilo kar**to**fler, **fem pæ**rer og **to** liter **mælk**. ②

UDTALE

[*pO **in**-kö!b mä fru **hãn**-ß(e)n pang-ßjo-**nißt** **1** go **mO:**-r(e)n fru **hãn**-ß(e)n **wã** ßgu de **wä:**-r **2** **jai** will gär-n(e) **be**-(d)(e) Om **ßägß ä!g**, **tre!** to-**mã**-dOr **to!** kie-lo ka-**tOf**-lOr **fä!m pä:**-(r)Or O **to!** lie-dOr **mä!lk***]

ANDEN ØVELSES LØSNING: DE MANGLENDE ORD.

❶ står op – halv otte ❷ drikker – glas – kop – til frokosten ❸ Det sædvanlige – at – ser – otte ❹ Plejer – at læse – bog – middagen ❺ Tager – kvart i – over.

Das Smørrebrød

Zum Schluß eine kleine Anmerkung zur dänischen Eßkultur: Das ***smørrebrød*** *ist wesentlich mehr als nur ein Butterbrot. Es wird so üppig mit Fleisch, Fisch, Krabben oder Käse belegt und Salat und Gemüse garniert, daß vom Brot selbst nichts mehr zu sehen ist. Die Bedeutung dieses Nationalgerichts erkennt man daran, daß es für dessen Herstellung sogar einen eigenen Beruf gibt, die* ***smørrebrøds-jomfru*** *[**ßmÖ**-re-brÖ!(d)ß-**jOm**-fru] „Butterbrotsjungfrau" bzw. „kalte Mamsell".*

Elfte Lektion

[Auf] Einkauf mit Frau Hansen, Rentnerin

1 – Guten Morgen, Frau Hansen. Was darf (sollte) es sein?

2 – Ich hätte gern (will gern bitten um) sechs Eier, drei Tomaten, zwei Kilo Kartoffeln, fünf Birnen und zwei Liter Milch.

ANMERKUNGEN

① **skulle** „sollen" wird hier im - heute selten auftretenden - Konjunktiv als Höflichkeitsform verwendet. Belasten Sie sich nicht mit der Grammatik; merken Sie sich den Satz als feste Wendung.

② Sie finden hier verschiedene Pluralformen: Einige haben die Endung **-(e)r**: **pærer** (Sing. **en pære**), **tomater** (Sing. **en tomat**); andere haben die gleiche Form wie im Singular: **æg** (Sing. **et æg**), **kilo** (Sing. **et kilo**). Einen Sonderfall bildet **en kartoffel**: Der Plural heißt **kartofler**.

3 – Så **ger**ne. **Det** bliver **ti kro**ner for **æg**gene, **fem kro**ner og **ty**ve **ø**re for to**ma**terne, ③

4 **seks kro**ner og **tre**dive **ø**re for kar**tof**lerne, **seks kro**ner for **pæ**rerne og **fem kro**ner for **mæl**ken. ④

5 **To** og **tre**dive **kro**ner og halv**treds ø**re i **alt**, **tak**.

6 – Må jeg **skri**ve en **check** på be**lø**bet? ⑤

7 – **Det** kan De **tro**, fru **Han**sen.

8 **Sig mig**, fru **Han**sen, har De **al**drig **re**de **pen**ge på Dem? ⑥⑦

9 – **Al**drig. Man **hø**rer jo så **me**get om **o**verfald på **æl**dre **da**mer. ⑧⑨⑩

10 – **Hvad** gør De så i **bus**sen?

11 – **Bus**sen! Jeg **ta**ger **al**drig **bus**sen.

UDTALE

[**3** ßO **gär**-n(e) **de** blier **tie! kro:**-nOr fOr **ä**-g(e)-n(e) **fä!m kro:**-nOr O **tü**-w(e) **ö:**-r fOr to-**mấ**-dOr-n(e) **4 ßägß kro:**-nOr O **trấ(d)**-w(e) **ö:**-r fOr kar-**tOf**-lOr-n(e) **ßägß kro:**-nOr fOr **pä:**-(r)Or-n(e) O **fä!m kro:**-nOr fOr **mäl**-k(e)n **5 to!** O **trấ(d)**-w(e) **kro:**-nOr O hal-**träß ö:**-r ie **ấlt tak 6** mOo jai **ßgrie:**-w(e) en **schäk!** pO be-**lÖ**-b(e)(d) **7 de** ka die **tro!** fru **hấn**-ß(e)n **8 ßie! mai** fru **hấn**-ß(e)n har die **al**-d(r)ie **re:**-(d)(e) **pä-**ng(e) pO däm **9 al**-drie man **hÖ**-rOr jo ßO **mai**-(e)(d) Om **O(u)**-(e)r-**fấ!l** pO **äl**-dr(e) **dấ**-mOr **10 wấ** gÖr die ßO ie **bu**-ß(e)n **11 bu**-ß(e)n jai ta!r **al**-drie **bu**-ß(e)n]

3 – (So) Gern. Das macht (wird) zehn Kronen für die Eier, fünf Kronen und zwanzig Öre für die Tomaten,
4 sechs Kronen und dreißig Öre für die Kartoffeln, sechs Kronen für die Birnen und fünf Kronen für die Milch.
5 Zweiunddreißig Kronen und fünfzig Öre insgesamt bitte.
6 – Kann ich einen Scheck über (auf) den Betrag [aus]schreiben?
7 – Selbstverständlich (das können Sie glauben), Frau Hansen.
8 Sagen [Sie] (mir), Frau Hansen, haben Sie nie bares Geld bei sich (auf Sie)?
9 – Niemals. Man hört ja so viel über Überfälle auf ältere Damen.
10 – Was machen Sie denn im Bus?
11 – (Der) Bus! Ich nehme nie den Bus.

ANMERKUNGEN

③ In diesem Satz finden Sie zwei Pluralformen mit dem bestimmten Artikel, der als **-ne** oder **-ene** (z.B. in **tomaterne** und **æggene**) angehängt wird. Beachten Sie auch die Konsonantenverdopplung in **æggene**.

④ **Krone**, **-n**, Pl.: **Kroner**: die dänische Währung. Eine Krone hat 100 **Øre**.

⑤ **må** ist die Präsensform (Gegenwart) von **måtte** [***mO**-d(e)]*. Es gehört zur kleinen Gruppe der Modalverben und kann je nach Sinnzusammenhang mit „können, müssen" oder „dürfen" übersetzt werden.

⑥ **penge** „Geld" existiert nur im Plural.

⑦ **Dem** ist der Objektfall (Wen-Fall/Wem-Fall) der Höflichkeitsform **De** „Sie". Es wird ebenfalls groß geschrieben und kann mit „Sie, Ihnen" oder „sich" übersetzt werden.

⑧ **jo** ist ein häufig gebrauchtes Füllwort, das meistens mit „ja" übersetzt werden kann.

⑨ **overfald**, **-et** (Pl.: **overfald**) „Überfall" hat keine Pluralendung.

⑩ **ældre** „älter" ist die unregelmäßige Steigerung von **gammel** [***ga**-m(e)l*] „alt".

12 – Jeg **bru**ger a**post**lenes **hes**te - mine **to** **go**de **ben**! ⑪⑫

UDTALE

[***12*** *jai* ***bru:***-*Or a-***pOßd***l-n(ə)ß* ***häß***-*d(e) mie:-n(e)* ***to!*** ***go:***-*(d)(e)* ***be!n***]

FØRSTE ØVELSE: FORSTÅR DE DISSE SÆTNINGER?

❶ Tager De bussen med kartoflerne og æggene? ❷ Fru Hansen skriver en check på beløbet. ❸ God morgen, hvad skulle det være i dag? ❹ Købmand Jensen bruger ikke apostlenes heste, han tager toget. ❺ Sig mig, Pedersen, bliver det seks og tredive kroner for mælken og kartoflerne?

ANDEN ØVELSE: INDSÆT DE MANGLENDE ORD!

❶ Insgesamt macht (wird) das fünfzig Kronen und dreißig Öre.

I alt . . . . halvtreds . . . . . . og . . . . øre.

❷ Man hört so viel über Überfälle auf Rentner.

. . . . så meget . . overfald . . pensionister!

❸ Was machen Sie mit dem Scheck?

. . . . med checken?

❹ Ich hätte gern (möchte gern bitten um) drei Kilo Kartoffeln und zehn Eier.

Jeg . . . gerne . . . . . . tre kilo . . . . og ti . . .

❺ Darf ich um Bargeld bitten?

. . jeg bede . . . . ?

12 Ich gebrauche die Pferde der Apostel – meine beiden gesunden (guten) Beine!

ANMERKUNGEN

⑪ **heste** ist der Plural von **hest**, **-en** „Pferd".

⑫ **ben** ist der Plural von **ben**, **-et** „Bein". Wie viele einsilbige Wörter trägt das Wort keine Pluralendung.

FØRSTE ØVELSES LØSNING: HAR DE FORSTÅET?

❶ Nehmen Sie den Bus mit den Kartoffeln und den Eiern? ❷ Frau Hansen schreibt einen Scheck über den Betrag [aus]. ❸ Guten Morgen, was darf (sollte) es heute sein? ❹ Kaufmann Jensen geht nicht zu Fuß (gebraucht nicht die Pferde der Apostel), er nimmt den Zug. ❺ Sag mir, Pedersen, macht (wird) das sechsunddreißig Kronen für die Milch und die Kartoffeln?

ANDEN ØVELSES LØSNING: DE MANGLENDE ORD.

❶ bliver det – kroner – tredive ❷ Man hører – om – på ❸ Hvad gør De ❹ vil – bede om – kartofler – æg ❺ Må – om rede penge.

Um die richtige Aussprache zu üben, sollten Sie die Texte laut lesen. Manchmal ist es auch ganz hilfreich, Ihre Aussprache aufzunehmen und anschließend kritisch mit den Tonaufnahmen auf den Audio-CDs dieses Lehrwerks zu vergleichen.

▶ Tolvte (12.) lektion [*tOl-t(e) läk-ßjo!n*]

Hvad skal vi lave i aften?

1 – **Åh**! **E**ndelig **week**-end efter en **lang**, **træls u**ge.
2 Jeg har **lyst** til at gå **ud** i **af**ten.
3 **Går** der ikke en **god film** i bio**gra**fen? ①
4 – Der går en **god**, **dansk film** i **Ki**no med **un**ge, **dyg**tige **sku**espillere. ②
5 – Jeg **gi**der ikke gå i bio**gra**fen. ③
6 **Spil**ler de ikke et **godt styk**ke på te**a**tret? ④⑤

UDTALE

[*wå ßgå wie lå:-w(e) ie* ***af**-d(e)n* **1 Oo:** *ä-n(e)-lie* ***wie:g**-änd äf-dOr en* ***la!ng träl**ß* ***u**:-(e)* **2** *jai har* ***lößd** til O gOo* ***u!(d)** ie* ***af**-d(e)n* **3 gOor** *där i-g(e) en* ***go fie!lm** i bie-o-**gra**-f(e)n* **4** *där gOor en* ***go!(d) dånßg fie!lm** ie* ***kie:**-no mä* ***Oo**-ng(e)* ***dög**-die:-j(e)* ***ßgu**:-(e)-ßbi-lO-r(e)* **5** *jai* ***gie**:-(d)Or ig gOo ie bie-o-**gra**-f(e)n* **6 ßbi**-*lOr die i-g(e) et* ***gOt ßdö**-g(e) pOo te-**a**-tr(e)(d)]*

Zwölfte Lektion

Was sollen wir heute abend machen?

1 – Ah! Endlich Wochenende nach einer langen, mühseligen Woche.
2 Ich habe Lust dazu, heute abend auszugehen.
3 Läuft (geht) da nicht ein guter Film im Kino?
4 – Es läuft ein guter, dänischer Film im Kino mit jungen, begabten Schauspielern.
5 – Ich mag nicht ins Kino gehen.
6 Spielt man (spielen sie) nicht ein gutes Stück im (auf dem) Theater?

ANMERKUNGEN

① Das Wort **kino** gibt es zwar auch im Dänischen, normalerweise wird „Kino" aber als **biograf** oder einfach **bio** bezeichnet. Hier handelt es sich um den Namen eines bestimmten Kinos, wie an der Großschreibung erkennbar ist.

② Die Ortsangabe **der** „da" wird sehr häufig als unpersönliches Subjekt verwendet, wie das deutsche „es" („Da/Es läuft ein guter Film..."). Ein weiteres typisches Beispiel ist: **Der er varmt ude** [*där är **wa!rmd u**-(d)(e)*] „Es ist warm draußen". „es gibt" wird meistens mit **der er** übersetzt.

③ Hier hören Sie wieder ein typisches Beispiel dafür, daß Silben verschluckt werden: Von **ikke** hört man nur noch [*ig*].

④ **de** wird oft als unbestimmtes Pronomen (Fürwort) verwendet und entspricht dann „man" oder einem Passivsatz: **De spiller et godt stykke** „Man spielt ein gutes Stück/Ein gutes Stück wird gespielt".

⑤ Vergleichen Sie **et godt stykke** und **en god film**. Weil **stykke** zur **et**-Gruppe gehört, wird das Adjektiv angepaßt und erhält ein **-t**. Beachten Sie auch die dadurch veränderte Aussprache: **god** [*go!(d)*] - **godt** [*gOt*].

7 – **Jo**, de **spil**ler et **styk**ke af **Hol**berg, **Jep**pe paa **Bjer**get. ⑥⑦

8 Med Erik **Pås**ke i den **sto**re **ho**vedrolle.

9 – Hm... **Hvad** med det **ny**e disko**tek** i **Sto**regade?

10 – **Jo**, men **fjern**synet **sen**der en **spæn**dende de**bat**:

11 den **en**lige **kvin**de i det mo**der**ne **sam**fund! ⑧

12 – **Du**, **Gre**te - **hvad** siger du til en **lil**le **læk**ker **sag** på **vi**deoen og så **bag**efter et **styk**ke med **dy**ner? ⑨⑩

UDTALE

[**7 jo!** *die* ***ßbi****-lOr et* ***ßdö****-g(e) ã* ***hOl****-bä!r* ***jä****-b(e) pO* ***bjär****-(e)* **8** *mä e-rik* ***pOo:****ß-g(e) ie dän* ***ßdo:****-r(e)* ***ho:****-(e)(d)-rO-l(e)* **9** *hmm* ***wã*** *mä de* ***nü:****-(e) dieß-ko-****te!k*** *ie* ***ßdo:****-r(e)-gã-(d)(e)* **10 jo:** *män* ***fjärn****-ßü-n(e)(d)* ***ßä****-nOr en* ***ßbä****-n(e)-n(e) de-****bat*** **11** *dän* ***en****-lie:-ä* ***kwi****-n(e) ie de mo-****där****-n(e)* ***ßam****-fOo!n* **12 du gre***-d(e)* ***wã*** *ßie:-Or du til en* ***lie-****l(e)* ***lä****-gOr* ***ßä!j*** *pO* ***wie****-de-o-(e)n o ßO* ***bã!j****-äf-dOr et* ***ßdö****-g(e) mä* ***dü:****-nOr*]

FØRSTE ØVELSE: FORSTÅR DE DISSE SÆTNINGER?

❶ Hvad spiller de på det lille teater? ❷ Åh! Endelig en god dansk film i biografen. ❸ Skuespilleren i den store hovedrolle er ung og dygtig. ❹ Hvad siger du om det nye diskotek? ❺ Bagefter skal vi i biografen.

ANDEN ØVELSE: INDSÆT DE MANGLENDE ORD!

❶ Da spielen sie ein Stück von Holberg.

. . . spiller . . et . . . . Holberg.

❷ Hast du Lust, ins Kino zu gehen?

. . . du . . . . til . . gå . . . . ?

7 – Ja, die spielen ein Stück von Holberg, Jeppe vom Berge (auf dem Berg).
8 Mit Erik Påske in der großen Hauptrolle.
9 – Hm... Was [ist] mit der neuen Diskothek in [der] Storegade?
10 – Ja, aber das Fernsehen sendet eine spannende Diskussion:
11 die alleinstehende Frau in der modernen Gesellschaft!
12 – Du, Grete - Was sagst du zu einem kleinen, schönen Film (Sache) auf (dem) Video und danach ins Bett (ein Stück mit Bettdecken)?

ANMERKUNGEN

⑥ **Jo** „doch, ja". Wenn man eine Frage bejahen will, die eine Verneinung enthält (wie z.B. **ikke**), so antwortet man nicht mit **ja**, sondern mit **jo**.

⑦ Ludvig Holberg (1684-1754), ein berühmter dänischer Lustspielautor, der immer noch sehr populär ist. Haben Sie die ungewöhnliche Schreibweise bemerkt? Vor der dänischen Rechtschreibreform 1948 wurde der Buchstabe **å** als **aa** geschrieben.

⑧ Vergleichen Sie **den enlig<u>e</u> kvinde** und **det modern<u>e</u> samfund**. Wenn das Adjektiv mit dem vorangestellten bestimmten Artikel (**den**/**det**) auftritt, hat es sowohl bei Neutrum- als auch bei Utrumwörtern die Endung **-e**.

⑨ Das Adjektiv **lille** ist im Singular unveränderlich: **en lille sag**, **et lille hus**. Achtung: Der Plural von **lille** heißt **små** [*ßmCo*]!

⑩ **lækker** „lecker, prima, schön, geschmackvoll" bezieht sich anders als im Deutschen nicht nur auf Lebensmittel, sondern ist universell einsetzbar.

FØRSTE ØVELSES LØSNING: HAR DE FORSTÅET?

❶ Was spielen sie in (auf) dem kleinen Theater? ❷ Ah! Endlich ein guter dänischer Film im Kino. ❸ Der Schauspieler in der großen Hauptrolle ist jung und begabt. ❹ Was sagst du zu der (über die) neuen Diskothek? ❺ Hinterher gehen wir ins Kino.

❸ Das Fernsehen sendet eine spannende Diskussion über die moderne Gesellschaft.

. . . . sender . . spændende debat om . . . .

❹ Ich mag heute abend nicht ausgehen; was sollen wir machen?

Jeg . . . . gå . . i aften; . . . . skal vi . . . . ?

❺ Was sagst du zu einem guten Film auf Video?

. . . . du til en . . . . video?

▶ Trettende (13.) lektion [*trä-d(e)-n(e) läk-scho!n*]

Et brev

1 **K**æ**re Li**se,

2 **Så er** vi **en**de**l**ig i I**ta**liens **sol**. ①

3 Den **skin**ner **ned** fra en **sky**fri **him**mel **he**le den **uds**lagne **dag**. ②

4 Vores ho**tel lig**ger i **en** af **by**ens **små**, **hyg**gelige **si**degader. ③

UDTALE

[*et **bre!**(u) **1 kä:**-r **lie:**-ß(e) **2 ßO är** wie **ä**-n(e)-lie ie ie-**tă̄l**-j(e)nß **ßo!l** **3** dän **ßgi**-nOr **ne!(d)** fra en **ßgü**-frie **hi**-m(e)l **he:**-l(e) dän **u(d)**-ßlă̄!-n(e) **dă̄!j 4** wO-r(e)ß ho-**täl li**-gOr ie **en** ă̄ **bü**-(e)nß **ßmOo hü**-g(e)-lie:-j(e) **ßie:**-(d)(e)-gă̄-(d)Or*]

ANDEN ØVELSES LØSNING: DE MANGLENDE ORD.

❶ Der – de – stykke af ❷ Har – lyst – at – i biografen ❸ Fjernsynet – en – det moderne samfund ❹ gider ikke – ud – hvad – lave ❺ Hvad siger – god film på.

Sicher haben Sie schon bemerkt, daß es große Ähnlichkeiten zwischen dem Dänischen und dem Deutschen gibt. Das ist eine wichtige Lernhilfe; achten Sie jedoch auch auf die feinen Unterschiede, z.B. bei der Wortstellung oder einem unterschiedlichen Bedeutungsspektrum wie bei ***festlig*** *und* ***lækker****.*

Dreizehnte Lektion

Ein Brief

1 Liebe Lise,
2 jetzt sind wir endlich in der Sonne Italiens.
3 Sie scheint (nieder) den lieben langen Tag (ganzen den geschlagenen Tag) von einem wolkenlosen Himmel nieder.
4 Unser Hotel liegt in einer der kleinen, gemütlichen Seitenstraßen der Stadt.

ANMERKUNGEN

① **Italiens sol** „Italiens Sonne“ ist wieder eine Genitivkonstruktion. Aus dem Deutschen kennen Sie solche Formen fast nur mit Eigennamen („Peters Freundin“). Im Dänischen wird diese Genitivform dagegen auch mit anderen Substantiven verwendet.

② In **skyfri** „wolkenlos“ steckt **sky**, **-en**, **-er** „Wolke“ und **fri** „frei“.

③ **Vores** „unser/unsere“: In Lektion 21 finden Sie eine vollständige Übersicht über die Possessivpronomen (besitzanzeigende Fürwörter).

5 **V**æ**relset er **pæ**nt** og **ny**deligt, men ho**tel**lets restau**rant** er der **ik**ke **me**get **ved**. ④

6 **Der**for **spi**ser vi på itali**e**nernes **eg**ne restau**ran**ter. ⑤

7 **Der** kommer der **hel**ler **ik**ke så **man**ge tu**ris**ter. ⑥⑦

8 Vi **lig**ger ved **stran**den **he**le **da**gen **lang** og er **al**lerede **me**get **bru**ne.

9 **Rej**sebureauets **gui**de **si**ger, at vi bør tage **med** på deres **tu**re. ⑧

10 Men **vi** vil **hel**lere **lig**ge og **da**se for os **selv**.

11 **Man**ge **kær**lige **hils**ner fra **os her** i tu**ris**ternes **lil**le para**dis**.

12 **Kir**sten og **Jens**

UDTALE

[*__5 wä__-r(e)l-ß(e)d är __pä!nt__ O __nü:__-(d)(e)-liet män ho-__täl__-(e)dß re-ßdo-__rang__ är där __i__-g(e) __mai__-(e)(d) __w(e)__ __6 där__-fOr __ßbie__-ß(e)r wie pOo ie-tấl-__jä__-nOr-n(e)ß __ai:__-n(e) reß-do-__rang__-Or __7 där__ kO-mOr där __hä__-lOr __i__-g(e) ßO __ma__-ng(e) tu-__rieß__-dOr __8__ wie __li__-gOr we __ßdra__-n(e)n __he:__-l(e) __dấ__-j(e)n __lang!__ O är __ấ__-l(e)-re:-(d)(e) __mai__-(e)(d) __bru:__-n(e) __9 rai__-ß(e)-bü-ro-ä!(d)ß __gaid__ __ßie:__-Or ad wie bör ta __mä__ pOo dä-r(e)ß __tu:__-(e)r __10__ män __wie__ wil __hä__-l(e)r __li__-g(e) O __dấ:__-ß(e) fOr Oß __ßäl!__ __11 ma__-ng(e) __kär__-lie:-(e) __hielß__-nOr fra __Oß__ __hä!r__ ie tu-__rieß__-dOr-n(e)ß __lie__-l(e) __pa__-ra-die!ß __12 kier__-ßd(e)n O __jänß__*]

FØRSTE ØVELSE: FORSTÅR DE DISSE SÆTNINGER?

❶ Endelig skinner solen ned fra en skyfri himmel. ❷ Byens rejsebureau er der ikke meget ved. ❸ Hele den udslagne dag daser vi for os selv. ❹ Vores værelse er pænt og hyggeligt. ❺ Mange italienere er meget brune.

5 Das Zimmer ist schön und freundlich, aber mit [dem] Restaurant des Hotels ist nicht viel los (bei).
6 Darum essen wir in (auf) den (eigenen) Restaurants der Italiener.
7 Da gibt es (da kommen da) auch nicht so viele Touristen.
8 Wir liegen den ganzen Tag lang am (beim) Strand und sind schon sehr braun.
9 Der Führer des Reisebüros sagt, daß wir auf deren Ausflüge mitfahren sollten.
10 Aber wir wollen lieber allein (für uns selbst) liegen und dösen.
11 Viele liebe Grüße von uns hier im kleinen Paradies der Touristen.
12 Kirsten und Jens

ANMERKUNGEN

④ **der er ikke meget ved med...** „es ist nicht viel los mit..." (wörtlich: da ist nicht viel bei mit) ist eine häufig gebrauchte Redewendung.

⑤ **italienerne** „die Italiener": Plural mit bestimmtem Artikel. (Singular: **italiener**, **-en**.) Bei den Nationalitätenbezeichnungen gibt es nur eine Form für Männer und Frauen; **dansker** kann also sowohl „Däne" als auch „Dänin" bedeuten.

⑥ **der... der**: Hier sehen Sie zwei Bedeutungen von **der** in einem Satz kombiniert: **der** als Ortsangabe „da" und als unpersönliches Subjekt „es".

⑦ Achtung: Bei der Verneinung heißt „auch" nicht **også**, sondern **heller**. „Auch nicht" muß also mit **heller ikke** übersetzt werden.

⑧ Die Grundbedeutung des äußerst vielseitigen **tage** ist „nehmen"; daneben kann es aber auch „fahren" oder „reisen" bedeuten. Eine weitere wichtige Bedeutung ist „dauern": **det tager en time** [*de* ***ta*** *en* ***tie:****-m(e)*] „das dauert eine Stunde".

FØRSTE ØVELSES LØSNING: HAR DE FORSTÅET?

❶ Endlich scheint die Sonne (herunter) von einem wolkenlosen Himmel herunter. ❷ [Mit] dem Reisebüro der Stadt ist nicht viel los (dabei). ❸ Den lieben langen Tag (ganzen den geschlagenen Tag) dösen wir allein (für uns selbst). ❹ Unser Zimmer ist hübsch und gemütlich. ❺ Viele Italiener sind sehr braun.

ANDEN ØVELSE: INDSÆT DE MANGLENDE ORD!

1. Kirsten sagt, daß wir am (beim) Strand essen sollen.

   Kirsten . . . . . , . . vi . . . spise . . . stranden.

2. Willst du mit auf [die] Ausflüge des Reisebüros?

   . . . du . . . . . rejsebureauets . . . . ?

3. [Die] kleinen Seitenstraßen sind [das] kleine Paradies der Touristen.

   . . . . sidegader er . . . . paradis.

In der nächsten Lektion gibt es wieder ein bißchen „Theorie". Sie sollen in den Lektionen vor allem Aussprache und Hörverständnis trainieren und nicht zu viel mit Grammatik belastet werden. Für die Grammatik sind die Wiederholungslektionen da. Hier wird vertieft und anhand von Beispielen illustriert, was Sie bereits gesehen haben. Darüber hinaus können Sie bestimmte Grammatikphänomene auch gezielt im grammatischen Anhang am Ende des Buches nachschlagen.

▶ Fjortende (14.) lektion [*fj**Or**-d(e)-n(e) läk-**ßjo!n***]

Oversigt og anmærkninger
[***O(u)**-Or-ßigd O **an**-märg-ning-Or*]
(Wiederholung und Anmerkungen)

1. Substantive

In der siebten Lektion haben Sie ja schon einige Erklärungen zu den Substantiven (Geschlecht, Artikel) gelesen. Lesen Sie diesen Abschnitt am besten noch einmal durch, bevor Sie sich mit den folgenden Erläuterungen befassen.

④ Ihr Hotel liegt am (beim) Strand.

. . . . . hotel . . . . stranden.

⑤ Wir essen lieber im (auf) Restaurant des Hotels.

Vi spiser . . . .
restaurant.

ANDEN ØVELSES LØSNING: DE MANGLENDE ORD.

① siger, at – bør – ved ② Vil – med på – ture ③ Byens små – turisternes lille ④ Deres – ligger ved ⑤ hellere på hotellets.

Vierzehnte Lektion

Leider gibt es keine generellen Regeln, um zu bestimmen, ob ein Wort zur **en**-Gruppe oder zur **et**-Gruppe gehört. Daher sollten Sie sich immer, wenn Sie ein neues Substantiv lernen, auch den dazugehörigen Artikel gut einprägen. Betrachten Sie ihn einfach als einen Teil des Wortes, was er ja in der bestimmten Form auch ist (**hotellet, gaden**).
In den vergangenen Lektionen sind Ihnen schon einige Plural- d.h. Mehrzahlformen begegnet. Diese wollen wir jetzt etwas systematisieren.

Die meisten Substantive erhalten im Plural die Endung –**(e)r**:

en turist	**mange turister**	„ein Tourist	viele Touristen“;
en kvinde	**to kvinder**	„eine Frau	zwei Frauen“;
et værelse	**tre værelser**	„ein Zimmer	drei Zimmer“.

Wenn das Substantiv bereits auf **-e** endet, wird im Plural nur ein **-r** angehängt. Eine nicht unbedeutende Gruppe von Substantiven erhält im Plural die Endung **-e**:

en tur	**to ture**	„ein Ausflug	zwei Ausflüge“;
en dansker	**mange danskere**	„ein Däne	viele Dänen“.

Schließlich gibt es noch einige Substantive, die im Plural die gleiche Form haben wie im Singular, also keine Endung erhalten. Hierbei handelt es sich meistens um einsilbige Wörter der **et**-Gruppe:

et æg	**to æg**	„ein Ei	zwei Eier“.

Im Verlauf dieses Kurses werden Ihnen noch einige Ausnahmen und Sonderfälle begegnen. Diese werden dann zu gegebener Zeit erläutert, und Sie werden sie durch die Praxis fast automatisch aufnehmen.

Wichtig: Um die Anmerkungen der einzelnen Lektionen nicht zu sehr auszuweiten, wird dort nicht jedes auftretende Substantiv mit seinen Formen aufgeführt. Diese Informationen finden Sie im Wörterverzeichnis am Ende dieses Buches. Dort werden die Substantive in der folgenden Weise dargestellt:

gade-n-r	(Sing. unbestimmt: **gade**, Sing. bestimmt: **gaden**, Pl. unbestimmt: **gader**)
turist-en-er	(Sing. unbestimmt: **turist**, Sing. bestimmt: **turisten**, Pl. unbestimmt: **turister**)
æg-get-=	(Sing. unbestimmt **æg**, Sing. bestimmt: **ægget**, Pl. unbestimmt: **æg**)

So können Sie den dazugehörigen Artikel und die Pluralform nachschlagen (das Gleichheitszeichen (=) verweist auf eine Pluralform ohne eigene Endung).

2. Genitiv (Wesfall)

Die Genitivform vom Typ **hotellets restaurant** ist Ihnen ja in den vergangenen Lektionen häufig begegnet. Sie dürfte eigentlich keine großen Schwierigkeiten bereiten, denn sie entspricht der deutschen Genitivform mit Eigennamen (Beispiel „Peters

Haus“). Im Dänischen wird diese Form nicht nur mit Eigennamen, sondern mit allen Substantiven häufig verwendet. Der Genitiv erscheint normalerweise mit dem bestimmten Artikel und erhält die Endung **-s**. Er steht vor dem Grundwort, das er näher bestimmt. Dieses Grundwort steht immer in der unbestimmten Form. Beispiele:

hotellets gæster	„Gäste des Hotels“;
turisternes paradis	„Paradies der Touristen“.

3. Adjektive (Eigenschaftswörter)

Bei den Adjektiven muß man unterscheiden, ob sie mit oder ohne bestimmten Artikel auftreten. Wie auch im Deutschen spricht man hier von starken und schwachen Adjektiven: Stark ist das Adjektiv, wenn es mit dem unbestimmten Artikel oder ohne Artikel auftritt. Schwach ist es, wenn es vom bestimmten Artikel begleitet wird. Das starke Adjektiv hat drei verschiedene Formen:

Singular Utrum:	**en <u>stor</u> gade**	„eine große Straße“;
Singular Neutrum:	**et <u>stort</u> værelse**	„ein großes Zimmer“;
Plural Utrum und Neutrum:	**<u>store</u> gader**, **<u>store</u> værelser**	„große Straßen, große Zimmer“.

Die Singular-Adjektive der **en-Gruppe** erhalten also keine Endung, die der **et-Gruppe** erhalten ein **-t**, und im Plural erhalten die Adjektive beider Gruppen ein **-e**.

Das schwache Adjektiv hat nur eine Form für beide Gruppen im Singular und im Plural; die Endung lautet immer **-e**:

Sing. Utrum:	**den <u>store</u> gade**	„die große Straße“;
Sing. Neutrum:	**det <u>store</u> værelse**	„das große Zimmer“;
Pl. Utrum und Neutrum:	**de <u>store</u> gader**, **de <u>store</u> værelser**	„die großen Straßen, die großen Zimmer“.

Bitte beachten Sie in diesem Zusammenhang, daß der bestimmte Artikel nicht an das Substantiv angehängt wird, wenn diesem ein Adjektiv vorausgeht. Er steht dann <u>vor</u> dem Adjektiv und lautet, wie Sie obigem Beispiel entnehmen können, **den**, **det**, **de**.

Anders als im Deutschen erhält das Adjektiv auch in prädikativer Stellung eine Endung, d.h. wenn es <u>hinter</u> dem Substantiv steht und in Verbindung mit Formen der Verben „sein, werden, bleiben, wirken“ usw. auftritt (Beispiel: „Das Auto ist rot“):

Sing. Utrum:	**Gaden er** <u>**stor**</u>**.**	„Die Straße ist groß“.
Sing. Neutrum:	**Værelset er** <u>**stort**</u>**.**	„Das Zimmer ist groß“.
Pl. Utrum und Neutrum:	**Gaderne er** <u>**store**</u>, **værelserne er** <u>**store**</u>**.**	„Die Straßen sind groß, die Zimmer sind groß“.

4. Verdopplung der Endkonsonanten (Mitlaute)

Erinnern Sie sich? **Bus** heißt in der bestimmten Form **bussen** und im Plural **busser**, und **æg** wird in der bestimmten Form zu **ægget**. Das Adjektiv **smuk** [*ßmog*] „schön“ wird in der schwachen Singularform und im Plural zu **smukke** [***ßmo***-*g(e)*] (s.o.). Diese Verdopplung tritt in der Regel dann auf, wenn eine Silbe an einen Endkonsonanten angehängt wird, dem ein kurzer Vokal vorausgeht. Im Zweifelsfall können Sie diese Verdopplung im Wörterverzeichnis nachschlagen. Übrigens: Am Ende eines Wortes steht niemals ein Doppelkonsonant.

5. Zahlen von 0 bis 21

	Grundzahlen		**Ordnungszahlen**	
0	nul	[*nOol*]		
1	en/et	[*en*]/[*ed*]	første	[***för***-*ßt(e)*]
2	to	[*to!*]	anden/andet	[***ắ***-*n(e)n*]/[***ắ***-*n(e)d*]
3	tre	[*tre!*]	tredje	[***tre***-*(d)j(e)*]
4	fire	[***fie***-*r(e)*]	fjerde	[***fjä:***-*r(e)*]
5	fem	[*fä!m*]	femte	[***fäm***-*t(e)*]
6	seks	[*ßägß*]	sjette	[***ßjä:***-*d(e)*]
7	syv	[*ßü(u)!*]	syvende	[***ßü(u)!***-*(e)n(e)*]
8	otte	[***Oo:***-*d(e)*]	ottende	[***O***-*d(e)-n(e)*]
9	ni	[*nie!*]	niende	[***nie!***-*(e)n(e)*]
10	ti	[*tie!*]	tiende	[***tie!***-*(e)n(e)*]
11	elleve	[***äl***-*w(e)*]	ellevte	[***älf***-*d(e)*]
12	tolv	[*tO!l*]	tolvte	[***tOl***-*d(e)*]
13	tretten	[***trä***-*d(e)n*]	trettende	[***trä***-*d(e)-n(e)*]
14	fjorten	[***fjOr***-*d(e)n*]	fjortende	[***fjOr***-*d(e)-n(e)*]
15	femten	[***fäm***-*d(e)n*]	femtende	[***fäm***-*t(e)-n(e)*]
16	sektsten	[***ßaiß***-*d(e)n*]	sekstende	[***ßaiß***-*d(e)-n(e)*]
17	sytten	[***ßö***-*d(e)n*]	syttende	[***ßö***-*d(e)-n(e)*]
18	atten	[***ắ***-*d(e)n*]	attende	[***ắ***-*d(e)-n(e)*]
19	nitten	[***ni***-*d(e)n*]	nittende	[***ni***-*d(e)-n(e)*]
20	tyve	[***tü:***-*w(e)*]	tyvende	[***tü:***-*w(e)-n(e)*]
21	enogtyve	[***e***-*nO*-***tü:***-*w(e)*]	enogtyvende	[***e***-*nO*-***tü:***-*w(e)-n(e)*]

Wie im Deutschen spricht man bei den Zahlen ab 21 erst die Einer und dann die Zehner; dazwischen steht, ebenfalls wie im Deutschen, **og** „und“: **en-og-tyve** „ein-und-zwanzig“. Bei der Grundzahl **en/et** („1“) und der Ordnungszahl **anden/andet** („2.“) gibt es jeweils eine Utrum- und eine Neutrumform. Alle anderen Zahlen haben nur eine Form.

Dies war schon Ihre zweite Wiederholungslektion. Machen Sie sich keine Sorgen, wenn noch nicht alles „sitzt“. Mit der Zeit werden Sie ein Gefühl für den richtigen Gebrauch entwickeln. Wichtig ist dafür aber, daß Sie regelmäßig lernen. Eine halbe Stunde täglich reicht schon. In dieser Zeit werden Sie vielleicht keine ganze Lektion schaffen, aber das ist kein Problem. Verteilen Sie die Lektion einfach auf 2-3 Tage.

Ab der nächsten Lektion finden Sie nicht mehr die gesamten Lektionssätze in vereinfachter Lautschrift, sondern nur noch die neuen und schwierig auszusprechenden Wörter. Die ausgelassenen Satzteile werden durch ... dargestellt. Hören Sie sich besonders aufmerksam die Tonaufnahmen an, wiederholen Sie die Sätze laut und deutlich, und ziehen Sie bei Unklarheiten die Liste der Laute in der Einleitung zu Rate.

Raum für persönliche Notizen:

▶ Femtende (15.) lektion [*fäm-t(e)-n(e) läk-**ßjo!n***]

En togrejse

1 – Er du ikke snart **fær**dig, Hans?
2 **To**get **går** klokken **halv el**leve. Nu er den **halv ni**, så du må **skyn**de dig **lidt**. ①
3 – **Ja**, **ja**, jeg **kom**mer **nu**, **Li**se. Vil **du** bakke **bi**len **ud imens**? ②③
4 – Burde vi ikke hellere **ta**ge en **ta**xa? ④
5 Jeg tør ikke **tæn**ke på **føl**gerne, hvis vi **ik**ke kan **fin**de en par**ke**ringsplads! ⑤
6 – **Jo**, **det** har du nok **ret** i. Vil **du rin**ge efter **én**? ⑥
7 – **Det** skal jeg **nok**. ⑦

UDTALE

[... ***tOo**-rai-ß(e)* ***1*** *... ßna!rd **fär**-die ...* ***2*** *... mOo! **ßgö**-n(e) dai **lied*** ***3*** *... **ba**-g(e) ... ie-**mä!nß*** ***4*** ***bur**-d(e) ... **häl**-O-r(e) tắ en **tag**-ßa* ***5*** *... tÖr ... **föl**-jOr-n(e) wiß ... **fi**-n(e) en par-**ker**-ringß-plaß* ***6*** *... nOg **räd** ... **ri**-ng(e) ...* ***7*** ***de** skắ jai **nOg**]*

Fünfzehnte Lektion

Eine Zugreise

1 – Bist du nicht bald fertig, Hans?
2 Der Zug fährt (geht) um halb elf. Jetzt ist es halb neun, also (so) mußt du dich etwas beeilen (du mußt beeilen dich etwas).
3 – Ja, ja, ich komme jetzt, Lise. Willst du inzwischen das Auto rausfahren?
4 – Sollten wir nicht lieber ein Taxi nehmen?
5 Ich wage nicht, an die Folgen zu denken, wenn wir keinen (nicht können finden) Parkplatz finden können!
6 – Ja, da hast du wohl recht (in). Willst du [ein Taxi] rufen (telefonieren nach einem)?
7 – Das werde ich [tun] (schon).

ANMERKUNGEN

① „Es ist zwei (drei usw.) Uhr“ wird immer mit **den er to** (**tre** usw.) übersetzt. **Den** „es“ bezieht sich auf das **en**-Wort **klokken**, deshalb kann es nur **den** und nicht **det** heißen.

② **bakke** „rückwärts fahren“, **bakke bilen ud** „das Auto (aus der Garage usw.) rückwärts herausfahren“. **Bakke ud** wird auch oft im übertragenen Sinne verwendet: „einen Rückzieher machen“.

③ **imens** „während, währenddessen, inzwischen“.

④ Statt **taxa-en-er** wird auch oft **taxi-en-er** verwendet.

⑤ **tør** kommt von **turde** „wagen, sich trauen“.

⑥ Wenn **én** und **ét** als Pronomen oder Zahlwort verwendet werden, erhalten sie oft einen Akzent, um sie vom unbestimmten Artikel zu unterscheiden.

⑦ **nok** ist ein sehr vielseitiges Wort. Die Grundbedeutung ist „genug“: **mer end nok** „mehr als genug“. Oft wird es aber mit „wohl“ oder „schon“ übersetzt: **Det går nok** „Das [wird] schon gehen“. **Det er nok en misforståelse** [***mieß**-fOr-ßdOo-(e)l-ß(e)*] „Das ist wohl ein Mißverständnis“.

8 Skal jeg **smø**re en **mad**pakke til os?
9 – **Nej**, **det** tager for **lang tid**. Vi kan **spi**se et par stykker **smør**rebrød på **fær**gen.
10 – **Åh**, det er så **dyrt** på **fær**gen. Og det er heller ikke særlig **godt**.
11 Jeg **skyn**der mig. Så kan du **nå** at gøre dig **fær**dig i **mel**lemtiden. ⑧
12 **Tax**aen **kom**mer **først** om **ty**ve mi**nut**ter.
13 – **Ja**, **ja da**. **Mors mad**der **mæt**ter **mest**, som man **si**ger.
14 Må jeg få **én** med **dyr**lægens **nat**mad? ⑨
15 – Du må **få**, hvad du vil **ha**ve, bare du **skyn**der dig!

UDTALE

[*8 ... **ßmÖ:**-r(e) en **mã(d)**-pä-g(e) til Oß **9** ... ta!r fOr **lang tie(d)** ... **ßdÖ**-gOr **ßmÖ:**-r(e)-brÖ!(d) pO **fär**-(u)(e)n **10** ... **dü:!rd** ... **ßär**-lie **gOt 11** ... **ßgÖ**-nOr ... ie **mä**-l(e)m-tie-(d)en **12 tag**-ßãn ... **13** ... **mã**-(d)(e)r **mä**-dOr **meßd** ... **14** mOo! ... fOo! ... **dür**-le:-j(e)nß **nãd**-mã(d) **15** ... **ba:**-r(e)... **ßgö**-nOr ...*]

FØRSTE ØVELSE: FORSTÅR DE DISSE SÆTNINGER?

❶ Vil du ringe efter en taxa om tyve minutter? ❷ Vi kan spise et par stykker smørrebrød i toget. ❸ Hvad jeg vil have, er én med dyrlægens natmad. ❹ Hans er ikke færdig, så han må skynde sig. ❺ Det tager for lang tid at smøre en madpakke til dig.

8 Soll ich (schmieren) ein Proviantpaket für uns machen?

9 – Nein, das dauert zu lange (Zeit). Wir können (essen) ein paar (Stücke) belegte Brote auf der Fähre essen.

10 – Ach, das ist so teuer auf der Fähre. Und es ist auch nicht besonders gut.

11 Ich beeile mich. Dann kannst du [es] schaffen (zu machen dich fertig), dich in der Zwischenzeit fertig zu machen.

12 Das Taxi kommt erst in zwanzig Minuten.

13 – Ja, in Ordnung. Mutters Essen sättigt am meisten, wie man sagt.

14 Kann ich (bekommen) eins mit „[dem] Nachtmahl des Tierarztes" bekommen?

15 – Du kannst haben, was du willst (haben), [wenn] du dich nur beeilst (nur du beeilst dich)!

ANMERKUNGEN

⑧ **nå** bedeutet „etwas zeitlich schaffen, fertig werden mit, erreichen" (Arbeit, Zug, Ziel, hohes Alter). **Det når vi aldrig** „Das schaffen wir nie/Damit werden wir nie fertig".

⑨ **dyr-et-=** „Tier", **læge-n-r** „Arzt". **Dyrlægens natmad** „Nachtmahl des Tierarztes" ist ein mit Schinken, Leberpastete, Gelee und einer Zwiebelscheibe belegtes **Smørrebrød**.

FØRSTE ØVELSES LØSNING: HAR DE FORSTÅET?

❶ Kannst (Willst) du in 20 Minuten ein Taxi rufen (telefonieren nach einem Taxi)? ❷ Wir können ein paar (Stücke) belegte Brote im Zug essen. ❸ Was ich haben will (will haben), ist eines mit [dem] „Nachtmahl des Tierarztes". ❹ Hans ist nicht fertig, deshalb muß er sich beeilen. ❺ Das dauert zu lange (Zeit), (zu schmieren) ein Proviantpaket für dich zu machen.

ANDEN ØVELSE: INDSÆT DE MANGLENDE ORD!

❶ Sie wagt nicht, an die Folgen zu denken, wenn Hans sich nicht beeilt.

Hun . . . ikke . . . . . . følgerne, ... Hans ikke . . . . sig.

❷ Ich möchte ein paar belegte Brote auf der Fähre essen.

Jeg . . . . et . . . stykker smørrebrød . . . .

❸ Das dauert zu lange (Zeit), da hast du recht (in).

Det . . . . . for . . . . , det . . . du . . . . .

▶ **Sekstende (16.) lektion** [*ßaiß-d(e)-n(e) läk-ßjo!n*]

En week-end ved havet

1 – **Du**, **Jens**, har **du** og din **ko**ne ikke **lyst** til at komme og be**sø**ge os i vores **som**merhus i **week**-enden?

2 **Li**se og hendes **mand**, **Hans**, kommer **og**så. De tager deres **børn** med. ①

3 – **Jo**, **det** vil vi da **mæg**tig **ger**ne.

4 Men min **søn** Peter er **hjem**me på **fe**rie med sin **ko**ne og deres **tre**, **små** **børn**. ②

UDTALE

[... *wie:g-end wā hā(u)-(e)(ð)* **1** ... *b(e)-ßö-j(e)* ... *ßO-mOr-hu!ß* ... **2** ... *bÖ!rn* ... **3** ... *mäg-die gär-n(e)* **4** ... *ßÖn* ... *fe-rie-(e)* ... *tre ßmOo! bÖ!rn*]

❹ Sie macht sich fertig, während er das Auto rausfährt.

Hun . . . sig . . . . . . imens han bakker . . . .

❺ Mutter kommt erst [um] halb elf.

Mor . . . . klokken . . . .

ANDEN ØVELSES LØSNING: DE MANGLENDE ORD.

❶ tør – tænke på – hvis – skynder ❷ vil spise – par – på færgen ❸ tager – lang tid – har – ret i ❹ gør – færdig – bilen ud ❺ kommer først – halv elleve.

Sechzehnte Lektion

Ein Wochenende am Meer

1 – Du, Jens, haben du und deine Frau nicht Lust, (dazu zu kommen und) uns am Wochenende in unserem Sommerhaus zu besuchen?

2 Lise und ihr Mann, Hans, kommen auch. Sie bringen ihre Kinder mit.

3 – Ja, das wollen wir (da) sehr gern.

4 Aber mein Sohn Peter ist zu Hause auf Urlaub mit seiner Frau und ihren drei kleinen Kindern.

ANMERKUNGEN

① **børn** „Kinder“ ist der Plural von **barn** „Kind“.

② **hjemme** bedeutet „zu Hause“, **hjem** dagegen „nach Hause“.

5 – **Dem** tager du bare **med**. **Som**merhuset ligger **li**ge **ned** til **van**det.
6 **Bør**nene kan **bol**tre sig i **bøl**gerne **he**le dagen.
7 – **Ja**men, er der **plads nok** til os **al**le **sam**men?
8 – Hvor der er **hjer**terum, er der **hus**rum!
9 Vi slår bare **telt** op i **ha**ven. ③
10 **Du** tager **dit telt med**, **Hans** tager **sit** med, **I** tager jeres **so**veposer med, **Hans** tager **sine** med – ④
11 **det** skal nok gå altsammen.
12 – Så **si**ger vi **det**. Men - **hvor lig**ger dit sommerhus for **res**ten? ⑤
13 – Det ligger **øs**ten for **sol** og **ves**ten for **må**ne, hvor **kra**gerne **ven**der og **sva**lerne flyver **bag**læns.
14 Jeg **pjat**ter. Det **lig**ger på **Mols**, **Fem**møller. Du **ta**ger **fær**gen til **Æ**beltoft.
15 **O**verfarten tager **kun** hal**van**den **time**.
16 Tager I **hjem**mefra ved **ot**tetiden, kan I **nå** at **væ**re her til **fro**kost.

(UDTALE)

[***5*** ... ***wá***-*n(e)* ***6*** ... ***bÖr***-*n(e)-n(e)* ... ***bOl***-*d(e)r* ... ***böl***-*jOr-n(e)* ... ***7*** ... ***pláß*** ... ***ßam!***-*(e)n* ***8*** ... ***jär***-*d(e)-ru!(m)* ... ***huß***-*ru!(m)* ***9*** ... *ba(r)* ***täld*** ... ***há(u)***-*(e)n* ***10*** ... ***died*** ... ***ßied*** ... ***ßO***-*(u)(e)-po:-ßOr* ... ***12*** ... *fOr* ***raß***-*d(e)n* ***13*** ... ***öß***-*d(e)n* ... ***wäß***-*d(e)n* ... ***mOo:***-*n(e)* ... ***kra***-*(u)Or-n(e)* ***wä***-*nOr* ... ***ßwá:***-*lOr-n(e)* ***flü***-*(w)Or* ***bau***-*län!ß* ***14 pjá***-*dOr* ... ***mOlß fäm***-*mö-lOr* ... ***ä***-*b(e)l-tofd* ***15 Oo***-*(u)Or-far!-t(e)n* ... *há*-***lán***-*(e)n* ***tie:***-*m(e)* ... ***16*** ... ***o:***-*d(e)-tie(d)* ... ***fro:***-*gOßt*]

5 – Die bringst du einfach mit. Das Sommerhaus liegt gleich unten am (zum) Wasser.
6 Die Kinder können sich den ganzen Tag in den Wellen tummeln.
7 – Ja aber, ist da Platz genug für uns alle (zusammen)?
8 – Wo Platz im Herzen (Wo da ist Herzraum) ist, ist auch Platz im Haus (ist da Hausraum)!
9 Wir schlagen einfach [ein] Zelt im Garten auf.
10 Du bringst dein Zelt mit, Hans bringt seins mit, ihr bringt eure Schlafsäcke mit, Hans bringt seine mit –
11 das wird schon alles (zusammen) gehen.
12 – Abgemacht (So sagen wir das). Aber – wo liegt dein Sommerhaus eigentlich (übrigens)?
13 – Das liegt östlich der Sonne und westlich des Mondes, wo die Krähen umdrehen und die Schwalben rückwärts fliegen.
14 Ich scherze. Es liegt auf Mols, Femmøller. Du nimmst die Fähre nach Æbeltoft.
15 Die Überfahrt dauert nur anderthalb Stunden.
16 Fahrt ihr gegen acht von zu Hause los, könnt ihr es schaffen, zum Mittagessen hier zu sein.

ANMERKUNGEN

③ **slå** „schlagen“, **slå op** „aufschlagen“ (Buch, Zelt, Lager, Augen).

④ **sovepose** setzt sich zusammen aus **sove** „schlafen“ und **pose-n-er** „Sack, Tüte“.

⑤ **for resten**, wörtlich „für den Rest“, bedeutet „übrigens“, kann aber oft auch mit „eigentlich“ übersetzt werden.

FØRSTE ØVELSE: FORSTÅR DE DISSE SÆTNINGER?

❶ Jens og hans kone tager færgen til Æbeltoft for at besøge Inger Hansen og hendes mand i deres sommerhus. ❷ De tager deres telt med og skal slå det op i haven. ❸ Min søn Peter og hans kone kommer også. ❹ Hun kan nå at være her til frokost, bare hun skynder sig. ❺ Hansens hus ligger på Mols to kilometer fra havet.

ANDEN ØVELSE: INDSÆT DE MANGLENDE ORD!

❶ Ihr bringt/nehmt eure Kinder mit.
. tager . . . .

❷ Da ist Platz für alle.
. . . er plads . . . .

❸ Karen und ihr Mann Ole besuchen uns gern.
Karen og . . . . Ole besøger . .
. . . . . .

❹ Wir gehen gegen acht von zu Hause los.
Vi . . . . ottetiden.

▶ **Syttende (17.) lektion** [*ßö-d(e)-n(e) läk-**ßjo!n***]

En frokostinvitation

1 – **Li**se, hvad siger **du** og din **mand** til at komme **ud** og spise **fro**kost hos **os** på **søn**dag?

UDTALE

[... ***frOo**-kOßd-in-wie-ta-ßjo!n* ***1 må!n*** ... ***ßÖ!n**-då*]

FØRSTE ØVELSES LØSNING: HAR DE FORSTÅET?

❶ Jens und seine Frau nehmen die Fähre nach Æbeltoft, um Inge Hansen und ihren Mann in deren Sommerhaus zu besuchen. ❷ Sie nehmen ihr Zelt mit und werden es im Garten aufschlagen. ❸ Mein Sohn Peter und seine Frau kommen auch. ❹ Sie kann [es] schaffen, zum Frühstück hier zu sein, [wenn] sie sich nur beeilt. ❺ Hansens Haus liegt auf Mols zwei Kilometer vom Meer [entfernt].

❺ Hans und seine Frau nehmen ihre Schlafsäcke mit.

Hans og .... tager ..... soveposer med.

ANDEN ØVELSES LØSNING: DE MANGLENDE ORD.

❶ I – jeres børn med ❷ Der – til alle ❸ hendes mand – os gerne ❹ tager hjemmefra ved ❺ hans kone – deres.

Wie Sie sicher gemerkt haben, liegt in dieser Lektion der Schwerpunkt auf den Possessivpronomen (besitzanzeigenden Fürwörtern). Lassen Sie sich einfach vom Text führen. Assimilieren Sie Strukturen wie ***din kone, vores sommerhus*** *oder* ***hendes mand*** *als Ganzes. Genauere Erklärungen folgen in der Wiederholungslektion, wo Sie dann einen systematischen Überblick erhalten.*

Siebzehnte Lektion

Eine Einladung zum Mittagessen (Mittagesseneinladung)

1 – Lise, was sagen du und dein Mann [da]zu, am Sonntag rauszukommen und bei uns [zu] Mittag zu essen?

2 Min ve**nin**de **Gi**tte og hendes **nye** **mand kom**mer **og**så. ①

3 **Ken**der du **dem**?

4 – **Hen**de kender jeg, men **ik**ke **ham**. ②

5 Hvor**når** vil du **se** os?

6 – Skal vi **si**ge klokken **tolv**?

7 – **Du**, jeg kommer i **tan**ke **om**, at vi **har** en **af**tale klokken **ti**, så vi **først** kan være **ude** hos **jer** ved **halv et** tiden.

8 – Det gør ikke **no**get.

9 Men **sig** mig, hvad **pok**ker skal **I la**ve en **søn**dag **for**middag klokken **ti**? ③

10 Går I i **kir**ke **hver søn**dag?

11 – **Nej** - vi skal **ud** og se på **hus**. I **Søl**lerød.

12 Vi **ven**ter jo en lille fa**mi**lieforøgelse, **så**...

13 – **Gud**, Lise. **Ven**ter du dig! **Det** må du for**tæl**le mig **no**get **me**re om. Hvor**når** skal du **fø**de? ④

14 – Jeg er **kun** hal**van**den **må**ned **hen**ne, så det bliver **først** en **gang** til **april**. ⑤

UDTALE

*[**2** ... we-**ni**-n(e) ... **3 kä**-nOr ... **4 he**-n(e) ... ham **6** ... **tO!l** **7** ... **au**-tã:-l(e) ... **u:**-(d)(e)... **9** ... **pO**-g(e)r... **fOr**-mi-dã: ... **10** ... **kier**-g(e) ... **11** ... **u!(d)** ... **ßö**-l(e)-rö(d) **12** ... fa-**miel**-j(e)-for-**ö**-j(e)l-ß(e) ... **13 gu(d)** ... wOr-**nOo!r** ... **fö:**-(d)(e) **14** ... ha-**lã**-n(e)n **mOo:**-n(e)(d) **hä**-n(e)... a-**prie!l**]*

2 Meine Freundin Gitte und ihr neuer Mann kommen auch.
3 Kennst du sie?
4 – Sie kenne ich, aber nicht ihn.
5 Wann sollen wir kommen (willst du sehen uns)?
6 – Sollen wir zwölf Uhr sagen?
7 – Du, mir fällt gerade ein (ich komme in Gedanken über), daß wir eine Verabredung um zehn Uhr haben, daher können wir erst gegen halb eins (die Zeit) draußen bei euch sein.
8 – Das macht nichts (nicht etwas).
9 Aber sag mir, was zum Teufel werdet ihr an einem Sonntagvormittag um zehn Uhr machen?
10 Geht ihr jeden Sonntag in die Kirche?
11 – Nein - wir fahren raus und sehen [uns ein] (auf) Haus [an]. In Søllerød.
12 Wir erwarten ja einen kleinen Familienzuwachs, deshalb...
13 – Gott, Lise. Bist du schwanger (wartest du dich)! Darüber mußt du mir etwas mehr erzählen. Wann wirst du entbinden?
14 – Ich bin erst im zweiten Monat (nur anderthalb Monate hin), daher wird das erst irgendwann im (das bleibt erst einmal zum) April [sein].

ANMERKUNGEN

① Einige weibliche Substantive erhalten die Endung –**inde** wie **veninde** „Freundin“ (**ven** „Freund“). Meistens gibt es aber, wie Sie ja schon bei den Nationalitäten gesehen haben, eine gemeinsame Form für Männer und Frauen.

② **hende** „sie/ihr“ und **ham** „ihn/ihm“: Objektform (Wen- und Wem-Fall) der Personalpronomen **hun** „sie“ und **han** „er“.

③ **Pokker** ist ein eher harmloser Fluch und bedeutet „Teufel“, allerdings nur in festen Wendungen wie **Pokker tage ham!** „Hol ihn der Teufel!“, **Nu er pokker løs** „Jetzt ist der Teufel los“. Die normale Bezeichnung für „Teufel“ ist **djævel** [***djä***-*w(e)l*].

④ **føde** kann nicht nur „entbinden“ heißen, sondern auch „füttern, ernähren“.

⑤ **en gang** „einmal“ kann oft mit „irgendwann“ übersetzt werden.

15 Men **Hen**ry **sy**nes, at **alt** det **prak**tiske med **hu**set og så **vi**dere skal **ord**nes **nu**. ⑥⑦

16 Du **ken**der ham jo, **ik**ke?

UDTALE

[*15 ... ßü:-n(e)ß ... Ord-n(e‿ß ...*]

FØRSTE ØVELSE: FORSTÅR DE DISSE SÆTNINGER?

❶ Henry synes, at vi skal gå i kirke hver søndag formiddag. ❷ Min veninde kan først komme ved tolvtiden. ❸ Hvornår kan vi være ude hos jer? ❹ Jeg må fortælle dig, at vi venter en lille familieforøgelse. ❺ Hun kender ikke dem, men de kender hende.

ANDEN ØVELSE: INDSÆT DE MANGLENDE ORD!

❶ All das Praktische soll jetzt geregelt werden.
Alt . . . . skal . . . .

❷ Was zum Teufel soll/wird er in Søllerød machen!
. . . . pokker skal han . . . . . Søllerød!

❸ Sie kenne ich nicht, aber meine Freundin kennt ihren Mann.
. . . . . kender jeg . . . . , men . . .
. . . . kender . . . .

❹ Ich finde, daß du mir etwas mehr darüber erzählen mußt.
Jeg . . . . . , at du . . . . mig
. . . . om det.

❺ Lise wird in nur anderthalb Monaten entbinden.
Lise skal . . . . om . . . .
måned.

15 Aber Henry meint, daß all das Praktische mit dem Haus und so weiter jetzt geregelt werden soll.

16 Du kennst ihn ja, nicht [wahr]?

ANMERKUNGEN

⑥ Ein **-s** am Ende eines Verbs ist normalerweise ein Passivkennzeichen. **Synes** „meinen" gehört jedoch zur kleinen Gruppe der „Deponentien", d.h. Verben mit passivischer Form, aber aktivischer Verwendung. Lassen Sie sich also nicht vom **-s** irritieren.

⑦ **ordne** „regeln, organisieren", **ordnes** ist passiv (‚Leideform") also: „wird geregelt". Wie Sie sehen, ist das Passiv besonders einfach, man braucht nur ein **-s** an den Infinitiv anzuhängen: **Huset købes** „Das Haus wird gekauft".

FØRSTE ØVELSES LØSNING: HAR DE FORSTÅET?

❶ Henry findet, daß wir jeden Sonntagvormittag in die Kirche gehen sollen. ❷ Meine Freundin kann erst gegen zwölf kommen. ❸ Wann können wir draußen bei euch sein? ❹ Ich muß dir erzählen, daß wir einen kleinen Familienzuwachs erwarten. ❺ Sie kennt sie nicht, aber die kennen sie.

ANDEN ØVELSES LØSNING: DE MANGLENDE ORD.

❶ det praktiske – ordnes nu ❷ Hvad – lave i ❸ Hende – ikke – min veninde – hendes mand ❹ synes – må fortælle – noget mere ❺ føde – kun halvanden.

▶ Attende (18.) lektion [*ắ-d(e)-n(e) läk-**ßjo!n***]

Et møde

1 – **Nå**, jeg kører **ud** ad **lan**devejen i min **ny**e **bil**.

2 **80** kilo**me**ter i **ti**men, som **fær**dselsloven **på**byder.

3 **Vej**ret er **smukt** og der er **man**ge bi**li**ster på **ve**jen.

4 **A**lle skal **ud** til **skov** og **strand**.

5 **Plud**selig drejer en cyk**list ind fo**ran mig.

6 **U**den at **se** sig til**ba**ge og **u**den at række **ar**men **ud** drejer han **li**ge **ind** foran mig.

7 **Jeg** bremser **hårdt** op, men kan al**li**gevel ikke **und**gå at **ram**me ham.

8 Jeg **ser cyk**len hvirvle **op** i **luf**ten.

9 Jeg **skyn**der mig ud af **bi**len for at **se**, om han er **hårdt kvæs**tet. ①

10 Men **han sid**der **ba**re i **vej**kanten og **gri**ner **fjo**get.

UDTALE

[***1*** ... ***lắ**-n(e)-wa!-j(e)n* ... ***2 fie!rs** kie-lo-**me!**-dOr* ... ***fär**-ß(e)lß-lOo!-(u)(e)n **pOo**-bü-(d)Or* ***3 wä:!**-r(e)(d)*... ***ßmogd*** ... ***4*** ... ***ßgo(u)!*** ... ***ßdra!n 5 pluß**-lie **dra**-jOr* ... *ßü-**kließd*** ... ***6*** ... ***rä**-g(e)* ... ***7*** ... *hOrd*... *a-**lie:**-(e)-wäl* ... ***on**-gOo* ... ***8*** ... ***wier**-(u)l(e)* ... ***9*** ... ***kwäß**-d(e)d* ***10*** ... ***waj**-kắn-d(e)n* ... ***fjOo**-(u)(e)(d)*]

Achtzehnte Lektion

Eine Begegnung

1 – Also, ich fahre (raus) auf der Landstraße in meinem neuen Auto.
2 80 km in der Stunde, wie das Verkehrsgesetz [es] vorschreibt.
3 Das Wetter ist schön, und es sind viele Autos (Autofahrer) unterwegs (auf dem Weg).
4 Alle wollen raus zum Wald oder [zum] Strand.
5 Plötzlich biegt ein Radfahrer vor mir ein (ein vor mir).
6 Ohne sich umzusehen (zu sehen sich zurück) und ohne den Arm auszustrecken, biegt er direkt vor mir ein (biegt er gleich ein vor mir).
7 Ich bremse hart ab, aber kann trotzdem nicht vermeiden, ihn zu treffen (zu treffen ihn).
8 Ich sehe das Fahrrad (hinauf) in die Luft wirbeln.
9 Ich beeile mich aus dem Auto [rauszukommen] (raus von dem Auto), um zu sehen, ob er schwer (hart) verletzt ist.
10 Aber er sitzt bloß am (im) Straßenrand und grinst blöd.

ANMERKUNGEN

① **kvæstet** „verletzt“: Partizip Perfekt von **kvæste** „verletzen“.

11 – **Det** må du **me**get **und**skylde, **si**ger han.

12 – Ja, **det** må du **nok** sige, svarer **jeg** og hjælper ham **op**.

13 Hans **cy**kel er **helt ø**delagt, så jeg **til**byder at køre ham **hjem**. ②

14 Da vi kommer **hjem** til **ham**, **by**der han på en kop **kaf**fe **u**de i **ha**ven. Jeg siger **ja tak**... ③

15 Og **nu bor** vi **sam**men på **fem**te **år**.

16 Men han kører **al**drig på **cy**kel mere.

17 Den **gam**le står **op**stillet **u**de i **ha**ven og **lig**ner en mo**der**ne skulp**tur**. ④⑤

18 Vi kalder den „**Skæb**nen“.

(UDTALE)

[*11 ... **on**-ßgü-l(e) ... 12 ... **jäl**-bOr ... 13 ... **ö:**-(d)(e)-lagd ... 17 ... **Ob**-ßdi-l(e)(d) ... **lieg**-nOr ... ßgulb-**tu!r** 18 ... **ßgä:b**-n(e)n ...*]

FØRSTE ØVELSE: FORSTÅR DE DISSE SÆTNINGER?

❶ Vi skal spise ude i haven, vejret er så smukt! ❷ Tilbyder han ikke at køre hende hjem? ❸ Jeg kører på femte år i min gamle bil. ❹ Min nye cykel ligner ikke en moderne skulptur! ❺ Her på landevejen påbyder færdselsloven 80 kilometer i timen.

11 – Das mußt du vielmals entschuldigen, sagt er.
12 – Ja, du hast gut reden (das kannst/mußt du wohl sagen), antworte ich und helfe ihm auf.
13 Sein Fahrrad ist ganz kaputt, deshalb biete ich [ihm] an (zu), ihn nach Hause zu fahren.
14 Als wir zu ihm nach Hause kommen, bietet er [mir] draußen im Garten einen Kaffee (eine Tasse Kaffee) an. Ich sage, ja danke...
15 Und jetzt wohnen wir seit fünf Jahren (auf fünfte Jahr) zusammen.
16 Aber er fährt nie mehr mit (auf) dem Fahrrad.
17 Das Alte ist (steht) draußen im Garten aufgestellt und ähnelt einer modernen Skulptur.
18 Wir nennen sie „Das Schicksal".

ANMERKUNGEN

② **ødelagt** „zerstört, kaputt" ist das Partizip Perfekt von **ødelægge** [*ö:-(d)(e)-lä-g(e)*] „zerstören".

③ Achtung, nicht verwechseln: **byde på** bedeutet „anbieten, einladen" (auf einen Drink usw.), und **påbyde** „vorschreiben, befehlen" wie oben in **som færdselsloven påbyder**.

④ **opstillet** „aufgestellt" ist das Partizip Perfekt von **opstille** „aufstellen".

⑤ **ude** „draußen" ist eine Ortsangabe ohne Bewegung, **ud** bedeutet dagegen „raus, nach draußen", also mit Bewegung. Das Prinzip ist Ihnen ja schon von **hjem** „nach Hause" und **hjemme** „zu Hause" bekannt.

FØRSTE ØVELSES LØSNING: HAR DE FORSTÅET?

❶ Wir werden draußen im Garten essen, das Wetter ist so schön! ❷ Bietet er nicht an, sie (3. Person Sing.) nach Hause zu fahren? ❸ Ich fahre seit fünf Jahren (im fünften Jahr) mit (in) meinem alten Auto. ❹ Mein neues Fahrrad ähnelt nicht einer modernen Skulptur! ❺ Hier auf der Landstraße schreibt das Verkehrsgesetz 80 km in der Stunde vor.

ANDEN ØVELSE: INDSÆT DE MANGLENDE ORD!

❶ Er ist nicht verletzt, aber sein Auto ist ganz kaputt.

Han er ikke . . . . , men . . . . er . . . .

❷ Ich will nie mehr (auf) Fahrrad fahren.

Jeg vil . . . . . . køre . . cykel . . . . .

❸ Sie bremst hart ab, aber trifft trotzdem den Radfahrer vor ihr.

Hun . . . . hårdt . . men rammer . . . . cykl sten . . . . . hende.

Nittende (19.) lektion [*ni-d(e)-n(e) läk-ßjo!n*]

Turistinformationen eller „Danmark dejligst vang og vænge" ①

1 – Tu**rist**infor**ma**tionen, Søren **Han**sen.

2 – God**dag**. Jeg vil **ger**ne **ha**ve nogle **op**lysninger om **Dan**mark. ②

3 – Sa**ger**ne. **Hvad** vil De **vi**de om **Dan**mark?

4 – Hvor**dan** er der om **vin**teren i Danmark?

5 – **Vin**teren er **lang** og **trang**. Det er ofte meget **koldt** i **ja**nuar og **fe**bruar, men det **sner** ikke så meget.

UDTALE

[*tu-**rießd**-in-fOr-ma-ßjo!-n(e)n ... **daj**-ließd **wang!** ... **wä-ng**(e) **2** ... **no:**-(e)n **Ob**-lü!ß-ning-Or ... **3** ... ßO-**gär**-n(e) ... **4** ... **win**-dO-r(e)n ... **5** ... **lang!** ... **trang!** .. **jă**-nu-a!r ... **fe**-bru-a!r ...*]

④ Ein Autofahrer biegt plötzlich ein, ohne sich umzusehen.

En bilist . . . . . . pludselig . . . . . . at . . sig . . . .

⑤ Er nennt die Skulptur, die draußen im Garten aufgestellt ist (steht), „Das Schicksal".

Han . . . . . . den skulptur „Skæbnen", som . . . . i haven.

ANDEN ØVELSES LØSNING: DE MANGLENDE ORD.

① kvæstet – hans bil – helt ødelagt ② aldrig – på – mere ③ bremser – op – alligevel – foran ④ drejer – in uden – se – tilbage ⑤ kalder – står opstillet ude.

Neunzehnte Lektion

Die Touristeninformation oder „Dänemark herrlichste Wiese und Weide"

1 – (Die) Touristeninformation, Søren Hansen.
2 – Guten Tag. Ich hätte gern (möchte gerne haben) einige Auskünfte über Dänemark.
3 – Sehr gern. Was wollen Sie wissen über Dänemark?
4 – Wie ist es im Winter in Dänemark?
5 – Der Winter ist lang und hart. Es ist oft sehr kalt im Januar und Februar, aber es schneit nicht so viel.

ANMERKUNGEN

① **dejligst** „schönste, herrlichste" ist der Superlativ (höchste Steigerungsform) von **dejlig** „schön, herrlich, reizend". Der Ausdruck in Anführungszeichen entstammt einem Gedicht von Laurids Kok (1634-1691).

② **nogle** „einige" ist der Plural von **nogen/noget** „jemand, etwas". Achtung: **nogle** wird genauso wie **nogen** ausgesprochen: [***no:-***(*e*)*n*].

6 – Hvor**dan** er **vej**ret om **som**meren?
7 – **Det** er **mildt** og **sol**rigt, men det **sker**, at det **reg**ner **me**get i **ju**li. ③
8 Vi **har** en **sang**, der **ly**der: ④
9 Du **dans**ke **som**mer, jeg **els**ker **dig**, skønt **du** så **of**te har **sve**get **mig**. ⑤⑥
10 Men der **kom**mer **al**tid **man**ge tu**ris**ter.
11 – Hvor**dan** er der i Køben**havn** om **som**meren?
12 – Køben**havn** ligner alle **an**dre **stor**byer om **som**meren. Det **vrim**ler med tu**ris**ter. ⑦
13 Men **by**en **lig**ger ved **van**det, så man kan **al**tid tage **en tur** op langs **Ø**resund og **fin**de en **fre**delig, **grøn plet** et **sted** ved **kys**ten. ⑧
14 Om **af**tenen kan man tage i **Ti**voli. ⑨
15 Som De måske **ved**, er Køben**havn** den **e**neste **stor**by, der i **cen**trum har en **stor havn** og en **stor** for**lys**telsespark.
16 Men **Ti**voli er **me**re end **blot** en for**ly**stelsespark. **Ti**voli er et **fe**landskab, hvor man finder **alt**, hvad **hjer**tet kan be**gæ**re.

UDTALE

*[**6** ... **ßO**-mO-r(e)n ... **7** ... **ßol**-rie(g)d ... **raj**-nOr ... **8** ... **lü:**-(d)Or ... **9** ... **ßwe:**-j(e)(d) ... **12** ... **ßdor**-bü:-Or ... **13** ... **wắ**-n(e)(d)... **fre:**-(d)(e)-lie ... **ßtä(d)** ... **köß**-d(e)n **14** ... **tie**-wo-lie **15** ...**ßän**-trom ... **hau!n** ... fOr-**löß**-d(e)l-ß(e)ß-pa!rk **16** ... **fe!**-lắnd-ßgắ!b ... **jär**-d(e)d ... be-**gä**-r(e) ...]*

6 – Wie ist das Wetter im Sommer?
7 – Es ist mild und sonnig, aber es [kann] passieren, daß es im Juli viel regnet.
8 Wir haben ein Lied, darin heißt es (das klingt):
9 Du dänischer Sommer, ich liebe dich, obwohl du mich so oft betrogen hast.
10 Aber es kommen immer viele Touristen.
11 – Wie ist es in Kopenhagen im Sommer?
12 – Kopenhagen gleicht allen anderen Großstädten im Sommer. Es wimmelt von (mit) Touristen.
13 Aber die Stadt liegt am Wasser, deshalb kann man jederzeit (nehmen) eine Tour entlang [des] Øresund[s] machen und ein friedliches, grünes Fleckchen (Fleck) finden irgendwo (eine Stelle) an der Küste.
14 Am Abend kann man in den Tivoli gehen.
15 Wie Sie vielleicht wissen, ist Kopenhagen die einzige Großstadt, die im Zentrum einen großen Hafen und einen großen Vergnügungspark hat.
16 Aber Tivoli ist mehr als bloß ein Vergnügungspark. Tivoli ist eine Märchenlandschaft (Feenlandschaft), wo man alles findet, was das Herz begehren kann.

ANMERKUNGEN

③ **meget** kann sowohl „sehr“ als auch „viel“ bedeuten.

④ **der** ist hier nicht die Ortsangabe „da“, sondern ein Relativpronomen: „der, die, das“.

⑤ **skønt** „obwohl“ darf hier nicht mit dem Adjektiv **skøn/skønt** „schön“ verwechselt werden.

⑥ **sveget** „betrogen, verraten“ ist das Partizip Perfekt von **svige** „betrügen, verraten“.

⑦ **storby** setzt sich zusammen aus **stor** „groß“ und **by**(**-en-er**) „Stadt“.

⑧ Der **Øresund** ist eine Meerenge, die die dänische Insel Seeland von Schonen in Südschweden trennt.

⑨ Auf die Vielseitigkeit des Verbs **tage** (Grundbedeutung: „nehmen“) haben wir ja schon hingewiesen. Hier steht es für „gehen“. Eine häufige Wendung ist auch **tage hjem** „nach Hause gehen/fahren“.

17 – Tak for oplysningerne. Og på gensyn til sommer!

UDTALE

[*17 ... gän-ßün ...*]

FØRSTE ØVELSE: FORSTÅR DE DISSE SÆTNINGER?

❶ Jeg elsker den danske vinter, skønt den er lang og trang. ❷ Om sommeren vrimler det med turister i Københavns forlystelsespark. ❸ Han vil gerne vide lidt om vejret. ❹ Sig mig, hvor finder man alt, hvad hjertet kan begære? ❺ Det sker ikke så ofte, at den danske sommer sviger turisterne.

ANDEN ØVELSE: INDSÆT DE MANGLENDE ORD!

❶ Wie ist es im Vergnügungspark im Sommer?

. . . . er . . . . forlystelsesparken . . . . ?

❷ Ich weiß, daß es oft im Februar schneit.

Jeg . . . , at . . . ofte . . . . . februar.

❸ Vielleicht willst du einige Informationen über das Wetter haben?

. . . . du . . . . oplysninger . . . . ?

❹ Es passiert nicht so oft, daß man alles findet, was das Herz begehren kann!

Det . . . . ikke så ofte . . man finder . . . , ... hjertet . . . begære!

❺ Kopenhagen ist mehr als bloß eine Großstadt, die allen anderen gleicht.

København er . . . . en storby, . . . ligner . . . .

17 – Danke für die Auskünfte. Und auf Wiedersehen im Sommer!

FØRSTE ØVELSES LØSNING: HAR DE FORSTÅET?

❶ Ich liebe den dänischen Winter, obwohl er lang und hart ist. ❷ Im Sommer wimmelt es von Touristen in Kopenhagens Vergnügungspark. ❸ Er will gern etwas über das Wetter wissen. ❹ Sag mir, wo findet man alles, was das Herz begehren kann? ❺ Es geschieht nicht so oft, daß der dänische Sommer die Touristen enttäuscht (betrügt).

ANDEN ØVELSES LØSNING: DE MANGLENDE ORD.

❶ Hvordan – der i – om sommeren ❷ ved – det – sner i ❸ Måske vil – have nogle – om vejret ❹ sker – at – alt, hvad – kan ❺ mere end blot – der – alle andre.

Seit Juli 2000 verfügt die dänische Hauptstadt mit der Öresund-Querung über eine weitere Attraktion. Eine Kombination aus Brücke und Tunnel verbindet Dänemark mit dem knapp 16 km entfernten Schweden. Die Überfahrt mit dem Auto oder Zug dauert nur ca. 10 Minuten, und in nur 35 Minuten fährt man mit der Bahn vom Hauptbahnhof Kopenhagen bis in das Stadtzentrum der schwedischen Stadt Malmö. Auch architektonisch ist die Querung eine Meisterleistung; besonders beeindruckend ist die Drahtseilbrücke mit der weltweit längsten Spannweite einer Schienen-/Autobrücke.

Tyvende (20.) lektion [*tü:-w(e)-n(e) läk-**ßjo!n***]

Et frokostbord

1 – **Så**! **Li**se, hvis **du sæt**ter dig **der**, så **sid**der **Henry her**, **Git**te **her** og **Jens der**. ①

2 **Pe**ter, **du sæt**ter dig **der**, så **sid**der jeg **selv her næ**rmest **køk**kendøren.

3 **Så**dan. **Pe**ter, vil **du** skænke **snaps** rundt og **by**de **vel**kommen?

4 – **Åh**, hvilket **her**ligt **sil**debord: ②

5 **kar**rysild, **kryd**dersild, **sild** i **la**ge, mari**ne**rede sild, **steg**te sild i **la**ge... **øl** og **bræn**devin.

6 Hvad **me**re kan man for**lan**ge i **den**ne verden?

7 Som **Wes**sel siger - ja, **und**skyld **Jyt**te: ③

8 At **smør**rebrød er **ik**ke **mad** og **kær**lighed er **ik**ke **had**,

9 det **er** hvad jeg for **ti**den **ved** om **smør**rebrød og **kær**lighed.

10 – **La**ver du det **he**le **selv**, **Jyt**te?

UDTALE

[***1*** ... ***ßä**-dOr* ... ***ßi**-(d)Or* ... ***2*** ... ***när**-m(e)ßd **kö**-g(e)n-dÖ-r(e)n* ***3*** ... *ßgäng-k(e)* ... ***4*** ... ***ßie**-l(e)bo!r* ***5 ka**-rie-ßie!l **krü**-(d)Or-ßie!l* ... ***lá:**-j(e) ma-rie-**ne!**-r(e)-(d)(e)* ... ***brä**-n(e)-wie!n* ***8*** ... ***kär**-lie-he!(d)*... ***há(d)*** ...]

Zwanzigste Lektion

Ein Mittagstisch

1 – So! Lise, wenn du dich dahin setzt, dann sitzt Henry hier, Gitte hier und Jens da.
2 Peter, du setzt dich dahin, dann sitze ich selbst hier dicht (am dichtesten) [an] der Küchentür.
3 So. Peter, willst du [allen] (einschenken Schnaps rund) Schnaps einschenken und [sie] willkommen heißen?
4 – Oh, welch herrliche Heringsplatte (Heringstisch):
5 Curry-Hering, Kräuterhering, Hering in Salzlake, marinierter Hering, gebratener Hering in Salzlake... Bier und Branntwein.
6 Was (mehr) kann man mehr auf (in) dieser Welt verlangen?
7 Wie Wessel sagt, - ja, entschuldige Jytte:
8 Daß Butterbrot kein Essen ist und Liebe kein Haß ist,
9 das ist [es], was ich derzeit weiß über Butterbrot und Liebe.
10 – Machst du das alles (Ganze) selbst, Jytte?

ANMERKUNGEN

① Achten Sie auf den feinen Unterschied zwischen **sætte** „setzen" und **sidde** „sitzen".

② **hvilket** „was für ein, welcher/welche/welches" hat hier die Endung **-t**, weil es sich auf das **et**-Wort **bord** „Tisch" bezieht. Zusammen mit **en**-Wörtern heißt es **hvilken** und im Plural **hvilke**.

③ Johan Herman Wessel war ein dänisch-norwegischer Schriftsteller (1742-1785).

11 – **Nej**, **Pe**ter hjælper mig. Han er så **ferm** i et **køk**ken. Han kommer **straks**, jeg **kal**der på ham. Ikke **sandt**, **skat**? ④

12 – Jo, men er det ikke **un**derligt? Du er **al**tid **fær**dig, når jeg **kom**mer.

13 – Ja, det er **me**get **mys**tisk! **Skål**, din **dej**-lige **do**vendidrik af en **mand**. ⑤⑥⑦

14 **Hel**digvis går der ikke **to** af **din slags** på en **a**len! ⑧

15 – Nej, **el**lers kunne **du** jo få **nok** at be**stil**le! ⑨

(UDTALE)

[*11 ... **fä!rm** ... **ßdragß** ... **ka**-lOr ... **12** ... **Oo**-nOr-lied **13** ... **dO**(w)(e)n-die!(d)-rig ... **14 häl**-die-wieß ... **ā**-l(e)n **15** ... be-**ßdi**-l(e)*]

FØRSTE ØVELSE: FORSTÅR DE DISSE SÆTNINGER?

❶ Jytte kan forlange, at Peter hjælper hende. ❷ Hun laver det hele selv, så hun har meget at bestille! ❸ Undskyld Gitte, men jeg sætter mig her. ❹ Hvis han sidder der, kan han skænke snaps rundt. ❺ Når jeg kommer ud i køkkenet, er han altid færdig.

11 – Nein, Peter hilft mir. Er ist so geschickt in der (einer) Küche. Er kommt sofort, [wenn] ich (auf) ihn rufe. Nicht wahr, Schatz?

12 – Ja, aber ist es nicht merkwürdig? Du bist immer fertig, wenn ich komme.

13 – Ja, das ist sehr seltsam! Prost, du (dein) herrlicher Faulpelz von einem Mann.

14 Glücklicherweise gibt's dich nicht zweimal (gehen da nicht zwei von deiner Sorte auf eine Elle)!

15 – Nein, sonst könntest du ja gut zu tun bekommen (bekommen genug zu tun)!

ANMERKUNGEN

④ **kalde** [*ka-l(e)*] „rufen, nennen", **kalde på en** „jemanden rufen". Haben Sie bemerkt, daß das **d** nicht mitgesprochen wird?

⑤ Obwohl **mystisk** sich hier auf das et-Wort **det** bezieht, erhält es kein **-t**, wie bei allen Wörtern auf -**sk**. Auch bei der Bedeutung müssen Sie aufpassen: **mystisk** wird wesentlich häufiger verwendet als das verwandte deutsche „mystisch" und läßt sich am besten mit „seltsam, merkwürdig" übersetzen.

⑥ **dejlig** wird häufig benutzt und kann je nach Situation mit „herrlich, wunderschön, reizend, goldig, wonnig" oder auch „lecker" übersetzt werden.

⑦ Im Zusammenhang mit Schimpfwörtern benutzt man **din** „dein" statt „du", also z.B. auch **din idiot** [*i-die-jot*] für „du Idiot".

⑧ **alen** „Elle". Ein anderes Sprichwort mit **alen**: **De er to alen af et stykke** (wörtl. „Sie sind zwei Ellen von einem Stück") „Sie sind wie Topf und Deckel" (d.h. sie sind immer zusammen).

⑨ **bestille** kann „bestellen" heißen, wie in Lektion 3, aber auch „tun, schaffen, arbeiten".

FØRSTE ØVELSES LØSNING: HAR DE FORSTÅET?

❶ Jytte kann verlangen, daß Peter ihr hilft. ❷ Sie macht das alles (Ganze) selbst, daher (so) hat sie viel zu tun! ❸ Entschuldige Gitte, aber ich setze mich hier[hin]. ❹ Wenn er da sitzt, kann er allen (rund) Schnaps einschenken. ❺ Wenn ich raus in die Küche komme, ist er immer fertig.

ANDEN ØVELSE: INDSÆT DE MANGLENDE ORD!

1. Glücklicherweise weiß er, was ich will, wenn ich (auf) ihn rufe!

   Heldigvis . . . han . . . . jeg . . . , . . . jeg . . . . !

2. Was sagt Wessel über Liebe und Haß?

   . . . . Wessel . . kærlighed og . . . ?

3. Soll ich mich hier[hin] setzen oder da[hin]?

   . . . . jeg . . . . eller . . . ?

4. Das ist merkwürdig, daß sie das Ganze selbst macht.

   . . . er . . . . , at hun . . . . . det . . . .

▶ Enogtyvende (21.) lektion [*e-nO-tü:-w(e)-n(e) ...*]

Oversigt og anmærkninger

1. Personalpronomen (persönliche Fürwörter)

Die Personalpronomen treten als Subjekt oder als Objekt auf. Beim Objekt wird nicht zwischen Akkusativ (Wen-Fall) und Dativ (Wem-Fall) unterschieden. Sie brauchen daher nur eine Objektform zu lernen. In den vergangenen Lektionen sind Ihnen die meisten Personalpronomen ja schon begegnet. Hier sind sie noch einmal in einer vollständigen Liste zusammengefaßt:

Subjekt		Objekt	
Singular			
jeg	„ich“	**mig**	„mich/mir“
du	„du“	**dig**	„dich/dir“
De	„Sie“ (Höflichkeitsform)	**Dem**	„Sie/Ihnen“
han	„er“	**ham**	„ihn/ihm“
hun	„sie“	**hende**	„sie/ihr“
den	„er/sie/es“ (Utrum)	**den**	„es/ihm; sie/ihr“
det	„er/sie/es“ (Neutrum)	**det**	„es/ihm; sie/ihr“

⑤ Entschuldigung, aber Branntwein kannst du nicht verlangen.
. . . . , men brændevin . . . du . . . .
. . . .

ANDEN ØVELSES LØSNING: DE MANGLENDE ORD.

① ved – hvad – vil, når – kalder på ham ② Hvad siger – om – had ③ Skal – sætte mig her – der ④ Det – underligt – laver – hele selv ⑤ Undskyld – kan – ikke forlange.

Bravo, jetzt sind Sie schon wieder sechs Lektionen weitergekommen. In der nächsten Lektion können Sie wieder ein wenig wiederholen und vertiefen. Blättern Sie auch ruhig einmal zu vergangenen Lektionen zurück, und trainieren Sie täglich gründlich die Aussprache.

Einundzwanzigste Lektion

Plural

vi	„wir"	**os**	„uns"
I	„ihr"	**jer**	„euch"
De	„Sie" (Höflichkeitsform)	**Dem**	„Sie/Ihnen"
de	„sie"	**dem**	„sie/ihnen"

Beachten Sie die Aussprache von **De/de**: [*die*]. Eine weitere Besonderheit ist die Großschreibung des Pronomens **I** („ihr"). In der 3. Person Singular gibt es vier Personalpronomen. **Hun** und **han** werden nur für Personen entsprechend ihres Geschlechts verwendet. Bei Tieren, Sachen oder abstrakten Begriffen heißt es **den**, wenn das betreffende Wort ein **en**-Wort ist und **det**, wenn es ein **et**-Wort ist:

Lise er dansker, hun bor i København.
„Lise ist Dänin, sie wohnt in Kopenhagen."

Peter er tysker, han bor i München.
„Peter ist Deutscher, er wohnt in München."

Hunden har det ikke godt, <u>den</u> er syg.
„Dem Hund geht es nicht gut, <u>er</u> ist krank."

Huset er ikke stort, men <u>det</u> er pænt.
„Das Haus ist nicht groß, aber <u>es</u> ist schön."

2. Possessivpronomen (besitzanzeigende Fürwörter)

Die Possessivpronomen geben eine Zugehörigkeit an. Sie richten sich in Geschlecht und Zahl nach dem entsprechenden Substantiv und haben wie das starke Adjektiv drei Formen: Utrum, Neutrum und Plural:

Utrum	Neutrum	Plural	
Singular			
min	**mit**	**mine**	„mein(e)"
din	**dit**	**dine**	„dein(e)"
Deres	**Deres**	**Deres**	„Ihr(e)" (Höflichkeitsform)
sin	**sit**	**sine**	„sein(e)/ihr(e)"
hans	**hans**	**hans**	„sein(e)"
hendes	**hendes**	**hendes**	„ihr(e)"
dens	**dens**	**dens**	„sein(e)/ihr(e)"
dets	**dets**	**dets**	„sein(e)/ihr(e)"
Plural			
vores	**vores**	**vores**	„unser(e)"
jeres	**jeres**	**jeres**	„euer/eure"
Deres	**Deres**	**Deres**	„Ihr(e)" (Höflichkeitsform)
deres	**deres**	**deres**	„ihr(e)"

Beachten Sie die Aussprache von **hendes**: [***he**-n(e)ß*] und **dets**: [*däß*].

Das Possessivpronomen kann wie ein Adjektiv nach dem Substantiv stehen und erhält auch dann die dem Substantiv entsprechende Form:

Bilen er min. „Das Auto ist meins."
Huset er mit. „Das Haus ist meins."
Bilene er mine. „Die Autos sind meine."

Für die 3. Person gibt es zwei Arten von Possessivpronomen:

1. **sin/sit/sine**
2. **hans/hendes/dets/dens**

Sin/sit/sine wird immer dann verwendet, wenn sich das Pronomen auf das Subjekt des Satzes bezieht:

Hun ælsker sin mand.
„Sie liebt ihren [eigenen] Mann."

Hans/hendes/dets/dens wird dagegen verwendet, wenn sich das Pronomen auf eine andere Person bezieht:

Hun ælsker hendes mand. „Sie liebt ihren Mann."
(= den Mann einer anderen Frau).

Hans/hendes/dets/dens wird darüber hinaus verwendet, wenn es Teil des Subjekts ist:

Hans bil er rød.
„Sein Auto ist rot."

Peter og hans kone går i biografen.
„Peter und seine Frau gehen ins Kino."
(Hier kann man nicht erkennen, ob es seine eigene Frau oder die eines anderen ist.)

In der 1. Person Plural hat sich heute allgemein die Form **vores** „unser(e)" durchgesetzt. In älteren Texten können Ihnen aber auch noch die Formen **vor/vort/vore** begegnen.

3. Modalverben

Sie kennen bereits die Hilfsverben:

at være „sein"; Präsens: **er**; Präteritum: **var**;
at have „haben"; Präsens: **har**; Präteritum: **havde**.

Aber Sie haben in den vergangenen Lektionen auch eine andere Gruppe von Verben gesehen, die sehr praktisch sind und häufig verwendet werden: die Modalverben (Verben, die in Verbindung mit einem Verb einen Zustand oder eine Handlung modifizieren):

at burde „müssen/sollen"; Präsens: **bør**, Präteritum: **burde**.

at burde drückt meistens eine moralische Verpflichtung aus:

Man bør hjælpe ham.
„Man muß ihm helfen."

at kunne „können"; Präsens: **kan**, Präteritum: **kunne**.

at kunne drückt eine Fähigkeit oder Möglichkeit aus:

Jeg kan synge. „Ich kann singen."
Det kan godt være. „Das kann gut sein."

at måtte „müssen/dürfen"; Präsens: **må**, Präteritum: **måtte**.

at måtte drückt eine Notwendigkeit oder eine Bitte aus:

> **Du må gøre det.**
> „Du mußt es machen."
>
> **Må jeg få en kop kaffe?**
> „Kann ich eine Tasse Kaffee haben?".

Zusammen mit **ikke** wird es zu einem Verbot:

> **Hun må ikke gå ud i aften.**
> „Sie darf heute abend nicht ausgehen."

at skulle „sollen/werden/müssen/wollen";
Präsens: **skal**, Präteritum: **skulle.**

at skulle kann ausdrücken:

- eine Notwenigkeit:	**Vi skal gå nu.** „Wir müssen jetzt gehen."
- einen Befehl:	**Du skal gå!** „Du sollst gehen!"
- einen Vorschlag:	**Skal vi gå hjem?** „Sollen/Wollen wir nach Hause gehen?"
- eine Vermutung:	**Han skal have mange penge.** „Er soll viel Geld haben."

Darüber hinaus dient es zur Bildung des Futurs:

> **Jeg skal rejse til Italien i morgen.**
> „Ich werde morgen nach Italien fahren."

at turde „wagen"; Präsens: **tør**, Präteritum: **turde**.

> **Han tør ikke spørge hende.**
> „Er wagt nicht, sie zu fragen".

at ville: „wollen, werden"; Präsens: **vil**, Präteritum: **ville**.

at ville drückt einen Willen oder Wunsch aus und kann wie **skulle** zur Bildung des Futurs verwendet werden:

> **Han vil gå hjem nu.**
> „Er will jetzt nach Hause gehen."
>
> **Jeg vil tage hjem i morgen.**
> „Ich werde morgen nach Hause fahren."

4. Essen und Trinken

Unter den Skandinaviern sind die Dänen vielleicht die größten Feinschmecker. Die Bedeutung des Smørrebrød haben Sie ja schon kennengelernt. Im Lande von Tuborg und Carlsberg ist das Nationalgetränk natürlich das Bier, gefolgt von der Milch, die auch Erwachsene gern bei Tisch trinken. Zu besonderen Gelegenheiten wird auch oft ein Branntwein, vor allem der berühmte dänische Akvavit, zu verschiedenen Fischgerichten gereicht. Der Hering, **sild**, ist der beliebteste Fisch, und bereits im Mittelalter hat **det lille dyr** „das kleine Tier", wie er liebevoll genannt wurde, zum Wohlstand von Städten wie Kopenhagen, Køge oder Ålborg beigetragen. Ein weiteres wichtiges tierisches Produkt ist das Schweinefleisch, ein wahrer Exportschlager der dänischen Landwirtschaft.

5. Geistige Nahrung

Zwei Klassiker der dänischen Literatur haben wir Ihnen bereits vorgestellt. Holberg (1684-1754) und Wessel (1742-1785) wurden beide in Norwegen geboren, ließen sich jedoch später in Kopenhagen nieder. Dazu sollte man wissen, daß Norwegen von 1380 bis 1814 unter dänischer Herrschaft in Form der Personalunion stand und sich die einzige Universität dieses Doppelreichs in Kopenhagen befand. Daher ist es nicht verwunderlich, daß Kopenhagen als intellektuelle und politische Hauptstadt große Anziehungskraft auf viele norwegische Schriftsteller und Künstler ausübte. Wessel rief dort übrigens **Det norske Selskab** „Die norwegische Gesellschaft", einen intellektuellen Zirkel für seine Landsleute, ins Leben.

Alles, was in dieser Lektion wiederholt wurde, werden Sie in den nächsten Lektionen noch viele Male wiederfinden. Es liegt in der Natur der Assimil-Methode, daß Sie beim täglichen Lernen automatisch alles, was Sie bereits kennengelernt haben, wiederholen und sich Ihre Kenntnisse auf diese Weise – für Sie fast unmerklich – festigen.

▶ Toogtyvende (22.) lektion [*to!-O-tü:-w(e)-n(e) ...*]

En dag i sommerhuset sidst på sommeren

1 – **Nu** skal det gøre **godt** med en **frisk** **duk**kert i de **blå bøl**ger! Vil du **med**? ①

2 – **Nej**, **van**det er for **koldt** for **mig**.

3 – **Det** er da ikke **kol**dere end i **går**. **Det** er en**dog var**mere, siger meteoro**lo**gerne. ②

4 – **Ja**, men de siger **og**så, at det er den **kol**deste **som**mer i **mands min**de. ③

5 Den **fjer**de **is**tid er på **vej** med **fuld fart**.

6 – **Næ**ste **år** vil jeg til **Spa**nien på **fe**rie. **Der** er der i det mindste **varmt**.

7 – **Det** er **nok mu**ligt, vi har bare **ik**ke **råd**. ④

8 – **Slud**der. **Al**ting er **bil**ligere i **Spa**nien. ⑤

9 Der **står her i** bro**chu**ren, at **Spa**nien **end**nu er det **bil**ligste **fe**rieland i Eu**ro**pa.

UDTALE

[... ***ßO***-*mOr-hu!-ß(e)(d)* ... ***ßO***-*mO-r(e)n* **1** ... ***dOo***-*gOrt* ... **3** ... ***kO***-*l(e)-r(e)*... ***wa:r***-*m(e)-r(e)*... *me-te-o-ro-**lo!**-Or-n(e)* **4** ... ***kO***-*l(e)ß-d(e)*... ***mi***-*n(e)* **6** ... ***ßbấ***-*ni-(e)n* ... ***minß***-*d(e)*... **7** ... ***rOo!***(*d*) **8** ***ßlu!***-*(d)Or* ... **9** ... *bro-**ßjü:**-rOn* ...]

Zweiundzwanzigste Lektion

Ein Tag im Sommerhaus am Ende des Sommers (zuletzt auf dem Sommer)

1 – Jetzt wird ein Bad in den blauen Wellen gut tun (soll das tun gut mit einem frischen Untertauchen)! Willst du mit[kommen]?
2 – Nein, das Wasser ist zu kalt für mich.
3 – Es ist doch nicht kälter als gestern. Es ist sogar wärmer, sagen die Meteorologen.
4 – Ja, aber die sagen auch, daß es (ist) der kälteste Sommer seit Menschengedenken (in Mannes Erinnerung) ist.
5 Die vierte Eiszeit ist im Anzug (auf Weg), mit voller Fahrt (Geschwindigkeit).
6 – Nächstes Jahr will ich im (auf) Urlaub nach Spanien. Da ist es zumindest (im Mindesten) warm.
7 – Das ist gut möglich, wir haben bloß kein (nicht) Geld.
8 – Quatsch. Alles ist billiger in Spanien.
9 Es steht hier in der Broschüre, daß Spanien immer noch (ist) das billigste Ferienland in Europa ist.

ANMERKUNGEN

① **dukkert-en-er** kommt von **dukke** „tauchen", das auch im übertragenen Sinne verwendet wird: **dukke op** „auftauchen, aufkreuzen".

② **koldere** „kälter" ist der Komparativ (1. Steigerungsstufe) von **kold** „kalt". Der Superlativ (2. Steigerungsstufe) heißt **koldest** „am kältesten". Das Gegenteil ist **varm** „warm", **varmere** „wärmer", **varmest** „am wärmsten".

③ **den koldeste** „der kälteste" ist ein schwaches Adjektiv (weil es zusammen mit dem bestimmten Artikel steht, vgl. Lektion 14) und bekommt daher die Endung **-e**.

④ **råd** hat die Grundbedeutung „Rat, Ratschlag", wird aber auch für „Geld" verwendet.

⑤ **billiger** ist der Komparativ von **billig**, der Superlativ heißt **billigst**.

10 – **Så** kan vi heller ikke have din **mor med**. ⑥

11 De **æl**dre **tå**ler ikke så megen **var**me.

12 – **Nå**, det kan vi altid disku**te**re **se**nere. Gå **du** nu i **van**det.

13 Så laver **jeg fro**kost i **mel**lemtiden.

14 En **ti**me **se**nere:

15 – **Nå**, var det en **dej**lig **svøm**metur?

16 – Det var den **dej**ligste **svøm**metur, man kan **tæn**ke sig. ⑦⑧

17 **Blik**stille **vand**, **in**gen **wind**surfere, **vand**scootere og **hvad ved jeg** til at for**styr**re **ro**en. ⑨

18 Kun **van**det, **so**len og **mig** - og **o**venover **træk**fuglene på **vej** mod **var**mere **lan**de.

UDTALE

*[**11** ... **äl**-dr(e)... **ma**-j(e)n ... **12** ... dieß-ku-**te**-r(e)... **13** ... **mä**-l(e)m-tie!-(d)(e)n **15** ... **ßwÖ**-m(e)-tu!r **17** ... **wind**-ßÖr-fo-r(e) ... **wan**-ßgu:-do-r(e)... fOr-**ßdü**-r(e) ... **18** ... **träg**-fu:-l(e)-n(e) ...]*

FØRSTE ØVELSE: FORSTÅR DE DISSE SÆTNINGER?

❶ Er vandet koldere eller varmere end i går? ❷ Jeg kan tænke mig, at alting er billigere i Spanien. ❸ Der står her i brochuren, at Danmark er et dejligt ferieland. ❹ I mellemtiden laver hun frokost med fuld fart. ❺ Siger meteorologerne, at den fjerde istid er på vej?

10 – Dann können wir aber deine Mutter nicht mitnehmen (haben deine Mutter mit).
11 Ältere [Leute] (die Älteren) vertragen nicht so viel Wärme.
12 – Ach, das können wir immer [noch] später diskutieren. Geh du jetzt ins Wasser.
13 Dann mache ich [das] Mittagessen in der Zwischenzeit.
14 Eine Stunde später:
15 – Na, war das ein schönes Bad (Schwimmtour)?
16 – Das war das schönste Bad, [das] man sich denken kann (man kann denken sich).
17 Windstilles Wasser, keine Windsurfer, Jet-Skies (Wasser-Skooter) und so was (und was weiß ich), um die Ruhe zu stören.
18 Nur das Wasser, die Sonne und ich (mich) – und darüber die Zugvögel auf dem Weg in (gegen) wärmere Länder.

ANMERKUNGEN

⑥ **heller**... **ikke** bedeutet eigentlich „auch nicht", in diesem Fall wird es jedoch besser mit „aber nicht" übersetzt.

⑦ **den dejligste** „das schönste" ist der Superlativ von **dejlig** „schön". Das –**e** am Wortende ist wieder durch den bestimmten Artikel bedingt. Der Komparativ heißt, wie Sie sich bestimmt schon denken können, **dejligere** „schöner".

⑧ Das Relativpronomen **som** „der, die, das" kann oft weggelassen werden: ..., (**som**) **man kan tænke sig** „..., der/die/das man sich denken kann".

⑨ **blik** kann sowohl „Blick" als auch „Blech" bedeuten, **blikstille** heißt jedoch „windstill".

FØRSTE ØVELSES LØSNING: HAR DE FORSTÅET?

❶ Ist das Wasser kälter oder wärmer als gestern? ❷ Ich kann mir denken, daß alles billiger ist in Spanien. ❸ Es steht hier in der Broschüre, daß Dänemark ein wunderbares Urlaubsland ist. ❹ In der Zwischenzeit macht sie mit voller Fahrt Mittagessen (macht sie Mittagessen mit voller Geschwindigkeit). ❺ Sagen die Meteorologen, daß die vierte Eiszeit im Anzug (auf Weg) ist?

ANDEN ØVELSE: INDSÆT DE MANGLENDE ORD!

1. Das Wasser ist in Spanien wärmer als in Dänemark.
   . . . . . . er . . . . . . i Spanien . . . i Danmark.
2. Sie will im (auf) Urlaub nach Spanien.
   Hun . . . . . . Spanien . . . .
3. Sie sagt, daß Spanien [immer] noch das billigste Land in Europa ist.
   Hun . . . . . , . . Spanien . . . . . er det . . . . land . Europa.
4. Aber ich vertrage nicht so viel Wärme.
   Men jeg . . . . så . . . .
5. Es ist schon möglich, daß die vierte Eiszeit im Anzug ist.
   . . . er . . . . , . . den . . . . . . istid er . . . . . .

▶ **Treogtyvende (23.) lektion** [*tre-O-tü:-w(e)n(e) ...*]

„Langt højere bjerge..." – En fristil
Af Per, 4. klasse B ①

1 **Dan**mark er **ik**ke **sær**lig **stort**. ②

UDTALE

[*langd **hOi**-jO-r(e) **bjär**-(u)(e) ...*]

ANDEN ØVELSES LØSNING: DE MANGLENDE ORD.

❶ Vandet – varmere – end ❷ vil til – på ferie ❸ siger, at – endnu – billigste – i ❹ tåler ikke – megen varme ❺ Det – nok muligt, at – fjerde – på vej.

Seien Sie nicht erstaunt, wenn Ihnen eine Wendung oder ein bestimmtes sprachliches Phänomen zwei- oder dreimal begegnet, bevor die entsprechende Erklärung dazu kommt. Dies ist ein Merkmal der Assimil-Methode. Zu dem Zeitpunkt, wenn die Erklärung eingeführt wird, werden Sie mit der Wendung bereits so vertraut sein, daß sie Ihnen keine Schwierigkeiten mehr bereiten wird.

Dreiundzwanzigste Lektion

„Viel höhere Berge..." – Ein Aufsatz
Von Per, Klasse 4B

1 Dänemark ist nicht besonders groß.

ANMERKUNGEN

① **Langt højere bjerge**... ist eine Anspielung auf Grundtvig, ein noch heute sehr populärer Kirchenmann, Volkserzieher und patriotischer Dichter (1783-1872). Hier soll angedeutet werden, daß es anderswo zwar höhere Berge geben mag, Dänemark aber mit ganz anderen Werten auftrumpfen kann.

② **Danmark** ist, wie Ländernamen generell, ein Wort der et-Gruppe; daher trägt das Adjektiv **stort** die Endung **-t**.

2 Det be**står** af en **halvø**, **Jyl**land, **samt** **406 stør**re og **min**dre **ø**er. ③

3 **90** af dem er **u**beboede. ④

4 **Kyst**linjen er **7.003 km lang**.

5 De **to størs**te **ø**er hedder **Fyn** og **Sjæl**land. **Lol**land og **Fal**ster er **lidt** **min**dre.

6 **Lan**geland hedder **så**dan, fordi den er **lang**. ⑤

7 Dog er det ikke den **læng**ste ø i Danmark, selvom den er **læn**gere end så **mange an**dre.

8 Born**holm lig**ger ved **si**den af **Sve**rige.

9 Den **stør**ste ø i **kon**geriget **Dan**mark hedder **Grøn**land.

10 Der er **in**gen **bjer**ge i **Dan**mark.

11 Til **gen**gæld er der **man**ge **hø**je **bak**ker og **klin**ter. **Møns Klint** for ek**sem**pel. ⑥

UDTALE

*[**2** ... **jü**-la!n ... **fie**-r(e)-**hun**-r(e)-(d)(e)-O-**ßägß** .... **3** hal-**fä!mß** ... **u**-be-bo!-(e)(d)(e) ... **4** **kößd**-lien-j(e)n ... **ßü!(u)-tu!**-ßin-O-**tre** ... **5** ... **ßdÖr**-ßd(e) ... fü!n ... **ßjä**-lan ... **min**-dr(e) ... **9** ... **kO-ng**(e)-rie:-j(e)(d) ... **11** ... **gän**-gäl ... **klin**-dOr ...]*

2 Es besteht aus einer Halbinsel, Jütland, sowie 406 größeren und kleineren Inseln.
3 90 davon (von denen) sind unbewohnt.
4 Die Küste (Küstenlinie) ist 7.003 km lang.
5 Die zwei größten Inseln heißen Fünen und Seeland. Lolland und Falster sind etwas kleiner.
6 Langeland heißt so, weil sie lang ist.
7 Jedoch ist sie nicht die längste Insel in Dänemark, auch (selbst) wenn sie länger ist als so viele andere.
8 Bornholm liegt neben (bei der Seite von) Schweden.
9 Die größte Insel im Königreich Dänemark heißt Grönland.
10 Es gibt (da sind) keine Berge in Dänemark.
11 Allerdings gibt es viele hohe Hügel und Klippen. Møns Klint zum Beispiel.

ANMERKUNGEN

③ **større** „größer" ist der Komparativ von **stor** „groß"; der Superlativ heißt **størst** „am größten". **mindre** „kleiner" ist der Komparativ von **lille** „klein", der Superlativ heißt **mindst** „am kleinsten".

④ Das **u-** in **ubeboede** „unbewohnt" entspricht der deutschen Vorsilbe „un-".

⑤ **længre** „länger" ist der Komparativ von **lang** „lang"; der Superlativ heißt **længst** „am längsten". Achten Sie dabei auf den Vokalwechsel.

⑥ **til gengæld**, wörtlich „zur Vergeltung", bedeutet „andererseits, allerdings, wiederum".

12 I **Jyl**land ligger **Him**melbjerget. Det er en **smuk**, **skov**klædt **bak**ke. ⑦

13 **O**ppe på **top**pen **står** der et **tårn** og en **is**bod, hvorfra man har en **flot ud**sigt over **Skan**derborg søerne.

14 **Him**melbjerget er **147** m højt. **Him**melbjerget er ikke det **hø**jeste **punkt** i **Dan**mark.

15 Det er **E**jer **Bav**nehøj, der **og**så ligger i **Jyl**land.

16 **Det** er **170** m højt. Men jeg **sy**nes al**li**-gevel, at **Him**melbjerget er **pæ**nest. ⑧

17 Af **an**dre bjerge er der **Mols bjer**ge.

18 De er ikke så høje som **Him**melbjerget. Til **gen**gæld er der **fle**re af dem.

19 Min **læ**rer **si**ger, at **Dan**mark **ik**ke er **sær**lig **stort**, men at det **ik**ke **gør no**get, fordi vi **har** det **dans**ke **sprog**.

20 Det **smel**ter **me**re end **an**dres **slår**, **si**ger han. ⑨

21 Jeg synes nu **ik**ke det **smel**ter særlig meget. ⑩

22 Men **han** må jo vide **be**dre end **jeg**, for han er **dansk**lærer, og **læ**reren har **al**tid **ret**. ⑪

23 Det har **min læ**rer i hvert fald **lært** mig.

UDTALE

[***12** ... **hi**-mäl-bjä!r-(u)(e)(d) ... **ßgo(u)**-kläd ... **13** ... **tOor!n** ... **ieß**-bo!(d) ... **14** ... **hun**-r(e)(d)(e)-**ßü!(u)**-O-**fŌ**-r(e) ... **15** ... **ai**-jOr **bau**-n(e)-hÖ!j ... **16** ... **hun**-r(e)(d)(e)-O-hal-**fjärß** ... **22** ... **bä(d)**-r(e) ... **dãnßg**-lä-rOr ...*]

12 In Jütland liegt der Himmelberg. Das ist ein schöner, bewaldeter (waldgekleideter) Hügel.
13 Oben auf dem Gipfel stehen (da) ein Turm und eine Eisbude, von wo man eine schöne Aussicht über die Skanderborg-Seen hat.
14 Der Himmelberg ist 147 m hoch. Der Himmelberg ist nicht der höchste Punkt in Dänemark.
15 Das ist Ejer Bavnehøj, der auch in Jütland liegt.
16 Er ist 170 m hoch. Aber ich finde trotzdem, daß der Himmelberg am schönsten ist.
17 Ansonsten (Von anderen Bergen) gibt es [die] Mols-Berge.
18 Die sind nicht so hoch wie der Himmelberg. Dafür (andererseits) gibt es mehr von ihnen.
19 Mein Lehrer sagt, daß Dänemark nicht besonders groß ist, aber daß das nichts macht, weil wir die dänische Sprache haben.
20 Sie zergeht mehr [auf der Zunge], während (als) andere posaunen (die [Sprachen] der anderen schlagen), sagt er.
21 Ich finde nun nicht, [daß] sie besonders gut (viel) [auf der Zunge] zergeht.
22 Aber er muß [es] ja besser wissen als ich, denn er ist Dänischlehrer, und der Lehrer hat immer recht.
23 Das hat mein Lehrer mir jedenfalls (in jedem Fall) beigebracht (gelehrt mich).

ANMERKUNGEN

⑦ **skovklædt** setzt sich zusammen aus **skov-en-e** „Wald“ und dem Partizip Perfekt **klædt** „gekleidet“ von **klæde** „kleiden“.

⑧ **pænest** „am schönsten/hübschesten“ ist der Superlativ von **pæn** „schön/hübsch“. Der Komparativ heißt **pænere** „schöner/hübscher“.

⑨ **smelte** „schmelzen, zergehen, zerfließen“.

⑩ Die Konjunktion (das Bindewort) **at** („daß“) kann oft weggelassen werden: **Jeg synes nu ikke** (**at**) **det smelter særlig meget**.

⑪ **bedre** „besser“ ist der Komparativ von **god** „gut“, der Superlativ heißt **bedst** [*bäßd*] „am besten“.

FØRSTE ØVELSE: FORSTÅR DE DISSE SÆTNINGER?

❶ Jeg synes ikke, at dansklæreren altid har ret. ❷ Han må jo vide, at Himmelbjerget ligger i Jylland! ❸ Kongeriget Danmark består af mange større og mindre øer. ❹ Min lærer har lært mig, at det danske sprog er smukt. ❺ Hedder Grønland sådan, fordi det er grønt?

ANDEN ØVELSE: INDSÆT DE MANGLENDE ORD!

❶ Langeland ist nicht die längste Insel in Dänemark.
Langeland er .... den .... i Danmark.

❷ Oben auf dem Gipfel hat man eine schöne Aussicht.
.... har ... en flot ....

❸ Dänemark ist nicht so groß wie Schweden.
Danmark er .... så .... Sverige.

Fireogtyvende (24.) lektion *[fi:r-O-tü:-w(e)-n(e) ...]*

Et bilkøb ①

1 – God**dag**. Jeg vil gerne **se** på en **ny bil**.
2 – Så**ger**ne, **hr**. Har De noget bestemt **mær**ke i **tan**kerne?

UDTALE

[*1 ... **bie!l** 2 ßO-**gär**-n(e) ... **taa**-kOrn-n(e)*]

FØRSTE ØVELSES LØSNING: HAR DE FORSTÅET?

❶ Ich finde nicht, daß der Dänischlehrer immer recht hat. ❷ Er muß doch wissen, daß der Himmelberg in Jütland liegt! ❸ Das Königreich Dänemark besteht aus vielen größeren und kleineren Inseln. ❹ Mein Lehrer hat mir beigebracht, daß die dänische Sprache schön ist. ❺ Heißt Grönland so, weil es (ist) grün ist?

❹ Andererseits ist Grönland die größte Insel der Welt (der Welt größte Insel).

. . .   . er Grønland verdens
. . . .

❺ Mein Lehrer hat mir beigebracht, daß 90 dänische Inseln unbewohnt sind.

Min lærer . . .   . ,   . . 90 danske
. . . er . . . .

ANDEN ØVELSES LØSNING: DE MANGLENDE ORD.

❶ ikke – længste ø ❷ Oppe på toppen – man – udsigt ❸ ikke – stort som ❹ Til gengæld – største ø ❺ har lært mig, at – øer – ubeboede.

Vierundzwanzigste Lektion

Ein Autokauf

1 – Guten Tag. Ich möchte gern (sehen auf) ein neues Auto ansehen.

2 – Sehr (so) gern, [der] Herr. Haben Sie eine (etwas) bestimmte Marke im Auge (in den Gedanken)?

ANMERKUNGEN

① **bilkøb** setzt sich zusammen aus **bil-en-er** „Auto" und **køb-et-=** „Kauf". Bei Zusammensetzungen aus zwei Substantiven bestimmt immer das letzte das Geschlecht des zusammengesetzten Wortes, daher heißt es **et bilkøb**.

LEKTION 24

3 – **Nej**, blot det er det **bed**ste af det **bed**ste til den **bi**ligste **pris**.

4 – **Her** skal De **se** vor **ny**este mo**del**. ②

5 Den er **stør**re, mere **sik**ker og **bil**ligere i drift end de **fo**regående modeller. ③

6 **Ser**vostyring **A.B.S. brem**sesystem, kører på **bly**fri benzin, **fem gear**, **for**hjulstræk - ④

7 fås som **fem**dørs og **sta**tion car. ⑤

8 Ba**ga**gerummet er **dy**bere end på de **øv**rige model er. ⑥

9 Den er lidt **læn**gere og derfor **svæ**rere at par**ke**re, men - ⑦

10 **øv**else gør **mes**ter, som man **si**ger.

11 – **Hvad** siger **pri**sen?

12 – Ja, **gans**ke **bil**lig er den jo **ik**ke. **400.000 kr**.

13 Til **gen**gæld kan vi **til**byde **by**ens **bed**ste finansi**e**ringsbetingelser. **Fem** og **ty**ve pro**cent** - **me**get forde**lag**tigt.

14 – Hm - har De ikke en **bil**ligere model?

15 – **Jo** da. Her ser De vor **mind**ste model.

16 Den er jo lidt **lil**le, men dog **stor** nok til **dag**lig brug.

UDTALE

*[**5** ... drifd ... **fO:**-r(e)-gOo:-(e)-n(e) ... **6** **ßer**-wo-ßdü-ring ... **bräm**-ß(e)-ßüß-te!m ... **blü:**-frie ... **gie!r** ... **fOr**-julß-träg ... **7** ... **ßdäi**-ßj(e)n-kar **8** ba-**gá**-ßj(e)-rOo'-m(e)(d) ... **12** ... **fie:**-r(e)-hun-r(e)-(d)(e)-**tu!**-ß(e)n ... **13** ... fie-nan-**ßje!**-ringß-b(e)-ti!-ng(e)l-ßor ... for-del-**ag**-diet ...]*

3 – Nein, bloß (es ist) das Beste vom Besten zum billigsten Preis.
4 – Hier sehen Sie (sollen Sie sehen) unser neuestes Modell.
5 Es ist größer, sicherer und billiger im Verbrauch (Betrieb) als die vorherigen Modelle.
6 Servolenkung, ABS-Bremssystem, fährt mit (auf) bleifreiem Benzin, fünf Gänge, Vorderradantrieb -
7 erhältlich als Fünftürer und Kombiwagen.
8 Der Kofferraum ist tiefer als bei (auf) den übrigen Modellen.
9 Es ist etwas länger und deshalb schwieriger zu parken, aber -
10 Übung macht [den] Meister, wie man sagt.
11 – Was sagt der Preis?
12 – Ja, ganz billig ist er ja nicht. 400.000 kr.
13 Allerdings können wir die besten Finanzierungsbedingungen der Stadt anbieten. Fünfundzwanzig Prozent - sehr vorteilhaft.
14 – Hm - haben Sie nicht ein billigeres Modell?
15 – Doch, natürlich. Hier sehen Sie unser kleinstes Modell.
16 Es ist ja etwas klein, aber doch groß genug für [den] täglichen Gebrauch.

ANMERKUNGEN

② **nyeste** ist der Superlativ von **ny** „neu"; der Komparativ heißt **nyere**.

③ **mere sikker** „sicherer" ist der Komparativ von **sikker**; der Superlativ heißt **mest sikker**. Viele zwei- und mehrsilbige Wörter bilden den Komparativ mit **mere** und den Superlativ mit **mest**.

④ **forhjulstræk** setzt sich zusammen aus **forhjul-et-=** „Vorderrad" und **træk-et-=** „Zug/Antrieb". Das **-s** wird als Bindeglied, sogenanntes „Fugen-s", eingeschoben.

⑤ **fås**, wörtlich: „wird bekommen", sinngemäß: „erhältlich/zu bekommen" ist das Passiv von **få** „bekommen".

⑥ **dybere** ist der Komparativ von **dyb** „tief".

⑦ **længre** ist der Komparativ von **lang** „lang" und **sværere** der von **svær** „schwierig". Assimilieren Sie diese Steigerungsformen vorläufig beim Lesen; in Lektion 28 gehen wir genauer darauf ein.

17 **Nem**mere at par**ke**re, hvad **fru**en vil vide at påskønne under den **dag**lige **ind**købstur i den **ind**re **by**. ⑧

18 – **Hvad** siger **pri**sen?

19 – **Ik**ke noget at tale om - **200.000 kr**.

20 **Ren** for**æ**ring i vore dage.

21 – Tager De den **gam**le **med** i **kø**bet?

22 – **Ja**, **me**get kan vi jo **ik**ke give for den - **5.000 kr**.

23 – **Ved** De **hvad**?

24 Nu har den **tjent** mig **tro**fast i **fem** og **tre**dive **år**, så den **hol**der **nok** et par **år** end**nu**.

25 **Sid**ste **mo**de er den jo **ik**ke, men den **kø**rer, og **det** er dog det **vig**tigste.

26 Des**u**den er den **nær**meste **for**tid åbenbart ved at komme på **mo**de, ⑨

27 så **jeg** er tilsy**ne**ladende **en** af de **smar**test **kø**rende i **by**en. Far**vel**!

UDTALE

[*17 ... **pO**-ßgÖ-n(e) ... **in**-kööß-tu!r ... **in**-dr(e) ... **19** ... **to**!-hun-r(e)-(d)(e)-**tu**!-ß(e)n ... **26** deß-**u**:-(d)(e)n ... **27** ... ti-**ßü**-n(e)-lå!-(d)(e)-n(e) ... **ßma!r**-t(e)ßd ...*]

FØRSTE ØVELSE: FORSTÅR DE DISSE SÆTNINGER?

❶ Vor nyeste model er jo ikke ganske billig. ❷ Fru Nielsen er ved at købe en ny bil. ❸ Det vigtigste er, at vi får fordelagtige finansieringsbetingelser. ❹ Den skal være billigere i drift og mere sikker. ❺ Den har tjent mig mange år og den kører endnu.

17 Leichter zu parken, was die Frau (wird wissen zu schätzen) bei (unter) der täglichen Einkaufstour in der Innenstadt zu schätzen wissen wird.
18 – Was sagt der Preis?
19 – Nicht der Rede wert (nicht etwas zu sprechen davon) - 200.000 kr.
20 Wirklich (rein) geschenkt (Schenkung) in der heutigen Zeit (unseren Tagen).
21 – Nehmen Sie den alten in Zahlung (mit in den Kauf)?
22 – Ja, viel können wir ja nicht für ihn geben - 5.000 kr.
23 – Wissen Sie was?
24 Nun hat er (gedient) mir (treu) seit 35 Jahren treu gedient, da wird er schon noch ein paar Jahre halten (noch).
25 Die neueste Mode ist er ja nicht, aber er fährt, und das ist doch das wichtigste.
26 Außerdem kommt die jüngste (dichteste) Vergangenheit offenbar gerade wieder in (auf) Mode,
27 so bin ich anscheinend einer der Schicksten (fahrend) [von denen, die] in der Stadt fahren. Auf Wiedersehen!

ANMERKUNGEN

⑧ **Nemmere** ist der Komparativ von **nem** „einfach/leicht". Ist Ihnen die Konsonantenverdopplung aufgefallen? Falls nicht, schlagen Sie doch noch einmal in Lektion 14 nach.

⑨ **være ved at** + Infinitiv: „gerade dabei sein, etwas zu tun", Beispiel: **Jeg var ved at spise, da han kom** „Ich war gerade beim Essen, als er kam."

FØRSTE ØVELSES LØSNING: HAR DE FORSTÅET?

❶ Unser neuestes Modell ist ja nicht ganz billig. ❷ Frau Nielsen ist dabei, ein neues Auto zu kaufen. ❸ Das wichtigste ist, daß wir vorteilhafte Finanzierungsbedingungen bekommen. ❹ Das soll billiger im Verbrauch und sicherer sein. ❺ Er hat mir viele Jahre gedient, und er fährt noch.

ANDEN ØVELSE: INDSÆT DE MANGLENDE ORD!

❶ Das Auto ist ja etwas klein, aber es ist billiger.

. . . . . er jo . . . . , men . . . er . . . .

❷ Ich habe keine bestimmte Marke im Auge (in den Gedanken).

Jeg har ikke et . . . . i . . . .

❸ Die vorherigen Modelle waren einfacher zu parken.

De . . . . modeller var . . . . parkere.

❹ Das wichtigste ist doch, daß das Auto fährt!

Det . . . . er . . . at bilen . . . . . !

❺ Wer sagt, daß Übung [den] Meister macht?

Hvem . . . . . , at . . . . ?

▶ **Femogtyvende (25.) lektion** [*fäm-O-tü:-w(e)n(e) ...*]

Ved købmanden

1 – **Dav**, **Øster**gaard. **Kom** og **få** en lille **én** **sam**men med **os**. ①

2 – **Tak**, som **by**der.

UDTALE

[*ve(d) **kö**-ma!n-(e)n **1** ... **ößd** Or-gOo!r ...*]

ANDEN ØVELSES LØSNING: DE MANGLENDE ORD.

❶ Bilen – lidt lille – den – billigere ❷ bestemt mærke – tankerne ❸ foregående – nemmere at ❹ vigtigste – dog – kører ❺ siger – øvelse gør mester.

Helfen Ihnen unsere kleinen humorigen Illustrationen, bestimmte Redewendungen und Ausdrücke besser im Gedächtnis zu behalten?

Fünfundzwanzigste Lektion

Beim Kaufmann

1 – Tag, Østergaard. Komm und nimm (bekomm) einen Schnaps (einen kleinen einen) mit uns zusammen.
2 – Danke für die Einladung (Danke, wer einlädt).

ANMERKUNGEN

① **en lille én** ist ein sehr verbreiteter umgangssprachlicher Ausdruck für ein Glas Schnaps.

3 **Nå**, hvor**dan** står det så **til**, **køb**-mand? ②

4 – Det **går**, **småt**, men det **går** da end**nu**.

5 Der er jo kun **få kun**der tilbage efter**hån**den, og de bliver **fær**re og **fær**re med **å**rene. ③④

6 – Hvor**dan** kan **det** være? Der bor da **man**ge her i **lands**byen.

7 – Åh, **det** er såmænd **nemt** nok at for**kla**re.

8 De **fles**te har jo **bil nu** om **stun**der, så **de** kører **ind** til det **nye su**permarked **in**de i **by**en, når de skal købe **ind**. ⑤

9 Der er efter**hån**den ikke **no**gen til**ba**ge i **lands**byen, jeg **ken**der. ⑥⑦

10 **U**dover de **gam**le **stam**kunder, der **ik**ke har råd til at **kø**re i **bil**.

(UDTALE)

[*5* … ***kOon**-Or* … ***fä**-r(e)*… *6* … ***la!nß**-bü-(e)n* *7* … ***ßO-män!*** … *8* … ***ßdOo**-nOr* … ***ßu!**-bOr-mar-g(e)(d)* …]

3 Na, wie geht's denn (steht es so zu), Kaufmann?
4 – Es geht, schlecht (klein), aber noch geht's (das geht doch noch).
5 Es sind ja nur noch wenige Kunden übriggeblieben (zurück), und die werden weniger und weniger mit den Jahren.
6 – Wie kann das sein? Es wohnen doch viele hier im Dorf.
7 – Ach, das ist eigentlich leicht (genug) zu erklären.
8 Die meisten haben ja heutzutage [ein] Auto, und deshalb fahren sie (rein) zu dem neuen Supermarkt in der Stadt, wenn sie einkaufen wollen.
9 Es ist inzwischen keiner mehr im Dorf, [den] ich kenne.
10 Außer den alten Stammkunden, die kein Geld haben, mit [dem] Auto zu fahren.

ANMERKUNGEN

② **hvordan står det til?** „wie steht's?" kann noch durch ein Objekt ergänzt werden: **Hvordan står det til med familien?** Die Antwort lautet dann: **Det står godt/udmærket/dårligt til** (**med...**) „Es geht (...) gut/ausgezeichnet/schlecht)".

③ **efterhånden** bedeutet normalerweise „allmählich, nach und nach"; in Verbindung mit **kun** „nur" übersetzt man es aber besser mit „noch". **Chancen er efterhånden kun ringe** „Die Chance ist nur noch gering".

④ **færre** „weniger" ist die Steigerung von **få** „wenig". Der Superlativ heißt **færrest** „am wenigsten".

⑤ **stund-en-er**: „Weile, Moment, Augenblick" (nicht „Stunde"!); **nu om stunder** „heutzutage". „Stunde" heißt, wie Sie ja bereits gelernt haben, **time**.

⑥ **tilbage** hat viele Bedeutungsnuancen: „zurück, hinten, übrig" oder wie hier mit der Verneinung: „keiner mehr".

⑦ Wie hier in (...**som**) **jeg kender** „den ich kenne" wird das Relativpronomen **som** oft weggelassen.

11 Men **du**, **Øs**tergaard, som har både **bil** og **råd**. ⑧

12 Hvorfor kører **du** ikke ind til det **nye** supermarked?

13 – **Det** skal jeg **si**ge dig, **køb**mand.

14 **Her** sidder vi nu **fle**re **sam**men og **snak**ker om **løst** og **fast**, **stort** og **småt**, som **op**tager os. ⑨

15 I **su**permarkedet møder man **al**drig **no**gen, man **ken**der.

16 **Der** er **alt koldt** og ste**rilt**.

17 **Ren** for**ret**ning med **blid** mu**sik** - mu**zak**, som det **hed**der ⑩

18 - der blot skal få **folk** til at købe **me**re, end de har **brug** for. ⑪

19 Der er ingen **idér**, man kan **ta**le **med** om de pro**ble**mer, vi **trods alt** har **fæl**les.

20 Der er **mange va**rer i **su**permarkedet, be**va**res, **man**ge **fle**re end **her** hos **dig**, **køb**mand **Han**sen. ⑫

21 Men hos **dig** kan man al**li**gevel **få det**, man har **brug** for

22 - og **mere til**: en **god snak** om, hvad der **rø**rer sig rundt om**kring**.

UDTALE

[*11 … **rOo!(d)** … 14 … **Ob**!-tar … 17 **re!n** fO-**rät**-ning ... **blie!(d)** … 19 ... **trOß** ... 20 … be-**wa**-r(e)ß … 21 … a-**lie:**(e)-wä! …*]

11 Aber du, Østergaard, der [du] sowohl [ein] Auto als auch Geld hast.
12 Warum fährst du nicht (rein) zu dem neuen Supermarkt?
13 – Das werde ich dir sagen, Kaufmann.
14 Hier sitzen wir jetzt (mehrere) zusammen und reden über dieses und jenes (Loses und Festes, Großes und Kleines), das uns beschäftigt.
15 Im Supermarkt trifft man nie jemanden, [den] man kennt.
16 Da ist alles kalt und steril.
17 Reines Geschäft mit sanfter Musik – „Muzak" wie man sagt (wie es heißt)
18 – die bloß die Leute dazu bringen soll, mehr zu kaufen als sie brauchen (als Sie haben Verwendung für).
19 Da ist keiner da, mit dem man über die Probleme sprechen kann, [die] wir doch trotz allem gemeinsam haben.
20 Es gibt (da sind) viele Waren im Supermarkt, mein Gott, viel mehr als hier bei dir, (Kaufmann) Hansen.
21 Aber bei dir kann man trotzdem das bekommen, [was] man braucht
22 – und mehr dazu: ein gutes Schwätzchen über [das], was sich (rührt) rundherum abspielt.

ANMERKUNGEN

⑧ **råd**, eigentlich „Rat, Ratschläge", heißt in diesem Zusammenhang „Geld", wie auch in: **Han har ikke råd til det** „Dafür hat er kein Geld".

⑨ Hier kann **som** in **som optager os** „das uns beschäftigt" nicht weggelassen werden, weil es das Subjekt ist.

⑩ „Musak" ist eigentlich eine (seit 1934) eingetragene Schutzmarke für Hintergrundmusik in Restaurants, Supermärkten und an anderen öffentlichen Orten.

⑪ **mere... end** „mehr... als".

⑫ **bevares** (oder **Gud bevares**) „mein Gott, ach du liebe Zeit" entsteht durch das Zusammenziehen der beiden Wörter **bevare os** „schütze uns".

23 **Alt det**, der er nød**ven**digt **for**, at et **lil**le **sam**fund som **vo**res kan holde sig i **li**ve.

24 – **Ja**, du **snak**ker **godt** for din **sy**ge **most**-er, **sko**lelærer! ⑬

25 Men **ud**viklingen, **den** kan **in**gen **lø**be **fra**. Hvor **trist** det end **er**.

26 Og **ud**viklingen, den **si**ger, at jeg **ik**ke kan **le**ve af ⑭

27 at **sid**de og **snak**ke med **jer old**tidslev-ninger, der **ik**ke en**gang** be**ta**ler for den **øl**, I **drik**ker!

(UDTALE)

[*23 … nö:(d)-**wän**-died* ***24** … **ßü**:-(e) **mOß**-dOr … **25** … **u(d)**-wig-ling-(e)n … **27** … **Ol**-tie(d)ß-lä(u)-ning-Or…*]

FØRSTE ØVELSE: FORSTÅR DE DISSE SÆTNINGER?

❶ De fleste i landsbyen har både bil og råd. ❷ Her kan vi få en god snak om alt det, som optager os. ❸ Hos købmand Hansen er der kun få varer. ❹ Mange kunder kører ind til det nye supermarked nu om stunder. ❺ Hvilke problemer har vi fælles i vores lille samfund?

ANDEN ØVELSE: INDSÆT DE MANGLENDE ORD!

❶ Østergaard will nicht mehr einkaufen als er braucht (hat Gebrauch für).

Østergaard vil ikke . . . . , . . . han har . . . .

23 All das, was notwendig ist, damit eine kleine Gesellschaft wie unsere sich am (im) Leben erhalten kann.

24 – Ja, mir kommen gleich die Tränen (du redest gut für deine kranke Tante), Lehrer!

25 Aber vor der Entwicklung kann niemand weglaufen. So (wie) traurig das auch ist.

26 Und die Entwicklung, die sagt, daß ich nicht davon leben kann,

27 mit euch Überbleibseln der Vorzeit, die nicht einmal für das Bier bezahlen, [das] ihr trinkt, [rum]zusitzen und zu reden!

ANMERKUNGEN

⑬ Die Redewendung **snakke for sin syge moster** bedeutet: etwas mit Hintergedanken sagen, auf den eigenen Vorteil bedacht sein.

⑭ **leve af** „leben von". Statt „von Luft und Liebe" lebt man in Dänemark übrigens **af kærlighed og kildevand** „von Liebe und Quellwasser". **kærlighed-en-er**: „Liebe", **kildevand-et-e**: „Quellwasser".

FØRSTE ØVELSES LØSNING: HAR DE FORSTÅET?

❶ Die meisten im Dorf haben sowohl [ein] Auto als auch Geld. ❷ Hier können wir einen guten Schwatz über all das halten (bekommen), was uns beschäftigt. ❸ Bei Kaufmann Hansen gibt es (sind da) nur wenige Waren. ❹ Viele Kunden fahren (rein) heutzutage zum neuen Supermarkt. ❺ Welche Probleme haben wir gemeinsam in unserer kleinen Gesellschaft?

❷ Ich treffe nie jemanden, mit dem ich (kann sprechen mit) über meine Probleme sprechen kann.

Jeg . . . . . aldrig . . . . . , jeg . . . .
. . . om mine problemer.

③ Wie geht's (steht es zu mit) deiner kranken Tante?

. . . . med din . . . . moster?

④ So traurig das auch ist, ich kann nicht leben von meinem Geschäft.

. . . . trist det . . . . . , kan jeg . . . . min forretning.

Seksogtyvende (26.) lektion [*ßägß-O-tü:-w(e)-n(e) ...*]

Ved morgenbordet

1 – **Ved** du, hvad der **står** i a**vi**sen i dag?
2 – **Nej**. Du **si**dder jo og **læ**ser i den.
3 – Der **står**, at re**ge**ringen **tru**er med at gå **af**,
4 fordi den **ik**ke kan få **støt**te til sin øko**no**miske poli**tik** i **fol**ketinget. ①
5 **Det** er da for en gangs skyld noget **nyt**. ②
6 – Hvad **me**ner du?
7 – At re**ge**ringen **har** en poli**tik**.
8 – Nej, **ved** du nu **hvad**. Du kan da **ik**ke **me**ne,

UDTALE

[... ***mO**-r(e)n-bo!-r(e)(d)* ***1*** *...* ***a-wie!**-ß(e)n ...* ***2*** *...* ***lä!**-ßor ...* ***3*** *... re-**ge!**-ri-ng(e)n ... mä(d) ad gO ...* ***å*** *...* ***4*** *... **fol**-k(e)-ti!-ng(e)(d) ...*]

⑤ Der Entwicklung kann niemand davonlaufen, sagt der Lehrer.
Udviklingen . . . ingen . . . . , siger skolelæreren.

ANDEN ØVELSES LØSNING: DE MANGLENDE ORD.

① købe mere, end – brug for ② møder – nogen – kan tale med ③ Hvordan står det til – syge ④ Hvor – end er – ikke leve af ⑤ kan – løbe fra.

Sechsundzwanzigste Lektion

Am Frühstückstisch (Morgentisch)

1 – Weißt du, was da heute in der Zeitung steht?
2 – Nein. Du (sitzt ja und) liest ja [gerade] darin.
3 – Da steht, daß die Regierung damit droht, zurückzutreten (zu gehen ab),
4 weil sie (nicht kann erhalten) keine Unterstützung für ihre Wirtschaftspolitik im Folketing bekommen kann.
5 Das ist doch ausnahmsweise (für eines Males Schuld) mal was Neues.
6 – Was meinst du?
7 – Daß die Regierung eine Politik hat.
8 – Nein, also weißt du (weißt du nun was). Du kannst doch nicht behaupten (meinen),

ANMERKUNGEN

① **folketing-et** ist das dänische Parlament. Das Wort setzt sich zusammen aus **folk-et-=** „Volk" und **ting-et-=** „Versammlung, parlamentarische Kammer".

② **for en gangs skyld** „nur einmal, ausnahmsweise mal".

9 at du er **u**vidende **om**, **hvil**ken politik re**ge**ringen fører i øko**no**misk **hen**se-ende. ③

10 – Du må **ind**rømme, at den er **svær** at få øje på.

11 De **skif**tende re**ge**ringer fører **skif**tende øko**no**misk poli**tik**, men **li**ge meget **hjæl**per det. ④

12 Tag en **gam**mel avis frem fra **tres**serne. Også **den** er fuld af klager... ⑤

13 over **un**derskud på **han**delsbalancen, **mang**lende **op**sparing, **skat** på **op**spa-ring, **oms** og **moms** og **fan**den og hans **pum**pestok! ⑥⑦

14 Økono**mi** mig **her** og økono**mi** mig **der** - de har **pen**ge på hjernen!

15 **Hvem** der end er re**ge**ringschef, og **hvil**ket parti han end **kom**mer fra: ⑧

16 det er den **sam**me **sang**, han **syn**ger: **sam**me **ke**delige re**fræn**

17 om den **sid**ste, **en**delige „**hes**tekur“ eller „kar**toff**elkur“, der med et **svup**tag skal redde os **op** af suppe**da**sen.

(UDTALE)

[*9 … **u**-wie!(d)(e)-n(e) … hän-**ße!**-(e)n(e) **10** … **in**-rÖ-m(e) … **11** … **ßgief**-d(e)-n(e) … **12** … **trä**-ßor-n(e) **13** … **Oo**-nor-ßgu(d) … **ha**-n(e)lß-ba-lang-ß(e)n … **Omß** … **momß** … **pOom**-b(e)-ßdOg **15** … re-**ge!**-ringß-ßjäf … **16** … rä-**fräng** … **17** … **häß**-d(e)-ku!r … **ßwOob**-ta!j … ßOo-b(e)-**dă!**-ß(e)n*]

9 daß du (bist unwissend um) nicht weißt, welche Politik die Regierung in wirtschaftlicher Hinsicht führt.

10 – Du mußt zugeben, daß sie schwer zu erkennen ist (ist schwer zu bekommen Auge auf).

11 Die wechselnden Regierungen machen unterschiedliche Wirtschaftspolitik, aber das macht keinen Unterschied (gleich viel hilft das).

12 Nimm eine alte Zeitung (hervor) aus den Sechzigern. Auch die ist voll von Klagen...

13 über Defizite in der Handelsbilanz, fehlende Ersparnisse, Steuern auf Ersparnisse, Umsatzsteuer und Mehrwertsteuer und weiß der Teufel was noch alles!

14 Wirtschaft (mich) hier und Wirtschaft (mich) da – die haben [nur] Geld im Kopf (Gehirn)!

15 Wer auch [immer] Regierungschef ist, und von welcher Partei er auch [immer] kommt:

16 Das ist [immer] das gleiche Lied (er singt): [Der] gleiche langweilige Refrain

17 über die letzte, endgültige „Rosskur" (oder „Kartoffelkur"), die uns mit einem Schwups (heraus) aus dem Schlamassel retten soll.

ANMERKUNGEN

③ Die Vorsilbe **u-** entspricht der deutschen Vorsilbe „un-", wie hier in **uvidende** „unwissend" oder **upopulær** „unpopulär" (weiter unten).

④ **lige meget** wörtlich: „gleich viel" bedeutet „egal, gleichgültig".

⑤ **tresserne** kommt von **tres** „sechzig" und bedeutet „die Sechziger (Jahre)".

⑥ **oms** ist die Abkürzung für **omsætningsafgift** „Umsatzsteuer" und **moms** für **merværdiomsætningsafgift** „Mehrwertsteuer".

⑦ **fanden og hans pumpestock** wörtlich: „der Teufel und sein Pumpenstock" ist eine umgangssprachliche Unmutsäußerung. Noch etwas stärker ist: **fanden og hans oldemor** „der Teufel und seine Urgroßmutter".

⑧ **Hvem... end** „wer auch (immer)". **Hvem De end er** „Wer Sie auch sind/sein mögen"; ebenso: **Hvad han end gør...** „Was er auch immer tut..." oder **hvilket parti han end kommer fra** „von welcher Partei er auch kommt/kommen mag."

18 **Hvil**ken politiker taler om visi**o**ner, om hvad vi **vil** med vores **sam**fund, med vores **liv**, med os **selv**?

19 **Hvil**ket politisk parti tør tage **ans**varet for **u**populære be**slut**ninger?

20 **Hvil**ke politikere tør tage **bla**det fra **mun**den og tale **me**ningsmålingerne **midt imod**? ⑨⑩

21 **In**gen. **Al**le synger den **sam**me **ke**delige **sang**, **al**le træder den **sam**me **tris**te **dans**:

22 **to trin** frem, **to trin** til**ba**ge, **hen** over **mid**ten og til**ba**ge i**gen**.

23 – Jamen **Li**se dog. Hvad synes **du** da, vi skal **gø**re?

24 – **Hvad** vi skal **gø**re!? **Det** skal jeg **si**ge **dig**, **Jens**.

25 **Vi** skal hanke **op** i **gum**mistøvlerne ⑪

26 og **så** skal vi **ud** og **pluk**ke **æb**lerne, **før** de **råd**ner **op** på **træ**et!

UDTALE

[***18*** *...**ßam**-fOo!n ...* ***19*** *... be-**ßlud**-ni-ngOr* ***20*** *... **me**-ningß-mOo:-ling-Or-n(e)...* ***25*** *... **gOo**-mie-ßdÖ(u)-l(e)r-n(e) ...* ***26*** *... **rOo(d)**-nOr ...*]

18 Welcher Politiker spricht von Visionen, darüber, was wir wollen mit unserer Gesellschaft, mit unserem Leben, mit uns selbst?
19 Welche politische Partei wagt, die Verantwortung für unpopuläre Beschlüsse zu übernehmen?
20 Welche Politiker wagen, kein Blatt vor den Mund zu nehmen und den Meinungsumfragen offen (mitten) zu widersprechen?
21 Keiner. Alle singen das gleiche langweilige Lied, und alle tanzen (treten) den gleichen traurigen Tanz:
22 zwei Schritte vor, zwei Schritte zurück, (hin) über die Mitte und wieder zurück.
23 – Ja aber Lise (doch). Was meinst du denn, sollen wir tun?
24 – Was wir tun sollen?! Das werde ich dir sagen, Jens.
25 Wir werden die Gummistiefel nehmen,
26 und dann gehen wir raus und pflücken die Äpfel, bevor sie am (auf dem) Baum verfaulen!

ANMERKUNGEN

⑨ **tage bladet fra munden**: Haben Sie es bemerkt? Während wir „kein Blatt vor den Mund nehmen", nehmen die Dänen „das Blatt vom Mund".

⑩ **imod** „gegen, wider"; **tale imod** „widersprechen" .

⑪ **hanke op i** „hochziehen, anpacken, in Angriff nehmen".

FØRSTE ØVELSE: FORSTÅR DE DISSE SÆTNINGER?

❶ For en gangs skyld tør han tage bladet fra munden. ❷ Hun mener, at hun er uvidende om, hvilken økonomisk politik regeringen fører. ❸ Avisen er fuld af klager over manglende opsparing. ❹ Jeg synes, vi skal ud og plukke æblene i dag. ❺ Han truer med at synge samme kedelige refræn.

ANDEN ØVELSE: INDSÆT DE MANGLENDE ORD!

❶ Liest du in einer alten Zeitung aus den Sechzigern?

. . . . . du . en gammel . . . .
. . . . ?

❷ Du mußt zugeben, daß er [nur] Geld im Kopf (Gehirn) hat.

Du . . . . , at han har . . . .
. . . .

❸ Von welcher Partei sie auch kommen, sie können keine Unterstützung für unpopuläre Beschlüsse bekommen.

. . . . parti de . . . kommer . . . kan di
ikke . . . . upopulære
. . . .

❹ In der Zeitung steht, daß das Folketing die Verantwortung für eine neue „Rosskur“ übernimmt.

I avisen . . . . , at folketinget tager
. . . . en . . „hestekur“.

❺ Ausnahmeweise kann er uns mal aus dem Schlamassel retten.

. . . en . . . . kan han . . . .
. . . . suppedasen.

FØRSTE ØVELSES LØSNING: HAR DE FORSTÅET?

❶ Ausnahmsweise wagt er mal, kein Blatt vor den Mund zu nehmen (das Blatt vom Mund zu nehmen). ❷ Sie meint, daß sie nicht weiß (ist unwissend um), welche Wirtschaftspolitik die Regierung macht (führt). ❸ Die Zeitung ist voll von Klagen über fehlende Ersparnisse. ❹ Ich finde, wir gehen (sollen) heute raus und pflükken Äpfel. ❺ Er droht [da]mit, [den] selben langweiligen Refrain zu singen.

ANDEN ØVELSES LØSNING: DE MANGLENDE ORD.

❶ Læser – i – avis fra tresserne? ❷ må indrømme – penge på hjernen ❸ Hvilket – end – fra – få støtte til – beslutninger ❹ står der – ansvaret for – ny ❺ For – gangs skyld – redde os op af.

Sie haben ja schon bemerkt, daß es viele Ähnlichkeiten zwischen der deutschen und der dänischen Sprache gibt, und daß Sie vieles vom Deutschen ableiten können. Kleine, aber wichtige Unterschiede gibt es bei den Präpositionen und bei der Stellung der Wörter im Satz. Bisher haben wir auf diese Unterschiede durch eine wörtliche Übersetzung hingewiesen. Diese Hinweise werden jetzt allmählich reduziert, denn inzwischen können Sie diese Unterschiede selbst erkennen und verstehen. Außerdem sollten Sie sich ein bißchen von den deutschen Strukturen lösen, um ein Gefühl für die dänische Ausdrucksweise zu bekommen.

Syvogtyvende (27.) lektion [*ßü(u)-O-tü:-w(e)n(e) ...*]

Vi indretter vort hjem

1 – **Nå**, **Li**se. Hvad synes du **så**?
2 **Flyt**teman**den** **hol**der **u**denfor. Til**bag**e står **blot** at **bestem**me, hvor **møb**lerne skal **stå**.
3 – **Det** er **let**tere **sagt** end **gjort**.
4 Jeg er i **syv sind** med hensyn til, **hvor** vi skal stille **den** og **den læ**nestol, **det** og **det bord**, **hvil**ket **bil**lede skal hænge **hvor** og hvor ikke. ① ②
5 Lad os nu **se**. **So**fagruppen skal stå **her** ved **vin**duet, **sy**nes jeg, med **front** mod **pej**sen.
6 Så stiller vi **den**ne lænestol **her**, **den** der skal stå **dér**. Så kan **far**mors den **rø**de stå **her** i **hjør**net. ③
7 **Så**dan – **det**te billede af Asger **Jorn** skal hænge **her** over **pej**sen,
8 **det der** af Bjerke **Pe**tersen skal hænge over **so**faen og **det**te **her** af Richard **Mor**tensen skal **hæn**ge over **læ**ne-stolen. ④

UDTALE

[... ***in**-rä-dOr* ... **2** ***flö**-d(e)-ma!-n(e)n* ... ***u:**-(d)(e)n-fOr* ... *be-**ßde**-m(e)* ... ***mö**-blOr-n(e)* ... **3** ... ***gjo!rd*** **4** ... ***ßi!n*** ... ***le:**-n(e)-ßdo!l* ... ***bo!r*** ... ***wil**-g(e)(d)* ... **5** ... ***ßo**-fă-gru-b(e)n* ... ***win**-du!-(e)(d)* ... ***paj**-ß(e)n* **6** ... ***jÖr**-n(e)(d)* **7** ... ***jOrn*** ... **8** ... ***bjer**-g(e)*...]

Siebenundzwanzigste Lektion

Wir richten unser Heim ein

1 – Na, Lise. Was meinst du nun?
2 Der Möbelpacker (Umzugsmann) hält draußen. Bleibt nur (zurück steht bloß) zu entscheiden, wo die Möbel stehen sollen.
3 – Das ist leichter gesagt als getan.
4 Ich bin sehr unschlüssig (in Bezug auf), wohin wir diesen Sessel und den [da] (diesen und diesen Sessel) und diesen Tisch und den [da] stellen sollen, welches Bild wo hängen soll und wo nicht.
5 Laß uns mal (nun) sehen. Die Sitzgruppe (Sofagruppe) soll hier am Fenster stehen, finde ich, zum Kamin [gewandt] (mit Front gegen den Kamin).
6 Dann stellen wir diesen Sessel hierhin, der da soll dort stehen. Dann kann Großmutters (der) roter hier in der Ecke stehen.
7 So – dieses Bild von Asger Jorn soll hier über dem Kamin hängen,
8 das da von Bjerke Petersen soll über dem Sofa hängen, und dieses hier von Richard Mortensen soll über dem Sessel hängen.

ANMERKUNGEN

① **være i syv sind** (wörtlich „sein in sieben Sinnen") „sehr verwirrt/durcheinander sein". **sind-et-=**: „Sinn, Geist, Gemüt". Typisch ist auch: **have i sinde** „im Sinn haben", **få i sinde** „auf einen Gedanken kommen", **skifte sind** „seine Meinung ändern".

② **hvor** kann sowohl „wo, wohin" als auch „wie" bedeuten; z.B. **Hvor gammel er du?** „Wie alt bist du?".

③ **her** kann sowohl „hier" als auch „hierhin" heißen; ebenso: **der** „da" und „dahin".

④ **Asger Jorn** (1914-1973), **Vilhelm Bjerke-Petersen** (1909-1957) und **Richard Mortensen** (1910-1993) sind beliebte dänische Kunstmaler.

9 **Dis**se **to** ra**de**ringer af Lars **Bo hæn**ger vi **u**de i en**tre**en på **hver sin si**de af **spej**let over det **lil**le **bord**. ⑤

10 **Dis**se **to** skal hænge inde i **vo**res soveværelse, **de her** skal **hæn**ge i henholdsvis **Sø**rens og **Li**lians **væ**relse.

11 – **Det** lyder godt. Skal vi gå i **gang**?

12 **Så**dan. Er du til**freds**?

13 – **Næs**ten. Denne **læ**nestol står alligevel ikke **helt godt** ved vinduet, og **dis**se to billeder passer ikke godt sammen al**li**gevel.

14 Hvis vi nu sætter **den**ne stol her ved **vin**duet, så kan **den der**... **nej**, **den** står alligevel **bedst her**, hvor den **står**.

15 Og gar**di**nerne! **Dis**se her **pas**ser **ik**ke til **bil**lederne af **Jorn** og **Mor**tensen...

16 Og så er der **pot**teplanterne!

17 Det er **svært** at indrette et **hjem**, så det bliver **hyg**geligt og **al**le **mø**blerne **pas**ser **sam**men. ⑥

18 – Vi må **se** at blive **fær**dige. Jeg har inviteret **ven**nerne til **house** warming på **lør**dag. ⑦

19 – På **lør**dag - **ja**mmen, det er jo i **dag**!

UDTALE

*[**9** ... ang-**tre!**-(e)n ... **ßba!j**-l(e)(d) ... **12** ... ti-**fräß** **14** ... **bäßd** ... **15** ... gar-**die**-nOr-n(e) ... **16** ... **pO**-d(e)-plan-dOr-n(e) **17** ... **hü**-ge-liet ... **18** ... **ha:uß**-(u)Oor-ming ...]*

9 Diese zwei Radierungen von Lars Bo hängen wir draußen im Flur auf beiden Seiten (jeder seiner Seite) des Spiegels über den kleinen Tisch.
10 Diese beiden sollen (drinnen) in unserem Schlafzimmer hängen, die hier sollen in (jeweils) Sörens [beziehungsweise] (und) Lilians Zimmer hängen.
11 – Das klingt gut. Sollen wir loslegen (gehen in Gang)?
12 So. Bist du zufrieden?
13 – Fast. Dieser Sessel steht doch nicht so (ganz) gut beim Fenster, und diese beiden Bilder passen doch nicht gut zusammen.
14 Wenn wir nun diesen Stuhl hier ans Fenster stellen (setzen), dann kann der da... nein, der steht doch am besten hier, wo er steht.
15 Und die Gardinen! Diese hier passen nicht zu den Bildern von Jorn und Mortensen...
16 Und dann sind da [noch] die Topfpflanzen!
17 Es ist schwer ein Haus einzurichten, so [daß] es gemütlich wird und alle Möbel zusammen passen.
18 – Wir müssen sehen, daß [wir] fertig werden. Ich habe Freunde zur Wohnungseinweihung am Samstag eingeladen.
19 – Am Samstag - ja aber, das ist ja heute!

ANMERKUNGEN

⑤ Der Zeichner und Graphiker **Lars Bo** (geboren 1924) ist vor allem durch seine Buchillustrationen bekannt geworden.

⑥ **blive** ist ein sehr vielseitiges Verb. Es kann wie hier „werden" heißen, aber auch „bleiben": **Jeg bliver her** „Ich bleibe hier". Außerdem kann es noch zur Bildung des Passivs verwendet werden, aber dazu kommen wir später.

⑦ **har inviteret** „habe eingeladen" ist das Perfekt von **invitere** „einladen".

FØRSTE ØVELSE: FORSTÅR DE DISSE SÆTNINGER?

❶ Jeg er næsten tilfreds, men dette bord passer ikke til sofagruppen. ❷ Det er svært at hænge disse to billeder på hver sin side af vinduet. ❸ Flyttemanden synes ikke, at denne lænestol står helt godt her i hjørnet. ❹ Jeg vil stille dette bord ved siden af pejsen. ❺ Jeg er i syv sind med hensyn til, hvilke raderinger der skal hænge i henholdvis dit og Sørens værelse.

ANDEN ØVELSE: INDSÆT DE MANGLENDE ORD!

❶ Laß uns loslegen, damit unser Heim gemütlich wird.

. . . . . gå i . . . . , så at . . . . hjem bliver . . . .

❷ Jetzt bleibt nur noch (zurück steht bloß), unsere Freunde zur Wohnungseinweihung einzuladen.

Tilbage . . . . , at . . . . vores . . . . house warming.

❸ Ich will diesen Spiegel über den Kamin hängen.

Jeg vil . . . . spejl . . . . pejsen.

❹ Das wird nicht gemütlich, wenn die Möbel nicht zusammenpassen.

. . . . hyggeligt, hvis . . . . ikke . . . .

❺ Du mußt bestimmen, wie du dein Zuhause einrichten willst.

Du må . . . . , hvordan du vil . . . .

In Lektion 28 gibt es wieder ein bißchen "Theorie". In den Lektionen sollen Sie vor allem Hörverständnis und Aussprache trainieren und nicht mit zuviel Grammatik belastet werden. Im grammatikalischen Anhang können Sie jederzeit gezielt Informationen zu bestimmten Grammatikthemen nachschlagen.

FØRSTE ØVELSES LØSNING: HAR DE FORSTÅET?

❶ Ich bin fast zufrieden, aber dieser Tisch paßt nicht zur Sitzgruppe. ❷ Es ist schwer, diese beiden Bilder auf beiden Seiten (auf jeder seiner Seite) des Fensters aufzuhängen ❸ Der Möbelpacker findet nicht, daß dieser Sessel hier in der Ecke richtig (ganz) gut steht. ❹ Ich will diesen Tisch neben den Kamin stellen. ❺ Ich bin sehr unschlüssig (in Bezug auf), welche Radierungen in deinem beziehungsweise Sörens Zimmer hängen sollen (da sollen hängen in jeweils deinem und Sörens Zimmer).

ANDEN ØVELSES LØSNING: DE MANGLENDE ORD.

❶ Lad os – gang – vort – hyggeligt ❷ står blot – invitere – venner til ❸ hænge dette – over ❹ Det bliver ikke – møblerne – passer sammen ❺ bestemme – indrette dit hjem.

Verwandtschaftsverhältnisse
Ein kurzer Hinweis auf die Verwandtschaftsverhältnisse, bei denen die Dänen sehr präzise sind: Sie unterscheiden Großmütter mütterlicherseits: **mormor** „Mutter der Mutter“ und väterlicherseits: **farmor** „Mutter des Vaters“. Die Großväter heißen entsprechend **morfar** „Vater der Mutter“ und **farfar** „Vater des Vaters“. Das gleiche Prinzip wird auf Onkel und Tanten angewendet: **moster** ist die Tante mütterlicherseits und **faster** die Schwester des Vaters. Der Onkel väterlicherseits heißt **farbror** und der Bruder der Mutter **morbror**.

Otteogtyvende (28.) lektion

Oversigt og anmærkninger

1. Steigerungsformen Komparativ und Superlativ

Es gibt drei verschiedene Steigerungsformen:

A. Anhängen von -**(e)re** (Komparativ) und -**(e)st** (Superlativ);
B. Voranstellen von **mere** (Komparativ) und **mest** (Superlativ);
C. Unregelmäßige Steigerung.

A.: Die meisten Adjektive bilden den Komparativ durch Anhängen von -**ere** und den Superlativ durch Anhängen von -**est**:

høj, **højere**, **højest** „hoch, höher, am höchsten".

Wenn das Wort auf einem unbetonten -**e** endet, wird nur -**re** bzw. -**st** angehängt:

ægte, **ægtere**, **ægtest** „echt, echter, am echtesten".

Bei Adjektiven, die auf -**ig** oder -**som** enden, wird im Superlativ nur -**st** angehängt.

dejlig, **dejligere**, **dejligst** „schön, schöner, am schönsten".

B.: Mehrsilbige Adjektive sowie Partizipien und Adjektive, die auf -**ende**, -**sk** oder -**et** enden, werden mit **mere** und **mest** gesteigert:

upopulær „unpopulär";
mere upopulær „unpopulärer";
mest upopulær „am unpopulärsten".

uvidende „unwissend";
mere uvidende „unwissender";
mest uvidende „am unwissendsten".

praktisk „praktisch";
mere praktisk „praktischer";
mest praktisk „am praktischsten".

kompliceret *[kom-plie-ße-r(e)(d)]* „kompliziert";
mere kompliceret „komplizierter";
mest kompliceret „am kompliziertesten".

C.: Einige Adjektive verändern bei der Steigerung den Stammvokal:

Achtundzwanzigste Lektion

få, **færre**, **færrest**	„wenig, weniger, am wenigsten";
lang, **længere**, **længst**	„lang, länger, am längsten";
stor, **større**, **størst**	„groß, größer, am größten";
ung, **yngre**, **yngst**	„jung, jünger, am jüngsten";

oder ändern sich gänzlich:

god, **bedre**, **bedst**	„gut, besser, am besten";
gammel, **ældre**, **ældst**	„alt, älter, am ältesten";
lille/lidt, **mindre**, **mindst**	„klein/wenig, kleiner/weniger, am kleinsten/wenigsten";
ond [*On!*], **værre**, **værst**	„schlecht, schlechter, am schlechtesten";
mange, **flere**, **flest**	„viele, mehr, am meisten";
megen/meget, mere, mest	„viel, mehr, am meisten";
nær, **nærmere**, **nærmest**	„nah, näher, am nächsten".

2. Relativpronomen (bezügliche Fürwörter)

a) Am häufigsten werden die Relativpronomen **der** und **som** verwendet. **Der** („der, die, das") wird nur als Subjekt eingesetzt und kann nicht weggelassen werden. **Som** („der, die, das, den, dem") kann als Subjekt oder Objekt dienen; als Objekt kann es auch weggelassen werden:

Bilen, der/som kører forbi.
„Der Wagen, der (Subjekt) vorüber fährt."

Bilen, (som) han køber.
„Der Wagen, den (Objekt) er kauft."

Der und **som** bleiben im Singular und Plural sowie Neutrum und Utrum unverändert.

Vor **som** darf keine Präposition stehen; diese wird nachgestellt, oder man verwendet **hvilken**, **hvilket** (Singular) bzw. **hvilke** (Plural):

Den lænestol, som vi taler <u>om</u>.
„Der Sessel, über den wir sprechen."

Den lænestol, <u>om</u> hvilken vi taler.
„Der Sessel, über den wir sprechen."

b) **Hvilken**, **hvilket** (Sing.) „welcher, welche, welches" und **hvilke** (Plural) „welche" werden vor allem in der formelleren Sprache eingesetzt.

c) Im Genitiv heißt das Relativpronomen im Singular, Plural, Utrum und Neutrum **hvis** (nicht zu verwechseln mit der Konjunktion **hvis** „wenn"!):

Der kommer kvinden, hvis barn er syg.
„Da kommt die Frau, deren Kind krank ist."

d) Darüber hinaus gibt es noch die unbestimmten Relativpronomen **hvad** und **hvilket**. Sie beziehen sich meistens auf einen ganzen Satz bzw. auf eine komplette Aussage:

Han kom ikke for sent, hvilket han var meget glad for.
„Er kam nicht zu spät, worüber er sehr froh war."

Vi ved, hvad han siger.
„Wir wissen, was er sagt."

3. Demonstrativpronomen (hinweisende Fürwörter)

Die am meisten verwendeten Demonstrativpronomen sind **den**, **det** und **de**. Vom bestimmten Artikel unterscheiden Sie sich durch eine stärkere Betonung oder Hinzufügung von **her** „hier" oder **der** „dort", das vor oder hinter dem Bezugswort stehen kann:

den lænestol	„dieser Sessel";
den her lænestol / den lænestol her	„dieser Sessel (hier)";
det der bord / det bord der	„jener Tisch (dort)";
de her huse / de huse her	„diese Häuser (hier)".

Bei Verwendung von **her** befindet sich der Gegenstand in der Nähe des Sprechenden, bei **der** ist er weiter entfernt.

Das Hinzufügen von **her/der** ist eher umgangssprachlich, im gehobeneren Stil und in der Schriftsprache werden im Singular eher die Formen **denne** bzw. **dette** und im Plural **disse** verwendet:

Denne lejlighed er mere praktisk end dette hus.
„Diese Wohnung ist praktischer als dieses Haus".

4. Verben: Perfekt, Partizip und Imperativ

a) Perfekt (vollendete Gegenwart)

Das Perfekt wird in den meisten Fällen mit dem Hilfsverb **have** „haben" und dem Partizip Perfekt des Verbs gebildet:

> **Jeg har inviteret**...
> „Ich habe... eingeladen".

Bei Verben, die eine Bewegung oder eine Zustandsänderung ausdrücken, wird das Perfekt mit **være** „sein" gebildet:

> **Han er løbet.**
> „Er ist gelaufen."

> **Han er vågnet.**
> „Er ist aufgewacht."

Meistens können Sie **have** bzw. **være** verwenden, wie Sie es auch im Deutschen mit „haben" bzw. „sein" machen würden. Dabei gibt es allerdings einige Ausnahmen, wie z.B. **Han er begyndt.** „Er hat angefangen".

Das Perfekt der reflexiven (rückbezüglichen) Verben wird, wie im Deutschen, immer mit **have** gebildet:

> **Jeg har kedet mig.**
> „Ich habe mich gelangweilt".

Bei einigen Bewegungsverben kann sowohl **have** als auch **være** verwendet werden, allerdings mit unterschiedlicher Bedeutung:

> **Han er gået hjem.**
> „Er ist nach Hause gegangen".

> **Han har gået hele vejen.**
> „Er ist den ganzen Weg gegangen" (=zu Fuß. Hier wird die Aktivität des Gehens besonders betont.)

Ein wichtiger Unterschied zum Deutschen ist die Verwendung des Perfekts, wenn eine Handlung in der Vergangenheit begonnen wurde und bis in die Gegenwart andauert, was im Deutschen normalerweise mit dem Präsens + „seit" ausgedrückt wird:

> **Jeg har boet her i fem år.**
> „Ich wohne hier seit fünf Jahren."
> (Der Sprecher wohnt immer noch an diesem Ort.)

Das deutsche „Ich habe hier fünf Jahre lang gewohnt“ (der Sprecher wohnt nicht mehr an diesem Ort) muß im Dänischen mit dem Präteritum wiedergegeben werden: **Jeg boede her i fem år.**

b) Partizip Perfekt

Die meisten Verben bilden das Partizip Perfekt durch Anfügen von -**et** oder -**t** an den Stamm (den Stamm erhält man, wenn man das -**e** am Ende des Infinitivs wegstreicht):

invitere – inviteret
„einladen“ – „eingeladen“;

høre – hørt
„hören“ – „gehört“.

Einige Verben haben allerdings unregelmäßige Partizipformen; diese finden Sie in der Konjugationstabelle am Ende dieses Kurses. Dort können Sie auch sehen, ob das Perfekt mit **have** oder **være** gebildet wird.

c) Partizip Präsens

Das Partizip Präsens erhalten Sie, wenn Sie die Endung -**ende** an den Stamm des Verbs anhängen: **mangle – manglende** „fehlen“ – „fehlende“. Diese Form bleibt immer unverändert, egal ob es sich um Singular oder Plural, Utrum oder Neutrum handelt:

den syngende kvinde	„die singende Frau“;
det syngende barn	„das singende Kind“;
de syngende børn	„die singenden Kinder“.

d) Imperativ (Befehlsform)

Erinnern Sie sich? Der Imperativ in der 2. Person (Singular und Plural) entspricht einfach dem Stamm des Verbs:

Infinitiv	**Imperativ (= Stamm)**
tage „nehmen“	**Tag!** „Nimm!/Nehmen Sie!“
sige „sagen“	**Sig!** „Sag!/Sagen Sie!“

Sie haben auch schon die anderen Imperativform kennengelernt, nämlich die 1. Person Plural, die mit **lad os** + Infinitiv gebildet wird:

Lad os vente lidt!
„Laß(t) uns etwas warten!/Warten wir etwas!“.

5. Partikeln

Beschäftigen wir uns nun noch mit einigen kleinen Wörtern, die sich schwer übersetzen lassen.
Jede Sprache hat ihre Besonderheiten, die sich nicht immer direkt und mit den gleichen Mitteln in eine andere Sprache übersetzen lassen. Dazu gehören die im Dänischen sehr wichtigen Partikeln. Das sind kleine Wörter von unveränderlicher Form, die keine grammatische Funktion und keine eigentliche Bedeutung haben, sondern der Aussage eine bestimmte Färbung oder Nuance verleihen, z.B. die Intensität verändern oder die Meinung des Sprechers betonen. Im Folgenden werden die gebräuchlichsten Anwendungsweisen von vier häufigen Partikeln erläutert:

Da (nicht zu verwechseln mit der gleichlautenden Konjunktionen **da** „weil, da, als, wo") kann oft mit „doch" oder „denn" wiedergegeben werden:

Hvem da?
„Wer denn?".

I kommer da i morgen?
„Ihr kommt doch morgen?".

Dog ist besonders vielseitig einsetzbar. Die häufigsten Übersetzungen lauten: „denn, doch, nur, bloß, schon, aber":

Hvad er der dog i vejen?
„Was ist denn los (im Weg)?".

Sæt dig dog ned!
„Setz dich doch hin!".

Hvor kan du dog spørge?
„Wie kannst du nur/bloß fragen?".

Kom dog!
„Komm schon!".

Hvor er det dog smukt!
„Ist das aber schön!".

Jo (nicht zu verwechseln mit dem Ausruf **Jo!** „Doch!" bzw. der Antwort **jo** „doch/ja" auf eine negative Frage oder der Konjunktion **jo** „je (mehr/desto)") kann in den meisten Fällen mit „ja" oder „doch" übersetzt werden:

Du kender ham jo.
„Du kennst ihn ja."

Han er jo syg.
„Er ist doch krank.“.

Nu läßt sich meistens gut mit den folgenden Wörtern übersetzen: „nun, doch (gleich), (nur) wieder, bloß, also“:

Det er nu engang sådan.
„Das ist nun einmal so.“

Hvad var det nu, vi talte om?
„Wovon sprachen wir doch gleich?“.

Hvor har du nu været?
„Wo bist du nur wieder gewesen?“.

Tror nu ikke, at...
„Glaub' bloß nicht, daß...“.

Ved du nu hvad...
„Also, weißt du was...“.

Diese Ausdrücke sollten Sie nicht auswendig lernen. Wenn Sie regelmäßig die Texte lesen und hören, werden Sie sie automatisch „assimilieren“.

6. „Zweite Welle“ oder „aktive Phase“

Mit der nächsten Lektion treten Sie in eine neue Phase Ihres Dänischstudiums ein: Die „2. Welle“ oder auch „Aktive Phase“. Bislang sollten Sie die Texte und Anmerkungen lesen, Sie soll-

▶ Niogtyvende (29.) lektion

Hunden og friheden – En historie fra det virkelige liv

1 Der **var** engang en **mand**, som er**hver**vede sig en **jagt**hund. ①

UDTALE

[***hu!***-*n(e)n* ... ***frie***-*he!-(d)(e)n* ... **1** ... *är-**wä!r**-w(e)-(d)(e)...*]

ten hören, verstehen und die Aussprache trainieren, d.h. Sie haben sich eher passiv mit der Sprache beschäftigt. Für die aktive Phase müssen Sie von nun an täglich etwa 5-10 Minuten mehr einplanen, denn nach jeder neu durchgearbeiteten Lektion „aktivieren" Sie eine der ersten Lektionen. Das geht so: Sie verdecken den dänischen Lektionstext und versuchen, den deutschen Text – und, wenn Sie besonders gründlich sein wollen, auch den deutschen Text der Verständnisübung – auf Dänisch zu formulieren. Sehen Sie dann auf der linken Seite nach, ob Sie die Sätze richtig wiedergegeben haben. Wiederholen Sie die Wörter und Wendungen, die Ihnen entfallen waren, oder lesen Sie ggf. noch einmal die entsprechenden Anmerkungen.
Auf diese Weise aktivieren Sie nach Lektion 29 die Lektion 1, nach Lektion 30 die Lektion 2, nach Lektion 31 die Lektion 3 usw.
Im Laufe dieser 2. Welle werden Sie feststellen, daß Sie Ihre bislang erworbenen Kenntnisse vertiefen und festigen und gleichzeitig Ihren Wortschatz erweitern.
Verzichten Sie nicht auf diese „aktive Phase"; sie ist integraler Bestandteil des Kurses! Sie werden merken, wie viele passive Kenntnisse Sie schon besitzen, und nun können Sie endlich selbst auf Dänisch formulieren! Außerdem zeigt Ihnen die 2. Welle die Schwierigkeiten auf, die noch bei Ihnen bestehen, und Sie werden herausfinden, was Sie noch einmal wiederholen müssen.

Neunundzwanzigste Lektion

Der Hund und die Freiheit – Eine Geschichte aus dem wirklichen Leben

1 Es (Da) war einmal ein Mann, der sich einen Jagdhund kaufte.

ANMERKUNGEN

① **erhvervede** „erwarb" ist das Präteritum (einfache Vergangenheit) von **erhverve** „kaufen, erwerben".

2 **Jægeren glædede** sig til i**gen** at vandre **rundt** i naturen **sammen** med sine **jagt**kammerater. ②
3 Men ikke **mindst glæ**dede han sig til at **se**, hvordan **hunden** ville **op**føre sig. ③
4 **Den**ne **nægte**de til hans **o**verraskelse at springe **ind** i **bi**len. ④
5 Han lukkede da **op** for ba**ga**gerummet og **hunden** hoppede **ind** i det. ⑤
6 **Un**derligt, **tænk**te **jæ**geren. Men den var må**ske ik**ke **vant** til **an**det. ⑥
7 **U**de på **marken** lukkede han **op** for ba**ga**gerummet, men **se** om **hun**den ville **ud**. **Ik**ke på **vil**kår! ⑦
8 **Nå**, **ud** kom den da til **sidst**, men **un**derlig var den. ⑧
9 **Andre hun**de var **sprun**get rundt, men **ik**ke **den**ne her. ⑨
10 Den **klis**trede sig **op** af sin **her**re med et **skræmt ud**tryk i **øj**nene. ⑩⑪
11 Sådan **van**drede de et stykke **tid**.

UDTALE

[*2* ***jä****:-j(e)-r(e)n ...* ***jagd****-ka-m(e)-ra-dor* ***6 Oo****-nOr-lied ...* ***10*** *...* ***kließ****-tr(e)-(d)(e) ...*]

ANMERKUNGEN

② **glædede sig** „freute sich“ ist das Präteritum von **glæde sig** „sich freuen“.

③ **ville** „wollte“ ist das Präteritum von **ville** „wollen“; Präsens: **vil**. Ein wichtiges Verb, das oft auch mit „werden“ oder „würden“ übersetzt werden kann.

④ **nægtede**, Präteritum von **nægte** „sich weigern, verweigern“.

⑤ **lukkede op** (**for**), Präteritum von **lukke op** (**for**) „aufschließen, öffnen“; Achtung: Ohne **op** bedeutet **lukke** das Gegenteil, nämlich „schließen“.

2 Der Jäger freute sich darauf, [sich] zusammen mit seinen Jagdkameraden wieder in die Natur zu begeben (wandern umher).

3 Aber vor allem (nicht am wenigsten) freute er sich darauf zu sehen, wie sich der Hund verhalten (aufführen) würde.

4 Dieser weigerte [sich] zu seiner Überraschung, ins Auto zu springen.

5 Da schloß er den Kofferraum auf, und der Hund sprang hinein (in ihn).

6 Merkwürdig, dachte der Jäger. Aber er war vielleicht (zu) nichts anderes gewöhnt.

7 Draußen auf der Wiese öffnete er den Kofferraum, aber glauben Sie nicht (sehen Sie ob), [daß] der Hund raus wollte. Unter keinen Umständen!

8 Naja, raus kam er (da) zum Schluß, aber er war seltsam.

9 Andere Hunde wären herumgesprungen, aber nicht dieser.

10 Er drückte (klebte) sich mit einem erschreckten Ausdruck in den Augen an seinen Herrn.

11 So wanderten sie eine (Stück) Zeit.

ANMERKUNGEN

⑥ **tænkte** ist das Präteritum von **tænke** „denken, glauben", das Partizip Perfekt heißt **tænkt**.

⑦ **vilkår-et-=** „Bedingung/Umstände"; **ikke på vilkår** „auf keinen Fall".

⑧ Bei **kom**, Präteritum von **komme** „kommen", steht am Ende nur ein **m**. Das liegt daran, daß im Dänischen am Ende eines Wortes nie ein doppelter Konsonant stehen darf.

⑨ **var sprunget** „war gesprungen" ist das Plusquamperfekt (die Vorvergangenheit) von **springe** „springen"; das Präteritum heißt **sprang**.

⑩ Das Präteritum der regelmäßigen Verben wird meistens gebildet, indem man **-ede** an den Stamm anhängt, wie hier bei **klistrede** (Infinitiv: **klistre**) und weiter unten bei **vandrede**, **galoperede**, **troede**, **halsede**, **besluttede** und **klagede**.

⑪ **øjnene** „die Augen" ist die bestimmte Form im Plural von **øje-t-ne** „Auge".

12 **Plud**selig tog **pok**ker ved hunden. ⑫

13 Den galo**pere**de **ud** over **mar**kerne i **fuldt** **fir**spring.

14 **Jæ**geren **troe**de, den havde fået **fær**ten af et **byt**te og **hal**sede efter **hun**den. ⑬

15 Men til **in**gen **byt**te. **Den** var for **længst** over **al**le **bjer**ge.

16 **Skuf**fet beslut**te**de **jæ**geren at sætte **kur**sen mod **bi**len.

17 **Dér sad hun**den **o**ppe i ba**ga**gerummet. ⑭

18 Da han nogen **tid se**nere **kla**gede til **ken**nelen over **hun**den, **gik** for**kla**ringen **op** for ham. ⑮

19 **Hun**den havde været **dår**ligt be**hand**let.

20 Dens **tid**ligere **e**jer havde holdt den **in**delukket i et **lil**le, **mørkt hun**dehus.

21 Den havde **of**te fået **tærsk**, som regel **helt** **u**den **grund**.

22 Da den for **førs**te gang var kommet **ud** i **fri**heden på **mar**kerne, var den blevet **angst**.

23 **Hun**den var **gan**ske **en**kelt **bange** for **fri**heden!

UDTALE

[***12*** *...* ***pO****-gOr ...* ***14*** *...* ***hă:****-(d)(e)* ***18*** *...* ***klă****-j(e)-(d)(e) ...* ***20*** *...* ***i****-n(e)-lOo-g(e)(d) ...* ***21*** *...* ***täsg*** *...*]

12 Plötzlich ritt (nahm) der Teufel (bei) den Hund.
13 Er galoppierte (raus) in vollem Galopp (Viersprung) über die Wiesen.
14 Der Jäger glaubte, er hätte die Fährte einer Beute aufgenommen (bekommen) und stürzte hinter dem Hund [her].
15 Aber vergebens (zu keinem Nutzen). Er war (für) längst über alle Berge.
16 Enttäuscht beschloß der Jäger, zum Auto zurück zu gehen (zu setzen Kurs gegen das Auto).
17 Da saß der Hund (oben) im Kofferraum.
18 Als er [sich] einige Zeit später beim Hundezwinger über den Hund beklagte, erfuhr er die Erklärung (ging die Erklärung auf für ihn).
19 Der Hund war schlecht behandelt worden.
20 Sein früherer Besitzer hatte ihn in einer kleinen, dunklen Hundehütte eingesperrt gehalten.
21 Er hatte oft Schläge bekommen, in der (als) Regel ganz ohne Grund.
22 Als er auf den Wiesen das erste Mal raus in die Freiheit gekommen war, hat er Angst bekommen (war angst geworden).
23 Der Hund (war) hatte einfach Angst vor der Freiheit!

ANMERKUNGEN

⑫ **tog** ist das Präteritum von **tage** „nehmen", das Partizip Perfekt heißt **taget**.

⑬ **havde fået** „hatte bekommen" ist das Plusquamperfekt von **få** „bekommen", das Präteritum heißt **fik**.

⑭ **sad** ist das Präteritum von **sidde** „sitzen", das Partizip Perfekt heißt **siddet**.

⑮ **gik** ist das Präteritum von **gå** „gehen", das Partizip Perfekt heißt **gået**.

FØRSTE ØVELSE: FORSTÅR DE DISSE SÆTNINGER?

❶ Jægeren var blevet bange for, at hunden var forsvundet. ❷ Jeg glædede mig til at vandre ude i naturen. ❸ Manden lukkede op for hunden, der sprang ud over markerne. ❹ Kennelens ejer ville jage sammen med sine kammerater. ❺ Pokker tog ved jægeren.

ANDEN ØVELSE: INDSÆT DE MANGLENDE ORD!

❶ Der Hund weigerte [sich], aus dem Auto heraus zu springen.
Hunden . . . . springe . . . . bilen.

❷ Der Mann beklagte [sich] ganz ohne Grund über den Hundezwinger.
Manden . . . . kennelen helt . . . .

❸ Sie glaubte, er hatte Schläge bekommen.
Hun . . . . . . , ... tærsk.

❹ Er saß im Auto, als ihm die Erklärung aufging.
Han . . . i bilen . . forklaringen . . . . ham.

❺ Sie entschied, wie sie sich benehmen sollten.
Hun . . . . , ... de skulle . . . .

FØRSTE ØVELSES LØSNING: HAR DE FORSTÅET?

❶ Der Jäger hatte Angst bekommen (war angst geworden für), daß der Hund verschwunden war. ❷ Ich freute mich darauf (zu), draußen in der Natur zu wandern. ❸ Der Mann schloß dem Hund auf, der sprang raus über die Wiesen. ❹ Der Besitzer des Hundezwingers wollte zusammen mit seinen Kameraden jagen. ❺ Der Teufel ritt (nahm bei) den Jäger.

ANDEN ØVELSES LØSNING: DE MANGLENDE ORD.

❶ nægtede at – ud af ❷ klagede over – uden grund ❸ troede, den havde fået ❹ sad – da – gik op for ❺ besluttede, hvordan – opføre sig.

Die „zweite Welle" oder aktive Phase

Bislang war ihr Studium eher passiv. Sie sollten nur lesen, zuhören, verstehen und die Aussprache trainieren. Mit dieser Lektion beginnt nun die aktive Phase! Hierfür müssen Sie täglich etwa 5-10 Minuten mehr einplanen, denn nach jeder neu durchgearbeiteten Lektion „aktivieren" Sie eine der ersten Lektionen, indem Sie den dänischen Lektionstext verdecken und versuchen, den deutschen Text – und, wenn Sie besonders gründlich sein wollen, auch den deutschen Text der Verständnisübung – auf Dänisch zu formulieren. Sehen Sie dann auf der linken Seite nach, ob Sie die Sätze richtig wiedergegeben haben. Wiederholen Sie die Wörter und Wendungen, die Ihnen entfallen waren, oder lesen Sie ggf. noch einmal die entsprechenden Anmerkungen. Aktivieren Sie so nach Lektion 29 die Lektion 1, nach Lektion 30 die Lektion 2, nach Lektion 31 die Lektion 3 usw.
Auf diese Weise vertiefen und festigen Sie Ihre bislang erworbenen Kenntnisse und erweitern gleichzeitig Ihren Wortschatz. Dabei sollten Sie immer möglichst locker und entspannt lernen, damit der Spaß nicht auf der Strecke bleibt. So, und nun geht es mit viel Schwung in die 2. Welle!

Zweite Welle: Aktivieren Sie heute Lektion 1!

Tredivte (30.) lektion

En historietime

1 – I **dag** skal vi høre lidt om **Dan**marks **tid**ligste hi**sto**rie. ①

2 **Jens**, **hvad** kan **du** for**tæl**le mig om **Thy**ra **Da**nebod?

3 – Hun var **dron**ning af **Dan**mark.

4 Hun var **gift** med **Gorm** den **Gam**le.

5 Han re**ge**rede **900**-tallet. ②

6 **Thy**ra byggede en **vold**, **Dan**nevirke, til værn om **Dan**mark nede i **Søn**derjylland. ③

7 **Den** skulle be**skyt**te **Dan**mark mod **tys**kerne.

8 Men den **vir**kede **al**drig efter **hen**sigten.

9 – **Hvad** mener du med **det**, **Jens**?

10 – **Jo**, da **tys**kerne førte **krig** mod **dans**kerne i **1864**, kørte de bare **u**denom med deres ka**no**ner,

UDTALE

[*1* ... ***tie(d)****-ließ-d(e)* ... *2* ... ***dă****:-n(e)-bo!(d)* *3* ... ***drO****-ning* ... *5* ... *re-****ge****-r(e)-(d)(e)* ... ***nie****-hun-r(e)-(d)(e)-tă-l(e)(d)* ... *6* ... ***wO!l*** ... *8* ... ***hän****-ßig-d(e)n* *10* ... *ă-d(e)n-****hun****-r(e)-(d)(e)-****fie:r****-O-träß* ... *ka-****no!****-nOr*]

Dreißigste Lektion

Eine Geschichtsstunde

1 – Heute werden wir etwas über Dänemarks früheste Geschichte hören.

2 Jens, was kannst du mir über Thyra Danebod erzählen?

3 – Sie war Königin von Dänemark.

4 Sie war verheiratet mit Gorm dem Alten.

5 Er regierte im 10. Jahrhundert.

6 Thyra baute zu Dänemarks Schutz (zum Schutz von Dänemark) unten in Nordschleswig einen Wall, Dannewerk.

7 Der sollte Dänemark vor den (gegen die) Deutschen schützen.

8 Aber er funktionierte nie wie beabsichtigt (nach der Absicht/Zweck).

9 – Was meinst du damit, Jens?

10 – Tja, als die Deutschen 1864 Krieg gegen die Dänen führten, fuhren Sie einfach außen herum mit ihren Kanonen,

ANMERKUNGEN

① **høre** kann sowohl „hören“ als auch „(einen Schüler) abhören/befragen“ heißen.

② Achtung: Das 10. Jahrhundert nennt man **900-tallet** wörtlich: „900 die Zahl“.

③ **Sønderjylland** setzt sich zusammen aus dem alten Ausdruck für „Süd“ **sønder** und **Jylland** „Jütland“. Im modernen Dänisch heißt „Süd“ **syd**, aber in geographischen Namen findet man oft noch die alte Form **sønder**.

11 og **dans**kerne måtte trække sig til**ba**ge til **Dyb**bøl, hvor de **tab**te **sla**get. ④

12 **Thy**ra byggede nemlig ikke **vol**den **helt ud** til **van**det, fordi hun ikke **reg**nede med,

13 at **tys**kerne kunne komme over **al**le de **mo**ser, der **lå der**. ⑤

14 Hun havde **sik**kert heller ikke flere **pen**ge.

15 Men i **1864** var det en **me**get **streng vin**ter.

16 **Mo**serne blev dækket med **is**, så **tys**kerne bare kunne **kø**re over **i**sen. ⑥

17 Det er lige**som svens**kerne.

18 **Dans**kerne troede, de skulle **sej**le over **Ø**resund for at besætte **Dan**mark. ⑦

19 Men **de** mar**ch**erede bare over isen ligesom **tys**kerne og omringede Køben**havn**.

20 Det var dengang Svend **Gøn**ge var **kon**ge af **Dan**mark.

21 Han var **mo**dig og **dril**lede **svens**kerne, så de til**sidst** måtte rejse **hjem** til **Sve**rige.

22 – **Ja**, nu var Svend **Gøn**ge ikke **kon**ge.

23 Han er **ho**vedpersonen i en ro**man** af Carit **Et**lar, som hedder „**Gøn**gehøvdingen“. ⑧⑨

24 **Kon**gen hed Frederik den **tred**je.

UDTALE

[*11 ... dü-b(e)l ... ßlă:-j(e)d 12 ... rai-n(e)-(d)(e) ... 13 ... mo:-ßOr ... 16 ... ie!s ... 18 ... ßai-l(e)... 23 ... ho:-(u)(e)(d)-pär-ßo!-n(e)n ... gÖ-ng(e)-höw-di-ng(e)n*]

ANMERKUNGEN

④ Einige regelmäßige Verben bilden das Präteritum nicht mit der Endung **-ede**, sondern mit **-et**, wie hier bei **førte**, Präteritum von **føre** „führen“; **kørte**, Präteritum von **køre**, „fahren“ und **tabte**, Präteritum von **tabe** „verlieren“. **måtte** ist das Präteritum des Modalverbs **måtte** „müssen“, das Präsens heißt **må** und das Partizip Perfekt **måttet**.

11 und die Dänen mußten sich nach Dybbøl zurückziehen, wo sie die Schlacht verloren.
12 Thyra baute nämlich den Wall nicht ganz (raus) bis zum Wasser, weil sie nicht damit rechnete,
13 daß die Deutschen über all die Moore kommen konnten, die dort lagen.
14 Sie hatte sicher auch kein Geld mehr.
15 Aber 1864 gab (war) es einen sehr strengen Winter.
16 Die Moore waren (wurden) mit Eis bedeckt, so [daß] die Deutschen einfach über das Eis fahren konnten.
17 Das ist wie [mit] den Schweden.
18 Die Dänen dachten, sie müßten über den Öresund segeln, um Dänemark zu besetzen.
19 Aber sie marschierten einfach über das Eis, wie die Deutschen, und umzingelten Kopenhagen.
20 Das war damals, [als] Svend Gønge König von Dänemark war.
21 Er war mutig und plagte die Schweden, so [daß] sie zuletzt nach Hause nach Schweden fahren mußten.
22 – Ja, aber (nun) Svend Gønge war nicht König.
23 Er ist die Hauptperson in einem Roman von Carit Etlar, mit dem Namen (der heißt) „Gøngehøvdingen" (Der Häuptling Gønge).
24 Der König hieß Frederik der Dritte.

ANMERKUNGEN

⑤ **lå** ist das Präteritum von **ligge** „liegen", das Partizip Perfekt heißt **ligget**.

⑥ **blev** ist das Präteritum von **blive**, das als Vollverb „bleiben" bedeutet, aber auch, wie hier, als Hilfsverb zur Bildung des Passivs dient. Beispiel: **Døren bliver lukket** „Die Tür wird geschlossen". Das Partizip Perfekt heißt **blevet**.

⑦ **sejle** bedeutet nicht nur „segeln", sondern allgemein „mit einem Schiff fahren".

⑧ **Carit Etlar** ist das Pseudonym von **Carl Brosbølt** (1816-1900), eines in Dänemark sehr populären Verfassers historischer Romane.

⑨ **hed** ist das Präteritum von **hedde** „heißen", das Partizip Perfekt lautet **heddet**.

25 **Kri**gen med **svens**kerne varede fra **1657** til **1660**.
26 – Ja, men hvis **Svend** havde været **kon**ge, ville **kri**gen **slet** ikke være gået **så**dan. ⑩
27 **Så** var det **dans**kerne, der havde be**sat he**le **Sve**rige **én gang til**! ⑪

(UDTALE)

[*25* ***krie:****-j(e)n ... ßai-ßd(e)n-****hun****-r(e)-(d)(e)-O-ßü(u)-O-hal-träß ...*]

FØRSTE ØVELSE: FORSTÅR DE DISSE SÆTNINGER?

❶ Hvis Svend havde været konge, var det danskerne, der havde besat Sverige. ❷ Det var dengang Gorm den Gamle regerede i Danmark. ❸ Var hun gift med en svensker eller en tysker? ❹ Hvad hedder kongen, der forte krig mod svenskerne i 1600-tallet? ❺ De var modige, men de måtte alligevel trække sig tilbage.

ANDEN ØVELSE: INDSÆT DE MANGLENDE ORD!

❶ Die Dänen glaubten nicht, sie würden (sollten) über das Eis marschieren.

Danskerne . . . . . . ikke, de . . . . . .
marchere . . . . isen.

❷ Wenn Thyra Königin gewesen wäre, wäre der Krieg nicht so verlaufen (gegangen).

. . . . Thyra . . . . dronning,
. . . . . krigen ikke . . . . sådan.

25 Der Krieg mit den Schweden dauerte von 1657 bis 1660.

26 – Ja, aber wenn Svend König gewesen wäre, wäre der Krieg gar nicht so verlaufen (gegangen).

27 Dann wären es die Dänen [gewesen], die ganz Schweden noch einmal besetzt hätten!

ANMERKUNGEN

⑩ **ville** ist das Präteritum von **ville** „wollen“ und kann oft auch mit „würde“ oder „wäre“ übersetzt werden. Das Präsens heißt **vil** und das Partizip Perfekt **villet**.

⑪ **havde besat** „hatten besetzt“ ist das Plusquamperfekt von **besætte** „besetzen“. In Bedingungssätzen der Vergangenheit verwenden die Dänen Präteritum und Plusquamperfekt und nicht, wie im Deutschen, den Konjunktiv (Möglichkeitsform), daher muß **havde besat** hier mit „hätten besetzt“ übersetzt werden.

FØRSTE ØVELSES LØSNING: HAR DE FORSTÅET?

❶ Wenn Svend König gewesen wäre (hätte), wären es die Dänen [gewesen], die Schweden besetzt hätten. ❷ Das war damals[, als] Gorm der Alte in Dänemark regierte. ❸ War sie mit einem Schweden oder [mit] einem Deutschen verheiratet? ❹ Wie heißt der König, der im 17. Jahrhundert Krieg gegen die Schweden führte? ❺ Sie waren mutig, aber sie mußten sich trotzdem zurückziehen.

❸ [Das] Dannewerk sollte Dänemark vor den (gegen die) Deutschen schützen.

Dannevirke . . . . Danmark . . . tyskerne.

❹ Wir werden heute [etwas] über Dänemarks früheste Geschichte hören.

Vi . . . . Danmarks . . . . historie i dag.

❺ Was kannst du mir über die Schlacht bei Dybbøl erzählen?

.... du .... mig .. .. ved Dybbøl?

Eine Sprache zu erlernen, bedeutet nicht nur, sich ihre grammatikalischen Strukturen und den Wortschatz anzueignen, sondern in die Mentalität der Menschen einzutauchen, die diese Sprache sprechen. So beleuchten wir in diesem Kurs in kleinen

Enogtredivte (31.) lektion

Storken og bonden – En historie fra Mols

1 På **Mols**, **ved du nok**, bor **mol**boerne. ①

2 **De** er **kendt vi**den **om** for deres **vid** og op**find**somhed samt d**e**mo**kra**tiske **sin**delag.

3 En **som**merdag for **man**ge **år si**den **hæn**dte **føl**gende: ②③

4 **Jens** fra **Kne**bel var **u**de for at be**se** sine **rug**marker.

UDTALE

[***ßdOr**-g(e)n ... **bOo**-n(e)n ... **mOlß 1** ... **mOl**-bo!-Or-n(e) **2** ... Op-**fin**-ßOm-he!(d) ... **ßi**-n(e)-lå!j **4** ... **ru**-mar-gor*]

ANDEN ØVELSES LØSNING: DE MANGLENDE ORD.

❶ troede – skulle – over ❷ Hvis – havde været – ville – være gået ❸ skulle beskytte – mod ❹ skal høre om – tidligste ❺ Hvad kan – fortælle – om slaget.

Häppchen auch die Geschichte und Kultur Dänemarks, denn beides hat die heutige Sprache mit geprägt und ist ein wichtiges Element für die Verständigung zwischen den Sprechern.

Zweite Welle: Aktivieren Sie heute Lektion 2!

Einunddreißigste Lektion

Der Storch und der Bauer – Eine Geschichte aus Mols

1 In Mols wohnen, [wie] du wohl weißt, die Einwohner von Mols.

2 Sie sind weithin bekannt für ihren Witz und ihren Erfindungsgeist sowie ihre demokratische Gesinnung.

3 [An] einem Sommertag vor vielen Jahren geschah Folgendes:

4 Jens aus Knebel war draußen, um seine Roggenfelder anzusehen.

ANMERKUNGEN

① Es gibt zahlreiche Witze und Geschichten über die Bewohner des in Ostjütland gelegenen **Mols**, die der Legende nach etwas einfältig sein sollen. Einen „Schildbürgerstreich" bezeichnet man daher als **Molbohistorie**.

② Die zeitliche Angabe „vor" muß mit den Wörtern **for ... siden** ausgedrückt werden, die die Zeitangabe einrahmen: **for to dage siden** „vor zwei Tagen".

③ **hændte** ist das Präteritum von **hænde** „geschehen, passieren"; Partizip Perfekt: **hændt**.

5 **Plud**selig standsede han **op** som **ramt** af **ly**net: **in**de på hans **rug**mark spanku**le**rede en **stork ret** så for**nø**jet **rundt**.

6 **Jens** skulle **li**ge til at løbe **ind** på **mar**ken for at jage **stor**ken **væk**, men **nå**ede dog at standse **op** i **ti**de. ④

7 I **ste**det samlede han en **stor sten op** og kastede den **ef**ter **stor**ken, men **den**ne **vær**digede ham **ik**ke et **blik**.

8 Nu var **go**de **råd dy**re!

9 **Jens styr**tede tilbage til **lands**byen, hvor han i **få op**hidsede, men **vel**valgte **ord** satte sin **na**bo **Poul ind** i situa**tio**nen.

10 **Poul** satte **al**le **lands**byens **bøn**der **stæv**ne under det **gam**le **lin**detræ. ⑤⑥

11 **Ho**vederne blev lagt i **blød**, **u**den at det dog af **den grund lyk**kedes at **fin**de en **løs**ning på **det**te **svæ**re di**lem**ma: ⑦⑧

UDTALE

[**5** … *ßban-ku-**le**-r(e)-(d)(e)* .. *fOr-**nÖj**-(e)(d)* … **6** … ***jā**-j(e)* … **7** … ***wär**-die-j(e)-(d)(e)* … **9** … ***Ob**-hie-ß(e)-(d)(e)* … ***wäl**-wal-t(e)* … *ßie-du-a-**ßjo!**-n(e)n* **10** … ***bÖ-nOr ßdä(u)**-n(e)* … **11** … ***blö!(d)*** …]

5 Plötzlich blieb er stehen, wie vom Blitz getroffen: (Drinnen) auf seinem Feld stolzierte ein Storch recht (so) vergnügt umher.

6 Jens wollte gerade auf das Feld laufen, um den Storch wegzujagen, aber schaffte es doch rechtzeitig (in Zeit) abzustoppen.

7 Statt dessen hob (sammelte) er einen großen Stein auf und warf ihn nach dem Storch, aber dieser würdigte ihn nicht eines Blickes.

8 Nun war guter Rat (gute Ratschläge) teuer!

9 Jens stürzte zurück ins Dorf, wo er in wenigen erregten aber wohl gewählten Worten seinen Nachbarn Poul von der Situation unterrichtete (setzte... hinein in die Situation).

10 Poul berief eine Zusammenkunft aller Bauern des Dorfes unter dem alten Lindenbaum ein.

11 [Man] zerbrach sich den Kopf, jedoch ohne daß es dadurch (aus dem Grund) gelang, eine Lösung für dieses schwere Dilemma zu finden:

ANMERKUNGEN

④ Den Ausdruck **skulle lige til at** (+ Verb) lernen Sie am besten als feste Wendung für „wollte gerade.../war gerade dabei zu...“.

⑤ **satte** ist das Präteritum von **sætte** „setzen“. **Sætte stævne** bedeutet „ein Treffen/eine Zusammenkunft vereinbaren, einberufen“. Das Partizip Perfekt heißt **sat**.

⑥ **bønder** ist der Plural von **bonde-n** „Bauer“. Haben Sie den Vokalwechsel im Plural bemerkt?

⑦ **blev lagt** „wurde gelegt“ ist das Präteritum Passiv von **lægge** „legen“; **blød** bedeutet „weich, zart, sanft“, **lægge hovedet i blød** „sich den Kopf zerbrechen“, nicht zu verwechseln mit **lægge i blød** „einweichen“ (z.B. Wäsche).

⑧ **lykkedes** ist das Präteritum von **lykkes** „gelingen“. Es handelt sich hier um einen Vertreter der kleinen Gruppe der Deponentien: Wörter mit passivischer Form (Endung **-s**), aber aktivischer Bedeutung (s.a. L. 17).

12 **Stor**ken spadserede **rundt** og **ø**delagde **af**grøden for **Jens**, som til **gen**gæld **ik**ke kunne gå **ind** og jage den **bort u**den **selv** at **ø**delægge sin **af**grøde. ⑨

13 **Plud**selig **råb**te **Pe**der: „Jeg **har** det! Vi **ta**ger **Jens' la**deport og **bæ**rer den **fire mand**, **en** i hvert **hjør**ne. ⑩

14 **Jens** stiller sig **op** på **la**deporten med en **kæp**.

15 **Så** kan han komme **ind** på sin **mark** og jage **stor**ken **bort u**den **selv** at træde sin **af**grøde **ned**!"

16 „Geni**alt**!" udbrød **Jens**. ⑪

17 Som **sagt** så **gjort**.

18 Da **stor**ken **så** de **fire bøn**der med **Jens' la**deport blev den **ban**ge og for**fø**jede sig **god**villigt. ⑫⑬

19 **Glad** blev **Jens** – ja **så glad blev** han, at han inviterede dem **al**le **sam**men til **af**tensmad.

(UDTALE)

[*12* ... *ßba-**ße**-r(e)-(d)(e)* ... ***au**-grö:-(d)(e)n* ***13*** ... ***lā**:-(d)(e)-po!rd* ... ***jÖr**-n(e)* ***16*** *gän-**jā:!ld*** ... ***18*** ... *fOr-**fÖi**-j(e)-(d)(e)* ... ***go!(d)**-wie-lied*]

FØRSTE ØVELSE: FORSTÅR DE DISSE SÆTNINGER?

❶ De kastede en stor sten efter storken, der blev bange og forføjede sig. ❷ Som sagt så gjort: han inviterede dem hjem til aftensmad. ❸ Han blev ikke så glad, da han så storken på rugmarken. ❹ Det hændte, da Jens spankulerede rundt i landsbyen. ❺ Er molboerne kendt viden om for deres opfindsomhed?

12 Der Storch spazierte umher und zerstörte (für) Jens die Ernte, der wiederum nicht (rein) [auf das Feld] gehen und ihn wegjagen konnte, ohne selbst seine Ernte zu zerstören.
13 Plötzlich rief Peder: „Ich hab's! Wir nehmen Jens' Scheunentor und tragen es [mit] vier Mann, einer an jeder Ecke.
14 Jens stellt sich mit einem Stock auf das Scheunentor.
15 So kann er auf sein Feld kommen und den Storch fortjagen, ohne selbst seine Ernte niederzutreten!"
16 „Genial!" brach Jens aus.
17 (Wie) gesagt (so) getan.
18 Als der Storch die vier Bauern mit Jens' Scheunentor sah, bekam (wurde) er Angst und verzog sich freiwillig.
19 Jens war (wurde) froh, ja er war so froh, daß er sie alle (zusammen) zum Abendessen einlud.

ANMERKUNGEN

⑨ **ødelagde** ist das Präteritum von **ødelægge** „zerstören"; Partizip Perfekt: **ødelagt**.

⑩ Das Apostroph in **Jens'** kennzeichnet den Genitiv. Da das Wort bereits auf **-s** endet, wird kein **-s**, sondern ein Apostroph angehängt. Die Aussprache ist [***jän**-ß(e)ß*].

⑪ **udbrød** ist das Präteritum von **udbryde** „ausrufen, ausbrechen"; das Partizip Perfekt heißt **udbrudt**.

⑫ **så** ist das Präteritum von **se** „sehen", das Partizip Perfekt heißt **set**.

⑬ **forføje sig** „sich davonmachen, fortbegeben".

FØRSTE ØVELSES LØSNING: HAR DE FORSTÅET?

❶ Sie warfen einen großen Stein nach dem Storch, der Angst bekam (wurde) und sich davonmachte. ❷ (Wie) gesagt (so) getan: Er lud sie zum Abendessen (nach Hause) ein. ❸ Er war (wurde) nicht so froh, als er den Storch auf dem Roggenfeld sah. ❹ Es geschah, als Jens im Dorf herumstolzierte. ❺ Sind die Einwohner von Mols weithin für ihren Erfindungsgeist bekannt?

ANDEN ØVELSE: INDSÆT DE MANGLENDE ORD!

❶ Folgendes geschah vor vielen Jahren.

Følgende . . . . mange år . . . . . .

❷ Es gelang ihnen nicht die Lösung des Problems zu finden.

Det . . . . ikke . . . . løsningen på problemet.

❸ Poul berief die Bauern [zu] einer Zusammenkunft im Dorf ein.

Poul . . . . stævne i . . . .

❹ Er sah, daß der Storch die Ernte von (für) Jens zerstörte.

Han . . , . . storken . . . . afgrøden . . . Jens.

❺ Er wollte gerade zum Dorf zurückstürzen, aber er hielt rechtzeitig an.

Han . . . . at styrte . . . . landsbyen, men han . . . . i . . . . . .

▶ Toogtredivte (32.) lektion

En lørdag aften i byen

1 – Nå, hvor valgte I så at gå hen i **lør**dags? ①②

UDTALE

[*1* ... ***wal**-t(e)* ...]

ANDEN ØVELSES LØSNING: DE MANGLENDE ORD.

❶ hændte for – siden ❷ lykkedes dem – at finde ❸ satte bønderne – landsbyen ❹ så, at – ødelagde – for ❺ skulle lige til – tilbage til – standsede – tide.

Bestimmt haben Sie sich schon an die Arbeitsweise der „Zweiten Welle“ gewöhnt, und das selbständige Formulieren der ersten Lektionstexte auf Dänisch bereitet Ihnen sicherlich keine größeren Schwierigkeiten mehr. Hören Sie sich ruhig immer wieder die Tonaufnahmen der ersten Lektionen an. Jetzt, wo Sie mehr verstehen, haben Sie ein noch besseres Ohr für den dänischen Tonfall.

Zweite Welle: Aktivieren Sie heute Lektion 3!

Zweiunddreißigste Lektion

Ein Samstagabend in der Stadt

1 – Na, wo seid ihr denn am Samstag hingegangen (wähltet ihr denn zu gehen hin)?

ANMERKUNGEN

① **valgte** ist das Präteritum von **vælge** „wählen“ (Partizip Perfekt: **valgt**).

② **i lørdags** bedeutet „letzten Samstag“, ebenso **i søndags**, **i mandags** usw. „letzten Sonntag, letzten Montag“ usw.

2 – Vi valgte at gå i teatret. De spillede „**El**ver-høj". ③

3 Det var **pragt**fuldt. Men hvad **blev** det **til** med **jer**?

4 – Vi fulgte med **Jens** og **Hanne** og **bør**nene i **cir**-kus. ④

5 Du **ved**, Det **rus**siske **Stats**cirkus er på be**søg** i **by**en for tiden.

6 **Åh**, hvor **var** de **dyg**tige. Særlig **klov**nen vakte **vild ju**bel. ⑤

7 Han **hav**de et **num**mer, hvor han ville **ha**ve, at vi skulle **tæl**le **til** - og så **tal**te vi alle sammen **1**, **2**, **3**, mens han **skif**tevis **rej**ste sig **op** og **sa**tte sig **ned** på en **lille stol**. ⑥⑦⑧

8 Han havde også et **an**det nummer, hvor han skulle træde **op** på en **sti**ge for at spille på **mund**harmonika. ⑨

9 Men **hver gang**, han trådte **op** på den, be**gynd**te den **at rys**te, så han blev **ban**ge og **skynd**somst trådte **ned igen**. ⑩

(UDTALE)

[**2** ... *te-**ā́**-dr(e)(d)* ... **3** ... ***prægd**-fuld* ... **4** ... ***fu:!l**-t(e)* ... **6** ... ***klO(u)**-n(e)n* ... **7** ... ***tắl**-d(e)*... ***ßgief**-d(e)-wie!s* ... ***raiß**-d(e)* ... **8** ... ***trä:**-(d)(e)* ... ***ßdie:**-j(e)*... ***mOon**-har-mo!-nie-ka* **9** ... ***trO**-d(e)*... ***ßgön**-ßOmßd* ...]

(ANMERKUNGEN)

③ **Elverhøj** „Der Elfenhain" (1828) ist ein berühmtes romantisches Theaterstück von Johan Ludvig Heiberg (1791-1860), ein bedeutender Dichter, Dramatiker, Kritiker und Denker seiner Generation.

④ **fulgte** ist das Präteritum von **følge** „folgen" (Partizip Perfekt: **fulgt**), **følge med** „mitkommen, begleiten".

2 – Wir sind ins Theater gegangen. [Dort] spielten sie „Der Elfenhain".
3 Das war phantastisch. Aber was war (blieb es zu) mit euch?
4 – Wir begleiteten (folgten mit) Jens und Hanne und die Kinder in [den] Zirkus.
5 Du weißt, der russische Staatszirkus ist zur Zeit auf Besuch in der Stadt.
6 Ach, was waren die gut (tüchtig). Besonders der Clown weckte wilde Begeisterung.
7 Er hatte eine Nummer, wo er (haben) wollte, daß wir (sollten) mitzählen - und so zählten wir alle zusammen 1, 2, 3, während er sich abwechselnd von einem kleinen Stuhl erhob und niedersetzte.
8 Er hatte auch eine andere Nummer, wo er auf eine Leiter steigen sollte, um auf [der] Mundharmonika zu spielen.
9 Aber jedes Mal, [wenn] er darauf stieg, begann sie zu wackeln, so daß er Angst bekam und eiligst wieder runterstieg.

ANMERKUNGEN

⑤ **vakte** ist das Präteritum von **vække** „(er)wecken, erregen" (z.B. Aufmerksamkeit) (Partizip Perfekt: **vakt**).

⑥ **talte** ist das Präteritum von **tælle** „zählen" (Partizip Perfekt: **talt**).

⑦ **rejse-rejste-rejst** (Infinitiv-Präteritum-Partizip) hat ein breites Bedeutungsspektrum. Es bedeutet sowohl „reisen" als auch „errichten" (Haus); **rejse penge** „Geld auftreiben", **rejse et spørgsmål** [***ßbÖrß-mOo:ll***] „eine Frage aufwerfen", **rejse sig** „sich erheben, aufstehen".

⑧ **sætte-satte-sat** „setzen-setzte-gesetzt". Sind Ihnen die Zeitformen schon ein bißchen vertraut?

⑨ **træde-trådte-trådt** sind die drei Zeitformen für „treten, steigen"; **træde op** kann auch „(auf einer Bühne) auftreten" bedeuten.

⑩ **begynde-begyndte-begyndt** „beginnen-begann-begonnen".

10 Til **sidst rakte en** af **cir**kusbetjentene ham en bala**laj**ka, og han spurgte **pub**likum, **hvad** han skulle **spil**le. ⑪⑫

11 **Ba**gefter strakte han **ar**mene **frem** og be**gynd**te at **syn**ge **den** om **klov**nen, der ikke må **græ**de, fordi han skal hele manegen **rundt** og få **folk** til at **le**. ⑬

12 **Res**ten af programmet var desværre ikke så **spæn**dende, og da det var blevet **sent**, faldt **Ul**la i **søvn**. ⑭

13 Men vi **væk**kede hende, så hun kunne **nå** at se det **sid**ste nummer med **søl**øver. ⑮⑯

14 **Sjæl**dent har jeg **mo**ret mig **så godt**!

15 – Jeg har læst et **sted**, at **lat**ter er den **bed**ste medi**cin**, man kan **få**. Sådan en **rig**tig be**fri**ende **lat**ter.

16 Desværre har **folk** i **vo**re dage **glemt**, hvad det **er** at **le**.

17 De kan **kun gri**ne!

UDTALE

[*10 ...* ***ßier****-guß-be-tjän-d(e)-n(e) ...* ***ßbur****-d(e)* ***pub****-lie-kOom*
*15 ... mä-di-****ßie:!n*** *... be-****frie!****-(e)n(e) ...*]

ANMERKUNGEN

⑪ **række-rakte-rakt** sind die drei Zeitformen für „reichen, geben".

⑫ **spørge-spurgte-spurgt** „fragen-fragte-gefragt".

FØRSTE ØVELSE: FORSTÅR DE DISSE SÆTNINGER?

❶ Stolen rystede, når klovnen trådte op på den. ❷ Drengen faldt i søvn, fordi det var blevet sent. ❸ Åh hvor vi morede os godt. ❹ Vi vækkede børnene før det sidste nummer. ❺ Han vakte vild jubel, da han begyndte at spille.

10 Zuletzt reichte einer der Zirkusbediensteten ihm eine Balalaika, und er fragte [das] Publikum, was er spielen sollte.
11 Hinterher streckte er die Arme nach vorne und begann das [Lied] über den Clown zu singen, der nicht weinen darf, weil er durch die ganze Manege gehen und die Leute zum Lachen bringen soll.
12 Der Rest des Programms war leider nicht so spannend, und als es spät geworden war, schlief Ulla ein (fiel... in Schlaf).
13 Aber wir weckten sie, damit sie (konnte schaffen zu sehen) die letzte Nummer mit [den] Seelöwen sehen konnte.
14 Selten habe ich mich so gut amüsiert!
15 – Ich habe irgendwo gelesen, daß Lachen die beste Medizin ist, [die] man bekommen kann. So ein richtig befreiendes Lachen.
16 Leider haben die Leute heutzutage (in unseren Tagen) vergessen, was es heißt (ist) zu lachen.
17 Sie können nur grinsen!

ANMERKUNGEN

⑬ **strække-strakte-strakt** „strecken-streckte-gestreckt".

⑭ **falde-faldt-faldet** „fallen-fiel-gefallen".

⑮ **vækkede** ist auch ein Präteritum von **vække** (wie **vakte** in **Han vakte vild jubel**). Die regelmäßige Form **vækkede** bedeutet konkret „jemanden aus dem Schlaf (auf)wecken". Die unregelmäßige Form **vakte** wird für die übertragene Bedeutung „erwecken, erregen" (z.B. Begeisterung) benutzt.

⑯ **kunne** ist das Präteritum von **kunne** „können"; Präsens: **kan**, Partizip Perfekt: **kunnet**.

FØRSTE ØVELSES LØSNING: HAR DE FORSTÅET?

❶ Der Stuhl wackelte, als der Clown auf ihn stieg. ❷ Der Junge schlief ein, weil es spät geworden war. ❸ Ach, was (wo/wie) haben wir uns gut amüsiert. ❹ Wir weckten die Kinder vor der letzten Nummer. ❺ Er weckte wilde Begeisterung, als er zu spielen begann.

ANDEN ØVELSE: INDSÆT DE MANGLENDE ORD!

❶ Das Mädchen streckte die Arme nach vorn und zählte bis zehn.

Pigen . . . . armene . . . . og . . . . ti.

❷ Er setzte sich auf den Stuhl und schlief ein.

Han . . . . stolen og . . . . søvn.

❸ Letzten Sonntag (wählten wir zu gehen) gingen wir ins Theater.

. . . . vi . . . . . teatret.

❹ Sie begleiteten die anderen in [den] Zirkus.

De . . . . de andre . . . .

❺ Er erhob sich und fragte [das] Publikum, was er singen sollte.

Han . . . . . . sig . . og . . . . publikum, ... han . . . .

▶ Treogtredivte (33.) lektion

I familiens skød

1 – **Jet**te, kan du **hu**ske, **hvor** jeg lagde avisen **sidst**? ①

2 – Nej, det ved **Gud**, jeg ikke kan.

3 Du må da **selv vi**de, hvor du **læg**ger dine **ting**.

4 Men har du set **ef**ter **u**de på toi**let**tet?

UDTALE

[... *ßgö(d)* **1** ... *lá:-j(e)* ...]

ANDEN ØVELSES LØSNING: DE MANGLENDE ORD.

❶ strakte – frem – talte til ❷ satte sig på – faldt i ❸ I søndags valgte – at gå i ❹ fulgte med – i cirkus ❺ rejste – op – spurgte – hvad – skulle synge.

Tip: Sie können die „2. Welle" selbstverständlich auch schriftlich absolvieren.

Zweite Welle: Aktivieren Sie heute Lektion 4!

Dreiunddreißigste Lektion

Im Schoß der Familie

1 – Jette, kannst du [dich] erinnern, wo ich die Zeitung zuletzt [hin]gelegt habe?
2 – Nein, das kann ich weiß Gott nicht (das weiß Gott, ich nicht kann).
3 Du mußt schon selbst wissen, wohin du deine Sachen legst.
4 Aber hast du draußen auf der Toilette nachgesehen?

ANMERKUNGEN

① **lægge-lagde-lagt** „legen-legte-gelegt".

5 – Ja, **der** ligger den **ik**ke **u**de.
6 – Jeg **troe**de i øvrigt, du **hav**de læst den allerede.
7 – Det **har** jeg **og**så. Men der **er** en ar**ti**kel, jeg **li**ge må læse **igen**. ②
8 Den **var så fyldt** med **frem**medord, at jeg ikke for**stod** et **kvæk**. ③④
9 – Og **jeg**, som **troe**de du vidste **alt**.
10 – Det **tro**ede jeg også, jeg **gjor**de, men **den**ne **her** må der **ord**bog til. ⑤
11 Den var så **svær** at for**stå**, at den **helt** bragte mig fra kon**cep**terne. ⑥
12 – Hvad **han**dlede den om?
13 – Den **hand**lede om præsi**den**ten, der **dø**de i **for**året under **mys**tiske om**stæn**digheder.
14 Aff**æ**ren blev også **om**talt i **T**V-a**vi**sen i **af**tes. ⑦⑧
15 Der er **å**benbart kommet **ny**e **op**lysninger frem.

(UDTALE)

*[8 ... **frä**-m(e)(d)-o!r ... **10** ... **gjo:r** ... **or**-bOo!(u) ... **11** ... kon-**ßäb**-dOr-n(e) **13** ... prä-ßie-**dän**-t(e)n ... Om-**ßdän**-die-he-(d)Or]*

5 – Ja, da draußen liegt sie nicht.
6 – Ich dachte übrigens, du hättest sie bereits gelesen.
7 – Das habe ich auch. Aber da ist ein Artikel, [den] ich eben noch mal lesen muß.
8 Er war so voll von (gefüllt mit) Fremdwörtern, daß ich kein Wort (Quaken) verstanden habe.
9 – Und ich (, die) glaubte, du wüßtest alles.
10 – Das glaubte ich auch, [wirklich] (ich tat), aber [für] diesen [Artikel] (hier) muß schon ein Wörterbuch her (zu).
11 Der war so schwer zu verstehen, daß er mich ganz verwirrt hat (von den Konzepten brachte).
12 – Wovon handelte er?
13 – Er handelte von dem Präsidenten, der im Frühjahr unter merkwürdigen Umständen starb.
14 Die Affäre wurde gestern abend auch in den Fernsehnachrichten erwähnt.
15 Es sind offenbar neue Informationen aufgetaucht (gekommen hervor).

ANMERKUNGEN

② **lige** kann je nach Kontext viele Bedeutungen haben: „gleich, gerade, (so)eben, direkt, kurz". Oft ist es auch Teil einer Redewendung und wird nicht direkt übersetzt.

③ **forstå-forstod-forstået** „verstehen-verstand-verstanden".

④ **kvæk**, wörtlich „Quaken" (Frosch), kann oft mit ‚Wort" oder „Laut/Mucks" übersetzt werden. Beispiel: **Han gav ikke et kvæk fra sig** „Er gab keinen Mucks von sich."

⑤ **gøre-gjorde-gjort** „machen/tun-machte/tat-gemacht/getan".

⑥ **bringe-bragte-bragt** „bringen-brachte-gebracht".

⑦ **blev omtalt** „wurde besprochen" ist das Präteritum Passiv von **omtale** „erwähnen, besprechen".

⑧ **i aftes/i går aftes** „gestern abend"; vgl. **i lørdags** in Lektion 32.

16 De sagde i **TV**-avisen, at det var et atten**tat**, men de sagde **ik**ke noget om, **hvem** atten**tat**-mændene var. ⑨

17 Det **prø**ver de at **gis**ne om i a**vi**sen efter en **læn**gere **ind**gående ana**ly**se af **lan**det og præsi**den**tens **gø**ren og **la**den.

18 Han havde vist ikke **rent mel** i **po**sen, **den** præ-si**dent**.

19 **No**get med nar**ko**tikahandel og **pen**gestærke **bag**mænd.

20 **Her** er den! Lad os så **se**... **åh**, der er **een**, der har klippet **si**den **ud**. ⑩

21 **Lot**te... er det **dig**, der har klippet en side **ud** af a**vi**sen?

22 – Ja, der var et **bil**lede, jeg **ger**ne ville **ha**ve. De**su**den **tro**ede jeg, I **hav**de læst den.

23 – Det **har** vi også, men du **ved**, **far** er lidt **tung**-nem, så han må læse a**vi**sen **to** gange, og til-**fæl**dig**vis** var **det bil**lede på **bag**siden af **den** ar**ti**kel, han skulle læse **om igen**. ⑪⑫

24 – **Det** må du **und**skylde, **far**, men du **kun**ne da **ba**re lade **væ**re **med** at lægge a**vi**sen ude på **bag**trappen som tegn på, at du **har** læst den!

(UDTALE)

*[**16** ... **ßå:**-j(e)... a-d(e)n-**tå!d**-mä-n(e)-n(e) ... **17** ... **in**-gOo!-(e)n(e) ... **19** ... nar-**ko**-tie-ka-hån!-n(e)l ... **pä**-ng(e)-ßdär-g(e) bau-mä!n **23** ... **tOong**-nä!m ... ti-**fäl**-die-wie!ß ... **24** ... **bau**-tra-b(e)n ...]*

16 Sie sagten in den Fernsehnachrichten, daß es ein Attentat war, aber sie sagten nichts darüber, wer die Attentäter (Attentatmänner) waren.

17 Das versuchen sie in der Zeitung zu erraten, nach einer längeren eingehenden Analyse des Landes und der Handlungsweise (Tun und Lassen) des Präsidenten.

18 Er hatte sicher kein reines Gewissen (nicht reines Mehl in der Tüte), dieser Präsident.

19 [Irgend] etwas mit Drogenhandel und finanzkräftigen (geldstarken) Hintermännern.

20 Hier ist sie! Laß uns mal sehen... Ach, da (ist einer, der) hat jemand die Seite ausgeschnitten.

21 Lotte... warst (bist) du das, die eine Seite aus der Zeitung ausgeschnitten hat?

22 – Ja, da war ein Bild, [das] ich gern haben wollte. Außerdem dachte ich, ihr hättet sie gelesen.

23 – Das haben wir auch, aber du weißt, Vater ist etwas begriffsstutzig, so [daß] er die Zeitung zweimal lesen muß, und zufälligerweise war dein Bild auf der Rückseite von dem Artikel, [den] er noch mal lesen wollte.

24 – Das tut mir leid (mußt du entschuldigen), Vater, aber dann hättest du (könntest doch einfach lassen sein mit) die Zeitung nicht auf die Hintertreppe legen sollen, als Zeichen dafür, daß du sie gelesen hast!

ANMERKUNGEN

⑨ **sige-sagde-sagt** „sagen-sagte-gesagt“.

⑩ Die Schreibweise mit doppeltem **-e** in **een** „einer, jemand“ oder auch **én** kann verwendet werden, um Verwechslungen mit dem Artikel **en** zu vermeiden.

⑪ **tungnem** setzt sich zusammen aus **tung** „schwer“ und **nemme-t** „Auffassungsvermögen, Auffassungsgabe“.

⑫ **igen** bedeutet „wieder, abermals, zurück“, und **om igen** läßt sich meistens gut mit „noch einmal“ übersetzen.

FØRSTE ØVELSE: FORSTÅR DE DISSE SÆTNINGER?

❶ Jeg kan ved Gud ikke huske, hvor du lagde avisen. ❷ Han forstod ikke, hvad han læste i avisen, fordi den var fyldt med fremmedord. ❸ De sagde, at præsidenten døde under mystiske omstændigheder. ❹ Artiklen handlede om en mand, der ikke havde rent mel i posen. ❺ Jeg er ikke så tungnem, at jeg må læse avisen to gange!

ANDEN ØVELSE: INDSÆT DE MANGLENDE ORD!

❶ Die Affäre brachte ihn ganz aus dem Konzept (von den Konzepten).
Affæren ..... ham helt ... .

❷ Ich glaubte, du hättest die Zeitung schon gelesen.
Jeg ......, du ....

❸ Warst du das (war das dich), der sagte, daß er alles wußte?
Var det ..., ..., at han .... ?

▶ Fireogtredivte (34.) lektion

Rene linjer

1 – **Hej Peter, hvor har** du **væ**ret? Jeg ventede dig **hjem** ved **fem**tiden.

UDTALE
[***re:***-*n(e)*...]

FØRSTE ØVELSES LØSNING: HAR DE FORSTÅET?

❶ Ich kann [mich] weiß Gott nicht erinnern, wohin du die Zeitung gelegt hast. ❷ Er verstand nicht, was er in der Zeitung las, weil sie voll von (gefüllt mit) Fremdwörtern war. ❸ Sie sagten, daß der Präsident unter merkwürdigen Umständen starb. ❹ Der Artikel handelte von (um) einem Mann, der kein reines Gewissen hatte (nicht hatte reines Mehl in der Tüte). ❺ Ich bin nicht so begriffsstutzig, daß ich die Zeitung zweimal lesen muß!

❹ Ich verstand sein Handeln (Tun und Lassen) gestern abend nicht.

Jeg .... ikke hans ..... og ..... i (går) ....

❺ Ich konnte es nicht lassen (sein mit), den Artikel noch mal zu lesen.

Jeg ..... ikke .... at .... artiklen ..... .

ANDEN ØVELSES LØSNING: DE MANGLENDE ORD.

❶ bragte – fra koncepterne ❷ troede – allerede havde læst avisen ❸ dig, der sagde – vidste alt ❹ forstod – gøren – laden – aftes ❺ kunne – lade være med – læse – igen.

Zweite Welle: Aktivieren Sie heute Lektion 5!

Vierunddreißigste Lektion

Klartext (reine Linien)

1 – Hallo Peter, wo bist du gewesen? Ich habe dich gegen fünf (die Zeit) zu Hause erwartet.

2 – Jeg har haft en **ræd**selsfuld dag. ①
3 **Che**fen ventede be**søg** af nogle **højt**stående repræsen**tant**er fra et **fir**ma i **Tysk**land. ②
4 Han ville **abs**olut **ha**ve, at jeg skulle **bli**ve og være **med** ved **mø**det.
5 **Ba**gefter insis**te**rede han **på**, at jeg skulle spise **mid**dag med dem et **sted u**de i **by**en.
6 – Du kunne da i det **mind**ste have **rin**get.
7 – Jeg har **prø**vet at få **fat** i dig **he**le **da**gen, men der var **in**gen, der **sva**rede. ③
8 Hvor har **du** for resten været henne hele **ef**ter-middagen?
9 – Jeg har haft en **dej**lig **ef**termiddag **sam**men med **Ben**te.
10 Jeg ville have lagt be**sked** på kon**to**ret om at jeg kom **sent hjem**, men **nå**ede **ik**ke at få det **gjort**. ④
11 – Har du købt par**fu**me til mig?
12 Du **lug**ter af **her**reparfume, men du har måske siddet ved **si**den af en **ny**barberet **un**gersvend i restau**ran**ten.
13 – Hvad insinu**e**rer du... ?

(UDTALE)

[**2** ... ***rä!(d)****-ß(e)lß-fu!l* ... **3** ... ***hOid****-ßdOo-(e)n(e)* ... **5** ***bä!j****-äf-dOr* ... **8** ... ***äf****-dOr-mi-dä!-(e)n* **11** ... *par-****fü****:-m(e)* ... **12** ... ***nü****-bar-be!-r(e)(d)* ***Oo****ng-Or-ßwä!n* ...]

2 – Ich habe einen schrecklichen Tag gehabt.
3 Der Chef erwartete Besuch von einigen hochgestellten Vertretern einer Firma in Deutschland.
4 Er wollte unbedingt (haben), daß ich bleiben und bei dem Treffen dabei (mit bei) sein sollte.
5 Danach bestand er darauf, daß ich mit ihnen irgendwo (draußen) in der Stadt zu Abend essen sollte.
6 – Du hättest doch wenigstens (in dem Mindesten) anrufen können.
7 – Ich habe den ganzen Tag versucht, dich zu erreichen, aber da war niemand, der geantwortet hat.
8 Wo bist du übrigens den ganzen Nachmittag gewesen (hin)?
9 – Ich habe einen schönen Nachmittag zusammen mit Bente verbracht (gehabt).
10 Ich wollte eine Nachricht im Büro hinterlassen (gelegt haben), daß ich spät nach Hause komme, habe es aber nicht geschafft, das zu tun (bekommen das getan).
11 – Hast du Parfüm für mich gekauft?
12 Du riechst nach Herrenparfüm, aber du hast vielleicht im Restaurant neben einem frischrasierten Jüngling gesessen.
13 – Was unterstellst du [mir]...?

ANMERKUNGEN

① **rædselsfuld** „schrecklich" kommt von **rædsel-len-ler** „Schrecken, Entsetzen, Greuel".

② **nogle** „einige" ist der Plural von **nogen** „jemand". **Nogle** wird aber nicht in verneinten Sätzen benutzt, hier verwendet man statt dessen **nogen**: **Han har ikke nogen venner** „Er hat keine Freunde".

③ **få fat i/på nogen** „jemanden erreichen, erwischen, zu fassen kriegen" geht zurück auf **fatte** „fassen, erfassen".

④ **besked-en-er** „Nachricht, Bescheid"; **få besked om** „benachrichtigt werden"; **lægge besked** „Nachricht hinterlassen".

14 Man skulle for øvrigt **og**så **tro**, at **du** har været i en par**fu**meforretning at købe par**fu**me til **mig**.

15 Men det **tys**ke **fir**mas repræsen**tant** var må**ske** en **kvin**de?

16 – Hvor **vo**ver du!... **Ok**. Du har **selv** været **u**de **om** det. ⑤

17 Der var **ik**ke nogen **tys**ke repræsen**tan**ter til **mø**de i dag, jeg har ikke arbejdet **o**ver. ⑥

18 Jeg har været **sam**men med **Ben**te **he**le **da**gen for at **prø**ve at finde en **ga**ve, jeg kan for**æ**re dig til vores **søl**vbryllup om **tre må**neder...

19 – **Ok**, lad os få **re**ne **lin**jer. Jeg har **ik**ke været i **by**en med **Ben**te, jeg har været i **by**en med **Poul**.

20 Og **nu** skal jeg for**tæl**le dig, hvad vi har **la**vet. Det er nemlig **slet ik**ke, som **du** tror...

21 Vi har **stø**vet **ga**de **op** og **ga**de **ned** for at finde en **ga**ve til **dig** på din halv**tred**sårs **fød**selsdag i **næs**te **må**ned. ⑦

UDTALE

[*16 ... wOo:-(u)Or ... 18 ... ßöl-brÖ-lOob ...*]

FØRSTE ØVELSE: FORSTÅR DE DISSE SÆTNINGER?

❶ Jeg har været sammen med Bente for at finde en fødselsdagsgave til dig. ❷ Chefen ville have, jeg skulle blive. ❸ Venter du besøg fra tyske repræsentanter om tre måneder? ❹ Jeg nåede ikke at lægge besked om, at jeg kom sent hjem. ❺ Han skulle spise middag inde i byen med nogle højtstående repræsentanter fra firmaet.

14 Man sollte übrigens auch meinen, daß du in einer Parfümerie (Parfümgeschäft) gewesen bist und Parfüm für mich gekauft hast.

15 Aber der Vertreter der deutschen Firma war vielleicht eine Frau?

16 – Wie wagst du [es]! ... Ok, du hast es selbst so gewollt.

17 Da waren heute keine deutschen Vertreter zur Besprechung (Treffen), ich habe keine Überstunden gemacht (gearbeitet über).

18 Ich war den ganzen Tag mit Bente zusammen, um zu versuchen, ein Geschenk zu finden, [das] ich dir zu unserer Silberhochzeit in drei Monaten schenken kann...

19 – Ok, laß uns Klartext reden. Ich bin nicht mit Bente in der Stadt gewesen, ich war mit Poul in der Stadt.

20 Und jetzt werde ich dir erzählen, was wir gemacht haben. Es ist nämlich überhaupt nicht, wie du glaubst...

21 Wir haben die ganze Stadt (Straße rauf und Straße runter) durchstöbert, um ein Geschenk für dich für deinen fünfzigsten Geburtstag im nächsten Monat zu finden.

ANMERKUNGEN

⑤ **ude** „draußen" kommt in vielen Redewendungen vor: **Du har selv været ude om det** „Du hast selbst Schuld." **Han er ude efter**... „Er hat es abgesehen auf...". **Det har jeg aldrig været ude for** „Das ist mir noch nie passiert/begegnet".

⑥ Hier steht **nogen** statt **nogle**, weil es sich um eine Verneinung handelt (s.o.).

⑦ **støve** bedeutet neben „stöbern" auch „stauben" und **støve af** „staubwischen, abstauben".

FØRSTE ØVELSES LØSNING: HAR DE FORSTÅET?

❶ Ich bin mit Bente zusammen gewesen, um ein Geburtstagsgeschenk für dich zu finden. ❷ Der Chef wollte (haben), [daß] ich bleibe(n sollte). ❸ Erwartest du in drei Monaten Besuch von deutschen Vertretern? ❹ Ich schaffte es nicht, eine Nachricht zu hinterlassen (um), daß ich spät nach Hause käme. ❺ Er sollte (drinnen) in der Stadt mit einigen hochgestellten Vertretern (von) der Firma [zu] Abend essen.

ANDEN ØVELSE: INDSÆT DE MANGLENDE ORD!

❶ Hast du versucht, Jens zu erreichen?

. . . du . . . . . . at . . . . . . Jens?

❷ Wir erwarteten heute Besuch aus Deutschland.

Vi . . . . Tyskland . . . . .

❸ Hast du heute einen guten Tag gehabt?

. . . du . . . . en . . . . ?

❹ Bente hat Überstunden (gearbeitet über) in der Parfümerie gemacht.

Bente . . . . i . . . .

❺ Ich werde/will ein Geschenk für dich zu (auf) deinem Geburtstag im nächsten Monat finden.

Jeg vil . . . . . en . . . . dig . . . . . fødselsdag . . . . . . måned.

▶ Femogtyvende (35.) lektion

Oversigt og anmærkninger

1. Präteritum (einfache Vergangenheit)

Traditionell unterscheidet man schwache Verben, die in der einfachen Vergangenheit die Endung **-ede** oder **-te** erhalten, und starke Verben, die keine Endung, aber oft einen anderen Stammvokal erhalten. Daneben gibt es noch eine Gruppe unregelmäßiger Verben, die durch Vokalwechsel und die Endung **-de** oder **-te** gekennzeichnet sind. Wir werden das etwas vereinfachen, indem wir die schwachen Verben als **regelmäßig**

ANDEN ØVELSES LØSNING: DE MANGLENDE ORD.

❶ Har – prøvet – få fat i ❷ ventede besøg fra – i dag ❸ Har – haft – god dag i dag ❹ har arbejdet over – parfumeforretningen ❺ finde – gave til – på din – i næste.

In den vergangenen Lektionen haben Sie ganz nebenbei die Vergangenheitsformen der dänischen Verben trainiert. Die meisten Verben sind regelmäßig, so daß Sie ohne Probleme das Imperfekt und Perfekt aus dem Infinitiv ableiten können. Aber es gibt auch unregelmäßige Verben, und die treten z.T. recht häufig auf. Diese Formen muß man einfach mit jedem Verb lernen. Je häufiger Sie sie antreffen, desto leichter werden Sie sie mit der Zeit assimilieren. Die Verben spielen eine zentrale Rolle in der Sprache, und deshalb sollten Sie die Möglichkeit nutzen, diesen wichtigen Bereich in der folgenden Wiederholungslektion zu vertiefen.

Zweite Welle: Aktivieren Sie heute Lektion 6!

Fünfunddreißigste Lektion

bezeichnen und die starken und unregelmäßigen zu den **unregelmäßigen** Verben zusammenfassen.
Diese **unregelmäßigen Verben**, die zum Glück nur den kleineren Teil der Verben ausmachen, lernt man am besten, indem man sich die jeweilige Form des Infinitivs, des Präteritums und des Partizip Perfekts einprägt. Also z.B.:

komme „kommen“ **kom** „kam“ **kommet** „gekommen“;
spørge „fragen“ **spurgte** „fragte“ **spurgt** „gefragt“.

Die **regelmäßigen Verben** bereiten weniger Probleme, da nur zwei Gruppen unterschieden werden müssen:

a. Die meisten regelmäßigen Verben bilden das Präteritum mit der Endung -**ede** und das Partizip Perfekt mit der Endung -**et**: **studere** „studieren“ - **studerede** „studierte“ - **studeret** „studiert“.

b. Die übrigen bilden das Präteritum mit -**te** und das Partizip Perfekt mit -**t**. Meistens handelt es sich dabei um Verben mit einem langen Vokal, gefolgt von einem einfachen Konsonanten:

spise „essen“	**spiste** „aß“	**spist** „gegessen“;
føle „fühlen“	**følte** „fühlte“	**følt** „gefühlt“.

Ausnahmen bilden Verben mit **v** nach langem Vokal (und wenige andere):

leve „leben“	**levede** „lebte“	**levet** „gelebt“.

2. Unregelmäßige Verben der Lektionen 29-34

In der folgenden Liste finden Sie die unregelmäßigen Verben der vorausgegangenen sechs Lektionen (mit Ausnahme der Hilfs- und Modalverben). Hier können Sie Ihr neu erworbenes Wissen überprüfen. Auf die deutschen Übersetzungen haben wir bewußt verzichtet. Bestimmt kennen Sie bereits etliche davon. Andere werden Ihnen wieder entfallen sein. Eine gute Gelegenheit, die Lektionstexte noch einmal durchzublättern.

besætte	**besatte**	**besat**
bringe	**bragte**	**bragt**
bryde	**brød**	**brudt**
falde	**faldt**	**faldet**
forstå	**forstod**	**forstået**
følge	**fulgte**	**fulgt**
gøre	**gjorde**	**gjort**
hedde	**hed**	**heddet**
komme	**kom**	**kommet**
ligge	**lå**	**ligget**
lægge	**lagde**	**lagt**
række	**rakte**	**rakt**
se	**så**	**set**
sige	**sagde**	**sagt**
sidde	**sad**	**siddet**
springe	**sprang**	**sprunget**

spørge	**spurgte**	**spurgt**
strække	**strakte**	**strakt**
sætte	**satte**	**sat**
tage	**tog**	**taget**
træde	**trådte**	**trådt**
tælle	**talte**	**talt**
udbryde	**udbrød**	**udbrudt**
vække	**vækkede/vakte**	**vækket/vakt**
vælge	**valgte**	**valgt**

3. Perfekt und Plusquamperfekt (Vorvergangenheit)

Diese zusammengesetzten Zeitformen dürften Ihnen schon vertraut sein:

Perfekt: Präsens eines Hilfsverbs + Partizip Perfekt:

har sagt „hat gesagt" **er gået** „ist gegangen".

Plusquamperfekt: Präteritum eines Hilfsverbs + Partizip Perfekt:

havde sagt „hatte gesagt" **var gået** „war gegangen".

Sie wissen ja schon aus der vorigen Wiederholungslektion, daß normalerweise **have** verwendet wird, wenn man im Deutschen „haben" und **være**, wenn man „sein" sagen würde. Einige der wenigen Ausnahmen sind:

Han er begyndt. „Er hat angefangen".
Hun har været... „Sie ist... gewesen".

4. Präteritum und Perfekt – Die richtige Verwendung

Die Verwendung von Präteritum und Perfekt unterscheidet sich teilweise vom Deutschen. Daher ist es wichtig, daß Sie sich ein wenig von den deutschen Strukturen lösen und ein Gefühl für die dänischen entwickeln. Versuchen Sie, schon ein bißchen auf Dänisch zu denken.
Das **Präteritum** bezieht sich in der Regel auf eine Handlung, die keine direkte oder ausdrückliche Verbindung zur Gegenwart hat. (Im Deutschen würde man hier, vor allem in der gesprochenen Sprache, oft auch das Perfekt verwenden):

Krigen med svenskerne varede i tre år. „Der Krieg mit den Schweden dauerte drei Jahre/hat drei Jahre gedauert."

Klovnen vakte vild jubel. „Der Clown weckte wilde Begeisterung/hat wilde Begeisterung geweckt."

Das **Perfekt** drückt dagegen einen Bezug zur Gegenwart aus:

> **Der er kommet nye oplysninger frem.** „Es sind neue Informationen aufgetaucht." (Diese sind in der Gegenwart relevant.)
>
> **Du har selv været ude om det!** „Du hast es so gewollt!" (Bezieht sich auf die Gegenwart im Sinne von: „... und jetzt mußt du die Konsequenzen tragen!")

Bei **Han har læst avisen** liegt die Handlung erst kurze Zeit zurück. **Han læste avisen** bezieht sich dagegen auf einen Zeitpunkt, der weiter in der Vergangenheit liegt.
Sehr wichtig ist der Unterschied, den Sie schon in der letzten Wiederholungslektion kennengelernt haben, wenn eine Handlung in der Vergangenheit begonnen wurde und bis in die Gegenwart andauert. Hier verwendet man im Deutschen normalerweise das Präsens, oft mit „seit" oder „schon", aber im Dänischen <u>muß</u> das Perfekt stehen:

> **Han har studeret i København i tre år.**
> „Er studiert seit drei Jahren in Kopenhagen."
> (= Er studiert immer noch dort.)
>
> **Han studerede i København i tre år**. „Er hat drei Jahre in Kopenhagen studiert." (= Er studiert nicht mehr dort.)

Vielleicht ist Ihnen aufgefallen, daß in den vergangenen Lektionen einige dänische Verben im Präteritum oder Plusquamperfekt mit dem deutschen Konjunktiv (Möglichkeitsform) übersetzt wurden:

> **Jeg troede, i havde læst den.**
> „Ich dachte, ihr <u>hättet</u> sie gelesen."
>
> **Du kunne da have ringet.**
> „Du <u>hättest</u> doch anrufen können."

Der dänische Konjunktiv kommt heute fast nur noch in wenigen Redewendungen vor, daher wird der deutsche Konjunktiv, wie in den obigen Sätzen, einfach mit einer Vergangenheitsform wiedergegeben.

5. Dänische Geschichte – ein kleiner Einblick

Heute kennen wir Dänemark als ein kleines, friedliches Land, das eng und gut mit seinen skandinavischen Nachbarn zusammenarbeitet. Das war allerdings nicht immer so. Gegen Ende

des 14. Jahrhunderts war Dänemark ein riesiges Reich, das sich über Norwegen, Island, Grönland und die Färöer Inseln erstreckte. Seine Macht wurde während der „Skandinavischen Union“ von 1397 bis 1523 (Kalmarer Union) noch gestärkt, als Schweden der dänischen Krone – nolens volens – unterstellt wurde. Von der zweiten Hälfte des 16. Jahrhunderts bis zum frühen 18. Jahrhundert gab es immer wieder harte kriegerische Auseinandersetzungen mit Schweden um die Vorherrschaft im Ostseeraum. 1658 mußte das Skandinavien bis dahin dominierende Dänemark einige seiner Provinzen (darunter Schonen) an Schweden abtreten, das damit zum mächtigsten skandinavischen Reich wurde.
Die lange zu Dänemark gehörenden Herzogtümer Holstein und Schleswig gaben im Laufe der Geschichte immer wieder Anlaß zu Konflikten. Nach der Niederlage in Dybbøl fielen diese beiden Herzogtümer an die siegreichen Mächte Preußen und Österreich. 1920 kam nach einer Volksabstimmung Nordschleswig (oder Sønderjylland) wieder unter dänische Herrschaft, und die heutige Grenze zwischen Dänemark und Deutschland wurde gezogen.

6. Aktive Phase

Vergessen Sie nicht, die Übungen zur „2. Welle“ zu absolvieren, d.h. die deutschen Lektionstexte und evtl. auch die Texte der 1. Übung ins Dänische zu übersetzen, wenn Sie wollen, auch schriftlich. Die „2. Welle“ ist ein wichtiger Schritt zur Aktivierung Ihrer passiv erworbenen Kenntnisse, und sie zeigt Ihnen auf, woran Sie noch arbeiten müssen. Wenn Sie die 2. Welle wie vorgesehen ab Lektion 29 begonnen haben, werden Sie mit dem Formulieren der allerersten Lektionstexte wahrscheinlich keine großen Probleme gehabt haben. Den Stoff dieser Lektionen haben Sie schon vor langer Zeit assimiliert und inzwischen viele Male wiederholt. Profitieren Sie von diesen Erfolgserlebnissen, um in der gleichen Weise weiterzumachen!

Da Sie ja jetzt schon ein bißchen fortgeschritten sind, kommt der Hinweis auf die „2. Welle“ ab der nächsten Lektion auf Dänisch: ***Anden bølge: Gå tilbage til lektion ...!***

Zweite Welle: Aktivieren Sie heute Lektion 7!

Seksogtredivte (36.) lektion

Der blev ingen bukser af det skind ①

1 – Hvad **Sø**ren, er det **ik**ke **Jør**gen? ②
2 Det er **læn**ge **si**den, **gam**le **dreng**. Hvor**dan** **går** det?
3 – **Jo**, det **går** da – så **no**genlunde.
4 – Hvad **me**ner du med **det**? Blev du ikke **gift** med den **dej**lige **In**ger? ③
5 – **Jo**, det var jo **me**ningen, at vi skulle **gif**tes.
6 Men hendes **far** ville **ik**ke og satte sig i**mod**. ④
7 Han syntes **ik**ke, **jeg** var noget at **sam**le **på** for **hans dat**ter.
8 – Kunne I ikke bare have **gif**tet jer **u**den at **spør**ge ham? ⑤
9 – Det **kun**ne vi selvfølgelig, men **In**ger ville **ik**ke gøre sin **far ked** af det. ⑥

UDTALE

[**2** ... ***drä!ng*** **3** ... ***no:***-*(e)n-lOo-n* **4** ... ***dai***-*lie:-j(e)* ... **8** ... ***ßbÖ:***-*r(e)* ... **9** ... *ßäl-**föl**-j(e)-lie* ...]

Sechsunddreißigste Lektion

Es hat nicht sollen sein

1 – Mensch (was Søren), ist das nicht Jørgen?
2 Wir haben uns ja lange nicht gesehen (es ist lange her), alter Junge. Wie geht es?
3 – Tja, es geht so – so einigermaßen.
4 – Was meinst du damit? Hast (wurdest) du [dich] nicht mit der schönen Inger verheiratet?
5 – Ja, es war ja beabsichtigt (die Meinung/Absicht), daß wir heiraten sollten.
6 Aber ihr Vater wollte nicht und hat sich widersetzt.
7 Er meinte nicht, daß ich der richtige (etwas zu sammeln auf) für seine Tochter war.
8 – [Hättet] ihr (euch) nicht einfach heiraten können, ohne ihn zu fragen?
9 – Das [hätten] wir natürlich können, aber Inger wollte ihren Vater nicht enttäuschen.

ANMERKUNGEN

① Der Titel ist eine dänische Redewendung, die wörtlich übersetzt „Da wurden keine Hosen aus diesem Leder" heißt. **bukser** „Hose" wird im Plural verwendet; **skind-et**: „Haut, Pelz, Leder'. **Skinbukser** ist also eine „Lederhose".

② Der männliche Vorname **Søren** kann mit **for/hvad** als Ausruf im Sinne von „Mensch, zum Teufel, verflixt" usw. verwendet werden. In der Umgangssprache hört man auch gelegentlich **at slå til Søren** „über die Stränge schlagen, auf die Pauke hauen".

③ „Heiraten" wird meistens im Passiv formuliert: **at blive gift med** oder **giftes med**, wörtlich: „verheiratet werden mit'.

④ **satte** ist das Präteritum von **sætte** „setzen, stellen" (Partizip Perfekt: **sat**). **imod** „gegen", **sætte sig imod** „sich widersetzen".

⑤ **gifte sig** „sich verheiraten". Der deutsche Konjunktiv „ihr hättet heiraten können" wird im Dänischen mit dem Präteritum ausgedrückt: **I kunne have giftet jer**.

⑥ **gøre nogen ked af det** „jemanden traurig machen", **være ked af det** „traurig sein", **det er jeg ked af** „das tut mir leid".

10 Så vi **af**talte at **ven**te, til jeg var blevet **fær**dig med min **ud**dannelse og havde fået **fo**den under **e**get **bord**.

11 Men i **mel**lemtiden **ske**te der **det**, at min **bror** kom **hjem** fra **Ca**nada.

12 En **af**ten invit**e**rede jeg ham **hjem** til **mid**dag for at præsentere **In**ger for ham.

13 Det blev **kær**lighed ved **før**ste **blik** – mellem **de to** altså.

14 **He**le **af**tenen **sad** de og **smis**kede til hin**an**den. ⑦

15 På et **tids**punkt fik jeg **nok** og for**lod lej**ligheden.

16 **He**le **nat**ten drev jeg **om** på **ga**derne fra det **e**ne **værts**hus til det **an**det – **det** har jeg faktisk **gjort si**den. ⑧

17 For **In**ger og min **bror Kjeld gif**tede sig **her** i **for**året.

18 **Straks ef**ter tog de til **Ca**nada, hvor de for**hå**bentlig er **lyk**kelige. ⑨

19 Men **mit liv** gik **i stå den nat** – og jeg **mag**ter **ik**ke at få det **star**tet **igen**. ⑩

20 – **Ak** ja, „**den får** den **on**de **lyk**ke, den **go**de **ik**ke **kan**“, som der **står** i **fol**kevisen.

(UDTALE)

[*10 ... au-tål-d(e) ... u(d)-dan-n(e)l-ß(e) ... ai-j(e)(d) ... 11 ... mä-l(e)m-tie!-(d)(e)n ... 18 ... fOr-hOo!-b(e)n-dlie ...*]

10 Deshalb vereinbarten wir, zu warten bis ich mit meiner Ausbildung fertig geworden bin und auf eigenen Füßen stehe (Füße unter eigenen Tisch bekommen hatte).

11 Aber in der Zwischenzeit geschah es (da), daß mein Bruder aus Kanada nach Hause kam.

12 Eines Abends lud ich ihn (nach Hause) zum Abendessen ein, um ihm Inger (für ihn) vorzustellen.

13 Es war (wurde) Liebe auf [den] ersten Blick – zwischen den beiden, [meine ich] (also).

14 Den ganzen Abend saßen sie [da] und umgarnten einander.

15 Irgendwann (auf einem Zeitpunkt) bekam ich genug und verließ die Wohnung.

16 Die ganze Nacht irrte ich durch die Straßen (trieb ich mich in den Straßen umher), von der einen Kneipe zu der anderen – das tue ich ehrlich gesagt (tatsächlich) immer noch (seitdem).

17 Denn Inger und mein Bruder Kjeld haben im Frühjahr hier geheiratet.

18 Gleich danach zogen sie nach Kanada, wo sie hoffentlich glücklich sind.

19 Aber mein Leben blieb [in] der Nacht stehen – und ich schaffe [es] nicht, es wieder zum Laufen zu bringen (zu bekommen es gestartet).

20 – Ach ja, „das schlechte Schicksal bekommt der, [der] das gute nicht [bekommen] kann“, wie es im Volkslied heißt (steht).

ANMERKUNGEN

⑦ **smiske** „schmeicheln, umgarnen“.

⑧ **drev** ist das Präteritum von **drive** „treiben“. Das Partizip Perfekt heißt **drevet**.

⑨ **tog** ist das Präteritum von **tage** „nehmen“, Präsens: **tager** oder **tar** [*ta!r*] (Partizip Perfekt: **taget**). Zu den vielen Bedeutungen dieses Verbs gehört auch **tage til** „fahren nach/zu“.

⑩ **magte** „bewältigen, schaffen, fertig werden mit“ ist abgeleitet von **magt-en-er** „Macht“.

FØRSTE ØVELSE: FORSTÅR DE DISSE SÆTNINGER?

❶ Han blev gift med den dejlige pige. ❷ Det var jo meningen, at jeg skulle invitere hendes far til middag. ❸ De skal giftes i morgen. ❹ De giftede sig i foråret. ❺ Faderen syntes, de skulle aftale at vente.

ANDEN ØVELSE: INDSÆT DE MANGLENDE ORD!

❶ Er hatte (bekam) genug und verließ die Wohnung.

Han . . . . . . og . . . .

❷ Ich irrte von morgens bis abends durch die Straßen.

Jeg . . . . gaderne . . . morgen . . . aften.

❸ Da geschah es, daß sein Bruder aus Kanada heimkehrte.

Der . . . . , at . . . . hjem fra Canada

❹ Ihr Vater wollte nicht (haben), [daß] sie (sollten) heiraten.

. . . . ikke have, de . . . .

▶ Syvogtredivte (37.) lektion

Nabosnak

1	– **Nå**, har du **hørt** fra **Jen**sen for **ny**lig? ①
2	– **Ja**, han ringede mig **op** i **går**.

UDTALE

[*1 nO ... **nü:**-lie*]

FØRSTE ØVELSES LØSNING: HAR DE FORSTÅET?

① Er hat (wurde verheiratet mit) das schöne Mädchen geheiratet. ② Es war ja beabsichtigt, daß ich ihren Vater zum Abendessen einladen sollte. ③ Sie werden morgen heiraten. ④ Sie haben (sich) im Frühling geheiratet. ⑤ Der Vater meinte, sie sollten vereinbaren zu warten.

⑤ Das Leben blieb an dem Abend stehen.

Livet . . . . aften.

ANDEN ØVELSES LØSNING: DE MANGLENDE ORD.

① fik nok – forlod lejligheden ② drev om på – fra – til ③ skete det – hans bror kom ④ Hendes far ville – skulle giftes ⑤ gik i stå den.

Bestimmt haben Sie sich schon an die Arbeitsweise der „Zweiten Welle" gewöhnt. Hören Sie sich ruhig immer wieder die Tonaufnahmen der ersten Lektionen an. Jetzt, wo Sie mehr verstehen, haben Sie ein noch besseres Ohr für den dänischen Tonfall und die typischen Laute.

Anden bølge: Gå tilbage til lektion 8!

Siebenunddreißigste Lektion

Nachbartratsch

1 – Na, hast du kürzlich von Jensen gehört?
2 – Ja, er hat mich gestern angerufen.

ANMERKUNGEN

① Achten Sie auf die Aussprache des Ausrufs **nå** [*nO*] im Unterschied zum Verb **nå** „erreichen" [*nOo!*].

3 Men da det **sam**tidig bankede **på**, **bad** jeg ham ringe **af**. ②

4 Jeg **sag**de, jeg ville ringe ham **op se**nere, men **da** var han gået **ud**.

5 – **Ak ja**, min **pot**teplante gik **og**så **ud** i **går**.③

6 – Ja, **så**dan kan det gå **til her** i **ver**den. Hvis vi **ik**ke passer **på**, går vi **al**le **til** i **skidt**.

7 – **Ak ja**, da jeg stod **op** i **mor**ges, **op**stod der **brand** i **skral**despanden. ④

8 – Har du for resten **hørt**, at **Han**sen gik **bort** i **for**gårs? ⑤

9 – **Han**sen, ja **den stak**kel. Han var **af**holdt af **al**le. ⑥

10 **Selv** holdt han **mest** af **vand**grød.

11 – **Har** du ikke nogen **go**de **ny**heder? ⑦

12 – **Jo**, **ken**der du **Jør**gensen? **Han drak**. ⑧

13 – **Nå**. Vi kan jo **al**le falde **i**.

14 – **Ja**, men han holdt **op igen**.

UDTALE

[***3*** *...* ***ßam****-tie:-(d)ie ...* ***5*** *...* ***pƆ****-d(e)-plan-d(e) ...* ***6*** *...* ***ßgiet 7*** *...* ***ßgra****-l(e)-ßbẵ-n(e)n* ***10*** *...* ***wẵn****-grŒ!(d)* ***11*** *...* ***nü****-he:-(d)Or*]

3 Aber weil es gleichzeitig geklopft (auf) hat, bat ich ihn aufzulegen.
4 Ich sagte, ich würde ihn später anrufen, aber da war er weggegangen (ausgegangen).
5 – Ach ja, meine Topfpflanze ist gestern auch eingegangen (ausgegangen).
6 – Ja, so kann es zugehen hier in der Welt. Wenn wir nicht aufpassen, gehen wir alle im Dreck zugrunde.
7 – Ach ja, als ich heute morgen aufstand, entstand [ein] Feuer im Mülleimer.
8 – Hast du übrigens gehört, daß Hansen vorgestern gestorben (fortgegangen) ist?
9 – Hansen, ja der Arme. Er war bei allen beliebt.
10 Er selbst mochte am liebsten Wassergrütze.
11 – Hast du keine guten Nachrichten?
12 – Doch, kennst du Jørgensen? Er hat getrunken.
13 – Tja. Wir können ja alle abstürzen (reinfallen).
14 – Ja, aber er hat wieder aufgehört.

ANMERKUNGEN

② **ringe** „klingeln“, **ringe op** „anrufen“, **ringe af** „auflegen“.

③ Sie sehen hier, daß **gå ud** nicht nur „weggehen“, sondern auch „eingehen, sterben“ heißen kann.

④ Haben Sie den Unterschied bemerkt? **stå op** „aufstehen“ - **opstå** „entstehen“.

⑤ Zeitangaben in der Vergangenheit erfolgen meistens nach dem Muster: **i morges** „heute morgen“ und **i forgårs** „vorgestern“. Ebenso: **i lørdags** „letzten Samstag“, **i mandags** „letzten Montag“, **i aftes** „gestern abend“ usw.

⑥ **holde af nogen/noget** „etw./jmdn. mögen“, **være afholdt** „beliebt sein, gemocht werden“.

⑦ Achtung: **nogle nyheder** „einige Neuigkeiten“ wird in der Verneinung zu **ikke nogen nyheder** „keine Neuigkeiten“. Mehr dazu in Lektion 42.

⑧ **drak** ist das Präteritum von **drikke**, Partizip Perfekt: **drukket**.

15 – **Det** var da **trist**! ⑨
16 – For**le**den gik han for**bi** et **værts**hus.
17 Da han var kommet **lidt** ned ad **g**aden, **tænk**te han ved sig **selv**,
18 at **det dog** al**li**gevel var **før**ste **gang**, **han** var gået for**bi** et **værts**hus **u**den at gå **ind**.
19 **Det** må vi **fej**re, **ud**brød han. ⑩
20 **Tje**neren brød **ud** i **sang**, da han **så** ham. ⑪
21 – **Nå**, jeg må **ind**. Kan du **ha**ve det **godt** til vi **ses** **igen**! ⑫
22 – Ja, **hvis** vi **ses**.
23 – Hvad **me**ner du med **det**?
24 – Jeg **ud**vandrer **snart** til de **var**me **lan**de.

(UDTALE)

[*16 fOr-**le!**-(d)(e)n ... **wärdß**-hu!ß 20 **tjä**-nO-rOn ... 24 ... **u(d)**-wan-drOr ...*]

FØRSTE ØVELSE: FORSTÅR DE DISSE SÆTNINGER?

❶ Planten gik ud, da Hansen gik bort. ❷ Han tænkte ved sig selv, at han ville ringe ham op. ❸ Jeg har ikke hørt fra Jensen for nylig. ❹ Tjeneren brød ud i sang, da Hansen udbrød, at han ville fejre dagen. ❺ Det var da trist, at den stakkel ikke hold af vandgrød!

ANDEN ØVELSE: INDSÆT DE MANGLENDE ORD!

❶ Als er aufstand, entstand (da) ein Feuer.

Da han . . . . . . , ... der . . . . . .

❷ Er hörte sofort auf zu trinken.

Han . . . . . straks . . med . . . .

15 – Das ist (war) aber traurig!
16 – Neulich ging er an einer Kneipe vorbei.
17 Als er ein Stück die Straße herunter gekommen war, dachte er bei sich (selbst),
18 daß das doch (trotzdem) [das] erste Mal war, [daß] er an einer Kneipe vorbeigegangen war, ohne hineinzugehen.
19 Das müssen wir feiern, brach er aus.
20 Der Kellner fing an zu singen (brach aus in Gesang), als er ihn sah.
21 – Na ja, ich muß rein. Mach's (kannst du haben es) gut, bis wir [uns wieder]sehen!
22 – Ja, falls wir uns sehen.
23 – Was meinst du damit?
24 – Ich wandere bald in die warmen Länder aus.

ANMERKUNGEN

⑨ In Äußerungen wie **det var da trist** „das ist aber traurig" oder **det var dejligt, at han kom** „es ist schön, daß er gekommen ist" steht, anders als im Deutschen, das Präteritum.

⑩ Achtung: **udbryde** (Präteritum: **udbrød**) hat zwei Bedeutungen: 1. „ausrufen"; 2. „ausbrechen" (in Tränen, Gelächter, aus dem Gefängnis). **bryde ud** (Präteritum **brød ud**) wird nur in der 2. Bedeutung verwendet.

⑪ **så**, das Präteritum von **se** „sehen", wird [*ßOo!*] ausgesprochen, im Gegensatz zum Adverb, Adjektiv oder zur Interjektion **så** [*ßO*].

⑫ **vi ses** „wir sehen [uns]" ist eine gebräuchliche umgangssprachliche Abschiedsfloskel.

FØRSTE ØVELSES LØSNING: HAR DE FORSTÅET?

❶ Die Pflanze ging ein (aus), als Hansen starb. ❷ Er dacht bei sich (selbst), daß er ihn anrufen wolle. ❸ Ich habe in letzter Zeit (kürzlich) nichts (nicht) von Hansen gehört. ❹ Der Kellner brach in Gesang aus, als Hansen ausrief, daß er den Tag feiern wolle. ❺ Das ist aber traurig, daß der Arme Wassergrütze nicht mochte!

3 Da es gleichzeitig klopfte, legte ich auf.

Da ... samtidig ...., ... jeg ...

4 Er, der Wassergrütze sehr liebte, war beliebt bei allen.

Han, ... meget .. vandgrød, ... alle.

5 Gestern ging Jørgensen an einer Kneipe vorbei, ohne hineinzugehen.

. ... Jørgensen ..... et værtshus .... gå ....

Otteogtredivte (38.) lektion

Nytårsaften i Danmark

1 – **Hej Li**se. Det er **Dor**te. **Godt ny**tår.
2 – **Ja tak** i **li**ge **må**de. **Hav**de I en **god ny**tårsaften?
3 – Ja, **det** kan du **li**ge **tro**.
4 Vi var **syt**ten til **bords**, så vi havde fået **alt mor**mors **sølv**tøj **frem**. ①
5 **He**le **stel**let med **gaf**ler, **kni**ve, **sup**peskeer, **tes**keer, **sov**seske og det **he**le.

UDTALE

[*nüd-Orß-af-d(e)n* ... **1** ... *nüd-Oo!r* **4** ... *ßÖl-tOj* ... **5** ... *gaf-lOr knie:-w(e) ßOo-b(e)-ßge!-Or te-ßge!-Or ßO(u)-ß(e)-ßge!* ...]

ANDEN ØVELSES LØSNING: DE MANGLENDE ORD.

❶ stod op, opstod – brand ❷ holdt – op – at drikke ❸ det – bankede på, ringede – af ❹ der holdt – af – var afholdt af ❺ I går gik – forbi – uden at – ind.

Nun, wie klappt es mit der „2. Welle“? Lassen Sie sich durch Fehler nicht entmutigen. Gerade sie zeigen Ihnen ja, was Sie sich nochmals anschauen sollten.

Anden bølge: Gå tilbage til lektion 9!

Achtunddreißigste Lektion

Silvester (Neujahrsabend) in Dänemark

1 – Hallo, Lise. Hier ist Dorte. Gutes neues Jahr.

2 – Ja, danke gleichfalls (in gleicher Weise). Hattet ihr einen schönen Silvesterabend?

3 – Ja, das kann man wohl sagen (kannst du gleich glauben).

4 Wir waren siebzehn am Tisch, deshalb haben wir das ganze Silberzeug von Großmutter herausgeholt (hervor bekommen).

5 Das ganze Service mit Gabeln, Messern, Suppenlöffeln, Teelöffeln, Soßenlöffeln und so weiter (das Ganze).

ANMERKUNGEN

① **bord-et-e** „Tisch“. Das **s** in **til bords** „zu Tisch, am Tisch“ stammt noch aus älteren Zeiten, als die Präposition **til** einen Genitiv erforderte.

6 Tal**ler**kner og **fa**de i **Kon**geligt Porce**læn**, du **ved**. ②

7 Det **helt sto**re **fest**bord med **le**vende **lys** og **he**le **piv**tøjet!

8 – **Hvad** fik I at **spi**se? ③

9 – **Først fik** vi en mari**ne**ret **laks**. **Der**efter kom **ny**tårstorsken på **bor**det.

10 Med **pil**lede kar**to**fler, **hak**kede, **hård**kogte **æg** og **sen**nepssovs. ④

11 **Jens** havde **selv fan**get den.

12 **Han** og **Pe**ter tog **ud** med **bå**den ved **ti**tiden om **for**middagen.

13 **Der sad** de så og **fis**kede **da**gen **lang u**den at få **no**get på **kro**gen.

14 Først **sidst** på eftermiddagen bed **tors**ken **en**delig **på** – en **or**dentlig kra**bat** på **5 ki**lo. ⑤

15 – **Frøs** de ikke i **det hun**devejr? ⑥

16 – **Jo**, men de havde for**sy**ninger **med**.

UDTALE

[**6** *ta-**lärg**-nOr* ... **9** ... ***nüd**-Orß-tOr-ßg(e)n* ... **10** ... ***pie**-l(e)-(d)(e) kar-**tOf**-lOr* ... *ä!g* ... ***ßä**-n(e)b-ßO(u)ß* **13** ... ***krOo!**-(u)(e)n* **14** ... *kra-**bå!t*** ... **15** ... ***hu**-n(e)-wä!r*]

6 Teller und Schüsseln aus königlichem Porzellan, du weißt [schon].
7 Eine ganz große Festtafel mit Kerzenlicht (lebende Lichter) und dem ganzen Kram (Pfeifenzeug)!
8 – Was gab es (bekamt ihr) zu essen?
9 – Zuerst hatten wir einen marinierten Lachs. Danach kam der Neujahrsdorsch auf den Tisch.
10 Mit Pellkartoffeln, gehackten, hart gekochten Eiern und Senfsoße.
11 Jens hatte ihn selbst gefangen.
12 Er und Peter sind gegen zehn Uhr vormittags mit dem Boot rausgefahren.
13 Da saßen sie dann den ganzen Tag und angelten, ohne was an den Haken zu kriegen.
14 Erst spät am Nachmittag biß der Dorsch endlich an – ein ordentlicher Bursche von 5 Kilo.
15 – Haben sie nicht gefroren bei dem scheußlichen Wetter (Hundewetter)?
16 – Doch, aber sie hatten Proviant (Versorgungen) dabei.

ANMERKUNGEN

② Das königliche Porzellan stammt aus der renommierten dänischen Porzellanmanufaktur von 1775: **Den kongelige Porcelainsfabrik**.

③ **fik** ist das Präteritum von **få** „bekommen" (Partizip Perfekt: **fået**).

④ **pillede** und **hakkede** sind Partizip-Perfekt-Formen der Verben **pille-de-t** „pellen; sammeln, pflücken" und **hakke-de-t** „hacken". Da sie hier als Adjektive verwendet werden, bekommen sie die entsprechende Adjektiv-Pluralendung: **pillet** - **pillede**, **hakket** - **hakkede**.

⑤ **bed** ist das Präteritum von **bide** „beißen" (Partizip Perfekt: **bidt**).

⑥ **Frøs** ist das Präteritum von **fryse** „frieren" (Partizip Perfekt: **frosset**).

17 – Hvad **fik** I til **dessert**?
18 – **Jy**tte havde **la**vet en **dej**lig choko**la**demousse.
19 Da vi var **fær**dige med at **spi**se, gik **pi**gerne i **gang** med **op**vasken.
20 **Mæn**dene hjalp **til** med **op**rydningen inde i **stu**en.
21 **Imens** gik **Jens ud** og stillede fyrværke**riet an**, så det kunne være **klart** til **mid**nat. ⑦
22 – **Nå**ede I det?
23 – **Ork ja**. Da **råd**husklokkerne ringede det **nye år ind**, **for** de **før**ste **so**le til **vejrs**. ⑧
24 **Bør**nene **stod** og så **på** med **sto**re, **op**spilede **øj**ne.
25 **De** blev lagt i **seng** ba**gef**ter, mens de **voks**ne gik **ned** i **gil**destuen, hvor mu**sik**anlægget var blevet sat **til** i **mel**lemtiden.
26 Jeg **tror**, **klok**ken blev **syv** om **mor**genen, før den **sid**ste **gæst** for**lod hu**set. ⑨

UDTALE

[*17 ... de-**ße!rd** 18 ... hă(d) **lă**(d) ...19 ... **Ob**-wăß-g(e)n 20 ... **Ob**-rü(d)-ni-ng(e)n ... 21 ... für-wär-k(e)-**rie**-(e)(d) ... **mie(d)**-năd 23 ... **rOo(d)**-huß-klO-gOr-n(e) ... **fo!r** ... 25 ... **gie**-l(e)-ßdu:-(e)n ... mu-**ßiek**-ăn-lä!-g(e)(d) ...*]

FØRSTE ØVELSE: FORSTÅR DE DISSE SÆTNINGER?

❶ Vi fik nytårstorsk med pillede kartofler og hakkede æg til middag. ❷ Børnene blev lagt i seng, mens musikanlægget blev sat til. ❸ Pigerne sad og spiste chokolademousse hele eftermiddagen. ❹ Solene for til vejrs, da rådhusklokkerne ringede det nye år ind. ❺ Han tror, klokken blev fem, før torsken bed på.

17 – Was gab es zum Nachtisch?
18 – Jytte hatte einen leckeren Schokoladenpudding gemacht.
19 Als wir mit dem Essen fertig waren, fingen die Frauen (Mädchen) mit dem Abwasch an (gingen in Gang).
20 Die Männer halfen beim Aufräumen im Wohnzimmer.
21 Währenddessen ging Jens raus und baute das Feuerwerk auf, damit es bis Mitternacht bereit war.
22 – Habt ihr das geschafft?
23 – Doch, ja. Als die Rathausglocken das neue Jahr eingeläutet haben, schossen (fuhren/flogen) die ersten Sonnen in den Himmel.
24 Die Kinder standen [da] und sahen mit großen, [weit] aufgerissen Augen zu.
25 Hinterher wurden sie ins Bett gebracht (gelegt), während die Erwachsenen runter in den Partykeller gingen, wo in der Zwischenzeit die Musikanlage aufgebaut worden war.
26 Ich glaube, es war sieben Uhr morgens (die Uhr wurde sieben), als (bevor) der letzte Gast das Haus verließ.

ANMERKUNGEN

⑦ **stille** „stellen" ist ein äußerst vielseitiges Verb, vor allem zusammen mit Verbzusätzen wie in **stille an** „aufbauen", übrigens: **stille sig an** heißt „sich (dumm usw.) anstellen".

⑧ **vejr-et** heißt in der Grundbedeutung „Wetter", es kann oft aber auch mit „Himmel, Luft" übersetzt werden, **til vejrs** „nach oben".

⑨ **forlod** ist das Präteritum von **forlade** „verlassen" (Partizip Perfekt: **forladet**).

FØRSTE ØVELSES LØSNING: HAR DE FORSTÅET?

❶ Wir bekamen Neujahrsdorsch mit Pellkartoffeln und gehacktem Ei zum Abendessen. ❷ Die Kinder wurden ins Bett gebracht (gelegt), während die Musikanlage aufgebaut wurde. ❸ Die Mädchen (saßen und) aßen den ganzen Nachmittag Schokoladenpudding. ❹ Die Sonnen schossen nach oben, als die Rathausglocken das neue Jahr einläuteten. ❺ Er glaubt, es war fünf Uhr, als (bevor) der Dorsch anbiß.

ANDEN ØVELSE: INDSÆT DE MANGLENDE ORD!

❶ Der Fisch biß schließlich spät (zuletzt) am Nachmittag an.

Fisken . . . endelig . . . . på . . . .

❷ Der letzte Gast verließ das Haus um sieben Uhr morgens.

Den . . . . . . gæst . . . . . . huset . . . . morgenen.

❸ Die Mädchen machten sich an den Abwasch, während die Männer beim Aufräumen im Wohnzimmer halfen.

Pigerne . . . i . . . . opvasken, mens mændene . . . . oprydningen . . . . . stuen.

❹ Die Kinder standen und sahen mit [weit] aufgerissenen Augen zu.

Børnene . . . . og . . . . med . . . . øjne.

▶ Niogtredivte (39) lektion

Hos lægen ①

1 – **Næs**te!

2 – God**dag**. Nå, hvad **fej**ler så **De?** ②

UDTALE

[... ***læ***:*-j(e)n*]

❺ Als sie mit dem Abwasch fertig waren, fuhren (zogen) sie mit dem Boot raus.

.. de ... . med opvasken, ... de .. ... båden.

ANDEN ØVELSES LØSNING: DE MANGLENDE ORD.

❶ bed – på sidst – eftermiddagen ❷ sidste – forlod – klokken syv om ❸ gik – gang med – hjalp til med – inde i ❹ stod – så på – opspilede ❺ Da – var færdige – tog – ud med.

Bestimmt haben Sie einen Großteil des Stoffs schon gut assimiliert, und Sie werden bemerkt haben, daß das Dänische trotz einiger ungewohnter Strukturen doch Ähnlichkeit mit dem Deutschen hat. Versuchen Sie ruhig, bei unbekannten Vokabeln die deutschen Entsprechungen erst einmal zu erraten.

Anden bølge: Gå tilbage til lektion 10!

Neununddreißigste Lektion

Beim Arzt

1 – [Der] Nächste [bitte]!

2 – Guten Tag. Na, was fehlt Ihnen (Sie) denn?

ANMERKUNGEN

① **læge-n-r** „Arzt“. „Krankenschwester“ heißt **sygeplejerske-n-r** [*ßü:-j(e)–pla!-j(e)rß-g(e)*].

② **fejle** hat die Grundbedeutung „irren, Fehler machen“, von **fejl-en-=** „Fehler“. Im medizinischen Zusammenhang kann **hvad fejler De?** gut mit „was fehlt Ihnen?“ übersetzt werden. Ansonsten wird „fehlen“ mit **mangle** übersetzt: „Uns fehlt Geld“: **Vi mangler penge**.

3 – **Ja**, det var jo **det**, jeg havde **reg**net med, at **dok**toren skulle for**tæl**le mig. ③

4 – Hm - **klæd** Dem **af** og **læg** Dem **hen** på **brik**-sen. Har De **smer**ter? ④

5 – **Nej**, **ik**ke **me**re.

6 – Hvad **me**ner De med **det**?

7 – **Li**ge til for et øjeblik **si**den **hev** og **sled** det i **lun**gerne og **brys**tet. ⑤

8 Men **nu** er det gået **o**ver. ⑥

9 – Hm - træk **vej**ret **dybt ind** - **ånd ud**. ⑦

10 Stik **tun**gen **ud** - **sig Ah**!

11 **Ja**, **pænt** ser det jo **ik**ke **ud**.

12 – Hvad **me**ner De med **det**, **dok**tor?

13 – De **li**der af en **on**dartet bron**ki**tis. ⑧

14 Men **nu** skal jeg skrive noget **lin**drende medi**cin** **op** til Dem.

UDTALE

[*4 ... **ßmär**-dOr 7 ... **lOo**-ng(e)r-n(e) ... **brÖß**-d(e)(d) 10 ... **tOo**-ng(e)n ... 13 ... **on**-ar-t(e)(d) brong-**kie**-ties 14 ... **lin**-dr(e)-n(e) medie-**ßie!n** ...*]

3 – Ja, das wollte ich ja von Ihnen hören (das war ja das, ich hatte gerechnet mit, daß der Arzt sollte erzählen mir).
4 – Hm – machen [Sie] sich frei (kleiden [Sie] sich aus), und legen [Sie] sich (hin) auf die Liege. Haben Sie Schmerzen?
5 – Nein, nicht mehr.
6 – Was meinen Sie damit?
7 – Gerade bis vor einem Augenblick zog und drückte es in den Lungen und in der Brust.
8 Aber jetzt ist es vorbei (gegangen vorüber).
9 – Hm - Atmen [Sie] (ziehen Sie die Luft) tief ein – atmen [Sie] aus.
10 Strecken [Sie] die Zunge raus – sagen [Sie] Ah!
11 Ja, schön sieht das ja nicht aus.
12 – Was meinen Sie damit, [Herr] Doktor?
13 – Sie leiden an einer schlimmen (bösartigen) Bronchitis.
14 Aber jetzt werde ich Ihnen ein linderndes Medikament verschreiben.

ANMERKUNGEN

③ **doktoren**: Bei höflichen Formulierungen ist es durchaus üblich, Personen mit Ihrer Berufsbezeichnung oder ihrem Titel in der dritten Person anzureden.

④ **klæd Dem af**: Imperativ in der Höflichkeitsform von **klæde sig af** „sich ausziehen" (**klæde sig på** „sich anziehen"). Wie Sie sehen, wird auch das Objekt **Dem** „sich" in der Höflichkeitsform groß geschrieben.

⑤ **hev** ist das Präteritum von **hive** „ziehen, keuchen, schwer atmen" (Partizip Perfekt: **hevet**).

⑥ Wieder eine Kombination aus Verb und Präposition, die zwei Bedeutungen haben kann: **gå over** „überqueren" und „vorübergehen, aufhören".

⑦ Hier sehen Sie eine weitere Bedeutung von **vejr-et-=**: „Atem". **trække** heißt in der Grundbedeutung „ziehen", **trække vejret** „einatmen".

⑧ **ondartet** kommt von **ond** „böse, schlecht". „Gutartig" heißt übrigens **godartet**.

15 **Så**dan, en **spi**seskefuld **mor**gen, **mid**dag og **af**ten. ⑨

16 Og **husk**: **in**gen **spi**ritus, **in**gen **røg**. ⑩

17 – **Hvad** med...?

18 – I **De**res **al**der. De skulle **skam**me Dem!

19 – Jeg **tror**, **dok**toren har **mis**forstået mig.

20 Jeg har **al**drig **druk**ket så meget som **en drå**be **spi**ritus eller **rø**get den **mind**ste ciga**ret**.

21 Men jeg **hol**der så **me**get af at **skrå** – er det **og**så for**budt**?

22 – Hvaba! ⑪

UDTALE

[*15* ... ***ßbie:***-*ß(e)-ßge!-fu!l* ... *16* ... ***rO!j*** *20* ... ***drOo***-*g(e)(d)* ... ***rO***-*j(e)(d)* ... *21* ... ***ßgrOo!*** ... *fOr*-***bud***]

FØRSTE ØVELSE: FORSTÅR DE DISSE SÆTNINGER?

❶ Han skulle tage en spiseskefuld medicin morgen, middag og aften. ❷ Lægen bad ham trække vejret dybt ind og stikke tungen ud. ❸ Jeg ryger ikke, jeg drikker ikke heller, men jeg holder meget af at skrå. ❹ Han havde ingen smerter mere, da han kom til lægen. ❺ Patienten havde regnet med, at doktoren skulle fortælle ham, hvad han fejlede.

ANDEN ØVELSE: INDSÆT DE MANGLENDE ORD!

❶ Die Krankenschwester glaubt, der Doktor hat sie mißverstanden.

Sygeplejersken . . . . , doktoren . . . .

❷ Ziehen [Sie] sich aus, und legen [Sie] sich (hin) auf die Liege.

. . . . og . . . . . . hen . . briksen.

15 So, ein Eßlöffel voll morgens, mittags und abends.
16 Und denken Sie daran: kein Alkohol, nicht rauchen (kein Rauch).
17 – Was [ist] mit ...?
18 – In Ihrem Alter. Sie sollten sich schämen!
19 – Ich glaube, Sie (der Doktor) haben mich mißverstanden.
20 Ich habe nie [auch nur] (so viel wie) einen Tropfen Alkohol getrunken oder die geringste Zigarette geraucht.
21 Aber ich kaue so gern Kautabak - ist das auch verboten?
22 – Wie bitte!

ANMERKUNGEN

⑨ **middag** bezeichnet hier die Tageszeit „Mittag", nicht zu verwechseln mit der Abendmahlzeit **middag**, die Sie ja schon kennengelernt haben.

⑩ **røg-en** „Rauch", **ryge** „rauchen". „Das Rauchen" heißt **rygning-en**. Auf Schildern liest man oft **rygning forbudt** „Rauchen verboten" oder **rygning tilladt** „Rauchen erlaubt".

⑪ **Hvaba** ist eine Kurzform von **hvadbehager** „wie bitte"; **behager**: „gefallen, behagen" und wird verwendet, wenn man nachfragt, weil man etwas nicht verstanden hat, oder als Ausdruck des Erstaunens.

FØRSTE ØVELSES LØSNING: HAR DE FORSTÅET?

❶ Er sollte morgens, mittags und abends einen Eßlöffel voll Medizin nehmen. ❷ Der Arzt bat ihn, tief ein[zu]atmen und die Zunge heraus[zu]strecken. ❸ Ich rauche nicht, ich trinke auch nicht, aber ich kaue sehr gern Kautabak. ❹ Er hatte keine Schmerzen mehr, als er zum Arzt kam. ❺ Der Patient hatte damit gerechnet, daß der Arzt ihm erzählen sollte, was ihm (er) fehlte.

❸ Ich hatte nicht damit gerechnet, daß die Krankenschwester mir erzählen sollte, was mir fehlte.

Jeg . . . . . ikke . . . . , at sygeplejersken . . . . mig, ... jeg . . . .

❹ Gerade bis vor einem Augenblick hatte er Schmerzen.

Lige til . . . . . øjeblik . . . . han . . . .

▶ Fyrreogtyvende (40.) lektion

En sommerdag ved stranden

1 For**le**den **dag gik** jeg en **tur** langs **stran**den.

2 **Stor**men **hy**lede og **peb**, **sand** og **skum**sprøjt **føg** om ørene på mig, ①

3 men jeg var **lyk**keligt **e**ne og følte mig **ét** med ele**men**ternes **ra**sen.

4 **Plud**selig fik jeg **ø**je på et **mys**tisk **lys** et par **hun**drede **me**ter **u**de på **van**det.

5 Jeg **syn**tes også, jeg **hør**te **no**gen **rå**be. ②

6 **Først** troede jeg, det var min fanta**si**, der **spil**lede mig et **puds**,

UDTALE

[*2* ... ***ßgOom***-*ßbrO!jd* ... *4* ... ***hun***-*r(e)-(d)(e)* ... *6* ... ***ßbi***-*l(e)-(d)(e)* ... ***puß*** ...]

❺ Er meint nicht, [daß] das schön aussieht.

Han synes ikke, ... pænt . . .

ANDEN ØVELSES LØSNING: DE MANGLENDE ORD.

❶ tror – har misforstået hende ❷ Klæd Dem af – læg Dem – på ❸ havde - regnet med – skulle fortælle – hvad – fejlede ❹ for et – siden havde – smerter ❺ det ser – ud.

Anden bølge: Gå tilbage til lektion 11!

Vierzigste Lektion

Ein Sommertag am Strand

1 Neulich machte (ging) ich einen Spaziergang am Strand entlang.

2 Der Sturm heulte und pfiff, Sand und Gischtspritzer fegten mir um die Ohren,

3 aber ich war glücklich [so] allein und fühlte mich eins mit dem Rasen der Elemente.

4 Plötzlich erblickte ich (bekam ich Auge auf) ein seltsames Licht ein paar hundert Meter draußen auf dem Wasser.

5 Ich meinte auch, ich hörte jemanden rufen.

6 Zuerst dachte ich, das wäre meine Phantasie, die mir einen Streich spielte,

ANMERKUNGEN

① **peb**: Präteritum von **pibe** „pfeifen“ (Partizip Perfekt: **pebet** „gepfiffen“); **føg**: Präteritum von **fyge** „fegen, stöbern‘ (Partizip Perfekt: **føget** „gefegt, gestöbert“) (im Zusammenhang mit Wind und Schnee).

② **syntes**: Präteritum von **synes** „scheinen, meinen“. **Synes** gehört zu der kleinen Gruppe von Verben, die der Form nach passiv sind (daher die Endung auf **-s**), aber aktiv verwendet werden.

7 men **snart** gik det **op** for mig, at det **dre**jede sig om **men**nesker i **nød**.

8 Jeg **så** mig **om** på **stran**den, men **den** lå **ø**de hen. ③④

9 Der var **kun må**gerne, min **hund** og **mig**. Jeg **vid**ste **ik**ke mine **le**vende **råd**. ⑤

10 Pludselig fik jeg **ø**je på en **jol**le, der **lå** trukket **op** i **vand**kanten.

11 Jeg **sled** og **slæb**te for at få den **sat i van**det. ⑥

12 **En**delig **lyk**kedes det og jeg sprang **op** i **jol**len og **greb å**rene ⑦

13 Jeg **trak** af **al**le **kræf**ter, men det **var**, som om **jol**len **ik**ke **flyt**tede sig **ud** af **ste**det. ⑧

14 Om**si**der gav mine **an**strengelser resul**tat**. **Lang**somt **nær**mede jeg mig **ly**set. ⑨

15 Efter**hån**den som jeg kom **nær**mere, kunne jeg **skim**te **om**ridset af en **båd**, der **lå** med **bun**den i **vej**ret. ⑩⑪

16 **O**venpå den **sad** en **mand**; han havde bundet sig **fast** med et **reb**.

UDTALE

[*7 ... **nÖ!**(d) 9 ... **mOo:**-Or-n(e) ... 10 ... **jO**-l(e) ... **wan**-kăn-d(e)n 12 ... **Oo:**-r(e)-n(e) 14 Om-**ßie:**-(d)Or ... **an**-ßdräng-(e)l-ßOr ... 15 ... **Om**-rie-ß(e)(d) ... **bOo'**-n(e)n ...*]

ANMERKUNGEN

③ **så** [*ßOo!*]: Präteritum von **se** „sehen". Beachten Sie die unterschiedliche Aussprache zum ebenso geschriebenen Adverb und Ausruf **så** [*ßO*] „so, dann, ach".

④ **lå**: Präteritum von **ligge** „liegen".

⑤ **ikke vide sine levende råd** „sich keinen Rat wissen", anders als im verwandten deutschen Ausspruch wird **råd** im Plural verwendet und noch durch **levende** „lebende" verstärkt.

7 aber bald wurde mir klar (ging es auf für mich), daß es sich um Menschen in Not handelte.

8 Ich sah mich auf dem Strand um, aber der lag verlassen da.

9 Da waren nur die Möwen, mein Hund und ich. Ich wußte mir keinen Rat (wußte nicht meine lebenden Räte).

10 Plötzlich fiel mein Blick auf eine Jolle, die ans Ufer gezogen da lag.

11 Ich strengte mich sehr an (zerrte und schleppte), um sie ins Wasser zu bringen.

12 Endlich gelang es, und ich sprang in die Jolle und ergriff die Ruder.

13 Ich ruderte (zog) mit aller Kraft, aber es war, als ob die Jolle sich nicht von der Stelle bewegte.

14 Endlich zeigten (gaben) meine Anstrengungen Erfolg. Langsam näherte ich mich dem Licht.

15 Allmählich, als ich näher kam, konnte ich den Umriß eines Bootes erkennen, das umgekippt war (mit dem Boden in Luft lag).

16 Obendrauf saß ein Mann; er hatte sich mit einem Seil festgebunden.

ANMERKUNGEN

⑥ **sled og slæbte**: Präteritum von **slide** „zerren, „strapazieren, hart arbeiten“ und **slæbe** „schleppen“. **slide og slæbe** ist ein häufig verwendeter Ausdruck für harte Arbeit oder große Anstrengung.

⑦ **sprang**, **greb**: Präteritum von **springe** „springen“ (Partizip Perfekt: **sprunget** „gesprungen“) und **gribe** „greifen“ (Partizip Perfekt: **grebet** „gegriffen“).

⑧ **trak**: Präteritum von **trække** „ziehen“ (Partizip Perfekt: **trukket** „gezogen“).

⑨ **gav**: Präteritum von **give** „geben“.

⑩ **kom**: Präteritum von **komme** „kommen“ (Partizip Perfekt: **kommet** „gekommen“). Es darf am Wortende kein doppelter Konsonant stehen; deshalb ist im Präteritum bei **kom** ein **m** weggefallen.

⑪ **vejr-et** haben Sie ja schon in den Bedeutungen „Wetter, Himmel, Luft“ und „Atem“ kennengelernt; **i vejret** bedeutet: „nach oben, in die Höhe“.

17 Det **vis**te sig at være en tu**rist**, der **u**den at **lyt**te til **vej**rudsigten eller **no**get var taget **ud** at **fis**ke med sin **båd**.

18 **Red**ningsvest havde han **hel**ler **ik**ke. Han skulle jo **ik**ke **så langt ud**!

19 Og **ha**vet var jo **ro**ligt, da han drog **hjem**me-fra. ⑫

20 Det var **før**ste gang, han holdt **fe**rie ved **ha**vet.

21 **Før** han for**lod** mit **hus**, forærede jeg ham en **grund**bog om **sø**sportens elemen**tæ**reste **reg**ler ⑬

22 og bad ham **læ**se den **grun**digt i**gen**nem, før han **i**gen tog **ud** med sin **båd**. ⑭

(UDTALE)

[*17 ...* ***wär****-u(d)-ßig-d(e)n ...* ***18 re(d)****-ningß-wäßt ...* ***21*** *...* ***grOon****-bo!(u) ...* ***ßö****-ßbOr-t(e)nß e-l(e)-män-****tä!r****-ßd(e)* ***re!j****-lOr* ***22*** *...* ***grOon****-diet ...*]

FØRSTE ØVELSE: FORSTÅR DE DISSE SÆTNINGER?

❶ Stormen hylede og peb om ørene på mig, mens jeg gik en tur langs stranden. ❷ Manden sled og slæbte af alle kræfter. ❸ Omsider lykkedes det ham at sætte jollen i vandet. ❹ Han skimtede pludselig omridset af en båd, der lå med bunden i vejret. ❺ Han forærede ham en bog, som han bad ham læse grundigt igennem.

17 Es zeigte sich, daß es ein Tourist war (zu sein ein Tourist), der ohne auf den Wetterbericht oder sonstwas zu hören, mit seinem Boot zum Fischen rausgefahren war.

18 [Eine] Schwimmweste hatte er auch nicht. Er wollte (sollte) ja nicht so weit raus!

19 Und das Meer war ja ruhig, als er von zu Hause loszog.

20 Das war [das] erste Mal, daß er Ferien am Meer machte (hielt).

21 Bevor er mein Haus verließ, schenkte ich ihm ein Einführungsbuch in die elementarsten Regeln des Wassersports

22 und bat ihn, es gründlich durchzulesen, bevor er wieder mit seinem Boot losfährt.

ANMERKUNGEN

⑫ **drog**: Präteritum von **drage** „ziehen, losziehen, fortziehen" (Partizip Perfekt: **draget** „gezogen").

⑬ **sø-en-er**, wie hier in **søsportens**, kann sowohl ein „Meer" als auch einen „See" bezeichnen: **Østersøen** „Ostsee", **Genfersøen** „Genfer See".

⑭ **bad**: Präteritum von **bede** „bitten" (Partizip Perfekt: **bedt** „gebeten").

FØRSTE ØVELSES LØSNING: HAR DE FORSTÅET?

❶ Der Sturm heulte und pfiff mir um die Ohren, während ich einen Spaziergang am Strand entlang machte. ❷ Der Mann strengte sich mit (von) voller Kraft an. ❸ Endlich gelang es ihm, die Jolle ins Wasser zu setzen. ❹ Er erkannte plötzlich den Umriß eines Bootes, das umgekippt war (das mit dem Boden nach oben lag). ❺ Er schenkte ihm ein Buch, das er ihn gründlich durch[zu]lesen bat.

ANDEN ØVELSE: INDSÆT DE MANGLENDE ORD!

❶ Er wußte sich keinen Rat und sah sich um, aber der Strand lag verlassen da.

Han ...... ikke sine levende ... og .. sig .., men stranden .. øde .... .

❷ Ihm schien, er konnte ein Licht erkennen.

Han ...., han .... lys.

❸ Sie machten Ferien am Meer und waren in ihrem Boot rausgefahren, um zu fischen.

De .... havet og var .... fiske . deres .... .

❸ Sie glaubte nicht, daß es sich um Menschen in Not handelte.

Hun ...... ikke, det .... mennesker . .... .

▶ Enogfyrretyvende (41.) lektion

Hans og Grethe

1	Et **gam**melt **dansk fol**keeventyr ①
2	**Hans** var en **rig gård**mandssøn, **end**nu **u**gift.
3	Alle **lands**byens **pi**ger stod på **spring**,
4	men **Hans** tog sig **tid,** før han be**stem**te **sig**.

UDTALE

[*1 ...* ***fol**-k(e)-ä:-w(e)n-tü!r* ***2*** *...* ***rie!j*** *gOor-manß-ßön ...* ***3*** *...* ***ßbri!ng***]

❺ Hörtest du jemanden rufen, oder war das deine Phantasie, die dir einen Streich spielte?

. . . . . du . . . . . råbe, eller var det . . . fantasi, ... dig . . . . . . ?

ANDEN ØVELSES LØSNING: DE MANGLENDE ORD.

❶ vidste – råd – så – om – lå – hen ❷ syntes – kunne skimte et ❸ holdt ferie ved – taget ud at – i – båd ❹ troede – drejede sig om – i nød ❺ Hørte - nogen – din – der spillede – et puds.

Sehen Sie sich doch auch mal den grammatischen Anhang in Ruhe an, und versuchen Sie, zu rekapitulieren, was Sie bis jetzt schon gelernt haben. Wenn Sie sich bei Geschlecht oder Pluralendungen der Substantive unsicher sind, können Sie im Wörterverzeichnis nachschlagen.

Anden bølge: Gå tilbage til lektion 12!

Einundvierzigste Lektion

Hans und Grethe

1 Ein altes dänisches Volksmärchen
2 Hans war ein reicher Bauernsohn, noch unverheiratet.
3 Alle Mädchen des Dorfes waren bereit (standen auf Sprung),
4 aber Hans nahm sich Zeit, bevor er sich entschied.

ANMERKUNGEN

① **folkeeventyr-et-=** setzt sich zusammen aus **folk-et-=** „Volk" und **eventyr-et-=** „Abenteuer, Märchen". Das **-e** dient als Bindeglied.

5 En **dag**, **Gre**the **stod** og **vas**kede, kom **Hans** for**bi**. ②

6 – **Gre**the, **sag**de han, du **har** mit **hjer**te.

7 Jeg vil **gif**te mig **med** dig, hvis du kan **tie** med det.

8 – Hvis det **ik**ke er **an**det, sagde **Gre**the **glad**.

9 Hun løb **straks ind** til sin **mor**, der for**un**dret **spurg**te, hvorfor hun **så** så **glad ud**. ③④

10 **Det** er fordi **Hans** har **sagt**, at han vil **gif**te sig **med mig**, **blot** jeg kan **ti**e med det, for**kla**rede **Gre**the.

11 – Hvis det **ik**ke er **an**det, sagde **mo**deren.

12 Da **fa**deren kom **hjem**, **spurgte** han, hvorfor de **så** så **gla**de **ud** begge **to**,

13 og **mo**deren for**kla**rede ham **sa**gens **sam**men-hæng.

14 – Hvis det **ik**ke er **an**det, sagde **fa**deren.

15 **No**get **se**nere kom **Hans** for**bi**.

16 Da han **spurgte** **fa**deren, hvorfor han **så** så **glad ud**,

17 for**kla**rede **den**ne, at det jo var fordi **Hans** havde **sagt**, han ville **gifte** sig med **Gre**the, hvis hun kunne **tie** med det.

18 Da **Hans** hørte **det**, blev han **vred** og red **bort**. ⑤

19 I **lang tid** lod han **ik**ke **hø**re fra sig.

20 Så en **dag** blev der **lyst** for **Hans** og en **an**den **pi**ge i **kir**ken. ⑥

UDTALE

[***6** ... **jär**-d(e) **9** ... fOr-**Oon**-dr(e)(d) ... ßOo! ßO ... **13** ... **ßa**-m(e)n-hä!ng **20** ... **lü!ßd** ...*]

5 Eines Tages, Grethe war gerade beim Waschen (stand und wusch), kam Hans vorbei.
6 – Grethe, sagte er, du hast mein Herz.
7 Ich will mich mit dir verheiraten, wenn du darüber schweigen kannst.
8 – Wenn es nichts anderes ist, sagte Grethe froh.
9 Sie lief sofort hinein zu ihrer Mutter, die verwundert fragte, warum sie so froh aussah.
10 (Das ist) weil Hans gesagt hat, daß er sich mit mir verheiraten will, (wenn) ich bloß darüber schweigen kann, erklärte Grethe.
11 – Wenn es nichts anderes ist, sagte die Mutter.
12 Als der Vater nach Hause kam, fragte er, warum sie alle beide so glücklich aussahen,
13 und die Mutter erklärte ihm die Sache (den Zusammenhang der Sache).
14 – Wenn es nichts anderes ist, sagte der Vater.
15 Etwas später kam Hans vorbei.
16 Als er den Vater fragte, warum er so glücklich aussah,
17 erklärte dieser, daß es so war, weil Hans gesagt hatte, [daß] er sich mit Grethe verheiraten wolle, wenn sie darüber schweigen könne.
18 Als Hans das hörte, wurde er wütend und ritt davon.
19 Lange Zeit ließ er nicht von sich hören.
20 Dann wurde eines Tages das Aufgebot für Hans und ein anderes Mädchen in der Kirche bestellt.

ANMERKUNGEN

② **stod og** + Verb kann wie auch andere Positionsverben (**sidde**, **ligge** usw.) oft mit „gerade" oder „war gerade dabei, zu ..." übersetzt werden. Mehr dazu in Lektion 42.

③ **løb** und **spurgte** ist das Präteritum von **løbe** „laufen" und **spørge** „fragen" (Partizip Perfekt: **løbet**, **spurgt**).

④ Haben Sie die unterschiedliche Aussprache der beiden **så** bemerkt?

⑤ **red** ist das Präteritum von **ride** „reiten" (Partizip Perfekt: **redet**).

⑥ **lyse** heißt in der Grundbedeutung „leuchten" von **lys-et-=** „Licht". **Lyse til ægteskab** („Ehe") bedeutet „das Aufgebot bestellen".

21 Den **tred**je **søn**dag sagde **Gre**the, at hun ville i **kir**ke.
22 Da hun kom forbi **Hans' stol**,
23 **sag**de hun **til** ham, at hun **sta**dig **els**kede ham, hvis han ville **ha**ve hende.
24 – **Hvem** var **det**, spurgte **Hans' kom**mende **brud**.
25 – **Åh**, sagde **Hans**, det var en **pi**ge, jeg havde **lo**vet at **gif**te mig **med**, hvis hun kunne **tie** med det, men det **kun**ne hun **ik**ke.
26 – **Åh**, hvis det **ik**ke var **an**det, sagde **bru**den.
27 Jeg har **født syv børn** og **al**drig **sagt** det til **no**gen før **nu**, det slap mig **ud** af **mun**den! ⑦
28 Hans sprang **ud** af stolen og løb **bort**.
29 En **må**ned **se**nere holdt han **bryl**lup med **Gre**the.

UDTALE

[*22 ... han-ß(e)ß ... 24 ... bru!(d)*]

FØRSTE ØVELSE: FORSTÅR DE DISSE SÆTNINGER?

❶ Hendes mor spurgte, hvorfor hun så så glad ud. ❷ Pludselig slap det hende ud af munden. ❸ Han havde lovet at gifte sig med hende, hvis hun kunne tie med det. ❹ Hun forklarede ham sagens sammenhæng, men han løb bort. ❺ De så glade ud, da han kom hjem med faderen.

ANDEN ØVELSE: INDSÆT DE MANGLENDE ORD!

❶ Das Aufgebot wurde für sie in der Kirche bestellt.

Der . . . . for . . . . kirken.

❷ Sie nahmen sich alle Zeit, bevor sie sich entschieden.

De . . . . . . alle tid, . . . de . . . .

21 Am dritten Sonntag sagte Grethe, daß sie in die Kirche wolle.
22 Als sie an Hans' Stuhl vorbeikam,
23 sagte sie zu ihm, daß sie ihn immer noch liebe, wenn er sie haben wolle.
24 – Wer war das? fragte Hans' künftige Braut.
25 – Ach, sagte Hans, das war ein Mädchen, mit [dem] ich mich zu verheiraten versprochen hatte, wenn sie darüber schweigen könne, aber das konnte sie nicht.
26 – Ach, wenn es nichts anderes war, sagte die Braut.
27 Ich habe sieben Kinder geboren und es nie zu jemandem gesagt, bis (bevor) [es] mir jetzt (aus dem Mund) rausgerutscht ist!
28 Hans sprang vom Stuhl auf und lief fort.
29 Einen Monat später hielt er Hochzeit mit Grethe.

ANMERKUNGEN

⑦ **slap** ist das Präteritum von **slippe** „loslassen, rausrutschen" (Partizip Perfekt: **sluppet**).

FØRSTE ØVELSES LØSNING: HAR DE FORSTÅET?

❶ Ihre Mutter fragte, warum sie so glücklich aussah. ❷ Plötzlich rutschte es ihr heraus (aus dem Mund). ❸ Er hatte versprochen, sich mit ihr zu verheiraten, wenn sie darüber schweigen könne. ❹ Sie erklärte ihm die Sache (den Zusammenhang der Sache), aber er lief weg. ❺ Sie sahen glücklich aus, als er mit dem Vater nach Hause kam.

③ Er erklärte, daß er gesagt hatte, er wolle sich mit dem Mädchen verheiraten.

Han . . . ., at han . . . .,
han . . . . med . . . . . .

④ Die Mutter war beim Waschen (stand und wusch), als Hans vorbei kam.

. . . . og . . . ., da Hans . . .
. . . . . .

Toogfyrretyvende (42.) lektion

Oversigt og anmærkninger

1. Verben: Ergänzende Hinweise

a) Ville und **skulle** als Hilfsverben des Futurs und des Konjunktivs

- **Vil** (**skal**) + Infinitiv wird für Handlungen und Ereignisse in der Zukunft benutzt:

Han vil tale om lidt.
„Er wird gleich sprechen."

Festen skal holdes på søndag.
„Das Fest wird am Sonntag veranstaltet."

- **Ville** (**skulle**) + Infinitiv drückt den Konjunktiv (Möglichkeitsform) aus:

Det ville være dumt af ham at gøre det.
„Es wäre dumm von ihm, das zu tun."

Jeg skulle have sagt det straks.
„Ich hätte das sofort sagen sollen."

Diese beiden Hilfsverben sind nicht austauschbar; man muß sie den Bedeutungsnuancen entsprechend auswählen.

❺ Ich ließ lange Zeit nicht von mir hören.

Jeg . . . ikke . . . . mig i . . . .
. . . .

ANDEN ØVELSES LØSNING: DE MANGLENDE ORD.

❶ blev lyst – dem i ❷ tog sig – før – bestemte sig ❸ forklarede – havde sagt – ville gifte sig – pigen ❹ Moderen stod – vaskede – kom forbi ❺ lod – høre fra – lang tid.

Anden bølge: Gå tilbage til lektion 13!

Zweiundvierzigste Lektion

Ville ist ein ‘Allzweck-Hilfsverb’, es ist neutral und wird daher am häufigsten verwendet.

Skulle ermöglicht dagegen, je nach Kontext, verschiedene Bedeutungsnuancen. Im Futur kann es ausdrücken:

- einen Entschluß:

  Jeg skal gøre det.
  „Ich werde das tun.“

- eine Empfehlung, einen Vorschlag oder einen Befehl:

  Du skal ikke være bange.
  „Hab’ keine Angst.“

Im Konjunktiv kann es einen Zweifel bezüglich einer geäußerten Vermutung oder einen Wunsch bzw. eine Hoffnung ausdrücken.

Es folgt nun eine kleine Übung, mit deren Hilfe Sie diese Nuancen besser kennenlernen können. Versuchen Sie, die folgenden Sätze zu verstehen und herauszufinden, welche Bedeutungsunterschiede hier mit **ville** und **skulle** ausgedrückt werden. Die deutsche Übersetzung der Sätze finden Sie am Ende der Lektion.

1. Vi skal spise til aften klokken syv. **2.** Det ville være dumt af ham, hvis han ikke giftede sig med hende. **3.** Jeg ved ikke, om jeg vil købe torsk til nytårsaften. **4.** Du skulle have sagt det til ham straks. **5.** Han siger, han vil tage til Ålborg i morgen.

Wichtig: Häufig wird die Zukunft, wie auch im Deutschen, mit dem Präsens und einer Zeitangabe oder anderer auf die Zukunft verweisender Wörter ausgedrückt:

I morgen kommer han hjem.
„Morgen kommt er nach Hause".

Der deutsche Konjunktiv wird meistens mit dem Präteritum oder Plusquamperfekt wiedergegeben:

Hvis der var sket noget, havde vi hørt om det.
„Wenn etwas passiert wäre, hätten wir davon gehört."

b) Modalverben in Bedingungssätzen der Vergangenheit

Solche Bedingungssätze werden im Deutschen mit dem Konjunktiv von „haben" (ich hätte, du hättest...) gebildet, und das Modalverb steht am Ende des Satzes im Infinitiv. Im Dänischen steht dagegen das Modalverb im Präteritum, gefolgt vom Infinitiv Perfekt:

Vi kunne have giftet os.
„Wir hätten uns verheiraten können."

Sie möchten noch einmal die Modalverben wiederholen, die Sie schon kennengelernt haben? Dann sehen Sie in Lektion 21 nach.

c) „Dabei sein, etwas zu tun"

Im Dänischen findet man häufig zwei mit **og** verbundene Verben, von denen das erste den situativen Rahmen angibt, während das zweite die eigentliche Handlung bezeichnet:

Grethe stod og vaskede.
Wörtlich: „Grethe stand und wusch."

Inhaltlich entspricht dies dem deutschen: „gerade dabei sein, etwas zu tun": „Grethe wusch gerade, war gerade beim Waschen." Eine andere Ausdrucksmöglichkeit für „dabei sein, etwas zu tun" ist **være ved at**:

Jeg var væd at spise, da han kom.
„Ich war gerade dabei, zu essen, als er kam."

2. Verbzusätze

Wie im Deutschen treten viele dänische Verben mit verschiedenen Verbzusätzen auf: **gå af** „abgehen/weggehen", **gå bort** „fortgehen, sterben", **gå efter** „nachgehen (einer Person/ Sache)", „holen", **gå for** „gelten als", **gå forbi** „vorüber-/vorbeigehen" **gå fra** „abgehen", „zurücktreten", **gå frem** „vorgehen", **gå ind** „hineingehen", „eintreten", **gå ned** „herunter-/untergehen", **gå over** „überqueren", „vergehen (Zeit, Schmerzen)", **gå ud** „hinaus-/ausgehen", **gå under** „untergehen" usw. Oft (aber nicht immer) gibt es im Deutschen die gleiche Kombination. Trotzdem läßt sich die Bedeutung dieser Verben nicht immer aus dem Deutschen ableiten oder aus den einzelnen Bestandteilen erschließen. Hier ist also Vorsicht geboten. Manche Verben mit Verbzusatz haben vielfältige Bedeutungen:

Han går op.
„Er geht hinauf/steigt hoch."

Det gik op for ham.
„Er verstand es/ihm ging ein Licht auf."

Tre går op i ni.
„Neun ist durch drei teilbar."

Jens går op til eksamen.
„Jens nimmt an einer Prüfung teil."

Einige Verben mit Zusatz treten auch in zusammen geschriebener Form auf. Dann unterscheiden beide Formen sich meistens dadurch, daß die zusammen geschriebene eine eher abstrakte und die getrennt geschriebene Form eine eher konkrete Bedeutung hat:

stå op „aufstehen" — **opstå** „entstehen";
gå forbi „vorbeigehen" — **forbigå** „[jemanden] übergehen, überspringen".

In wenigen Fällen gibt es einen radikalen Bedeutungsunterschied:

stå på „einsteigen, stehen auf"; **påstå** „behaupten".

Es empfiehlt sich daher, diesen kleinen Verbzusätzen besondere Beachtung zu schenken, auch wenn sie vielleicht auf den ersten Blick unproblematisch erscheinen.

3. Deklination der Substantive: Besonderheiten

a) Substantive auf -el

Fast alle Substantive auf **-el** verlieren das **-e** in der bestimmten und der Pluralform:

artikel – **artiklen** (nicht: **artikelen**) – **artikler**;
apostel – **apostlen** – **apostler**.

Das gleiche gilt auch für einige Substantive auf **-en**:

frøken – **frøknen** – **frøkner**.

Wenn vor der Endung **-el** ein doppelter Konsonant steht, fällt der zweite Konsonant weg:

kartoffel – **kartoflen** – **kartofler**.

b) Substantive auf -er

Substantive auf **-er** werden meistens (aber nicht immer, siehe **moder**, **fader** usw. unter Punkt 4) wie Substantive auf **-el** dekliniert, also:

teater – **teatret** – **teatre**.

Ausnahmen bilden Bezeichnungen von Nationalitäten oder Berufen:

lærer – **læreren** – **lærere**
(aber **lærerne** „die Lehrer“ in der bestimmten Form Plural);
dansker – **danskeren** – **danskere** (**danskerne**).

c) Substantive auf –um

Die aus dem Lateinischen stammenden Substantive auf **-um** werden folgendermaßen dekliniert:

museum – **museet** – **museer** – **museerne**.

4. Plural der Substantive

a) Regelfall

Pluralformen mit den Endungen

-**(e)r** (**avis-er**, **pige-r**)

-**e** (viele einsilbige **en**-Wörter: **dag-e**, aber auch einige **et**-Wörter: **navn-e**) erhalten in der bestimmten Pluralform die Endung -**ne**:

aviserne, **pigerne**, **dagene**, **navnene**.

Substantive, die im Singular und unbestimmten Plural gleich sind (meistens, aber nicht immer, einsilbige **et**-Wörter: **år**, **tog**, **ting**) erhalten in der bestimmten Pluralform die Endung -**ene**:

årene, **togene**, **tingene**.

All das haben Sie in den vergangenen Lektionen sicher bereits unbewußt aufgenommen, dies ist daher nur eine zusammenfassende Wiederholung.

b) Ausnahmen - Vokalwechsel

In den vergangenen Lektionen sind Ihnen ja schon mehrfach Wörter begegnet, die im Plural den Vokal wechseln. Oft sind das besonders gebräuchliche Wörter:

mand-en-mænd	**moder (mor)-en-mødre**;
barn-et-børn	**fader (far)-en-fædre**;
broder (bror)-en-brødre	**datter-en-døtre**;
bog-en-bøger	**nat-ten-nætter** usw.

Achtung: **Menneske-t-r** „Mensch" heißt in der bestimmten Pluralform **menneskene** (nicht **menneskerne**). Wenn Sie sich bei den Pluralformen nicht sicher sind, können Sie diese im Wörterverzeichnis dieses Kurses nachsehen.

5. Indefinitpronomen (unbestimmte Fürwörter)

Die Indefinitpronomen **nogen/noget** und **nogle** „jemand, irgendein, etwas" und „einige" können wie Substantive oder Adjektive verwendet werden. Die Pluralform **nogle** „einige" wird im modernen Dänisch immer mehr von **nogen** verdrängt. **Nogle** können Sie vor allem in der geschriebenen Sprache (so auch in diesem Kurs) finden.

In der Verneinung heißen die Indefinitpronomen:

ikke nogen oder **ingen** „kein, -e, -er" und

ikke noget oder **intet/ingenting** „nichts".

Intet kommt allerdings fast nur in formellen oder literarischen Texten vor.

In der Verneinung gibt es die Form **nogle** nicht, sondern nur **ikke nogen/ingen**:

Han har nogle venner.
„Er hat einige Freunde."
Han har ikke nogen/ingen venner.
„Er hat keine Freunde."

▶ Treogfyrretyvende (43.) lektion

Det forsvundne brev ①

1 – Nu **har** jeg altså været det **he**le i**gen**nem **fem gan**ge.
2 Hvor i al**ver**den kan **det brev** dog være blevet **af**?
3 – Har du set **ef**ter i kom**mo**den?
4 – Jeg har **gen**nemrodet **samt**lige **skuf**fer, **ska**be, **kuf**ferter og hvad der **el**lers er at **gen**nem-rode. ②
5 Det **er** da også ir**ri**terende.
6 Nu har jeg **fulgt** sagen i **al**le dens **fa**ser, ③

UDTALE

[... *fOr-**ßwOo!**-n(e)* ... **2** ... *bre:(u)* **3** ... *ko-**mo:**-(d)(e)n* **4** ... ***ßgOo**-fOr* ... ***kOo**-fOr-dOr*]

Übersetzung der Sätze aus Absatz 1:

1. Wir werden um sieben Uhr zu abend essen. **2.** Es wäre dumm von ihm, wenn er sich nicht mit ihr verheiraten würde. **3.** Ich weiß nicht, ob ich für Silvester Dorsch kaufen werde. **4.** Du hättest ihm das sofort sagen sollen. **5.** Er sagt, er wird morgen nach Ålborg fahren.

Anden bølge: Gå tilbage til lektion 14!

Dreiundvierzigste Lektion

Der verschwundene Brief

1 – Nun bin (habe) ich also das Ganze fünf mal durchgegangen (gewesen).

2 Wo in aller Welt kann der Brief bloß abgeblieben sein?

3 – Hast du in der Kommode nachgesehen?

4 – Ich habe sämtliche Schubladen, Schränke, Koffer und was da sonst noch zum Durchwühlen ist, durchgewühlt.

5 Das ist aber auch ärgerlich.

6 Nun habe ich die Sache in all ihren Phasen verfolgt,

ANMERKUNGEN

① **forsvinde-forsvand-forsvundet** „verschwinden“: Wie im Deutschen wird das Partizip Perfekt oft als Adjektiv verwendet und erhält dann, wie hier **forsvundne**, die entsprechende Adjektivendung. Mehr dazu in Lektion 49.

② **gennemrode** „durchwühlen“ setzt sich zusammen aus (**i**)**gennem** „durch“ und **rode** „wühlen, kramen, stochern“. So heißt der „Wühltisch“ im Schlußverkauf **rodekasse**, und „Unordnung, Durcheinander“ bezeichnet man als **roderi-et**.

③ **dens** ist der Genitiv von **den** und wird genauso verwendet wie **hans**, **hendes** und **dets** (Genitivformen von **han**, **hende** und **det**).

7 og **nu**, hvor det **he**le er gået i **or**den, er det for**ban**dede **svar**brev for**svun**det **ud** i den **blå** **luft**... ④⑤

8 – **Du**, jeg **sid**der og kommer i **tan**ker om **no**get... ⑥

9 – **Skynd** dig at **si**ge det, **in**den du har **glemt** det **igen**!

10 – I **for**gårs, **in**den **post**budet **kom**, **sad** du og **ar**bejdede ved **skri**vebordet **in**de i **stu**en. ⑦

11 Der var et **brev**, du abso**lut** skulle have skrevet **fær**dig, så han kunne **nå** at få det **med**.

12 – **Ja**, det var et ma**skin**skrevet **brev** til **rej**sebureauet og **et** til **Bir**te.

13 – Er du **sik**ker **på**, at det for**svun**dne **brev** ikke **lå** **sam**men med **de** pa**pi**rer, der lå **spredt ud** over **bor**det, ⑧

14 så**dan** at du er kommet til at lægge det i den for**ker**te ku**vert**? ⑨

15 – Du **si**ger **no**get...

(UDTALE)

[*12* ... ***rai***-*ß(e)-bü-ro!-(e)(d)*]

7 und jetzt, wo alles (das Ganze) in Ordnung gekommen (gegangen) ist, ist der verfluchte Antwortbrief verschwunden (raus in die blaue Luft) ...

8 – Du, mir fällt gerade etwas ein (ich sitze und komme in Gedanken über etwas)...

9 – Beeil dich, es zu sagen, bevor du es wieder vergessen hast!

10 – Vorgestern, bevor der Postbote kam, hast du (drinnen) im Wohnzimmer am Schreibtisch gesessen und gearbeitet.

11 Da war ein Brief, [den] du unbedingt fertig geschrieben haben mußtest, damit er es schaffen konnte, ihn mitzunehmen.

12 – Ja, das war ein maschinengeschriebener Brief an das Reisebüro und einer an Birte.

13 – Bist du sicher (auf), daß der verschwundene Brief nicht zusammen mit den Papieren lag, die über den Tisch ausgebreitet lagen,

14 so daß du ihn versehentlich in das falsche Kuvert gelegt hast?

15 – [Da] sagst du was...

ANMERKUNGEN

④ **forbande-de-t** „verfluchen“: Mit **forbanede** wird hier wieder das Partizip Perfekt als Adjektiv verwendet.

⑤ Achtung: Das Adjektiv **blå** bleibt in der bestimmten Form unverändert, erhält also kein **–e**. Das gilt übrigens für die meisten Adjektive, die mit einem Vokal enden.

⑥ **tanke-n-r** „Gedanke“: **kommer i tanker om** „auf eine Idee kommen, jdm. fällt etwas ein“.

⑦ **stue** kann neben „Wohnzimmer, Stube“ auch „Zimmer, (Krankenhaus-)Saal“ oder aber „Erdgeschoß“ bedeuten.

⑧ **spredt** „ausgebreitet“ ist das Partizip Perfekt von **sprede** „verbreiten, verstreuen, ausbreiten“.

⑨ **komme til at** „zufällig, versehentlich (etwas tun)“.

16 Jeg må **hel**lere **rin**ge til **Bir**te og få det **un**dersøgt med det **sam**me... ⑩

17 Hal**lo** ... **Bir**te. **Dav**, det er **San**ne. Ja tak, **fint** ... **du**, **nu** skal du **hø**re.

18 Har **du** fået **brev** fra **mig** i **dag**?

19 – **Ja**, jeg har **få**et en ku**vert** med **mit** na**vn** og a**dres**se på.

20 Den er **af**sendt af **dig**.

21 Men jeg kan **ik**ke for**stå**, hvorfor du har sendt mig en be**kræf**telse på en **fe**rierejse til Mal**lor**ca for **to**!

UDTALE

__16__ ... __Oo__-nOr-ßögd ... __20__ ... __au__-ßänd ...

FØRSTE ØVELSE: FORSTÅR DE DISSE SÆTNINGER?

❶ Jeg har set det forsvundne brev i en kuvert, der er afsendt af Birte. ❷ Det hele er gået i orden, men det forbandede svarbrev er forsvundet. ❸ Inden du ringer til rejsebureauet, må du hellere få det undersøgt med det samme. ❹ Har du set efter i skabet inde i stuen? ❺ Skynd dig at sende en bekræftelse på din ferierejse.

ANDEN ØVELSE: INDSÆT DE MANGLENDE ORD!

❶ Die Papiere lagen über den Tisch ausgebreitet.

Papirerne . . . . bordet.

❷ Das war ein maschinengeschriebener Brief ans Reisebüro, den ich unbedingt heute fertig geschrieben haben sollte.

Det var . . . . brev . . . rejsebureauet, jeg absolut . . . . . . have . . . . i dag.

16 Ich werde lieber Birte anrufen und das sofort untersuchen (untersucht bekommen)...
17 Hallo ... Birte. Tag, hier ist Sanne. Ja danke, gut ... du, hör mal (nun sollst du hören).
18 Hast du heute [einen] Brief von mir bekommen?
19 – Ja, ich habe ein Kuvert mit deinem Namen und Adresse drauf bekommen.
20 Der ist von dir abgeschickt.
21 Aber ich kann nicht verstehen, warum du mir eine Bestätigung für eine Urlaubsreise nach Mallorca für zwei geschickt hast!

ANMERKUNGEN

⑩ **Det samme** bedeutet „derselbe, das gleiche", aber **med det samme** heißt „sofort". Ein anderes Wort für „sofort" ist **straks**.

FØRSTE ØVELSES LØSNING: HAR DE FORSTÅET?

❶ Ich habe den verschwundenen Brief in einem Kuvert gesehen, das von Birte abgeschickt war (ist). ❷ Das Ganze ist in Ordnung gegangen, aber der verfluchte Antwortbrief ist verschwunden. ❸ Bevor du beim Reisebüro anrufst, mußt du das lieber sofort untersuchen (untersucht bekommen). ❹ Hast du im Schrank (drinnen) im Wohnzimmer nachgesehen? ❺ Beeile dich, eine Bestätigung für (auf) deine Urlaubsreise zu schicken.

❸ Du hast neulich am Schreibtisch gesessen und gearbeitet.

Du . . . forleden . . . . skrivebordet.

❹ Bist du sicher (auf), [daß] du den Brief nicht versehentlich in ein falsches Kuvert gelegt hast?

Er du . . . . , du ikke . . . . at lægge brevet i en . . . . ?

❺ Wo in aller Welt kann die verfluchte Bestätigung abgeblieben sein?

. . . . i . . . . kan . . . .
bekræftelse være . . . . ?

Achten Sie auf die unregelmäßigen Verben. Sie sind sehr wichtig, und ihre Beherrschung erleichtert das Lernen und Sprechen ungemein. In Lektion 35 haben wir einige unregelmäßige Ver-

▶ Fireogfyrretyvende (44.) lektion

Vorten

1 Det var **det** år, søen frøs **til**. ①

2 I **to u**ger havde det **hver nat fros**set, så det **kna**gede.

3 Det **let**tede **sko**levejen for **no**gen.

4 De spændte deres **skøj**ter **på** og løb til **sko**le over den **frosne sø**. ②

5 Jeg **stod** og **så** dem komme **lø**bende **op**pe fra mit **vin**due på **før**ste **sal**.

6 **Det år** var jeg for**el**sket. I en **pi**ge fra **klas**sen. Des**væ**rre var **hun ik**ke for**el**sket i **mig**.

UDTALE

[***wOor**-d(e)n* **1** ... ***frÖ!ß*** ... **2** ... ***frOo**-ß(e)(d)* **4** ... ***ßgOi**-dOr*... ***frOoß**-n(e)*... **6** ... *fOr-**ä!lß**-g(e)(d)* ...

ANDEN ØVELSES LØSNING: DE MANGLENDE ORD.

❶ lå spredt ud over ❷ et maskinskrevet – til – skulle – skrevet færdig ❸ sad – og arbejdede ved ❹ siker på – er kommet til – forkert kuvert ❺ Hvor – alverden – den forbandede – blevet af.

ben zusammengestellt, haben Sie die noch alle im Gedächtnis? Versuchen Sie doch, diese Liste regelmäßig durch die neuen Verben der Lektionen zu ergänzen.

Anden bølge: Gå tilbage til lektion 15!

Vierundvierzigste Lektion

Die Warze

1 Es war das Jahr, [als] der See zufror.
2 Zwei Wochen lang hatte es jede Nacht [heftig] gefroren, (so es knackte).
3 Das erleichterte einigen den Schulweg (für einige).
4 Sie schnallten ihre Schlittschuhe an und liefen über den gefrorenen See zur Schule.
5 Ich (stand und) sah sie oben von meinem Fenster im ersten Stock [an]gelaufen kommen.
6 [In] dem Jahr war ich verliebt. In ein Mädchen aus der Klasse. Leider war sie nicht in mich verliebt.

ANMERKUNGEN

① **fryse-frøs-frosset** „gefrieren, frieren". **Jeg fryser** „ich friere".

② **den frosne sø** „der gefrorene See" (**en frossen sø** „ein gefrorener See"): wieder ein Partizip Perfekt als Adjektiv, natürlich mit der entsprechenden Endung.

7 Det fik **fa**retruende konse**kven**ser for karak**ter**bogen. ③

8 I **al**le **ti**merne **sad** jeg og sendte hende **stjål**ne øjekast – men **in**tet **hjalp**. ④⑤

9 Jeg var kun **luft** for den **skøn**ne. **Hjæl**pen **kom** **u**ventet. ⑥

10 En **dag**, jeg i**gen** **sad** for**tabt** i mine drømme**ri**er, fik jeg **øje** på den.

11 **Vor**ten. Hun **hav**de en **vor**te på **næ**sen – en **rig**tig **æ**kel, **skin**nende, **rød** **vor**te.

12 **Hvem** kan **elsk**e en **vor**te? **tænk**te jeg ho**ver**ende. **Det** kunne **jeg**.

13 Hvor **æ**kelt min **si**dekammerat end **ud**malede **vor**ten for mig, så var det dog den **sø**deste lille **vor**te, der **tænk**es **kan**. ⑦

14 Jeg ønskede mig i **dens** **sted**. **In**gen **vor**te havde **no**gensinde **sid**det på en **smuk**kere **næ**se, ⑧

(UDTALE)

[**7** ... ***fa:****-r(e)-tru:-(e)n(e) kOn-ß(e)-****kwä!n****-ßOr ... ka-rak-****te!r****-bOo!-(u)(e)n* **8** ... ***ßdjOo:l****-n(e)... ja!lp* **11** ... ***ä!****-k(e)l* ***ßgi****-n(e)-n(e)* ... **12** ... *ho-****we!****-r(e)-n(e)* **13** ... ***ßie:****-(d)(e)-ka-m(e)-ra!d* ... ***u(d)****-mä:-l(e)-(d)(e)* ...]

7 Das hatte (bekam) gefährliche (gefahrendrohende) Konsequenzen für das Zeugnis (Notenbuch).
8 In allen Stunden saß ich [da] und warf ihr verstohlene Blicke (sandte ... Augenwürfe) [zu] – aber nichts half.
9 Ich war nur Luft für die Schöne. Die Hilfe kam unerwartet.
10 Eines Tages, ich saß wieder in meine Träumereien versunken (verloren), sah ich sie (bekam ich Auge auf sie).
11 Die Warze. Sie hatte eine Warze auf der Nase – eine richtig eklige, leuchtende, rote Warze.
12 Wer kann eine Warze lieben? dachte ich triumphierend. Ich konnte es.
13 Wie eklig mein Sitznachbar (Seitenkamerad) die Warze auch für mich ausmalte, so war es doch die süßeste kleine Warze, die [man sich] denken kann (gedacht werden kann).
14 Ich wünschte mich an ihre Stelle. Keine Warze hatte jemals auf einer schöneren Nase gesessen,

ANMERKUNGEN

③ **karakter-en-er** kann sowohl „Schulnote, Zensur" als auch „Charakter" bedeuten. Anders als im Deutschen wird die letzte Silbe betont.

④ **stjæle-stjal-stjålet** „stehlen"; **stjålne** ist wieder ein Beispiel für ein vom Partizip Perfekt abgeleitetes Adjektiv.

⑤ **hjalp** ist das Präteritum von **hjælpe** „helfen" (Partizip Perfekt: **hjulpet**). Wie Sie in der Lautschrift sehen können, ist das **h** stumm.

⑥ **uventet** „unerwartet" ist aus dem Partizip Perfekt von **vente-ede-et** „warten" abgeleitet.

⑦ **Hvor... end** „Wie... auch (immer), Wo... auch (immer)".

⑧ **nogensinde** „jemals, je"; **aldrig nogensinde** „niemals".

15 været **gen**stand for **så smuk**ke, **ske**lende **øj**nes **blik** bag **så** æs**te**tisk flot **svun**gne, **tyk**ke **bril**leglas. ⑨

16 Men som **sagt**, **hjæl**pen **kom**. En **dag** var den **væk**, **vor**ten.

17 Hvor **kun**ne hun **næn**ne det? – ⑩

18 min **ver**den **brød sam**men på en **studs**. ⑪⑫

19 På **hen**des **plads** sad der nu kun en ordi**nær** **sko**lepige, **skel**øjet og **nær**synet med en al**min**delig lidt **skæv næ**se. ⑬

20 **Du on**de **ver**den, **prø**vede jeg at **dig**te, men **nå**ede **al**drig **læn**gere. **Du on**de **ver**den... ⑭

(UDTALE)

*[**15** ... **ßge**:- l(e)-n(e) **Oi**-n(e)ß ... **ßwOong**-n(e) ... **bri**-l(e)-glaß **19** ... **ßgel**-ö-j(e)(d) ...]*

FØRSTE ØVELSE: FORSTÅR DE DISSE SÆTNINGER?

❶ Der sad en almindelig, nærsynet skolepige på hendes plads. ❷ Pigen fik faretruende konsekvenser for hans karakterbog. ❸ De skelende øjnes blik bag de flot svungne brilleglas gjorde mig forelsket. ❹ Hvor ækelt han end udmalede hende for mig, så var det dog den sødeste pige, der tænkes kan. ❺ Han sendte pigen stjålne øjekast, men han var kun luft for den skønne.

15 war Gegenstand [eines] so schönen, schielenden (Augen) Blicks hinter so ästhetisch schön geschwungenen dicken Brillengläsern gewesen.
16 Aber, wie gesagt, die Hilfe kam. Eines Tages war sie weg, die Warze.
17 Wie konnten sie es übers Herz bringen? –
18 meine Welt brach auf der Stelle zusammen.
19 Auf ihrem Platz saß jetzt nur ein gewöhnliches Schulmädchen, schielend (schieläugig) und kurzsichtig mit einer normalen, leicht schiefen Nase.
20 Du böse Welt, versuchte ich zu dichten, aber kam nie weiter. Du böse Welt...

ANMERKUNGEN

⑨ Das Adjektiv **svungen** „geschwungen" ist abgeleitet von **svinge-svang-svunget** „schwingen, schwenken, schwanken, abbiegen".

⑩ **nænne** „übers Herz bringen", davon abgeleitet: **nænsom** „schonend, behutsam, pfleglich", **nænsomhed** „Behutsamkeit".

⑪ **bryde-brød-brudt** „brechen", **bryde sammen** „zusammenbrechen".

⑫ **på en studs** „auf der Stelle".

⑬ **skeløjet** ist zusammengesetzt aus **skele** „schielen" und **øje-t-øjne** „Auge".

⑭ **digte** „dichten", **digt-et-e** „Gedicht", **digter-en-e** „Dichter".

FØRSTE ØVELSES LØSNING: HAR DE FORSTÅET?

❶ Da saß ein gewöhnliches, kurzsichtiges Schulmädchen auf ihrem Platz. ❷ Das Mädchen hatte (bekam) gefährliche Konsequenzen für sein Zeugnis (Notenbuch). ❸ Der schielende Blick der Augen (der schielenden Augen Blick) hinter den hübsch geschwungenen Brillengläsern machte mich verliebt. ❹ Wie ekelig er sie mir (für mich) auch ausmalte, so war es doch das süßeste Mädchen, das [man sich] denken kann (gedacht werden kann). ❺ Er warf (sandte) dem Mädchen verstohlene Blicke (Augenwürfe) [zu], aber er war nur Luft für die Schöne.

ANDEN ØVELSE: INDSÆT DE MANGLENDE ORD!

❶ Wie verliebt er auch war, er versuchte nicht zu dichten.

.... han ... var, ... han .... at ....

❷ Es hatte jede Nacht gefroren, und der See war gefroren.

Det havde .... nat og søen var ....

❸ Ich (stand und) sah sie über den gefrorenen See [an]gelaufen kommen.

Jeg .... dem komme .... den ...... sø.

Femogfyrretyvende (45.) lektion

Drømmende børn og syngende harper ①

1 – Min**san**dten om det ikke er **Jens**, der kommer **gå**ende **der**? Jeg **tro**ede, han sad og **ar**bejdede end**nu**.

2 **Klok**ken er jo ikke mere end **halv fi**re... Har du fået skrevet ar**tik**len **fær**dig, **Jens**?

3 – **Nej**, **ik**ke end**nu**. Jeg **mang**ler nogen **op**lysninger, der **lig**ger i ar**ki**vet på biblio**te**ket. ②

4 – Kunne du ikke **ven**te til i **mor**gen?

UDTALE

[... ***ßö**-ng(e)-n(e) ... **1** mien-**ßă!**n-d(e)n ... **3** ... ar-**kie!**-w(e)(d) ... bieb-lie-o-**te!**-k(e)(d)]*

④ Es fror [Stein und Bein] (so es knackte).

Det . . . .   . . det . . . .

⑤ Für mich war sie das süßeste Schulmädchen, das [man sich] denken kann.

. . .   . . . var hun den . . . . skolepige, som . . . . . . kan.

ANDEN ØVELSES LØSNING: DE MANGLENDE ORD.

① Hvor forelsket – end – prøvede – ikke – digte ② frosset hver – frossen ③ stod og så – løbende over – frosne ④ frøs så – knagede ⑤ For mig – sødeste – tænkes.

Anden bølge: Gå tilbage til lektion 16!

Fünfundvierzigste Lektion

Träumende Kinder und singende Harfen

1 – Wahrhaftig, (ob) ist das nicht Jens, der da kommt (gehend)? Ich dachte, er (saß und) arbeitete noch.

2 Es ist ja nicht später (mehr) als halb vier... Hast du den Artikel fertig geschrieben (bekommen), Jens?

3 – Nein, noch nicht. Mir (ich) fehlen einige Auskünfte, die im Archiv (auf) der Bibliothek liegen.

4 – Konntest du nicht bis morgen warten?

ANMERKUNGEN

① **harpe-n-r** bedeutet „Harfe", aber auch „alte Hexe, altes Weib", was hier natürlich als Wortspiel ausgenutzt wird.

② **mangle** „fehlen": Anders als im Deutschen steht die Person, der etwas fehlt, im Nominativ: **Jeg mangler penge** „Mir (ich) fehlt Geld."

5 – **Nej**, jeg har lovet ar**tik**len **fær**dig til i **af**ten. Jeg har **lig**get og spekul**e**ret på den **he**le **nat**ten.

6 Man kommer sgu **ik**ke **so**vende til **no**get i **den her bran**che! ③

7 – Hvad **hand**ler den da **om**, der **er** så **vig**tigt?

8 – Den **hand**ler om de **drøm**mende **børn**.

9 – De **drøm**mende **børn**. **Hvad er** et **drøm**mende **barn** for **no**get? ④

10 – Kan du ikke huske **blom**sterbørnene fra **tres**serne?

11 Man **mød**te dem **sid**dende, **lig**gende, **spil**lende, **ma**lende, **dig**tende, **els**kende over**alt** i **par**kerne **den**gang.

12 **Hvad** er der bl**e**vet af **dem**?

13 **Næs**te artikel i **se**rien kommer til at hedde „De **syn**gende **har**per" –

14 **tit**len **er**, med modifikati**o**ner, **lånt** fra Sophus **Claus**sen og **fol**kevisen. ⑤

15 Den skal **hand**le om **rød**strømperne,

16 og **om** hvordan det er **gå**et **dels** med dem **selv**, **dels** med deres ideer og visi**o**ner.

17 – „De **syn**gende **har**per", – **sig** mig, er du ikke blevet **lidt mands**chauvinistisk med **ti**den?

18 **Hvad** bliver det **næs**te mon? ⑥

UDTALE

[*5 … ßbe-gu-**le!**-r(e)(d) …* **6** *… **ßOo**-(u)(e)-n(e) … **brang**-ßj(e)* **10** *… **blOm**-ßdOr-bÖr-n(e)-n(e) … **tre**-ßOr-n(e)* **14** *… mo-die-fie-ka-**ßjo!**-nOr …* **15** *… **rö(d)**-ßdrOm-bOr-n(e)* **17** *… **manß**-ßjo-wie-nieß-dießg …*]

5 – Nein, ich habe den Artikel bis heute Abend fertig [zu schreiben] versprochen. Ich habe die ganze Nacht (gelegen und) über ihn nachgedacht.
6 Man kommt weiß Gott nicht im Schlaf (schlafend) zu was in dieser Branche!
7 – Wovon handelt er denn, das so wichtig ist?
8 – Er handelt von den träumenden Kindern.
9 – Die träumenden Kinder. Was ist denn ein träumendes Kind (für was)?
10 – Kannst du [dich] nicht [an] die Blumenkinder aus den Sechzigern erinnern?
11 Die traf man damals überall in den Parks sitzend, liegend, spielend, malend, dichtend, liebend.
12 Was ist wohl aus ihnen geworden?
13 [Der] nächste Artikel in der Serie wird (kommt zu) heißen „Die singenden Harfen" –
14 der Titel ist, mit Modifikationen, von Sophus Claussen und dem Volkslied geliehen.
15 Er soll von den Feministinnen (Rotstrümpfen) handeln
16 und davon, was teils aus ihnen selbst, teils aus ihren Ideen und Visionen geworden ist (wie es gegangen ist mit).
17 – „Die singenden Harfen" – sag mal (mir), bist du nicht ein bißchen chauvinistisch geworden mit der Zeit?
18 Was wird wohl das nächste [sein]?

ANMERKUNGEN

③ **sgu** ist eine Zusammenziehung von **så Gud** „so Gott..." und bedeutet: „wirklich, weiß Gott, verdammt (noch mal)".

④ **for noget** ist eine typische Ergänzung der Frage „Was ist ...?" und kann mit „denn" übersetzt werden: „Was ist denn ..?": **Hvad er... for noget?**.

⑤ **Sophus Claussen** (1865-1931) war ein vom Symbolismus beeinflußter Dichter, ein Virtuose der Verskunst.

⑥ Das Adverb **mon** „ob (... wohl)" drückt eine Frage aus: **Mon han kommer?** „Ob er wohl kommt?". **Mon?** „Glaubst du?, wirklich?". **Mon ikke?** „Nicht wahr?".

19 – **Hvad** siger du til „Det **ta**lende **kød**“ – om den
er**o**tiske **fri**gørelse i **tres**serne? ⑦
20 Jeg **tæn**ker på **Grundt**vig, som, **iføl**ge Ebbe
Kløvedal **Reichs bog** om ham, ⑧⑨
21 til en char**me**rende **da**me, der **fris**tede den
kyske **mand** over **ev**ne, skulle have **sagt**:
22 **I Guds navn, lad kø**det **tale**!

UDTALE

[*19 ... **frie**-gÖ!-r(e)l-ß(e) ... **20** ... **ra!ikß** ... **22** ... **kö!**-(d)(e)(d) ...*]

FØRSTE ØVELSE: FORSTÅR DE DISSE SÆTNINGER?

❶ Hvordan er det gået med rødstrømperne og deres visioner og drømme? ❷ Han er nok blevet lidt mandschauvinistisk med tiden. ❸ De manglende oplysninger ligger i arkivet på biblioteket. ❹ En charmerende dame fristede kødet til at tale. ❺ Kender du folkevisen om de syngende harper?

ANDEN ØVELSE: INDSÆT DE MANGLENDE ORD!

❶ Der Artikel handelt teils von den Blumenkindern, teils von der sexuellen Befreiung in den Sechzigern.

. . . . blomsterbørnene, ... om den erotiske . . . . i . . . .

❷ Jens zufolge kommt man nicht im Schlaf (schlafend) zu was in dieser Branche.

. . . . . . Jens kommer man . . . . til . . . . . i . . . . . . branche.

19 – Was sagst du zu „Das sprechende Fleisch" – über die sexuelle Befreiung in den Sechzigern?
20 Ich denke an Grundtvig, der gemäß (zufolge) Ebbe Kløvedal Reichs Buch über ihn
21 zu einer charmanten Dame, die den keuschen Mann über [seine] Kräfte in Versuchung führte (versuchte), gesagt haben soll:
22 In Gottes Namen, laß das Fleisch sprechen!

ANMERKUNGEN

⑦ **frigøreslse-n-r** „Befreiung" setzt sich zusammen aus **fri** „frei" und **gøre** „machen". **Frihed-en-er** „Freiheit".

⑧ Der noch heute außerordentlich populäre Volkserzieher und Dichter **Nikolai Frederik Severin Grundtvig** (1783-1872) ist Ihnen ja schon in Lektion 23 begegnet.

⑨ **Ebbe Kløvedal Reich** [*ra!ik*], geboren 1940, ist Autor historischer Romane, in denen er aktuelle Konflikte mit Hilfe der Geschichte zu erhellen versucht. Das **Grundtvig** gewidmete Werk hat den Titel „Frederik" (1972).

FØRSTE ØVELSES LØSNING: HAR DE FORSTÅET?

❶ Was ist (wie ist es gegangen mit) aus den Feministinnen und ihren Visionen und Träumen geworden? ❷ Er ist wohl mit der Zeit ein bißchen chauvinistisch geworden. ❸ Die fehlenden Auskünfte liegen im Archiv (auf) der Bibliothek. ❹ Eine charmante Dame führte das Fleisch in Versuchung zu sprechen. ❺ Kennst du das Volkslied über die singenden Harfen?

❸ Hast du von der charmanten Dame gehört, die den keuschen Grundtvig in Versuchung geführt hat?

. . . du . . . . . . den . . . .
dame, ... den . . . . .
Grundtvig?

❹ Ihm (er) fehlen einige Auskünfte über die Feministinnen und ihre Träume.

Han . . . .
rødstrømperne og . . . . . drømme.

❺ Man traf sie überall in den Parks liegend.

Man . . . .
parkerne.

▶ Seksogfyrretyvende (46.) lektion

„Jeg ved en fuglerede“ – efter et gammelt, dansk eventyr ①

1 **Føl**gende **hænd**te for **mange år si**den, da **præ**-**s**terne **end**nu havde **op**syn med **un**dervisningen i den **dansk**e **fol**keskole:

2 Provst **Hel**ming var **u**ventet kommet på visi**tats**. ②

UDTALE

[... ***fu***-*l(e)-re:-(d)(e)* ... ***ä-w****(e)n-tü!r* **1** ... ***präß***-*dOr-n(e)* ... ***Oo***-*nOr-wie!ß-ni-ng(e)n* ...***fOl***-*k(e)-ßgo:-l(e)* **2** ***prO(u)!ßd*** ... *wie-ßie-****tä!dß***]

ANDEN ØVELSES LØSNING: DE MANGLENDE ORD.

❶ Artiklen handler dels om – dels – frigørelse – tresserne ❷ Ifølge – ikke sovende – noget – den her ❸ Har – hørt om – charmerende – der fristede – kyske ❹ mangler nogen (nogle) oplysninger om – deres ❺ mødte dem liggende overalt i.

Bravo, Sie sind schon weit gekommen. Haben Sie vielleicht einiges schon wieder vergessen? Zwei wichtige Tips gegen das Vergessen sind: Wiederholen und Regelmäßigkeit. Aber versuchen Sie auch eigene Methoden zum besseren Speichern des Lernstoffs zu entwickeln, denn jeder Mensch lernt unterschiedlich. Übrigens, einige Studien wollen herausgefunden haben, daß man Dinge, die man unmittelbar vor dem Schlafen lernt, besser im Gedächtnis behalten kann. Versuchen Sie es doch mal mit Assimil als Bettlektüre, und blättern Sie einige der schon bearbeiteten Lektionen vor dem Einschlafen noch einmal durch.

Anden bølge: Gå tilbage til lektion 17!

Sechsundvierzigste Lektion

„Ich weiß ein Vogelnest" – nach einem alten, dänischen Märchen

1 Folgendes geschah vor vielen Jahren, als die Pastoren noch die Aufsicht über den Unterricht in der dänischen Volksschule hatten:

2 Probst Helming war unerwartet zum Inspektionsbesuch gekommen.

ANMERKUNGEN

① **vide-vidste-vidst** „wissen" wird hier in der veralteten Bedeutung „kennen" verwendet.

② **visitats-en-er** „kirchlicher Inspektionsbesuch/Visitation". Ein normaler Besuch heißt **besøg-et-=**.

3 **Ef**ter at have indtaget en so**lid fro**kost i **præ**-
stegården, **yt**rede han **øns**ke om at **o**verhøre
skolebørnene i **bi**belshistorien. ③④

4 Lærer **Han**sen blev **hid**kaldt ⑤

5 og det **lil**le **føl**ge be**stå**ende af **sko**lelæreren,
provsten og **so**gnepræsten begav sig af**sted** til
skolen, der **lå** lige **o**verfor **kir**ken. ⑥

6 **Prov**sten be**gyn**dte **o**verhøringen.

7 Den gik lidt **trægt**, men efter**hån**den var han da
nået **frem** til **røg**terens **Per**,

8 der var en ganske **kvik** og **op**vakt **dreng**,

9 hvis resul**ta**ter i **sko**len dog **mildt sagt** var lidt
skuffende.

10 – **Nå**, **Per**, sagde **prov**sten, kan du sige mig **nav**-
nene på de **tolv apost**le?

11 **Per rød**mede, men **sag**de ikke noget.

12 – Kan du da sige **nav**nene på nogle **sto**re pro**fe**-
ter?

13 **Pers an**sigt antog en **end**nu mere **dy**brød
farve, men **stum var** og **blev** han. ⑦

(UDTALE)

[*5 ... **ßO(u)**-n(e)-präß-d(e)n bε-gå!(u) ... **6** ... **O(u)**-Or-hÖ-ri-ng(e)n*
*7 ... **rÖg**-dO-r(e)nß ... **10** ... **nau**-n(e)-n(e) ...*]

3 Nachdem er ein üppiges Mahl im Pfarrhof eingenommen hatte, äußerte er den Wunsch, die Schulkinder in biblischer Geschichte abzuhören.
4 Lehrer Hansen wurde herbeigerufen
5 und die kleine Gruppe (Gefolge) bestehend aus Schullehrer, Probst und Gemeindepastor machte sich auf den Weg (begab sich von Stelle) zur Schule, die gleich gegenüber der Kirche lag.
6 Der Probst begann [mit] der Befragung.
7 Das ging etwas träge, aber mit der Zeit war er dann bis zu [dem Sohn des] Stallknechts, Per (Stallknechts Per), gekommen,
8 der ein recht lebhafter und aufgeweckter Junge war,
9 dessen Erfolge in der Schule jedoch, gelinde gesagt, etwas enttäuschend waren.
10 – Na, Per, sagte der Probst, kannst du mir die Namen (auf) der zwölf Apostel nennen (sagen)?
11 Per errötete, sagte aber nichts.
12 – Kannst du denn die Namen einiger großer Propheten nennen?
13 Pers Gesicht nahm eine noch dunkelrotere Farbe an, aber er war und blieb stumm.

ANMERKUNGEN

③ **frokost** kann sowohl „Mittagessen“ als auch „zweites Frühstück“ oder „Imbiß“ bedeuten.

④ **præstegården** setzt sich zusammen aus **præst-en-er** „Pfarrer, Priester“ und **gård-en-e** „Hof“ und wird ebenfalls mit einem **e** verbunden.

⑤ **kalde** „rufen“, **hid** „hierher, herbei“ (mit Bewegung/Ortsänderung), **hidkalde** „herbeirufen, hinzuziehen“.

⑥ **sognepræsten** ist wieder eine mit **e** verbundene Zusammensetzung, diesmal aus **sogn-et-e** „Kirchengemeinde, ländliche Gemeinde“ und **præst-en-er** „Pastor“.

⑦ **antog** ist das Präteritum von **antage** „annehmen“ (Partizip Perfekt: **antaget**).

14 – **Sig** mig, **ved** du da slet ingen**ting**? **ud**brød **prov**sten **vredt**. ⑧⑨

15 – **Jo**, svarede **Per**, jeg **ved** en **fug**lerede, men du må **lo**ve **ik**ke **at** **si**ge det til **no**gen. ⑩

16 – **Det** skal jeg **nok**, **sva**rede **prov**sten be**fip**pet.

17 **Næs**te **søn**dag **fo**restod **prov**sten **gud**stjenesten. ⑪

18 Under **præ**dikenen kom han **ind på**, hvad han kaldte „den **sør**gelige **ån**delige **til**stand hos **sko**lebørnene“

19 – Jeg **o**verhørte **blandt an**det en **dreng**, for**kla**rede han.

20 Det **e**neste, **han** **vid**ste, var en **fu**glerede!

21 **Per for** op fra sin **plads**.

22 – Du **lo**vede, du **ik**ke ville **si**ge det til **no**gen! råbte han **op**hidset med foru**ret**tet **stem**me. ⑫

(UDTALE)

[*16* ... *be-**fi**-b(e)(d)* ***17*** ... ***fO****ɔ:-r(e)-ßdo!(d)* ... ***gu(d)ß**-tjä-n(e)-ßd(e)n* ***18*** ... ***prä(d)**-k(e)n-n(e)n* ... ***22*** ... ***Ob**-hieß-(e)(d)* ... *fOr-u-**rä**-d(e)(d)* ...]

FØRSTE ØVELSE: FORSTÅR DE DISSE SÆTNINGER?

❶ Røgterens Pers resultater i skolen var skuffende. ❷ Folget bestående af skolelæreren, provsten og sognepræsten begav sig afsted til den lille skole. ❸ Drengen bad provsten love ikke at sige noget til nogen. ❹ Sognepræsten udbrød befippet, at drengen ikke vidste noget om bibelshistorie. ❺ Læreren begyndte at overhøre skolebørnene i historie.

14 – Sag mal, weißt du denn überhaupt nichts? brach der Probst zornig aus.
15 – Doch, sagte Per, ich kenne (weiß) ein Vogelnest, aber du mußt versprechen, das niemandem zu sagen (nicht zu sagen das zu jemandem).
16 – Das werde ich schon [nicht], sagte der Probst verwirrt.
17 [Am] nächsten Sonntag leitete der Probst den Gottesdienst.
18 Während der Predigt ging er ein auf [das] (kam er in auf), was er „den traurigen geistigen Zustand (bei) der Schulkinder“ nannte.
19 – Ich befragte unter anderem einen Jungen, erklärte er.
20 Das einzige, was er kannte (wußte), war ein Vogelnest!
21 Per fuhr von seinem Platz hoch.
22 – Du hast versprochen, [daß] du das zu niemandem sagen wirst! rief er erregt mit gekränkter Stimme.

ANMERKUNGEN

⑧ **slet ikke** „gar nicht, überhaupt nicht“, **slet intet/ingenting** „gar nichts, überhaupt nichts“.

⑨ **vred (på/over)** „zornig, wütend (auf/über)“.

⑩ **fugl-en-e** „Vogel“ und **rede-n-r** „Nest“ werden mit einem **e** zu **fuglerede** „Vogelnest“ verbunden.

⑪ **forestod** ist das Präteritum von **forestå** „vorstehen, leiten, verwalten“ (Partizip Perfekt: **forestået**).

⑫ **forurettet** ist das Partizip Perfekt von **forurette** „kränken, benachteiligen, jdm. unrecht tun“. **Ret-ten-ter** „Recht“; **uret-ten-ter** „Unrecht“.

FØRSTE ØVELSES LØSNING: HAR DE FORSTÅET?

❶ Die Erfolge [des] Stallknecht[sohns] Per in der Schule waren enttäuschend. ❷ Die Gruppe (das Gefolge) bestehend aus dem Schullehrer, dem Probst und dem Gemeindepastor begab sich (von Stelle) zu der kleinen Schule. ❸ Der Junge bat den Probst, [zu] versprechen, niemandem etwas zu sagen (nicht zu sagen etwas zu jemandem). ❹ Der Gemeindepastor brach verwirrt aus, daß der Junge nichts (nicht wußte etwas) über die biblische Geschichte wußte. ❺ Der Lehrer begann, die Schulkinder in Geschichte abzuhören.

ANDEN ØVELSE: INDSÆT DE MANGLENDE ORD!

❶ Der Probst äußerte den Wunsch (um), ein üppiges Mahl einzunehmen.

Provsten . . . . at . . . . en solid . . . .

❷ Als Per den Probst über das Vogelnest reden hörte, fuhr er von seinem Platz in der Kirche hoch.

. . Per . . . . . provsten . . . . . . fuglereden, . . . han . . . . plads . kirken.

❸ Das Gesicht des Jungen nahm eine tiefrote Farbe an.

. . . . ansigt . . . . . en dybrød . . . . . .

▶ Syvogfyrretyvende (47.) lektion

Videnskab og snusfornuft ①

1 – **Der** kommer **tank**bilen med **o**lie til **fy**ret. ②

2 Bliv du bare **sidd**ende med din a**vis**. **Jeg** skal **nok** tage mig **af** det. ③

3 – **Det** var **det**! **Sig** mig, **hvor**for har du be**stilt** så meget **o**lie?

UDTALE

[***wie***-*(d)(e)n-ßgä!b* ... ***ßnuß***-*fO-nOofd* **1** ... ***tank***-*bie!-l(e)n* ...]

❹ Vor vielen Jahren stand der Probst dem Gottesdienst vor.

... . år .... provsten gudstjenesten.

❺ Alles, was er kannte (wußte), war ein Vogelnest.

... . han ......, ... fuglerede.

ANDEN ØVELSES LØSNING: DE MANGLENDE ORD.

❶ ytrede ønske om – indtage – frokost ❷ Da – hørte – tale om – for – op fra sin – i ❸ Drengens – antog – farve ❹ For mange – siden forestod ❺ Alt hvad – vidste, var en.

Anden bølge: Gå tilbage til lektion 18!

Siebenundvierzigste Lektion

Wissenschaft und gesunder Menschenverstand

1 – Da kommt der Tankwagen mit [dem] Öl für die Heizung.

2 Bleib du nur sitzen (sitzend) mit deiner Zeitung. Ich werde mich schon darum kümmern.

3 – Das war's! Sag mal, warum hast du soviel Öl bestellt?

ANMERKUNGEN

① **snusfornuft** ist eine Wortschöpfung aus **snus-en** „Schnupftabak" und **fornuft-en** „Vernunft" und bedeutet je nach Kontext „gesunder Menschenverstand, nüchterne Sachlichkeit" oder „Altklugheit".

② **fyr-et-=** „Feuer, Heizung, Ofen" oder auch „Leuchtturm".

③ **tage sig af noget** „sich um etwas kümmern, sich einer Sache annehmen".

4 Det er jo **dob**belt så **me**get, som vi **ple**jer at **bru**ge.

5 – **Vin**teren **teg**ner til at blive **hård** i **år**. ④

6 **Det** sagde **na**boen i **hvert** fald.

7 Vi **stod** og **slu**drede over en **øl** for**le**den, og som sæd**van**lig faldt **ta**len på vores **hu**se.

8 Jeg for**tal**te ham, at jeg havde købt **o**lie til **vin**teren

9 og i **ø**vrigt fået lavet **alt det**, som er nød**ven**digt for at be**skyt**te et **hus** mod **sne** og **kul**de. ⑤

10 **Han** havde ikke fået be**stilt no**get end**nu**. ⑥

11 **Men**, **sag**de han, da **vin**teren **teg**nede til at blive **hård**, måtte han jo hellere **se** at få be**gyndt**.

12 Som meteoro**log** må han jo for**mo**des at vide be**sked** om **den slags**. ⑦

13 Men jeg kunne nu godt tænke mig at **vi**de, hvordan de finder **ud** af **så**dan **no**get. ⑧

(UDTALE)

[***5 win**-dO-rOn* ... ***hOo!r*** ... ***9*** .. ***ku**-l(e)*]

4 Das ist ja doppelt so viel, wie wir sonst brauchen (pflegen zu brauchen).
5 – Der Winter scheint (zeichnet zu) dieses Jahr hart zu werden.
6 Das sagte der Nachbar jedenfalls.
7 Wir (standen und) plauderten neulich bei (über) einem Bier, und wie gewöhnlich kam (fiel) das Gespräch auf unsere Häuser.
8 Ich erzählte ihm, daß ich Öl für den Winter gekauft hatte,
9 und außerdem all das erledigt hatte, was nötig ist, um ein Haus vor Schnee und Kälte zu schützen.
10 Er hatte noch nichts gemacht (bekommen).
11 Aber, sagte er, da der Winter hart zu werden scheint, müsse er ja besser [zu]sehen, daß [er] anfängt.
12 Als Meteorologe sollte er ja vermutlich (vermutet werden zu) Bescheid wissen über diese Dinge.
13 Aber ich würde gern wissen (könnte gut denken mir zu wissen), wie die so etwas herausfinden.

ANMERKUNGEN

④ **tegne** „zeichnen, unterzeichnen" wird in vielen Ausdrücken verwendet, die an das deutsche „sich abzeichnen" erinnern, wie: **Det tegner godt.** „Das verspricht gut zu werden/läßt sich gut an". **Han tegner at blive dygtig.** „Er scheint tüchtig zu werden."

⑤ **fået lavet**: **få** + Partizip Perfekt hat im Wesentlichen zwei Bedeutungen. Wenn das Subjekt die Handlung des Partizips ausführt, bedeutet es „schaffen, erledigen, gelingen": **Han fik renset frakken** „Es gelang ihm, den Mantel zu reinigen." Wird die Handlung nicht durch das Subjekt ausgeführt (manchmal nur am Kontext erkennbar), entspricht das unserem „lassen" oder Passiv: **Han fik renset frakken** „Er ließ den Mantel reinigen/Der Mantel wurde gereinigt."

⑥ **bestille** hat hier die Bedeutung „machen, erledigen". Weiter oben in der Lektion ist Ihnen ja schon die andere Bedeutung „bestellen" begegnet.

⑦ **slags-en-=** „Art, Sorte", kann nicht immer direkt übersetzt werden: **i al slags vejr** „bei jedem Wetter", **folk af samme slags** „Leute eines Schlages". **Nå, du er af den slags.** „So einer bist du also."

⑧ **finde-fandt-fundet** „finden", **finde ud af** „herausfinden".

14 Jeg **tror** **li**ge, jeg **rin**ger ham **op**.

15 – **Du**, **Jen**sen, du sagde for**le**den, da jeg **spur**gte dig, at **vin**teren tegner til at blive **hård i år**.

16 **Sig** mig, hvordan **pok**ker bærer I jer **ad** med at finde **ud** af **så**dan **no**get? ⑨

17 – **Det** skal jeg så**mænd si**ge dig, **kæ**re **na**bo. ⑩

18 Vi stu**de**rer de forskellige be**væ**gelser i **høj**tryk og **lav**tryk, **sam**menligner med statis**tik**ker osv.

19 **Vi** går **me**get viden**ska**beligt til **værks**. **Men**, **ét tegn** er **helt sik**kert. ⑪

20 – Og **hvad** er så **det**?

21 – **Det** er **dig**!

22 Når **na**boen køber **dob**belt så meget **o**lie til **vin**teren som han **ple**jer, så kan **jeg** være **helt sik**ker **på**, at **vin**teren bliver **hård**!

UDTALE

[*16* ... ***bä:**-rOr* ... *17* ... *ßO-**mä!n*** ... *18* ... *ßdu-**de!**-rOr* ... ***hOi**-trök* ... ***lau**-trök* ...]

FØRSTE ØVELSE: FORSTÅR DE DISSE SÆTNINGER?

❶ Han har bestilt dobbelt så meget olie, som han plejer. ❷ Han havde fået lavet alt det, der er nødvendigt. ❸ Vinteren tegnede til at blive hård, så han måtte hellere se at få begyndt. ❹ Naboen må formodes at vide besked, for han er meteorolog. ❺ De går meget videnskabeligt til værks, men regner dog med sikre tegn.

14 Ich glaube (gleich), ich rufe ihn an.
15 – Du, Jensen, du sagtest neulich, als ich dich fragte, daß der Winter dieses Jahr hart zu werden scheint.
16 Sag mal, wie zum Teufel macht ihr das, so etwas herauszufinden?
17 – Das werde ich dir (schon) sagen, lieber Nachbar.
18 Wir studieren die unterschiedlichen Bewegungen in Hochdruck und Tiefdruck, vergleichen sie mit Statistiken usw.
19 Wir gehen sehr wissenschaftlich vor (zu Werks). Aber ein Zeichen ist ganz sicher.
20 – Und was ist das?
21 – Das bist du!
22 Wenn der Nachbar doppelt so viel Öl für den Winter kauft wie sonst (wie er pflegt), dann kann ich ganz sicher (auf) sein, daß der Winter hart wird!

ANMERKUNGEN

⑨ **bære-bar-båret** „tragen", **bære sig ad** „machen, verfahren, sich benehmen, vorgehen, sich anstellen". **Han bærer sig dumt ad** „Er stellt sich dumm an".

⑩ **såmænd** „eigentlich, schon, wirklich".

⑪ **værk-et-er** „Werk" (in allen Bedeutungen). **gå til værks** „vorgehen, zu Werke gehen".

FØRSTE ØVELSES LØSNING: HAR DE FORSTÅET?

❶ Er hat doppelt so viel Öl bestellt wie sonst. ❷ Er hatte all das erledigt (bekommen gemacht), was (das) notwendig ist. ❸ Der Winter schien (zeichnete zu) hart zu werden, deshalb mußte er besser [zu]sehen, daß er anfing (zu bekommen angefangen). ❹ [Vom] Nachbarn muß vermutet werden, daß [er] Bescheid weiß, denn er ist Meteorologe. ❺ Sie gehen sehr wissenschaftlich vor (zu Werks), aber rechnen doch mit sicheren Zeichen.

ANDEN ØVELSE: INDSÆT DE MANGLENDE ORD!

❶ Wie gewöhnlich kam (fiel) das Gespräch auf ihre Häuser.

Som . . . . talen . . . . huse.

❷ Warum hat der Nachbar doppelt so viel Öl gekauft wie sonst?

Hvorfor . . . . købt . . . . olie, . . . han . . . . . . ?

❸ Ich bin ganz sicher (auf), daß der Winter hart zu werden scheint (zeichnet).

Jeg er . . . . , . . vinteren . . . . hård.

❹ Ich pflege sehr wissenschaftlich vorzugehen.

Jeg . . . . . . , at . . . . videnskabeligt . . . .

▶ Otteogfyrretyvende (48.) lektion

En ærlig tyv

1 – **Nå**, **her** arbejdes nok på **høj**tryk! ①

2 – **Ja**, det **gæl**der om at hænge **i**! Og der er **nok** at **se** til: ②③

UDTALE

[... ***tü!(u)* 1** ... ***hOi***-*trög*]

ANMERKUNGEN

① **her arbejdes** „hier wird gearbeitet“. Zur Passivbildung mit -**s** finden Sie mehr in Lektion 49.

❺ Ich glaube, daß er sich dessen (das) annehmen wird.

Jeg .... , at han ....

ANDEN ØVELSES LØSNING: DE MANGLENDE ORD.

❶ sædvanlig faldt – på deres ❷ har naboen – dobbelt så meget – som – plejer ❸ helt sikker på, at – tegner til at blive ❹ plejer – gå meget – til værks ❺ tror – tager sig af det.

Noch ein paar Worte zum effektiven Lernen: Seien Sie aktiv. Arbeiten Sie die Übungen nicht nur mechanisch ab, sondern seien Sie neugierig auf die Sprache. Überprüfen Sie Ihren Lernerfolg. Was klappt schon gut? Wo gibt es noch Probleme? Was vergessen Sie immer wieder? Übrigens, lassen Sie sich nicht von Fehlern frustrieren. Fehler sind nicht nur völlig normal, sie zeigen Ihnen auch, woran Sie noch arbeiten müssen, denn schließlich sind Sie ja ihr eigener Lehrer.

Anden bølge: Gå tilbage til lektion 19!

Achtundvierzigste Lektion

Ein ehrlicher Dieb

1 – Na, hier wird aber mit Hochdruck gearbeitet!
2 – Ja, es gilt sich anzustrengen (hineinzuhängen)! Und es gibt genug zu tun:

ANMERKUNGEN

② **hænge-hang/hængte-hængt** „hängen". Das Präteritum **hang** wird wie im Deutschen intransitiv (ohne Objekt, „hing") verwendet: **Billedet hang på væggen.** „Das Bild hing an der Wand", und **hængte** transitiv (mit Objekt, „hängte"): **Han hængte billedet på væggen.** „Er hängte das Bild an die Wand". **Hænge i** bedeutet „sich anstrengen, fleißig sein, sich reinhängen".

③ **se til** „zusehen, sich kümmern um".

3 **gul**vet skal **va**skes og **bo**nes, **tæp**perne skal **ban**kes,
4 **stø**vet skal tørres **af**, **sølv**tøjet skal **pud**ses, **mø**blerne skal **støv**suges. ④
5 **Vin**duerne **or**ker jeg **ik**ke at tage **selv**, så **dem** får jeg **pud**set af et **ren**gøringsselskab. ⑤
6 – Har du **hørt**, at **Han**sen har fået **stjå**let sin **bil** i **nat**?
7 – **Nej**. Er den blevet **fun**det i**gen**?
8 – **Ik**ke end**nu**. **Ti**den er af **la**ve! ⑥
9 – **Små slag igen**. Tyve**ri**er har der **al**tid **vær**et.
10 Jeg **hus**ker fra min **barn**dom på **lan**det,
11 at der en**gang** blev be**gå**et **ind**brud på en **gård**, der **lå midt in**de i **lands**byen.
12 **Al**le var **stærkt op**hidsede.
13 **Ik**ke så meget over **det**, der var blevet **stjå**let, **selv** om det var **man**ge **pen**ge,
14 som **o**ver at der over**ho**vedet kunne **fo**rekomme **ind**brud.
15 Det var et **o**vergreb, ikke så meget på **lo**ven, som på **sel**ve vores **livs**syn.

UDTALE

[*4 ... **ßÖl**-tOi!-j(e)(d) ... **ßdö(u)**-ßu:-(e)ß* **5** ***win**-du-Or-n(e) ... **rin**-gÖ-ringß-ßäl-ßgå!b* **10** *... **barn**-dOm ...* **11** *... **in**-bru!(d) ... **lanß**-bü!-(e)n* **14** *... O-(u)Or-**ho:**-(d)(e)d ...* **15** *... **O**-(u)Or-gre!b ... **li(u)ß**-ßü!n*]

3 Der Boden muß gewischt und gebohnert werden, die Teppiche müssen geklopft werden,
4 es muß staubgewischt werden, das Silber(zeug) muß geputzt werden, die Möbel müssen staubgesaugt werden.
5 Die Fenster schaffe ich nicht selbst zu machen (nehmen), deshalb lasse ich die von einer Reinigungsfirma (-gesellschaft) putzen.
6 – Hast du gehört, daß Hansen heute Nacht sein Auto gestohlen wurde (hat bekommen gestohlen)?
7 – Nein. Ist es wiedergefunden worden?
8 – Noch nicht. Die Zeit ist aus den Fugen geraten!
9 – Nun mal langsam (kleine Schläge wieder)! Diebstähle hat es doch immer gegeben (gewesen).
10 Ich erinnere [mich] aus meiner Kindheit auf dem Lande,
11 daß da einmal ein Einbruch auf einem Hof begangen wurde, der mittendrin im Dorf lag.
12 Alle waren sehr aufgeregt.
13 Nicht so sehr über das, was gestohlen wurde, obwohl es viel Geld war,
14 wie darüber, daß dort überhaupt [ein] Einbruch passieren konnte.
15 Das war ein Angriff (Übergriff), nicht so sehr auf das Gesetz, sondern (wie) auf unsere ureigene Lebensauffassung.

ANMERKUNGEN

④ **støv-et** „Staub", **suge** „saugen", **Støvsuger-en-e** „Staubsauger". **tørre** „trocknen", **tørre af** „abtrocken, abwischen (Staub, Schweiß), abtreten (Schuhe)".

⑤ **selskab-et-er** „Gesellschaft, Firma". Das Kürzel **a/s** oder **AS** bedeutet übrigens **aktieselskab** „Aktiengesellschaft, AG".

⑥ **af lave** „in Unordnung" **gå af lave** „aus den Fugen geraten", **i lave** „in Ordnung", **bringe i lave** „einrenken, in Ordnung bringen".

16 – Blev **ty**ven **fan**get?

17 – Både **ja** og **nej**! Han **kom** og **mel**dte sig **selv** til **bon**den. ⑦

18 Han sagde så**gar und**skyld og **af**leverede **nog**le af **peng**ene til**ba**ge!

19 De **an**dre havde han **brugt**.

20 Det var en **fat**tig, lidt en**fol**dig **fyr**, der havde **gjort** det. ⑧

21 Han skulle til bal om **lør**dagen og havde **ik**ke nogen **pen**ge!

22 Da han **vid**ste, **bon**den havde **no**gen **lig**gende i sin **skri**vebordsskuffe, **ja** sågik han **ind** for at „**lå**ne" **no**gen.

23 Og da han **ik**ke **brug**te dem **al**le **sam**men, **ja** så **kom** han **man**dag **mor**gen og **af**leverede **res**ten.

24 **Dem**, han havde **brugt**, **til**bød han at betale til**ba**ge

25 ved at **ar**bejde **gra**tis for **bon**den – **mod kost** og lo**gi**! ⑨

UDTALE

[*17 ... **bOo**-n(e)n **18** ... ßO-**ga!r** ... **20** ... en-**fOl**-die ... **22** ... **ßgrie**:-w(e)-bo!r-ßgOo-f(e) ... **23** ... **au**-le-we!-r(e)-(d)(e) ... **25** ... lo-**ßjie!***]

FØRSTE ØVELSE: FORSTÅR DE DISSE SÆTNINGER?

❶ Bonden var meget ophidset over det forekomne indbrud. ❷ Det var mange penge, der var blevet stjålet. ❸ Jeg husker, at fyren tilbød at betale pengene tilbage. ❹ Tyven blev fanget, men bilen blev ikke fundet igen. ❺ Jeg støvsuger gerne, men jeg orker ikke at tage sølvtøjet selv.

16 – Wurde der Dieb gefangen?
17 – (Beide) ja und nein! Er kam und meldete sich selbst beim Bauern.
18 Er entschuldigte sich sogar (sagte Entschuldigung) und gab etwas von dem Geld zurück!
19 Das andere hatte er verbraucht.
20 Das war ein armer, etwas einfältiger Kerl, der das getan hatte.
21 Er wollte am Samstag auf [einen] Ball und hatte kein Geld!
22 Da er wußte, daß der Bauer etwas in seiner Schreibtischschublade liegen hatte, ja, da ging er hinein, um sich etwas zu „leihen".
23 Und weil er nicht alles (zusammen) gebraucht hatte, ja, da kam er Montagmorgen und lieferte den Rest ab.
24 Das, [was] er verbraucht hatte, bot er an zurückzubezahlen,
25 indem [er] umsonst für den Bauern arbeiten [wollte] – gegen Kost und Logis!

ANMERKUNGEN

⑦ **både ... og** „sowohl als auch, ja und nein" („weder noch": **hverken ... eller**).

⑧ **fyr-en-e** „Kerl, Typ, Bursche", nicht zu verwechseln mit **fyr-et** „Feuer".

⑨ **ved at** + Infinitiv läßt sich oft am besten mit „durch" oder „indem" übersetzen. Nicht zu verwechseln mit **være ved at** „dabei sein, etwas zu tun" (Vgl. Lektion 42).

FØRSTE ØVELSES LØSNING: HAR DE FORSTÅET?

❶ Der Bauer war sehr aufgeregt über den (vorgekommenen) Einbruch. ❷ Es war viel Geld, das gestohlen worden war. ❸ Ich erinnere [mich], daß der Typ anbot, das Geld zurückzubezahlen. ❹ Der Dieb wurde gefangen, aber das Auto wurde nicht wiedergefunden. ❺ Ich sauge gern Staub, aber ich schaffe es nicht, das Silber(zeug) selbst zu machen (nehmen).

ANDEN ØVELSE: INDSÆT DE MANGLENDE ORD!

❶ Sie läßt die Fenster von einer Reinigungsfirma putzen.

Hun . . . vinduerne . . . . et rengøringsselskab.

❷ Der Bauer hatte kein Geld in seiner Schreibtischschublade liegen.

Bonden havde . . . . penge . . . . skrivebordsskuffe.

❸ Ihm wurde mittendrin in unserem Dorf sein Auto gestohlen.

Han . . . . sin bil . . . . vores landsby.

❹ Warum sagte der Bauer, daß die Zeit aus den Fugen [geraten] war?

Hvorfor . . . . , at . . . . . var . . . . . . ?

▶ Niogfyrretyvende (49.) lektion

Oversigt og anmærkninger

1. Zahlen (Fortsetzung)

Lesen Sie zunächst noch einmal Abschnitt 5 der Lektion 14, wo Sie ja schon die Zahlen bis 20 gelernt haben.
So geht es jetzt ab 30 weiter:

	Grundzahlen	Ordnungszahlen
30	**tredive** [*trä́(d)-w(e)*]	**tredivte** [*trä(d)-fd(e)*]
40	**fyrre** [*fÖ-r(e)*]	**fyrretyvende** [*fÖ-r(e)-tü:-w(e)-n(e)*]
50	**halvtreds** [*hä!l-träß*]	**halvtredsindstyvende** [*hä!l-träß-inß-tü:-w(e)-n(e)*]

❺ Der Boden muß gebohnert werden, das Silber muß geputzt werden, aber ich schaffe das nicht.

Gulvet ...., sølvtøjet ...., men jeg ..... det .....

ANDEN ØVELSES LØSNING: DE MANGLENDE ORD.

❶ får – pudset af ❷ ikke nogen – liggende i sin ❸ har fået stjålet – midt inde i ❹ sagde bonden – tiden – af lave ❺ skal bones – skal pudses – orker – ikke.

Anden bølge: Gå tilbage til lektion 20!

Neunundvierzigste Lektion

60	**tres** [*träß*]	**tresindstyvende** [***träß**-inß-tü:-w(e)-n(e)*]
70	**halvfjerds** [*hå!l-**fjä!rß***]	**halvfjerdsindstyvende** [*hå!l-**fjä!rß**-inß-tü:-w(e)-n(e)*]
80	**firs** [***fie!rß***]	**firsindstyvende** [***fie!rß**-inß-tü:-w(e)-n(e)*]
90	**halvfems** [*hå!l-**fä!mß***]	**halvfemsindstyvende** [*hå!l-**fä!mß**-inß-tü:-w(e)-n(e)*]
100	**(et) hundrede** [*(**ed**)-**hun**-r(e)-(d)(e)*]	**hundrede**
101	**(et) hundrede og en/et**	**hundrede og første**

1.000	**(et) tusind(e)**	**tusinde**
	[*tu!-ßin(e)*]	
1.001	**(et) tusind(e) og en/et**	**tusinde og første**
2.000	**to tusind(e)**	**to tusinde**
1.000.000	**en million**	**millionte**
	[*mie-lie-**o!n***]	[*mie-lie-**o!n**-d(e)*]
1.000.000.000	**en milliard**	**milliardte**
	[*mie-lie-**a!rd***]	[*mie-lie-**a!r**-d(e)*]

Fyrre (40) ist die Abkürzung von **fyrretyve**, daher auch die Ordnungszahl **fyrretyvende**. Das gleiche gilt für **halvtreds(indstyve)**, **tres(indstyve)**, **halvfjerds(indstyve)**, **firs(indstyve)**, **halvfems(indstyve)**. Das System erscheint zunächst etwas verwirrend, läßt sich aber erklären. Die Zahlen von 50-90 werden gewissermaßen errechnet, und zwar auf der Basis von 20. **Tre sinds tyve**, abgekürzt zu **tres**, bedeutet wörtlich: „drei mal zwanzig" (**sind** ist ein alter skandinavischer Ausdruck für „mal", heute verwendet man statt dessen **gange**).

Bleibt noch der Vorsatz **halv**- zu erklären: Dahinter steht ein ähnlicher Gedankengang wie bei der Uhrzeit. Wenn man zu 5 Uhr 30 **halv seks** sagt, zieht man damit ja die fehlende halbe Stunde von der darauffolgenden vollen Zahl ab. Ebenso wird bei 50, 70, 90 die fehlende halbe Zwanzig von der darauffolgenden Zahl mit **halv**- abgezogen, also **halvtreds** (drei mal zwanzig minus halb(zwanzig)): „50".

Wenn Ihnen dieses System zu kompliziert erscheint, können Sie die Zahlen aber auch einfach so nehmen und lernen, wie sie nun mal heißen.

Übrigens: „hundert" und „tausend" sind **et**-Wörter, aber ab „eine Million" heißt es immer **en**: **en million**, **en milliard**, **en billion** usw.

2. Passiv (Leideform)

Das Passiv wird recht häufig verwendet, besonders bei einem unbestimmten Subjekt.

> **Der må ikke ryges.**
> „Hier darf nicht geraucht werden".
>
> **Hushjælp søges.**
> „Haushaltshilfe (wird) gesucht".

Wenn ein Objekt vorkommt, wird es mit **af** angeschlossen:

Hans elskes af Grethe.
„Hans wird von Grethe geliebt".

In den vergangenen Lektionen haben Sie ja schon viele Passiv-Sätze gesehen. Ist Ihnen dabei aufgefallen, daß es eine einfache und eine zusammengesetzte Form des Passivs gibt?

Passiv auf -(e)s – einfache Form

Bei der einfachen Form wird **-(e)s** an die Aktivform angehängt, im Präsens fällt dabei das **-r** weg. Das einfache Passiv kann nur im Infinitiv, Präsens und Präteritum verwendet werden:

	aktiv	passiv
Infinitiv:	**købe** „kaufen"	**købes** „gekauft werden"
Präsens:	**Han køber**... „Er kauft..."	**Huset købes.** „Das Haus wird gekauft."
Präteritum:	**Han købte**... „Er kaufte..."	**Huset købtes.** „Das Haus wurde gekauft."

Passiv mit blive + Partizip Perfekt – zusammengesetzte Form

Diese Form, die dem deutschen Passiv (werden + Partizip Perfekt) entspricht, kann in allen Zeiten verwendet werden:

Infinitiv:	**blive gjort**	„gemacht werden";
Präsens:	**bliver gjort**	„wird gemacht";
Präteritum:	**blev gjort**	„wurde gemacht";
Perfekt:	**er blevet gjort**	„ist gemacht worden";
Plusquamperfekt:	**var blevet gjort**	„war gemacht worden";
Futur:	**vil blive gjort**	„wird gemacht werden".

Im Infinitiv, Präsens und Präteritum hat man also die Wahl zwischen dem einfachen und dem zusammengesetzten Passiv. Das Passiv auf **-s** wird meistens zur Bezeichnung eines Zustandes oder wiederholter Handlungen verwendet, während das Passiv mit **blive** einzelne abgeschlossene Handlungen bezeichnet:

Der drikkes meget øl i Danmark.
„In Dänemark wird viel Bier getrunken."

Der blev drukket meget øl i går aftes.
„Gestern abend wurde viel Bier getrunken."

3. Verben mit der Endung -s

Das -**s** am Ende eines Verbs ist im Infinitiv, Präsens und Präteritum oft ein Passivkennzeichen. Im Deutschen kann diese Form häufig mit „man" wiedergegeben werden:

Der snakkes om vind og vejr.
„Man redet über Wind und Wetter."

Es gibt aber auf Verben auf -**s**, die eine aktive Bedeutung haben, die sogenannten Deponentien. Dazu gehören persönliche Ausdrücke wie:

jeg synes „ich finde",
jeg mindes „ich erinnere",

oder unpersönliche wie:

Det lykkedes mig. „Es gelang mir".

Eine dritte Gruppe von Verben mit -**s** sind Verben, die – wie **mødes** „sich treffen" – wechsel- bzw. gegenseitige Handlungen ausdrücken:

Jeg møder ham. „Ich treffe ihn",
aber **Vi mødes.** „Wir treffen uns."

Ebenso **ses** „sich sehen", **slås** „sich schlagen", **giftes** „sich heiraten" usw.

4. Konjunktionen (Bindewörter)

Man unterscheidet nebenordnende Konjunktionen und unterordnende Konjunktionen. Nebenordnende Konjunktionen wie **og** „und", **eller** „oder", **men** „aber", **for** „denn" usw. verbinden gleichrangige Elemente (Wörter, Wortgruppen, Nebensätze, Hauptsätze). Unterordnende Konjunktionen wie **at** „daß", **når** „wenn", **som** „wie", **mens** „während" usw. leiten einen Nebensatz ein.
Anders als im Deutschen ist die Wortstellung in Haupt- und Nebensatz annähernd gleich. Das Verb steht im Nebensatz nicht hinten. Eine Besonderheit besteht allerdings bei den Adverbien. Satzadverbien, die den ganzen Satz verneinend, bezweifelnd, bejahend usw. modifizieren (**ikke** „nicht", **aldrig** „nie", **tit** „oft", **sikkert** „sicher", **nemlig** „nämlich" usw.), stehen im Hauptsatz normalerweise nach dem Verb und im Nebensatz vor dem Verb:

Han kommer ikke/tit/sikkert med i biografen.
„Er kommt nicht/oft/sicher mit ins Kino."

Han sagde, at han ikke/tit/sikkert kommer med i biografen. „Er sagt, daß er nicht/oft/sicher mit ins Kino kommt".

Temporale Konjunktionen da und når (Zeitkonjunktionen)

Die Zeitkonjunktionen **da** und **når** sind nicht austauschbar. **Da** wird für einmalige Ereignisse verwendet und entspricht in der Regel dem deutschen „als":

Da hun kom hjem, var brevet forsvundet.
„Als sie nach Hause kam, war der Brief verschwunden."

Når wird für generelle Aussagen oder wiederholte Ereignisse verwendet und entspricht meistens „wenn":

Når hun kommer hjem, læser hun avisen.
„Wenn sie nach Hause kommt, liest sie die Zeitung."

5. Partizip Präsens und Partizip Perfekt

Partizip Präsens

Das Partizip Präsens (vgl. Lektion 28) wird häufig als unveränderliches Adjektiv verwendet:

En charmerende dame
„eine charmante Dame";

De sovende børn
„die schlafenden Kinder."

Das Partizip Präsens kann auch als Substantiv verwendet werden, allerdings läßt sich dabei der bestimmte Artikel nicht ans Wortende anhängen:

en studerende „ein Student";
den studerende „der Student".

Komme, **blive** und **have** können eine Verbindung mit dem Partizip Präsens eingehen, die im Deutschen mit Infinitiv oder Partizip Perfekt wiedergegeben wird:

Hunden kom løbende.
„Der Hund kam gelaufen (laufend)."

Han blev stående.
„Er blieb stehen (stehend)".

Han har penge liggende i skuffen.
„Er hat Geld in der Schublade liegen (liegend)".

Partizip Perfekt

Auch das Partizip Perfekt wird als Adjektiv verwendet. Im Unterschied zum Partizip Präsens ist es jedoch nicht unveränderlich, sondern es wird dekliniert. Erinnern Sie sich an den Satz **... ophidsede, men velvalgte ord**. aus Lektion 31? Die Partizipien **ophidset** und **velvalgt** erhalten hier die Plural-Endung **-e**. Wenn dem Endungs-**t** ein unbetontes **-e** vorausgeht, wie in **ophidset**, wird aus dem **-t** in der bestimmten Singular- und der Pluralform ein **-d**:

et ophidset barn „ein aufgeregtes Kind",
det ophidsede barn ‚das aufgeregte Kind",
ophidsede børn „aufgeregte Kinder".

Viele starke Verben ersetzen das **-(e)t** in der bestimmten und der Pluralform durch **-ne**:

et forsvundet brev „ein verschwundener Brief",
det forsvundne brev „der verschwundene Brief",
i længst forsvundne dage „an längst vergangenen Tagen".

6. Reden, denken, fühlen

Zum Schluß noch einige wichtige Verben mit feinen Unterschieden:

Halvtredsindstyvende (50.) Lektion

På posthuset

1 **Klok**ken er **kvart** over **ot**te, men **kø**en foran **Nør**rebros **posthus** er **al**lerede **lang**.

2 **Folk ven**ter på, at det skal **åb**ne klokken **halv ni**,

UDTALE

[*1 ... kÖ!-(e)n ... nÖ-r(e)-bro!ß ...*]

tale „reden, sprechen“,
snakke „sich unterhalten, plaudern“,
sludre „plaudern, schwatzen, plappern“.

Die entsprechenden Substantive heißen:

tale-n-r „Sprache, Rede, Sprechen“,
snak-ket „Gespräch, Gerede, Unsinn“ und
sludder-en „Schwatz, Quatsch, Gewäsch“.

tænke „denken“, **tro** „glauben“,
synes „finden, meinen“, **mene** „meinen“.

Die entsprechenden Substantive heißen:

tanke-n-r „Gedanke“, **tro-en** „Glaube“,
syn-et „Auffassung, Ansicht“
(**synspunkt-et-er** „Gesichtspunkt“),
mening-en-er „Meinung“.

føle „fühlen“, **opleve** „erleben“.

Die entsprechenden Substantive heißen:

følelse-n-r „Gefühl, Empfindung“,
oplevelse-n-r „Erlebnis“.

Anden bølge: Gå tilbage til lektion 21!

Fünfzigste Lektion

Auf der Post

1 Es ist Viertel nach acht, aber die Schlange vor Nørrebros Postamt (Posthaus) ist schon lang.

2 Die Leute warten darauf, daß es um halb neun öffnet,

3 så de kan **nå** at få betalt **hus**lejer, tele**fon**-regninger, **gas**- og **var**meregninger, **før** de skal på **ar**bejde. ①②

4 **Nog**le skal have frankeret **vig**tige **bre**ve.

5 **An**dre **står** med **sto**re **gu**le konvo**lut**ter, de skal have **sendt an**befalet.

6 **Li**ne **står** der **og**så. **Hun** har **god tid**. **Hun** er **fol**kepensionist.

7 **Det** har hun nu **vær**et i **fle**re **år**. Hendes **mand dø**de for **tre år si**den.

8 **Bør**nene er for **læng**st over **al**le **bjer**ge og kommer **sjæl**dent **hjem** og be**sø**ger hende.

9 **Li**ne har **al**tid været **me**get **ak**tiv,

10 så hun **ke**der sig **no**get så guds**jam**merligt i **week**enderne, hvor **alt** er **luk**ket.

11 Hun har **prø**vet at **kom**me i **æl**dreklubben, men **det** er be**stemt ik**ke **no**get for **hen**de.

12 De **snak**ker jo **kun** om **gam**le dage der**hen**ne!

13 **Nej**, så **hel**lere sidde og **ke**de sig med **an**stand. ③

14 Der **er** jo **og**så **no**get, der hedder **bø**ger! **Li**ne er en **flit**tig **gæst** på biblio**te**ket.

15 Men når det bliver **man**dag, **kri**bler og **kra**bler det i hende for at komme **ud** blandt **rig**tige **men**nesker. ④⑤

UDTALE

[*3 ... **hus**-la-jOr te-le-**fo!n**-ra-ne-ngOr ... war-m(e)- rai-ne-ngOr ... 4 ... frang-**ke!**-r(e)(d) ... 5 ... kOn-wo-**lu**-dOr ... 10 ... gu!(d)ß-**jam**-Or-liet ... 11 ... **el**-dr(e)-klu-b(e)n ... 14 ... **flie**-tie ... 15 ... **krieb**-lOr ...*]

ANMERKUNGEN

① **nå** „(rechtzeitig) schaffen/erreichen, gelingen". **Han når det ikke** „Er schafft es nicht/Er kommt zu spät".

② **husleje-n-r** (wörtlich: „Hausmiete") beinhaltet auch „Wohnungs- oder Zimmermiete".

3 damit sie es schaffen (zu bekommen bezahlt), Miete (Hausmiete), Telefonrechnungen, Gas- und Heizungsrechnungen zu bezahlen, bevor sie zur Arbeit müssen.

4 Einige wollen (haben frankiert) wichtige Briefe frankieren lassen.

5 Andere stehen [da] mit großen gelben Umschlägen, [die] sie [als] Einschreiben versendet haben wollen.

6 Line steht auch da. Sie hat viel (gut) Zeit. Sie ist Rentnerin.

7 Das ist sie nun seit mehreren Jahren. Ihr Mann starb vor drei Jahren.

8 Die Kinder sind längst über alle Berge und kommen selten nach Hause, um sie zu besuchen.

9 Line ist immer sehr aktiv gewesen,

10 deshalb langweilt sie sich so gotterbärmlich an den Wochenenden, wenn alles geschlossen ist.

11 Sie hat [es im] (versucht zu kommen) Seniorenclub versucht, aber das ist wirklich (entschieden) nichts für sie.

12 Die reden dort ja nur von alten Zeiten (Tagen)!

13 Nein, dann lieber rumsitzen und sich mit Würde langweilen.

14 Es gibt ja auch so was wie Bücher, (das heißt Bücher)! Line ist eine fleißige Besucherin (Gast) (auf) der Bibliothek.

15 Aber wenn es Montag wird, kribbelt (und krabbelt) es in ihr, rauszukommen, unter richtige Menschen.

ANMERKUNGEN

③ **anstand-en** „Anstand, Würde": Auch im Dänischen gibt es übrigens die **anstandsdame** „Anstandsdame".

④ **krible** „kribbeln", **krable** kann ebenfalls „kribbeln" bedeuten, aber auch „krabbeln, kriechen" (Babies, Insekten), hierfür wird allerdings häufiger **kravle** [*krau-l(e)*] verwendet.

⑤ **bland** „unter", wichtig ist auch: **bland andet** abgekürzt **bl. a.** „unter anderem, u.a.".

16 I **dag** skal hun **blot kø**be et par **fri**mærker. Og **så** skal hun be**ta**le sin **hus**leje.

17 **Det** gør hun som **al**tid på en **gi**roblanket, hun **selv ud**fylder.

18 **Først** har hun været i **ban**ken for at hæve **pen**ge på sin **bank**bog.

19 Der **står** ikke **me**get på den, men dog **nok** til at hun **ik**ke lider **nød**.

20 **Fol**kepensionen er **ik**ke **stor**, men **Li**ne og hendes **mand** var spar**som**melige

21 og havde lagt lidt **pen**ge til **si**de til deres **gam**le **da**ge.

22 **En**delig bliver der lukket **op** og **folk fa**rer **ind**. ⑥

23 **Li**ne **stil**ler sig **ba**gest i **kø**en. **Hun** har jo **ik**ke **no**get, der **ha**ster.

24 Da det bliver **hen**des **tur**, **læg**ger hun sin **ud**fyldte **gi**roblanket på **dis**ken.

25 – God**dag**, fru **Lar**sen, siger ekspedi**en**ten og **smi**ler **ven**ligt. ⑦

26 **Så** er det den **før**ste i**gen**. **De** risikerer **al**drig at komme **ba**gud med **no**get! ⑧

27 – **Det** skal jeg **si**ge Dem, **un**ge **mand**.

28 Jeg har **he**le mit **liv** be**stræbt** mig **på** at **sva**re en**hver sit**. Til **ti**den! ⑨

UDTALE

[*17 ... ßjie:-ro-blang-käd ... 20 fOl-g(e)-pang-ßjo!-n(e)n ... ßbar-ßO-m(e)-lie:-j(e) ... 23 ... bå!-j(e)ßd ... 26 ... bå!i-u!(d) ...*]

16 Heute will sie nur ein paar Briefmarken kaufen. Und dann muß sie ihre Miete bezahlen.
17 Das macht sie wie immer mit einem Giroformblatt, [das] sie selbst ausfüllt.
18 Zuerst ist sie auf der Bank gewesen, um Geld von (auf) ihrem Sparbuch abzuheben.
19 Da ist (steht) nicht viel drauf, aber doch genug (zu), daß sie nicht Not leidet.
20 Die Rente ist nicht groß, aber Line und ihr Mann waren sparsam
21 und hatten ein wenig Geld zur Seite gelegt für ihre alten Tage.
22 Endlich wird aufgeschlossen, und die Leute stürmen hinein.
23 Line stellt sich ganz hinten (hinterst) an die Schlange. Sie hat ja nichts, was eilt.
24 Als sie drankommt (es ihre Tour wird), legt sie ihr ausgefülltes Giroformblatt auf den Tresen.
25 – Guten Tag, Frau Larsen, sagt der Schalterbeamte und lächelt freundlich.
26 Dann haben wir (ist es) wieder den Ersten. Sie riskieren nie, mit etwas in Verzug zu geraten (kommen)!
27 – Das kann ich Ihnen sagen, junger Mann.
28 Ich habe mich mein ganzes Leben darum bemüht, jedem das seine zu zahlen. Pünktlich (zu der Zeit)!

ANMERKUNGEN

⑥ **lukke** „schließen“, **lukke op** „aufschließen“.

⑦ **ekspedient-en-er** kann sowohl „Schalterbeamter“ als auch „Verkäufer“ heißen. Dazu gibt es auch ein vielseitiges Verb: **ekspedere** „abfertigen, abschicken, bedienen“ (Kunden), „ausführen“ (Anweisung/Befehl).

⑧ **bagud** „hinten, zurück, nachträglich, im Rückstand“ kann sowohl zeitliche als auch räumliche Bedeutung haben.

⑨ **Til tiden** „pünktlich, rechtzeitig“, aber **til tider** „zuweilen, zeitweise, dann und wann“.

FØRSTE ØVELSE: FORSTÅR DE DISSE SÆTNINGER?

❶ Folk venter på at posthuset skal åbne klokken halv ni. ❷ Hun keder sig i ældreklubben, fordi de altid snakker om gamle dage derhenne. ❸ Line betaler sin husleje på en giroblanket, hun selv udfylder. ❹ Han er en flittig gæst på biblioteket og keder sig med anstand. ❺ De kan nå at få betalt telefonregningen, før de skal på arbejde.

ANDEN ØVELSE: INDSÆT DE MANGLENDE ORD!

❶ Ihre Kinder, die längst über alle Berge sind, kommen selten nach Hause.

. . . . . . børn, ... længst er . . . . bjerge, ... sjælent . . . . .

❷ Da ist (steht) nicht viel Geld auf ihrem Sparbuch.

. . . . ikke . . . . . penge . . . . bankbog.

❸ Jensen hatte Geld zur Seite gelegt für seine alten Tage.

Jensen . . . . penge . . . . til . . . . gamle dage.

❹ Er hat sich darum (auf) bemüht, rechtzeitig jedem das Seine zu zahlen.

Han har . . . . sig . . , . . svare . . . . tiden.

❺ Sie langweilt sich (etwas) so gotterbärmlich im Seniorenclub.

Hun . . . . . sig . . . . gudsjammerligt . ældreklubben.

FØRSTE ØVELSES LØSNING: HAR DE FORSTÅET?

❶ [Die] Leute warten darauf, daß das Postamt [um] halb neun öffnen wird. ❷ Sie langweilt sich im Seniorenclub, weil die dort immer über alte Zeiten (Tage) reden. ❸ Line bezahlt ihre (Haus)Miete mit (auf) einem Giroformblatt, [das] sie selbst ausfüllt. ❹ Er ist ein fleißiger Besucher (auf) der Bibliothek und langweilt sich mit Würde. ❺ Sie können es schaffen, die Telefonrechnung zu bezahlen (bekommen bezahlt), bevor sie zur Arbeit müssen.

ANDEN ØVELSES LØSNING: DE MANGLENDE ORD.

❶ Hendes – der for – over alle – kommer – hjem ❷ Der står – mange – på hendes ❸ havde lagt – til side – sine ❹ bestræbt – på, at – enhver sit til ❺ keder – noget så – i.

Anden bølge: Gå tilbage til lektion 22!

Enoghalvtredsindstyvende (51.) lektion

I banken

1 **Før** hun gik på **post**huset, havde **Li**ne været i **ban**ken.

2 Hun skulle hæve **pen**ge på sin **bank**bog.

3 **Fo**ran hende i **kø**en **stod** en **frem**medartet **ud**seende **mand**.

4 **Li**ne **tæn**kte ved sig **selv**, at det **nok** måtte være en **ind**vandrer, for det var **sjæl**dent, der kom tu**ris**ter i **hen**des lille **bank**.

5 **Kø**en rykkede **lang**somt **frem**,

6 for **kas**sedamen var **ret** så snak**sa**lig og havde **al**tid en **mun**ter be**mær**kning til **o**vers for **kun**derne. ①②

7 **En**delig blev det da **man**den foran **Li**nes **tur**.

8 Han viste sig at være hverken **ind**vandrer eller tu**rist**.

9 Han kunne heller ikke **man**ge **ord** på **dansk**.

10 Og da **kas**sedamen **hver**ken kunne **en**gelsk, **tysk** eller **fransk**,

11 **til**bød **Li**ne at træde **til** som **tolk**. ③

12 Hun havde i **sin tid** lært lidt **sprog** på **af**tenskole

13 og **si**den for**søgt** at holde det ved **li**ge, så **godt** hun nu **kun**ne. ④

14 – Han vil **veks**le **pen**ge, for**kla**rede hun **kas**sedamen. **Ti tu**sind **kro**ner.

UDTALE

*[2 ... **bank**-bOo(u) 3 ... **frä**-m(e)(d)-ar-d(e)(d) **u(d)**-ße!-(e)n(e) ... 4 ... **in**-wa!n-drOr ... 14 ... **wäkß**-l(e) ... **tie tu!**-ßen ...]*

Einundfünfzigste Lektion

In der Bank

1 Bevor sie auf die Post ging, war Line in der Bank gewesen.
2 Sie wollte Geld von (auf) ihrem Sparbuch abheben.
3 Vor ihr in der Schlange stand ein fremdartig aussehender Mann.
4 Line dachte bei sich (selbst), daß das wohl ein Einwanderer sein mußte, weil es selten geschah (war), daß Touristen in ihre kleine Bank kamen.
5 Die Schlange rückte langsam vorwärts,
6 denn die Kassiererin (Kassendame) war recht (so) redselig und hatte immer eine muntere Bemerkung für die Kunden übrig.
7 Endlich war der Mann vor Line an der Reihe.
8 Es zeigte sich (er zeigte sich zu sein), [daß er] weder Einwanderer noch Tourist war.
9 Er konnte auch nicht viele Worte auf Dänisch.
10 Und weil die Kassiererin weder Englisch [noch] Deutsch noch Französisch konnte,
11 bot Line an, als Dolmetscherin einzuspringen.
12 Sie hatte zu ihrer Zeit auf der Abendschule ein bißchen Sprachen gelernt
13 und seitdem versucht, sie so gut sie konnte zu erhalten (halten bei gleich).
14 – Er will Geld wechseln, erklärte sie der Kassiererin. Zehntausend Kronen.

ANMERKUNGEN

① **ret så** „recht, ziemlich".

② **snaksalig** „redselig" setzt sich zusammen aus **snak-ken** „Plauderei" und **salig** „selig".

③ **tilbød** ist das Präteritum von **tilbyde** „anbieten" (Partizip Perfekt: **tilbudt**).

④ **holde ved lige** „aufrechterhalten, instand halten, warten".

15 – **Ti tu**sind **kro**ner! **Så man**ge kan jeg **ik**ke give ham på **én** gang.

16 **Sig** til ham, at han kan få **tre tu**sind **nu**. **Res**ten må han be**stil**le til i **mor**gen.

17 **Li**ne for**kla**rede manden, at han **ik**ke kunne **få pen**gene.

18 Men **man**den insi**ste**rede. Han havde **brug** for **ti tu**sind, **nu** ⑤

19 **Li**ne **o**versatte for **kas**sedamen, som til **sidst til**kaldte direk**tø**ren.

20 **Nu** gik **sa**gens **sam**menhæng **op** for dem.

21 **Man**den var en **rig** ameri**ka**ner, hvis **dat**ter var blevet **gift** med en **dans**ker og **nu bo**ede i Køben**havn**. ⑥

22 **Man**den og hans **ko**ne holdt **me**get af **Dan**mark ⑦

23 og havde be**slut**tet at **kø**be en **lej**lighed i Køben**havn**, hvor de ville **bo** om **som**meren.

24 **Der**for havde han **brug** for **ti tu**sind **kro**ner **nu** til **ud**betaling på **lej**ligheden.

UDTALE

[*20 ... ßa-m(e)n-hä!ng ...*]

15 – Zehntausend Kronen! Soviel kann ich ihm nicht auf einmal geben.
16 Sag (zu) ihm, daß er jetzt dreitausend bekommen kann. Den Rest muß er für morgen bestellen.
17 Line erklärte dem Mann, daß er das Geld nicht bekommen konnte.
18 Aber der Mann insistierte. Er brauchte (hatte Gebrauch für) jetzt zehntausend Kronen.
19 Line übersetzte für die Kassiererin, die zuletzt den Direktor hinzurief.
20 Nun wurde ihnen der Zusammenhang der Sache klar.
21 Der Mann war ein reicher Amerikaner, dessen Tochter mit einem Dänen verheiratet (worden) war und nun in Kopenhagen wohnte.
22 Der Mann und seine Frau mochten Dänemark sehr
23 und hatten beschlossen, eine Wohnung in Kopenhagen zu kaufen, wo sie im Sommer wohnen wollten.
24 Deshalb brauchte er jetzt zehntausend Kronen als Anzahlung für (auf) die Wohnung.

ANMERKUNGEN

⑤ **brug-en** (auch **brug-et**) „Gebrauch, Verwendung, Bedarf" findet sich in vielen Wendungen, wie **have/få brug for noget** „etwas brauchen/benötigen", **tage i brug** „in Betrieb nehmen", **gøre brug af** „Gebrauch machen von".

⑥ **hvis** ist hier das Genitiv-Relativpronomen „dessen", nicht zu verwechseln mit der Konjunktion **hvis** „falls".

⑦ **holde** „halten", **holde af noget/nogen** „jemanden/etwas mögen, gern haben".

25 Han havde også **brug** for at **åb**ne en **kon**to samt for at **få** et **check**hæfte og et kre**dit**kort.

UDTALE

[*25* ... ***ßjäk****-häf-d(e)* ... *kre-****died****-kO:rd*]

FØRSTE ØVELSE: FORSTÅR DE DISSE SÆTNINGER?

❶ Manden insisterede på, at han skulle bruge ti tusind kroner nu. ❷ Amerikaneren, hvis datter var gift med en dansker, havde besluttet at købe en lejlighed i København. ❸ Han havde i sin tid lært lidt sprog, men han kunne ikke mange ord på fransk. ❹ Hun tænkte ved sig selv, at den fremmedartet udseende mand foran hende måtte være en indvandrer. ❺ Da manden insisterede, tilkaldte ekspedienten direktøren.

ANDEN ØVELSE: INDSÆT DE MANGLENDE ORD!

❶ Line war auf der Bank gewesen, um Geld von ihrem Sparbuch abzuheben.

Line . . . . banken . . . at . . . . penge . . . . . bankbog.

❷ Der Direktor erklärt der Kassiererin, daß der Mann Geld wechseln will.

Direktøren . . . . kassedamen, . . manden . . . . penge.

❸ Der Schalterbeamte kann ihm jetzt nicht so viel Geld geben.

Ekspedienten . . . ikke . . . . ham . . . . penge . . .

❹ Der Kunde will für morgen ein Scheckheft und eine Kreditkarte bestellen.

Kunden . . . . et checkhæfte og et kreditkort . . . .

25 Er mußte auch ein Konto eröffnen (sowie) um ein Scheckheft und eine Kreditkarte zu bekommen.

FØRSTE ØVELSES LØSNING: HAR DE FORSTÅET?

❶ Der Mann bestand darauf, daß er jetzt zehntausend Kronen brauchte (brauchen sollte). ❷ Der Amerikaner, dessen Tochter mit einem Dänen verheiratet war, hatte beschlossen, eine Wohnung in Kopenhagen zu kaufen. ❸ Er hatte zu seiner Zeit etwas Sprachen gelernt, aber er wußte (konnte) nicht viele Wörter auf Französisch. ❹ Sie dachte bei sich (selbst), daß der fremdartig aussehende Mann vor ihr ein Einwanderer sein mußte. ❺ Als der Mann insistierte, rief der Schalterbeamte den Direktor hinzu.

❺ Der Tourist und seine Frau mögen Kopenhagen im Sommer sehr.

Touristen og .... holder .... København .. ..

ANDEN ØVELSES LØSNING: DE MANGLENDE ORD.

❶ havde været i – for – hæve – på sin ❷ forklarer – at – vil veksle ❸ kan – give – så mange – nu ❹ vil bestille – til i morgen ❺ hans kone – meget af – om sommeren.

Anden bølge: Gå tilbage til lektion 23!

▶ Tooghalvtredsindstyvende (52.) lektion

På restaurant

1 – God**dag**. **Har** De et **bord** til **fi**re?
2 **Ger**ne ved **vin**duet, hvis det er **mu**ligt.
3 – **Ja** så **ger**ne. Vi har et **bord her o**vre i **hjør**net med en **dej**lig **ud**sigt til **ha**ven. ①
4 – **Det** tager **vi**, **sy**nes I **ik**ke?
5 – **Jo**, **her** sidder vi **godt**. **Åh**, hvilken **smuk** bu**ket** –
6 der er nu **dej**ligt i **Ti**voli sådan en **som**meraften, **sy**nes I **ik**ke?
7 – **Jo** ... **nå**, skal vi **kom**me til **sa**gen. **Hvad står** der på **spi**sekortet?
8 **Pri**serne skal I **ik**ke kigge på, det er **mig**, der invi**te**rer...
9 **Nej**, **in**gen pro**tes**ter! **Jeg** be**ta**ler **reg**ningen.
10 **Nå**, **for**retter - der er as**par**gessuppe,
11 to**mat**suppe med **re**vet **ost** og **fis**keboller, **høn**sekødssuppe, **klar sup**pe med **bol**ler.
12 Det lyder da lidt **ke**deligt, hvad? Og så i **den var**me!
13 **Hvad** har de **el**lers af for**ret**ter:
14 **lak**semousse, **re**jecocktail, **grønts**agsterrin, **skin**kemousse med as**par**ges,
15 **ris**tede **svam**pe i **flø**desovs, **stjer**neskud, to**mat**rand med **re**jer...
16 – **Stjer**neskud, **hvad** er **det**?

(UDTALE)

[... *räß-do-**rang*** ***5*** ... ***ßmOok*** ... ***10*** ... *aß-**pa!rß**-ßOb(e)* ... ***11*** ... ***hÖn**-ß(e)-kö!(d)ß-ßOb(e)* ...***14*** ... ***grÖnd**-ßä!ß-tärie!n* ... ***15 riß**-d(e)-(d)(e)* ... ***ßdjär**-n(e)-ßgu!(d)* ...]

Zweiundfünfzigste Lektion

Im Restaurant

1 – Guten Tag. Haben Sie einen Tisch für vier?
2 Gern am Fenster, wenn das möglich ist.
3 – Ja, (so) gerne. Wir haben einen Tisch hier drüben in der Ecke mit einer schönen Aussicht auf den Garten.
4 – Den nehmen wir, meint ihr nicht?
5 – Doch, hier sitzen wir gut. Oh, was für ein (welch) schöner Strauß –
6 das ist doch schön im Tivoli [an] so einem Sommerabend, findet ihr nicht?
7 – Doch... na, kommen wir zur Sache. Was steht da auf der Speisekarte?
8 Die Preise sollt ihr nicht ansehen, ich lade euch ein (es ist mich, der einlädt)...
9 Nein, kein Protest (keine Proteste)! Ich bezahle die Rechnung.
10 Also, Vorspeisen – es gibt (da ist) Spargelsuppe,
11 Tomatensuppe mit geriebenem Käse und Fischklößen, Hühner(fleisch)suppe, klare Suppe mit Klößen.
12 Das klingt aber etwas langweilig, was? Und dann bei dieser Hitze (Wärme)!
13 Was haben die noch an Vorspeisen[?]:
14 Lachscreme, Krabbencocktail, Gemüseterrine, Schinkencreme mit Spargel,
15 geröstete Pilze in Sahnesoße, Sternschnuppe, Tomatenrand mit Krabben...
16 – Sternschnuppe, was ist das?

ANMERKUNGEN

① Das Adjektiv **dejlig** wir sehr häufig verwendet und kann sich auf viele Dinge beziehen. Je nach Kontext kann es mit „schön, herrlich, prächtig, goldig, lecker, toll“ usw. übersetzt werden.

17 – **Det** er et stykke **ris**tet **fransk**brød med en **stegt** **rød**spættefilet, en **sam**menrullet, po**che**ret **tors**kefilet med **ka**viar **in**deni, ②③④

18 det **he**le **pyn**tet med mayon**nai**se, en ci**tron**skive og lidt **grønt**.

19 – **Det** lyder **læk**kert, **det** skal **jeg ha**ve.

20 – Til **ho**vedret er der **fisk**:

21 **laks**, **ha**vørred, **rød**tunge, po**che**ret **flyn**der, frederiks**hav**nerrødspætte...

22 Af **kød**retter er der:

23 **sprængt ån**de eller **ok**sebryst med ge**my**se, **kal**vesteg, far**se**ret **kal**vebryst, **ud**benet **lam**mebov med **grønt**sagsfyld, **ok**sefilet, ⑤⑥

24 cu**lot**testeg, **nak**kekam, **pe**berbøf, **en**gelsk bøf,

25 **wie**nerschnitzel, **lam**mekoteletter, pa**ne**rede **svi**nekoteletter med **bra**sede kar**to**fler,

26 og **så** er der **klas**sikerne: **ny**stegte frika**del**ler og **flæs**kesteg med **svær**.

27 Til des**sert** er der - **nej**! **se her**: **nye jord**bær med **flø**de.

28 Eller **flød**eis - med et **lil**le glas **port**vin **til**.

29 **Her**ligt! Skal vi **kal**de på **tje**neren?

30 – Har De be**slut**tet Dem?

(UDTALE)

[*17 ... **rö(d)**-ßbä-de-fie-le .. **ßa**-m(e)n-ru-l(e)(d) ... po-**ßje**-r(e)(d) ... 18 ... ßie-**tro!n**-ßgie:-w(e) ... 21 ... **hau**-Ö-r(e)(d) ... **flö**-nOr ... frä-(d)(e)-rägß-**hau**-nOr ... 23 ... ge-**mü**:ß(e) ... **kal**-w(e)-brÖßd ... **u(d)**-be-n(e)(d) la-m(e)-bO(u) ... 24 ... **pe**-(u)Or-böf ... 25 **wie!**-nOr-ßjnied-ß(e)l ... 26 ... **fläßg(e)**-ßda!j ... 27 ... dä-**ßä!rd** ... **jor**-bä!r ... **flö:**-(d)(e) 28 ... **flö:**-(d)(e)-e!ß ... 29 ... **tjä:**-nO-r(e)n*]

(ANMERKUNGEN)

② **franskbrød** („französisches Brot“) bedeutet generell „Weißbrot“. Übrigens: Das in einigen Teilen Deutschlands als „Kopenhagener“ bezeichnete Blätterteiggebäck heißt in Dänemark **wienerbrød** (wörtlich: Wiener Brot).

17 – Das ist ein Stück geröstetes Weißbrot mit einem gebratenen Goldbuttfilet, einem zusammengerollten pochierten Dorschfilet mit Kaviar drin,
18 das ganze garniert mit Mayonnaise, einer Zitronenscheibe und etwas Grünem.
19 – Das klingt lecker, das werde ich nehmen (haben).
20 – Als Hauptgericht gibt es Fisch:
21 Lachs, Meerforelle, Rotzunge, pochierte Scholle, Frederikshafener Goldbutt...
22 An Fleischgerichten gibt es:
23 gepökelte Enten- oder Rinderbrust mit Gemüse, Kalbsbraten, farcierte Kalbsbrust, entbeinte Lammschulter mit Gemüsefüllung, Rinderfilet,
24 Rinderbraten (Ochsenschwanzbraten), Schweinenackensteak, Pfeffersteak, (englisches) Beefsteak,
25 Wiener Schnitzel, Lammkoteletts, panierte Schweinekoteletts mit Bratkartoffeln,
26 und dann sind da die Klassiker: frisch gebratene Frikadellen und Schweinebraten mit Schwarte.
27 Zum Dessert gibt es – nein! Seht [mal] (her): neue Erdbeeren mit Sahne.
28 Oder Sahneeis – mit einem kleinen Glas Portwein dazu.
29 Herrlich! Sollen wir (auf) den Kellner rufen?
30 – Haben Sie sich entschieden?

ANMERKUNGEN

③ **rødspætte** wird ganz korrekt mit „Goldbutt" übersetzt, meistens sagt man aber einfach „Scholle".

④ **kaviar** bedeutet normalerweise einfach „Fischeier". Wenn es sich um echten Kaviar handelt, muß er als **russisk** „russisch" oder **iransk** „persisch" gekennzeichnet sein.

⑤ **gemyse** und **grøntsager** (wörtlich: „Grünsachen") bedeuten beide „Gemüse", wobei **grøntsager** wesentlich gebräuchlicher ist.

⑥ **fyld-et** „Füllung", das entsprechende Verb heißt **fylde** „füllen". Angesichts dieser Leckereien noch ein wichtiges Wort: **fylderi** „Völlerei, Schlemmerei".

31 – **Ja**. **Først** skal vi **ha**ve en **gib**bernakker: **4** gange **hus**ets **cock**tail. ⑦⑧
32 Til **for**ret: **4** gange **stjer**neskud.
33 **Der**til skal vi have **hvid**vin, en flaske **Ries**ling.
34 Til **ho**vedret: **1** gang **sprængt an**debryst, **2** gange **kal**vesteg og **1** gang **ok**sefilet.
35 **Der**til skal vi have **rød**vin, en **Gra**ves vil være **fin**.
36 Til des**sert**: **3** gange **jord**bær med **fløde**
37 og **1** gang **flø**deis med **mas**ser af **flø**deskum **på** og et **lil**le glas **port**vin til. ⑨
38 Og **ba**gefter **kaf**fe og – mås**ke** – en lille **cog**nac til.
39 – **Jeg** vil nu **hel**lere **ha**ve en me**dal**je! ⑩

UDTALE

[*37 ... flö:-(d)(e)-ßgOo!m ...*]

FØRSTE ØVELSE: FORSTÅR DE DISSE SÆTNINGER?

❶ Ved du, hvad et stjerneskud er? ❷ Vil du have jordbær med fløde til dessert? ❸ Den sammenrullede rødspættefilet med kaviar indeni lyder lækkert. ❹ Han vil ikke have farseret kalvebryst i den varme. ❺ Bagefter skal jeg have kaffe med en medalje til.

31 – Ja. Zuerst werden wir eine kleine Herzstärkung nehmen (haben): 4mal den Cocktail des Hauses.
32 Als Vorspeise: 4mal Sternschnuppe.
33 Dazu nehmen wir (werden haben) Weißwein, eine Flasche Riesling.
34 Als Hauptgericht: Einmal gepökelte Entenbrust, 2mal Kalbsbraten und 1mal Rinderfilet.
35 Dazu nehmen wir Rotwein, ein Graves wäre fein.
36 Zum Dessert: 3mal Erdbeeren mit Sahne,
37 und ein mal Sahneeis mit viel Schlagsahne drauf und dazu ein kleines Glas Portwein.
38 Und danach Kaffee und – vielleicht – einen kleinen Cognac dazu.
39 – Ich will doch lieber eine „Medalje" haben!

ANMERKUNGEN

⑦ **gibbernakker** ist ein scherzhafter Ausdruck für ein alkoholisches Getränk. Möglicherweise besteht ein Zusammenhang mit **gibbe** „plötzlich zusammenfahren, zusammenschrecken".

⑧ **gang** hat viele Bedeutungen: „Gang (Gehen), Korridor, Weg" oder auch **gå i gang** „sich an die Arbeit machen", was Ihnen ja in diesem Kurs schon öfter begegnet ist. Hier heißt es aber „Mal", wie auch in **to gange fire er otte** „2 mal 4 ist 8", oder **et par gange** „ein paarmal", davon abgeleitet ist auch das Verb **gange** „malnehmen, multiplizieren".

⑨ **masse-n-r** „Masse, Menge", **masser af** „sehr viel".

⑩ Eine **medalje** „Medaille" ist ein Blätterteiggebäck in Form einer Medaille mit Zuckerguß, Konfitüre und Schlagsahne.

FØRSTE ØVELSES LØSNING: HAR DE FORSTÅET?

❶ Weißt du, was eine Sternschnuppe ist? ❷ Willst du (haben) Erdbeeren mit Sahne zum Dessert? ❸ Das zusammengerollte Goldbuttfilet mit Kaviar drin klingt lecker. ❹ Er will bei (in) dieser Hitze keine farcierte Kalbsbrust haben. ❺ Hinterher werde ich einen Kaffee mit einer Medalje dazu nehmen (haben).

ANDEN ØVELSE: INDSÆT DE MANGLENDE ORD!

1. Ich lade [euch] ein und bezahle die Rechnung (Es ist mich, der einlädt...).

   . . . er . . . , . . . inviterer og . . . .

2. Wir hätten gern (wollen gern haben) einen Tisch für vier am (beim) Fenster, wenn es möglich ist.

   Vi . . . . have et bord . . . fire . . . vinduet, ... er . . . .

3. Die Klassiker stehen auch auf der Speisekarte.

   Klassikerne . . . også . . . .

4. Wir nehmen (werden haben) Rotwein zum Hauptgericht.

   Vi . . . . rødvin . . . .

5. Findet ihr nicht, [daß] es schön ist im Tivoli [an] einem Sommerabend?

   . . . . . I . . . . er . . . . Tivoli en . . . . ?

Treoghalvtredsindstyvende (53.) lektion

En biltur

1 – **Far**, du kører for **stærkt**.
2 **Has**tighedsgrænsen er på **80 km** i **ti**men på **lan**deveje, og **du** kører **95**. ①②

UDTALE

[*2 ... **haß**-die-he!(d)ß-grän-ß(e)n ... **fiers** ... **fem**-O-hal-fämß*]

ANDEN ØVELSES LØSNING: DE MANGLENDE ORD.

❶ Det – mig, der – betaler regningen ❷ vil gerne – til – ved – hvis det – muligt ❸ står – på spisekortet ❹ skal have – til hovedretten ❺ Synes – ikke, der – dejligt i – sommeraften.

Kulinarisch hat Dänemark so einiges zu bieten, vor allem bei Kuchen und Süßspeisen gibt es eine große Auswahl. Schokolade wird in einigen Spezialgeschäften behandelt wie anderenorts Wein: Kakaosorten werden nach Sorte, Anbaugebiet und Jahrgang liebevoll ausgewählt, verkostet und zu kleinen Kostbarkeiten kombiniert.
Auf der deftigen Seite haben Sie die große Bedeutung des **smørrebrøds** ja schon kennengelernt. Fast noch berühmter sind die traditionellen, oft rot gefärbten, **pølser** „Würstchen", die Sie an fast jeder Straßenecke bekommen, und die sich bisher weder von Pommes frites noch von Hamburgern oder Dönern verdrängen ließen.

Anden bølge: Gå tilbage til lektion 24!

Dreiundfünfzigste Lektion

Eine Autofahrt

1 – Papa, du fährst zu schnell (stark).
2 Auf Landstraßen ist das Tempolimit (auf) 80 km in der Stunde, und du fährst 95.

ANMERKUNGEN

① **hastighedsgrænsen** „Tempolimit" setzt sich zusammen aus **hastighed-en-er** „Geschwindigkeit" und **grænse-n-r** „Grenze".

② **landevej** „Landstraße". „Autobahn" heißt **motorvej** (Tempolimit 100 km/h), „Hauptverkehrsstraße" **hovedvej** und „Nebenstraße" **bivej**.

3 – **Ja**, **ja**, **Jens**, jeg **ved** det.

4 Men vi kom for **sent** af **sted**. Vi skal **vær**e i **Thi**sted klok**ken** **tolv**.

5 **Hov**, **hvad** var **det** for en **lyd**? **Hø**rte I **ik**ke noget **under**ligt, en **klik**kende, me**tal**lisk **lyd**?

6 – **Åh**, det var sikkert **bare** **no**get, der **lå** på **ve**jen -

7 eller **og**så er det **lyd**potten...

8 – **Der** var den i**gen** - **hør**te I den, **den**ne **gang**?

9 – **Ja**, **nu** **hør**te vi det **al**le **sam**men. **Hvad** er det, **far**?

10 – **Bare** jeg **vids**te det - **hvad**... **nu** sætter **mo**toren **ud**.

11 **Hur**tigt, **tænd** for **nød**blinklyset.

12 Jeg må **hel**lere holde **ind** til **vej**kanten og se **ef**ter.

13 **Pe**ter, sætter **du** **ad**varselstrekanten **op**.

14 Lad os **se**, - bat**teri**et, **strøm**forde**l**eren, karbu**ra**toren, **op**laderen, **driv**remmen – **næh**, **jeg** kan **ik**ke **se** noget.

15 Den har jo også **li**ge været til **ef**tersyn. **Kan** det mon være **gear**kassen?

16 Lad os **se** at komme **vi**dere - **ba**re den nu kan **star**te **igen**...

17 **Kom** så **das**se, du kan da **ik**ke lade os i **stik**ken **her** **langt** **u**denfor **lands** **lov** og **ret** – ③

UDTALE

[***5*** ... ***kli***-*k(e)-n(e)* ... ***7*** ... ***lü(d)***-*pO-d(e)n* ... ***11*** ... ***nö(d)***-*blenk-lü!-ß(e)(d)* ***13*** ... ***a(d)***-*war-ß(e)lß-tre-kan-d(e)n* ... ***14*** ... *ba-d(e)*-***rie!***-*(e)(d)* ***ßdrÖm***-*fOr-de!-l(e)-r(e)n kar-bu*-***ra:***-*tO-r(e)n* ***Ob***-*lå!-(d)O-r(e)n* ***drie(u)***-*rä-m(e)n* ... ***15*** ... ***äf***-*dor-ßü!n* ...]

3 – Ja, ja, Jens, das weiß ich.
4 Aber wir sind zu spät losgefahren (von der Stelle gekommen). Wir müssen um zwölf in Thisted sein.
5 Hej, was war das für ein Geräusch? Habt ihr nicht was Komisches gehört, ein klickendes, metallisches Geräusch?
6 – Ach, das war sicher bloß was, das auf der Straße lag –
7 ... oder (auch) das ist der Auspufftopf...
8 – Da war es wieder – habt ihr es gehört, dieses mal?
9 – Ja, jetzt haben wir es alle (zusammen) gehört. Was ist das, Papa?
10 – [Wenn] ich das nur wüßte – was... jetzt setzt der Motor aus.
11 Schnell, schalte die Warnblinkanlage (das Notblinklicht) an.
12 Ich muß besser am Straßenrand anhalten und nachsehen.
13 Peter, du stellst (setzt) das Warndreieck auf.
14 Laß mal (uns) sehen, - die Batterie, der (Strom)verteiler, der Vergaser, die Lichtmaschine, der Keilriemen (Treibriemen) – nee, ich kann nichts sehen.
15 Der war ja auch gerade erst zur Inspektion (Nachsicht). Ob das wohl das Getriebe sein könnte?
16 Laßt uns zusehen, daß wir weiterkommen – [Wenn] er jetzt nur wieder starten kann ...
17 Komm [schon] (so), Kleiner, du kannst uns doch nicht im Stich lassen, hier mitten in der Wildnis (weit außerhalb des Landes Gesetz und Recht) –

ANMERKUNGEN

③ **Kom så dasse** sagt man normalerweise zu Kindern „Komm schon, Kleiner. Komm, mein Kleiner“. **Lade i sticken** „Im Stich lassen“ ist eines der vielen Beispiele für die nahe Verwandtschaft des Dänischen und Deutschen.

18 ... **især ude**n en me**ka**niker indenfor **ræk**kevid-de... **Lor**tebil! ④

19 – Kan du ikke gå over på **den gård der**ovre og **spør**ge om du må **rin**ge til en me**ka**niker? (...)

20 – **Så**, **nu** fik jeg **fat** i **een**. Han **kom**mer, så **snart** han **kan**. ⑤

21 Nå, **der** er han... **ja**, vi **hør**te en **un**derlig **lyd**,

22 **lidt** efter be**gynd**te **mo**toren at sætte **ud**, og **nu** vil den **ik**ke **star**te **igen**.

23 – Og den har **li**ge været til **ef**tersyn, **si**ger De. **U**middelbart kan jeg **ik**ke **se no**get -

24 ... **hov,** der **lig**ger jo en **skru**e! Hvor mon **den** kommer **fra**?

25 Du **mil**de **him**mel! Det er karbu**ra**toren. Den er jo **ik**ke skruet **fast**.

26 **Der** var De **hel**dig - var De **kørt** lidt **læn**gere, var den **sim**pelthen faldet **af**!

27 – **Jeg** skal sgu **snak**ke et par **ord** med me**ka**ni-kerværkstedet, når vi kommer til**ba**ge.

28 Autori**se**ret, ja **den** er **god** med **dem**! **Reg**ningen var der selvfølgelig **ik**ke **no**get i **ve**jen med. ⑥

29 **Skynd** jer nu **ind** i **bi**len. Tante Be**a**te **ven**ter i **This**ted med **fød**selsdagsmiddagen: ⑦

30 **sup**pe, **steg** og **is**.

UDTALE

[*18* ... *me-**kã**-nie-gOr* ... ***rä**-g(e)-wie!-d(e)* ... ***lor**-t(e)-bie!l* ***19*** ... ***gOo!*** ... ***22*** ... ***mo:**-tO-r(e)n* ... ***23*** ... ***u**-mie!-(d)(e)l-ba!rd* ...]

ANMERKUNGEN

④ **lort-en-er** „Dreck" (im konkreten und übertragenen Sinn), „Scheiße". Häufiges, nicht ganz harmloses Schimpfwort. Oft in Zusammensetzungen, wie hier in **lortebil**. Sehr beliebt ist auch **din lort!** „du Scheißkerl!".

18 ... vor allem ohne einen Mechaniker in Reichweite... Dreckskarre!

19 – Kannst du nicht zu dem Hof da hinten rübergehen und fragen, ob du einen Mechaniker anrufen darfst? (...)

20 – So, jetzt habe ich einen zu fassen gekriegt. Er kommt, so schnell er kann.

21 Ah, da ist er ... ja, wir haben ein merkwürdiges Geräusch gehört,

22 kurz danach fing der Motor an auszusetzen, und jetzt will er nicht wieder starten.

23 – Und er war gerade zur Inspektion, sagen Sie. Auf den ersten Blick (unmittelbar) kann ich nichts sehen –

24 ... oh, da liegt ja eine Schraube! Wo die wohl herkommt?

25 Du lieber (milder) Himmel! Das ist der Vergaser. Der ist ja nicht festgeschraubt.

26 Da haben Sie Glück gehabt (waren glücklich) – [wenn] sie etwas länger gefahren wären, wäre der einfach abgefallen!

27 – Da werde ich aber ein Wörtchen mit der Werkstatt zu reden haben, wenn wir zurückkommen.

28 Zugelassene [Werkstatt], das ist gut (mit denen)! Mit der Rechnung war natürlich alles in Ordnung.

29 Beeilt euch jetzt, rein ins Auto. Tante Beate wartet in Thisted mit dem Geburtstagsessen:

30 Suppe, Braten und Eis.

ANMERKUNGEN

⑤ **fat**, verwandt mit **fatte** „fassen“, ist Bestandteil mehrerer Wendungen, wie **få fat i/på** „erreichen, zu fassen kriegen“ oder **tage fat på** „in Angriff nehmen, anfangen“.

⑥ **autoriseret** „autorisiert, genehmigt, beglaubigt, (öffentlich) zugelassen“.

⑦ Das **fødselsdagsmiddag** findet mittags statt, trotzdem heißt es hier **middag** und nicht **frokost**. Das liegt daran, daß traditionell die wichtigste warme Mahlzeit, die im heutigen Dänemark normalerweise abends (früher aber mittags) stattfindet, als **middag** bezeichnet wird.

FØRSTE ØVELSE: FORSTÅR DE DISSE SÆTNINGER?

❶ Bilen lader dem i stikken uden for lands lov og ret. ❷ Jeg går over på gården derovre og spørger, om jeg må ringe til et mekanikerværksted. ❸ Du milde himmel, skruen er ikke skruet på! ❹ Vi kom for sent af sted, og nu vil motoren ikke starte igen. ❺ Var tante Beate kørt lidt længere, var lydpotten faldet af.

ANDEN ØVELSE: INDSÆT DE MANGLENDE ORD!

❶ Das Auto ist gerade zur Inspektion beim Mechaniker gewesen.

Bilen har . . . . eftersyn hos . . . .

❷ Der Motor begann plötzlich auszusetzen.

Motoren . . . . pludselig . . . .

❸ Ich wußte nicht, daß das Tempolimit (auf) 80 km in der Stunde betrug (war).

Jeg . . . . . . ikke, at . . . . var . . 80 km . . . .

❹ Tante Beate hörte ein metallisches Geräusch vom Motor.

Tante Beate . . . . . en metallisk . . . fra . . . .

❺ Er hält am Straßenrand an und stellt (setzt) das Warndreieck auf.

Han . . . . vejkanten og . . . . . . advarselstrekanten . . . .

FØRSTE ØVELSES LØSNING: HAR DE FORSTÅET?

❶ Das Auto läßt sie in der Wildnis im Stich (außen vor Landes Gesetz und Recht). ❷ Ich gehe zu dem Hof da hinten rüber und frage, ob ich eine (Mechaniker-)Werkstatt anrufen darf. ❸ Du lieber (milder) Himmel, die Schraube ist nicht angeschraubt! ❹ Wir fuhren (kamen) zu spät los (von der Stelle), und jetzt will der Motor nicht wieder starten. ❺ Wäre Tante Beate etwas länger gefahren, wäre der Auspufftopf abgefallen.

ANDEN ØVELSES LØSNING: DE MANGLENDE ORD.

❶ lige været til – mekanikeren ❷ begyndte – at sætte ud ❸ vidste – hastighedsgrænsen – på – i timen ❹ hørte – lyd – motoren ❺ holder ind til - sætter - op

Allmählich nähern wir uns dem Endspurt. In den Lektionen tauchen vermehrt Redewendungen und zahlreiche umgangssprachliche Ausdrücke auf. Lernen Sie diese Wendungen immer als Ganzes. Sie können sie auch mit einem Textmarker farbig anstreichen. Oder markieren Sie Wörter und Ausdrücke farbig, die Ihnen Mühe bereiten – ganz so, wie es für Sie sinnvoll ist.

Anden bølge: Gå tilbage til lektion 25!

▶ Fireoghalvtredsindstyvende (54.) lektion

På alderdomshjem

1 Der sidder **to mænd** på en **bænk** i en **gård**.
2 **Bæn**ken, der er **om**kranset af **ro**ser, **står** i **skyg**gen af **to sto**re **bø**getræer. ①
3 Der er **stil**le i **går**den. **Man hø**rer **kun** in**sek**ternes **sum**men og **fug**lenes **fløj**ten.
4 De **to mænd** sidder og **ta**ler om **gam**le **da**ge,
5 da **alt** var **an**derledes og **bed**re, fordi de **selv** svingede **med** i **ti**den, var en **le**vende **del af** den.
6 – **Hvad la**vede du, **før** du kom **he**rud i De **gam**les **By**? **spør**ger den **e**ne. ②
7 – Jeg **ar**bejdede på et kon**tor in**de i **by**en. Det **sam**me, jeg blev **an**sat **på**, da jeg kom **ud** af **sko**len med re**al**eksamen. ③
8 Der var **ik**ke **råd** til at jeg skulle læse **vi**dere. ④
9 Jeg havde **vist**nok **ho**ved til det, **det** sagde **læ**rerne i **hvert** fald,
10 men min **far** var **fat**tig og havde **man**ge **mun**de at **mæt**te.
11 Så det **blev kun** til re**al**eksamen.
12 **Si**den **ar**bejdede jeg mig **op** i **fir**maet,

UDTALE

[... *a-lOr-dOmß-jäm* **2** ... *bö:-j(e)-trä!-Or* **3** ... *in-ßä!g-dOr-n(e)ß* ... *fu:-l(e)-n(e)ß* ... **5** ... *a-nOrle!-(d)(e)ß* ...]

ANMERKUNGEN

① Statt **bøgetræ-et-er** (wörtlich: „Buchenbaum“) sagt man oft auch nur **bøg-n-e**.

② **De gamles By** „das Dorf der Alten“ ist eine Seniorenwohnanlage im Kopenhagener Stadtteil Nørrebro.

Vierundfünfzigste Lektion

Im Altersheim

1 (Da) zwei Männer sitzen auf einer Bank in einem Hof.

2 Die Bank, die von Rosen umgeben (umkränzt) ist, steht im Schatten (von) zweier großer Buchen.

3 Es ist still im Hof. Man hört nur das Summen der Insekten und das Zwitschern (Pfeifen, Flöten) der Vögel.

4 Die zwei Männer (sitzen und) reden über alte Zeiten,

5 als alles anders und besser war, weil sie selbst mit dazugehörten (schwangen mit in der Zeit), Anteil daran hatten (waren ein lebender Teil von ihr).

6 – Was hast du gemacht, bevor du hierher gekommen bist, in De gamles By (das Dorf der Alten)? fragt der eine.

7 – Ich habe in einem Büro (drinnen) in der Stadt gearbeitet. Dasselbe, in dem ich eingestellt wurde, als ich mit dem Realschulabschluß von der Schule kam.

8 Es war kein Geld dafür da, daß ich weiterlernen konnte.

9 Ich war gewiß begabt (hatte gewiß Kopf zu dem), das sagten die Lehrer jedenfalls,

10 aber mein Vater war arm und hatte viele Mäuler zu stopfen (sättigen).

11 So reichte es nur zum Realschulabschluß.

12 Danach (seit) arbeitete ich mich in der Firma hoch,

ANMERKUNGEN

③ **ansat** ist das Partizip Perfekt von **ansætte** „einstellen“ (Präteritum: **ansatte**.) Das Substantiv heißt **ansættelse-n-r** „Anstellung, Einstellung“.

④ **læse** bedeutet nicht nur „lesen“, sondern auch „lernen, Schularbeiten machen“ und „studieren“. **Hun læser til læge.** „Sie studiert Medizin“. **Han læser lektier.** „Er macht Hausaufgaben“.

13 men **så** blev det **hår**de **ti**der og jeg blev **tvunget** til at gå på **før**tidspension. ⑤

14 Min **ko**ne **dø**de for **år** til**ba**ge,

15 og da jeg ikke havde **no**gen til at **pas**se mig - vi var **barn**løse - **ja**, **så** kom jeg **he**rud, hvor jeg **i** og for **sig** be**fin**der mig **gans**ke **godt**.

16 – Det ligner **min** his**to**rie. Jeg måtte **ud** af **sko**len efter **6. klas**se, men jeg var **stæ**dig.

17 Jeg **vil**le **ha**ve en **ud**dannelse og gik på Stu**den**terkursus om **af**tenen. ⑥

18 Det var et **slid** uden lige, men jeg **fik** min stu**den**tereksamen.

19 **Si**den fik jeg **an**sættelse i et **godt fir**ma.

20 Da de **hår**de **ti**der **kom** og **drif**ten skulle ratio**na**li**se**res, var **jeg en** af de **før**ste, der blev **afs**kediget. ⑦

21 Far**vel** og **tak**! Det var **hårdt** efter så **man**ge **år**.

22 Jeg gik **læn**ge **ar**bejdsløs og **hut**lede mig **igen**nem med **un**derstøttelsen og **lidt sort** hist og **her**.

23 Jeg havde **helt** opgivet **hå**bet,

24 men til **sidst ly**kkedes det mig at **fin**de et **job** som **var**mem**e**ster i et **stort e**jendomskompleks. ⑧

(UDTALE)

[***13*** *... **fÖr**-tie!(d)ß-pang-ßjo!n* ***15*** *... **barn**-lö:-ß(e) ...* ***17*** *... ßdu-**dä!n**-dOr-ku:r-ßuß ...* ***20*** *... **drif**-d(e)n ... **au**-ßge!-(d)ie-j(e)d* ***24*** *... **a**-j(e)n-dOmß-kOom-pläkß*]

13 aber dann kamen (wurden es) harte Zeiten und ich war gezwungen, in Frührente zu gehen.
14 Meine Frau starb vor Jahren (zurück),
15 und da ich niemanden hatte, mich zu versorgen – wir waren kinderlos – ja, so kam ich hierher, wo es mir an und für sich ganz gut geht (befinde mich gut).
16 – Das gleicht meiner Geschichte. Ich mußte nach der 6. Klasse aus der Schule raus, aber ich war hartnäckig.
17 Ich wollte eine Ausbildung haben und ging zur Abendschule, um das Abitur zu machen (auf Abiturientenkursus an Abenden).
18 Das war eine Plackerei ohne Gleichen, aber ich bekam mein Abitur.
19 Danach bekam ich [eine] Anstellung in einer guten Firma.
20 Als die harten Zeiten kamen und der Betrieb rationalisiert werden sollte, war ich einer der ersten, der entlassen wurde.
21 Lebwohl und danke! Das war hart nach so vielen Jahren.
22 Ich war (ging) lange arbeitslos und schlug mich mit Sozialhilfe (Unterstützung) und hier und da etwas Schwarzarbeit durch.
23 Ich hatte die Hoffnung ganz aufgegeben,
24 aber zum Schluß gelang es mir, eine Stelle als Hausmeister (Wärmemeister) in einer großen Wohnanlage (Eigentumskomplex) zu bekommen.

ANMERKUNGEN

⑤ **tvunget** ist das Partizip Perfekt von **tvinge** „zwingen" (Präteritum: **tvang**).

⑥ **Studenterkursus** „Abendgymnasium". **Studentereksamen** „Abitur". **student** bedeutet in der Regel nicht „Student", sondern „Abiturient".

⑦ **afskedige** „entlassen, verabschieden", **afsked-en** kann sowohl „Abschied" als auch „Entlassung" bedeuten. „Sich verabschieden von": **tage afsked med**.

⑧ **varmemester-en-e** „Heizer" oder allgemein „Hausmeister, Hauswart".

25 Og **nu** sidder vi så **her** som **to ud**rangerede **damp**lokomotiver og har kun **min**derne tilbage. ⑨

26 Som Gustav **Wied** sagde: **Hvad** er **li**vet? Et **pust** i **si**vet! – ⑩

27 **Hvad** er **dø**den? Et **gok** i **nø**den! ⑪

28 – **Ak ja**, **men**neskets **for**rettighed er **sor**gen, skal en **an**den forfatter have **sagt**. ⑫

29 Men **kom** nu **med ind**; vi skal have **gu**le **ær**ter til **fro**kost!

(UDTALE)

[*25* ... ***u(d)**-rang-ßje!-r(e)-(d)(e)* ... ***28** ... **fOr**-rä-tie-he!(d) ...*]

FØRSTE ØVELSE: FORSTÅR DE DISSE SÆTNINGER?

❶ Det var et slid uden lige at rationalisere driften. ❷ Alt var anderledes og bedre i gamle dage, da damplokomotivet var i drift. ❸ Han havde hoved til at læse videre, men der var ikke råd. ❹ Da han blev afskediget, opgav han håbet. ❺ Det lykkedes ham at få ansættelse i et godt firma.

25 Und jetzt sitzen wir hier also wie zwei ausrangierte Dampflokomotiven und haben nur noch unsere Erinnerungen (übrig).
26 Wie Gustav Wied sagte: Was ist das Leben? Ein Hauch im Schilfrohr! -
27 Was ist der Tod? Ein Schlag auf den Kopf (auf die Nuß)!
28 – Ach ja, das Vorrecht des Menschen ist der Kummer, soll ein anderer Schriftsteller gesagt haben.
29 Aber komm jetzt mit rein; wir bekommen Erbsensuppe (gelbe Erbsen) zum Mittagessen!

ANMERKUNGEN

⑨ **tilbage** kann sowohl „zurück, rückwärts, nach hinten" als auch „übrig, übriggeblieben" heißen.

⑩ **Gustav Wied** (1858-1914) war Romanschriftsteller und Dramatiker.

⑪ **nød-en-er** „Nuß" wird wie bei uns als scherzhafte Bezeichnung für „Kopf" verwendet.

⑫ Dieser andere Schriftsteller ist der große Romanverfasser **Jens Peter Jacobson** (1847-1885), zu dessen wichtigsten Werken **Niels Lyhne**, **Marie Gruppe** und **Mogens** gehören.

FØRSTE ØVELSES LØSNING: HAR DE FORSTÅET?

❶ Es war eine Plackerei ohne Gleichen, den Betrieb zu rationalisieren. ❷ Alles war anders und besser in [den] alten Zeiten, als die Dampflokomotive in Betrieb war. ❸ Er hatte die Intelligenz (den Kopf) weiter zu lernen, aber es war kein Geld da (da war nicht Geld). ❹ Als er entlassen wurde, gab er die Hoffnung auf. ❺ Es gelang ihm, [eine] Anstellung in einer guten Firma zu bekommen.

ANDEN ØVELSE: INDSÆT DE MANGLENDE ORD!

1. Es gelang ihm zum Schluß, einen Job in einer großen Wohnanlage zu finden.

   Det . . . . sidst at . . . . . et . . . . et . . . . . ejendomskompleks.

2. Er schlug sich mit Sozialhilfe durch und hatte die Hoffnung ganz aufgegeben.

   Han . . . . sig . . . . under-støttelsen og havde helt . . . .

3. Als die harten Zeiten kamen, wurden sie gezwungen, in Frührente zu gehen.

   Da de . . . . kom, ... de . . . . at . . . . førtidspension.

Femoghalvtredsindstyvende (55.) lektion

Forlovelsen

1 – **Dav**, **mor**. Må jeg præsen**te**re min for**lo**vede for dig? ①

2 – **Nej**, **Le**ne, er du blevet for**lo**vet? **U**den at **si**ge et **ord** til **os**. ②

3 Vi ville da **ger**ne have **la**vet en **fest**. Men **så**dan **gør** man måske **ik**ke **me**re?

4 – **Nej**, **mor**. Det **gør** man **ik**ke. Vi skal **hel**ler ikke **gif**tes i **kir**ken.

UDTALE

[*fOr-**lOo**!-w(e)l-ß(e)n* **1** ... *prä-ß-(e)n-**te**-r(e)* ...]

❹ Die Bank, auf [der] die zwei Männer sitzen, ist von Rosen umgeben (umkränzt).

Bænken, ... mænd . . . . er . . . . roser.

❺ Es geht ihm (er befindet sich) ganz gut in der Firma.

Han . . . . godt . firmaet.

ANDEN ØVELSES LØSNING: DE MANGLENDE ORD.

❶ lykkedes ham til – finde – job i – stort ❷ hutlede – igennem med – opgivet håbet ❸ hårde tider – blev – tvunget til – gå på ❹ de to – sidder på – omkranset af ❺ befinder sig ganske – i.

Anden bølge: Gå tilbage til lektion 26!

Fünfundfünfzigste Lektion

Die Verlobung

1 – Hallo, Mama. Darf ich dir meinen Verlobten vorstellen (für dich)?

2 – Oh (nein), Lene, hast du dich verlobt (bist du verlobt worden)? Ohne uns ein Wort zu sagen.

3 Wir hätten doch gern ein Fest gemacht. Aber so was macht man vielleicht nicht mehr?

4 – Nein, Mama. Das macht man nicht [mehr]. Wir werden auch nicht in der Kirche heiraten.

ANMERKUNGEN

① **præsentere én for én** „jemanden jemandem vorstellen“.

② **Nej** wird im Dänischen häufig als Ausdruck von (meist positiver) Überraschung verwendet.

5 – **Ja**men..., **nå**, men kom dog **in**denfor.
6 – **Mor**, må jeg præsen**te**re **Mus**tafa **for** dig?
7 – God**dag**, **svi**germor! Jeg er **glad** for **en**delig at få **hilst** på **Le**nes **mor**. ③
8 – Sæt jer **ind i stu**en, **far** kommer **snart hjem**.
9 **Jeg** går **ud** i **køk**kenet og sætter **o**ver til **kaf**fe. **Le**ne, kommer **du** med **ud** og **hjæl**per mig? ④
10 **Hvor** kunne du **gø**re det **mod os**, **Le**ne?
11 Du er vort **er**este **barn**... nu har vi **så læn**ge **gå**et og **hå**bet **på**, at vi **snart** fik en **svi**gersøn og **bør**nebørn. ⑤
12 Og **så** kommer du **hjem** med en ... en ... **en**, der **ik**ke er **dansk**.
13 **Hvad tror** du **far** siger? **Det** bliver hans **død**!
14 – **Mor**, **nu** skal du **sæt**te dig **ned** og være for**nuf**tig. **Jeg elsk**er **Mus**tafa og **han els**ker **mig**.
15 Vi **gif**ter os til **maj**, om I **så** synes **om** det eller **ej**. ⑥
16 Det er **mit** liv, det **dre**jer sig om, **ik**ke **je**res.
17 For øvrigt var **di**ne forældre jo **og**så imod, at **du gif**tede dig med **far** i **sin tid**.

5 – Ja aber ..., na, aber komm doch rein.
6 – Mama, darf ich dir Mustafa vorstellen?
7 – Guten Tag, Schwiegermutter! Ich bin froh, endlich Lenes Mutter begrüßen zu können.
8 – Setzt euch (rein) ins Wohnzimmer, Papa kommt bald nach Hause.
9 Ich gehe in die Küche und setze Kaffee[wasser] auf (setze über zu Kaffee). Lene, kommst du mit raus und hilfst mir?
10 Wie konntest du uns das antun (tun das gegen uns), Lene?
11 Du bist unser einziges Kind ... nun (sind wir so lange gegangen und) haben wir solange gehofft, daß wir bald einen Schwiegersohn und Enkelkinder bekommen.
12 Und da kommst du mit einem .. einem ... einem, der kein Däne (nicht dänisch) ist, nach Hause
13 Was glaubst du [wird] Papa [dazu] sagen? Das überlebt er nicht (das wird sein Tod)!
14 – Mama, setz dich jetzt hin und sei vernünftig. Ich liebe Mustafa, und er liebt mich.
15 Wir heiraten im Mai, ob euch das nun gefällt oder nicht.
16 Es ist mein Leben, um das es geht, nicht eures.
17 Übrigens waren deine Eltern ja auch dagegen, daß du Papa seinerzeit geheiratet hast.

ANMERKUNGEN

③ **svigermor** „Schwiegermutter“, ähnlich wie im Deutschen. Auch **svigerfar**, **-søn**, **-datter** „Schwiegervater, -sohn, -tochter“. „Schwägerin“: **svigerinde**; „Schwager“: **svoger**.

④ So wie man im Deutschen Wasser „aufsetzt“, setzt man es im Dänischen „über“: **sætte vand over til kaffe**.

⑤ **børnebørn** „Enkelkinder“ (wörtlich: Kindeskinder); Singular: **barnebarn**. Der „Urenkel“ heißt **oldebarn**.

⑥ Wenn **synes** allein steht, bedeutet es „scheinen, meinen“; **synes om** dagegen heißt „mögen, gern haben, gefallen“.

18 Og **så** var du ovenikøbet gra**vid**. Det er **jeg** jo **ik**ke...

19 **Så**, **nu** kommer **far**. Jeg må **hel**lere gå **ind** og præsen**te**re ham for **Mus**tafa.

20 – Hvad **Søren**, **Le**ne, er **du hjem**me! Det var da **hyg**geligt sådan på en **hver**dag. ⑦

21 **Hvem** er **det**, der sidder **in**de i **stu**en? **Er** det...

22 – **Far**, må jeg præsen**te**re dig for min for**lo**vede, **Mus**tafa.

23 – God**dag**, **svi**gerfar.

24 – Øh, det var jo ikke lige **det**, vi havde **ven**tet. **Le**ne er jo vores **e**neste **barn**

25 og - **ja**, min **ko**ne og **jeg** havde jo **glæ**det os til at **se** hende som **hvid brud** foran **al**teret **her** i vores **kir**ke.

26 Jeg har **tit set** mig gå **op** ad **kir**kegulvet med hende til **to**nerne af **Men**delssohns **bryl**lups-march –

27 jeg har såmænd **al**lerede **skre**vet en **sang** til **bru**deparret. ⑧

28 **Men**, hvis det er **dig**, **Le**ne vil **ha**ve, **så** skal du **og**så være **vel**kommen.

29 Hvor **læn**ge har du **bo**et i **Dan**mark?

30 – Jeg har **bo**et i **Dan**mark i **fem**ten **år nu**. Jeg var **5 år**, da jeg kom her**op** med min **mo**der. ⑨

UDTALE

*[**18** ... O-(u)(e)n-ie-kö!-b(e)(d) gra-**wie!**(d) ... **25** ... **bru!(d)** **26** ... **kier**-g(e)-gOol-w(e)(d) ... **män**-d(e)l-ßo!nß br**Ö**-lOobß-ma:rßj ... **27** ... **bru:**-(d)(e)-pa-r(e)(d)]*

18 Und du warst obendrein noch schwanger. Das bin ich ja nicht...

19 So, jetzt kommt Papa. Ich will lieber reingehen und ihm Mustafa vorstellen.

20 – Mensch (verflixt), Lene, du bist zu Hause! Das ist ja schön, so an einem Werktag.

21 Wer ist das, der da im Wohnzimmer sitzt? Ist das ...

22 – Papa, darf ich dir meinen Verlobten vorstellen, Mustafa.

23 – Guten Tag, Schwiegervater.

24 – Äh, das ist ja nicht gerade das, [was] wir erwartet hatten. Lene ist ja unser einziges Kind

25 und – tja, meine Frau und ich hatten uns ja darauf gefreut, sie als Braut in Weiß hier in unserer Kirche vor dem Altar stehen zu sehen.

26 Ich habe mich oft mit ihr zu den Klängen von Mendelsohns Hochzeitsmarsch den Kirchengang entlang gehen sehen -

27 ich habe sogar schon ein Lied für das Brautpaar geschrieben.

28 Aber wenn du derjenige bist, [den] Lene haben will, dann sollst du auch willkommen sein.

29 Wie lange lebst du [schon] in Dänemark?

30 – Ich lebe jetzt seit fünfzehn Jahren in Dänemark. Ich war fünf Jahre, als ich mit meiner Mutter hier hoch kam.

ANMERKUNGEN

⑦ **Hvad Søren** oder **for Søren** ist eigentlich ein milder Fluch, etwa wie „verflixt", er wird aber auch oft als Ausdruck positiver Überraschung verwendet.

⑧ In Dänemark wird gern und viel gesungen. Bei Hochzeiten, Geburtstagen oder Jubiläen usw. ist es darüber hinaus auch üblich, zu bekannten Melodien eigene Texte auf die zu feiernde Person zu verfassen.

⑨ Erinnern Sie sich? **Jeg har boet i Danmark i femten år** bedeutet, daß er immer noch dort wohnt. Die Perfektform **har boet** wird hier also nicht mit „habe gewohnt" übersetzt, sondern mit dem Präsens: „Ich wohne seit 15 Jahren ..." (Vgl. L. 28).

31 Jeg har gået i **sko**le i **Dan**mark til **ti**ende **klas**se.
32 **Si**den har jeg været **ar**bejdsmand og kørt **ta**xa. Jeg har sparet lidt **pen**ge **op**.
33 Jeg vil nemlig **prø**ve at tage stu**den**tereksamen på **kur**sus; **der**på vil jeg læse til **læ**rer.
34 Jeg vil **le**ve og **bo** i **Dan**mark. Jeg **ken**der **ik**ke længere **no**gen i Tyr**ki**et.
35 Med **hen**syn til **bry**luppet, så havde vi egentlig **tænkt** os at blive **gift** i **al** stil**fær**dighed på **råd**-huset.
36 **Men** - hvis **svi**gerfar og **svi**germor **sy**nes, **så** synes jeg **og**så, vi skal have en **rig**tig **fest** med **bru**devals og det **he**le.
37 – **Det ly**der som den **ret**te **ånd**. **Sæt** dig nu **ned** og **få** en tår **kaf**fe. ⑩⑪
38 Vi må jo **se** at få be**gyndt** på at **læ**re hin**an**den **be**dre at **ken**de!

UDTALE

[*32 ... **ar**-baidß-ma!n ... 34 ... tür-**kie!**-(e)(d) 35 ... ßdil-**fär**-die-he!(d) ... **rO(d)**-hu-ß(e)(d) 36 ... **bru:**-(d)(e)-wa!lß ...*]

FØRSTE ØVELSE: FORSTÅR DE DISSE SÆTNINGER?

❶ Vor datter og hendes forlovede gifter sig til maj. ❷ Hendes far siger, at det ikke lige var det, han havde ventet, men hvis det er ham, Lene vil have, så skal han være velkommen. ❸ Han vil tage studentereksamen på kursus og derefter læse til lærer. ❹ I må se at få begyndt på at lære hinanden bedre at kende, om I så synes om det eller ej. ❺ Han siger, han har boet i Danmark i femten år.

31 Ich bin bis zur zehnten Klasse in Dänemark zur Schule gegangen.

32 Danach war ich Hilfsarbeiter und bin Taxi gefahren. Ich habe etwas Geld gespart.

33 Ich möchte nämlich versuchen, das Abitur in [Abend]kursen zu machen (nehmen); danach will ich studieren, um Lehrer zu werden.

34 Ich möchte in Dänemark leben (und wohnen). Ich kenne niemanden mehr in der Türkei.

35 Was die Hochzeit betrifft (Mit Rücksicht zur Hochzeit), so hatten wir uns eigentlich gedacht, in aller Stille im Rathaus zu heiraten.

36 Aber – wenn Schwiegervater und Schwiegermutter [das] meinen, dann finde ich auch, wir sollten ein richtiges Fest machen mit Brautwalzer und allem Drum und Dran (und dem Ganzen).

37 – Das klingt nach der richtigen Einstellung. Setz dich nun, und trink einen Schluck Kaffee.

38 Wir müssen ja sehen, daß wir anfangen, uns besser kennenzulernen!

ANMERKUNGEN

⑩ **ånd-en-er** bedeutet „Geist", sowohl im Sinne von „Intellekt, Geisteshaltung", als auch „Gespenst".

⑪ **tår-en** „Schluck, Tropfen", nicht zu verwechseln mit **tåre-n-r** „Träne".

FØRSTE ØVELSES LØSNING: HAR DE FORSTÅET?

❶ Unsere Tochter und ihr Verlobter heiraten (sich) im Mai. ❷ Ihr Vater sagt, daß das nicht gerade das war, [was] er erwartet hatte, aber wenn er derjenige ist, den Lene haben will, so soll er willkommen sein. ❸ Er will [das] Abitur in [Abend]kursen machen und danach studieren, um Lehrer zu werden (studieren zu Lehrer). ❹ Ihr müßt sehen, daß ihr anfangt, einander besser kennenzulernen, ob euch das nun gefällt oder nicht. ❺ Er sagt, er lebt seit fünfzehn Jahren in Dänemark.

ANDEN ØVELSE: INDSÆT DE MANGLENDE ORD!

1. Er fährt Taxi und hat Geld gespart.

   Han .... og har ...... penge ...

2. Sie sagt, daß sie nicht schwanger ist, und daß es ihr Leben ist, um das es geht (dreht sich), nicht deren.

   Hun siger, .. hun .... er ......, og at ... er ...... liv, det ...., ikke .... .

3. Lene hat sich verlobt (ist verlobt worden), ohne ein Wort zu ihrem Vater und [ihrer] Mutter zu sagen.

   Lene .. .. uden at .... et ord ... ... far og mor.

4. Sie sagt, daß ihre Mutter sich hinsetzen und vernünftig sein soll.

   Hun siger, at ...... mor skal .... og ....

5. Er will in Dänemark leben (und wohnen), weil er niemanden mehr kennt in der Türkei.

   Han vil .... og . i Danmark, fordi han .... nogen . Tyrkiet.

Seksoghalvtredsindstyvende (56.) lektion

Oversigt og anmærkninger

1. Zusammengesetzte Hauptwörter

Wie im Deutschen gibt es auch im Dänischen viele zusammengesetzte Hauptwörter. Die meisten werden direkt durch Zusammenfügen zweier Substantive gebildet:

ANDEN ØVELSES LØSNING: DE MANGLENDE ORD.

❶ kører taxa – sparet – op ❷ at – ikke – gravid – det – hendes – drejer sig om – deres ❸ er blevet forlovet – sige – til sin ❹ hendes – sætte sig ned – være fornuftig ❺ leve – bo – ikke længre kender – i.

In Dänemark kann die Ehe in der Kirche oder auf dem Standesamt geschlossen werden. Beides ist rechtsverbindlich. Bei der traditionellen Hochzeit führt der Brautvater die Braut zum vor dem Altar wartenden Bräutigam, der sie dann zum Altar führt. Dann folgt die Feier, zunächst das Festessen, bei dem, wie bei allen festlichen Anlässen in Dänemark, mehrere Reden gehalten werden, vom Brautvater, vom Vater des Bräutigams, vom Bräutigam selbst und auch von Verwandten und Freunden. Wichtig sind auch die Lieder: Zu bekannten Melodien werden Texte über den Lebensweg des Brautpaares verfaßt. Anschließend eröffnet das Brautpaar mit einem Walzer den Ball, dabei bilden die Gäste einen Kreis um das tanzende Paar und rücken immer dichter zusammen, bis die Brautleute nicht mehr tanzen können. Sie umarmen sich, und der Ball ist eröffnet.

Anden bølge: Gå tilbage til lektion 27!

Sechsundfünfzigste Lektion

bankbog „Sparbuch",
sommeraften „Sommerabend",
damplokomotiv „Dampflokomotive".

Einige werden durch ein **-e** verbunden:

fiskeboller „Fischklöße",
folkepensionist „Rentner".

Andere werden durch ein **-s** verbunden:

> **førtidspensionist** „Frührentner“,
> **fødselsdagsmiddag** „Geburtstagsessen“.

Dabei steht das wichtigere Element hinten, das vordere Element erläutert gewissermaßen das hintere:

> **en skoledreng** „ein Schuljunge“;
> **en drengeskole** „eine Jungenschule“.

Das hintere Substantiv bestimmt das Geschlecht:

> **et folk + en pensionist = en folkepensionist**.

Das Bindungs-**s** wird oft eingesetzt, wenn das erste Element bereits eine Zusammensetzung ist:

> **eftermiddagskaffe** „Nachmittagskaffee“,
> aber: **aftenkaffe** „Abendkaffee“.

Normalerweise wird nur das hintere Element in den Plural gesetzt:

> **en bankbog – to bankbøger**.

Es gibt aber einige wenige Ausnahmen, z.B.:

> **et barnebarn – to børnebørn**.

2. Präfixe und Suffixe (Vor- und Nachsilben)

Die Suffixe -**løs** und -**fri** drücken einen Mangel aus. Dabei hat -**løs** in der Regel eine negative Bedeutung und -**fri** eine positive:

> **barnløs** „kinderlos“, **arbejdsløs** „arbeitslos“,
> **røgfri** „rauchfrei“, **gældfri** „schuldenfrei“.

Die Vorsilben **mis**-, **u**- und **van**- wandeln ein Wort in sein Gegenteil um, meistens mit negativer Bedeutung:

> **held** „Glück“ – **uheld** „Unglück“;
> **forstå** „verstehen“ – **misforstå** „mißverstehen“;
> **ære** „Ehre“ – **vanære** „Schande“.

mis- und **u**- entspricht, wie Sie sicher gemerkt haben, den deutschen Vorsilben „miß-“ und „un-“ und kann oft in den gleichen Fällen eingesetzt werden.
Die Nachsilbe -**(e)r** deutet häufig auf einen männlichen Beruf, -**inde** und –**ske** dagegen auf einen weiblichen:

> **lærer** „Lehrer“, **lærerinde** „Lehrerin“,
> **plejer** „Krankenpfleger“, **plejerske** „Krankenschwester“.

Oft gibt es aber nur eine gemeinsame Form für Männer und Frauen: **læge** „Arzt/Ärztin“. Wenn man betonen will, daß es sich um eine Frau handelt, kann man **kvindelig** „weiblich“ davor setzen.

Einige Suffixe machen Adjektive zu Substantiven:

-**dom**, -**hed**, -**skab**:
ung „jung“ – **ungdom** „Jugend“;
fri „frei“ – **frihed** „Freiheit“;
fader „Vater“ – **faderskab** „Vaterschaft“.

-**hed** und -**skab** ist natürlich mit dem deutschen „-heit“ und „-schaft“ verwandt und kann nicht selten auch in gleicher Weise eingesetzt werden. Aber es gibt Ausnahmen, so entspricht „Weisheit“ nicht **vished** „Gewißheit/Sicherheit“, sondern **visdom**.

3. Präpositionen

Wie bei vielen Sprachen erfordert die korrekte Verwendung der Präpositionen im Dänischen viel Übung und Geduld. Die meisten Präpositionen können in verschiedenen Bedeutungen auftreten, so daß man ihnen keine einzelne Entsprechung im Deutschen zuordnen kann.
Glücklicherweise gibt es einige mit relativ eindeutiger Bedeutung. So kann **med** meistens (aber nicht immer) durch „mit“, **blandt** durch „unter/zwischen“, **efter** durch „nach/hinter“ und **hos** durch „bei“ wiedergegeben werden.
Andere Präpositionen decken dagegen ein breites Bedeutungsspektrum ab, dazu gehören, wie Sie vielleicht schon bemerkt haben, **i**, **på**, **om** und **til**. Achten Sie hier besonders auf die verschiedenen räumlichen und zeitlichen Bedeutungen. Hören und sehen Sie genau hin. Gerade bei den Präpositionen finden Sie die feinen Unterschiede zwischen den sonst so ähnlichen Sprachen Deutsch und Dänisch. Erinnern Sie sich? Die Deutschen setzen das Kaffeewasser „auf“, die Dänen setzen es **over**. Wir machen Ferien „am Meer“, die Dänen **ved havet**. Im grammatikalischen Anhang dieses Kurses finden Sie genauere Angaben zu einigen Präpositionen, die besondere Probleme bereiten.

Einige Präpositionen erfordern in bestimmten Wendungen die Hinzufügung von -**s** oder -**e** an das Substantiv. Das sind Überbleibsel alter Deklinationsformen, die heute, außer in diesen Wendungen, nicht mehr vorkommen. Lassen Sie sich davon nicht irritieren. Am besten lernen Sie derartige Wendungen einfach als feststehenden Ausdruck. Hier einige Beispiele:

til bords „zu Tisch"; **til vejrs** „empor, in die Höhe";
til lands/søs „an Land, auf See"; **nu til dags** „heutzutage";
komme til syne „zum Vorschein kommen, erscheinen";
have i sinde „im Sinn haben, vorhaben, beabsichtigen";
af syne „außer Sicht, aus den Augen (verlieren usw.)";
i tide „beizeiten, zeitig".

Wichtig ist auch die Endung **-s** für Zeitangaben der Vergangenheit:

i fredags „letzten Freitag";
i aftes „gestern Abend".

4. Schulsystem in Dänemark

Die Schule beginnt in Dänemark normalerweise im Alter von sieben Jahren. Es besteht eine neunjährige Unterrichtspflicht (allerdings keine Schulpflicht). Diese neunjährige Unterrichtspflicht wird zum größten Teil an der **grundskole** „Grundschule" absolviert. Anschließend kann ein freiwilliges 10. Jahr folgen. Dann haben die Schüler die Wahl zwischen verschiedenen berufsbildenden Schulen und dem allgemeinbildenden dreijährigen Gymnasium, dessen Klassen (**gymnasieklasse**) als 1.g, 2.g und 3.g bezeichnet werden. Daß das „Abitur" **studentereksamen** heißt und man sich nach erfolgreichem Abitur **student** „Abiturient" nennt, haben Sie ja schon in Lektion 54 gelernt. „Universitätsstudenten" bezeichnet man als **studerende**. Studiert wird an den drei großen Universitäten Kopenhagen (gegründet 1479), Århus (1928) und Odense (1966), sowie den Universitätszentren Ålborg und Roskilde.
Eine sehr wichtige Rolle spielt in Dänemark die Erwachsenenbildung. Hierbei sind vor allem die **Folkehøjskoler** „Heimvolkshochschulen" zu nennen. Das sind sogenannte „freie Internate", die auf der Grundlage der von Grundtvig etablierten Volksbildungstradition allgemeinbildenden Unterricht für Erwachsene anbieten. Diese Schulen, an denen keine Prüfungen abgehalten werden, bestimmen ihren fachlichen Inhalt selbst und bieten die unterschiedlichsten Kurse an. Die über 1-2 Wochen oder mehrere Monate laufenden Kurse erfreuen sich großer Beliebtheit bei allen Altersklassen. Einige **Folkehøjskoler** veranstalten auch Dänischkurse für Ausländer, eine gute Gelegenheit, Sprache, Land und Leute besser kennenzulernen.

5. Dänemark – andere landeskundliche Aspekte

Der in Lektion 52 erwähnte Tivoli ist Ihnen sicher ein Begriff. Dieser sympathische kleine Freizeitpark liegt mitten im Zentrum Kopenhagens, gegenüber des Hauptbahnhofs. In einer schönen Parkanlage gibt es die unterschiedlichsten Angebote: Klassische Konzerte ebenso wie Rock- Pop- Jazz- und leichte Unterhaltungsmusik, Theater, Pantomime, ein reichhaltiges Unterhaltungsprogramm für die Kleinen und natürlich Restaurants/Cafés.
Es wird Ihnen in den vergangenen Lektionen nicht entgangen sein, daß die Dänen eine gute Küche zu schätzen wissen. Versuchen Sie doch bei Ihrem nächsten Besuch einmal regionale Spezialitäten, Sie werden nicht enttäuscht werden.
Falls Sie mit dem Auto in Dänemark unterwegs sind, machen Sie es besser als unser Held aus Lektion 53. Die Geschwindigkeitsbegrenzungen – 100 km/h auf der Autobahn, 80 km/h auf den Fernstraßen und 50 km/h in Ortschaften – sind sehr ernst zu nehmen, und wenn die Dänen auch sonst für ihren gelassenen Humor bekannt sind, so versteht die Polizei hier doch wenig Spaß.

6. Ausländer in Dänemark

Lenes Verlobter in Lektion 55 ist Türke. Ähnlich wie in Deutschland verzeichnete Dänemark während des Wirtschaftsbooms der 60er Jahre eine beträchtliche Zuwanderung. Seit einigen Jahren betreibt Dänemark eine relativ rigide Ausländerpolitik; die Asyl- und Einwanderungsgesetze wurden drastisch verschärft. Während die Asylzentren in Dänemark fast leer sind, versuchen zahlreiche Ausländer, im benachbarten Schweden unterzukommen. Trotzdem wird das Stadtbild in Dänemark, vor allem in den Großstädten, teilweise von den Zuwanderern mitgeprägt. So stammen z.B. viele Taxifahrer aus der Türkei oder Pakistan. Vor Verständigungsproblemen brauchen Sie sich aber nicht zu fürchten, denn alle sprechen Dänisch.

Ist Ihnen diese Lektion leicht erschienen? Das hat einen einfachen Grund: Das Wesentlichste der Basisgrammatik haben Sie sich bereits erarbeitet. Seit Lektion 50 geht es vor allem darum, das Gelernte zu festigen und Ihre Dänischkenntnisse weiter in die Praxis umzusetzen. Ein Grund mehr, die zweite Welle nicht zu vernachlässigen!

Anden bølge: Gå tilbage til lektion 28!

Syvoghalvtredsindstyvende (57.) lektion

Fugl eller fisk? ①

1 **Li**se gik **lang**somt over det **lil**le **torv**, mens hun **o**vervejede, hvad hun skulle købe **ind** til **mid**dagen. ②

2 Hun havde **tænkt** på **no**get med **fisk**. Det var jo **fre**dag,

3 og **selv** om hun **ik**ke var **sær**lig religi**øs**, hang der al**li**gevel **no**get **ved** fra **barn**dommen, hvor **fre**dag var **fast fis**kedag.

4 Ligesom **man**dag var **res**tedag. **Det** var **den gang**!

5 Hendes for**æl**dre havde **ik**ke haft **man**ge **pen**ge at **rut**te med, så **de** havde haft **to res**tedage og **en grød**dag. ③

6 **Nu** ville **al**le have **kød** på **bor**det og **smør** på **brø**det **hver dag**, **selv** om det **slet ik**ke var **sundt**. ④

7 Hun havde for**le**den **dag sid**det ved **tand**lægen og **læst** i et **da**meblad **om**, **hvor** **u**sundt **dans**kerne **le**vede.

8 Der var **man**ge, der **dø**de af **blod**propper som **føl**ge af for **højt** koleste**rol**indhold i **blo**det. ⑤

UDTALE

[... ***fißg*** ... ***3*** ... *rä-lie-**gjÖ!ß*** ... ***barn**-dO-m(e)n* ... ***fiß**-g(e)-dä!j* ***4*** ... ***räß**-d(e)-dä!j* ***5*** ... ***ru**-d(e)* ... ***grÖ(d)**-dä!j* ***8*** ... ***blo!(d)**-prO-bOr* ... *kO-läß-t(e)-**ro!l**-in-hO!l* ...]

ANMERKUNGEN

① Dies ist eine Anspielung auf die Wendung: **hverken fugl eller fisk** „weder Fisch noch Fleisch/nichts Halbes und nichts Ganzes“.

Siebenundfünfzigste Lektion

Vogel oder Fisch?

1 Lise ging langsam über den kleinen Platz, während sie überlegte, was sie zum Abendessen einkaufen sollte.
2 Sie hatte an etwas mit Fisch gedacht. Es war ja Freitag,
3 und auch wenn sie nicht besonders religiös war, waren da trotzdem Kindheitserinnerungen (hing da trotzdem etwas bei von der Kindheit), als Freitag fester Fischtag war.
4 Genauso, [wie] Montag Restetag war. Das war damals!
5 Ihre Eltern hatten nicht (gehabt) viel Geld zu verschwenden, deshalb hatten sie (gehabt) zwei Restetage und einen Grützetag.
6 Jetzt wollten alle jeden Tag Fleisch auf dem Tisch und Butter auf dem Brot haben, selbst wenn das gar nicht gesund ist (war).
7 Sie hatte neulich beim Zahnarzt gesessen und in einer Frauenzeitschrift (Damenblatt) darüber gelesen, wie ungesund die Dänen lebten.
8 Es gibt (gab) viele, die an Blutgerinnseln (Blutpropfen) als Folge eines zu hohen Cholesteringehalts im Blut sterben (starben).

ANMERKUNGEN

② **veje** „wiegen", **overveje** „überlegen, erwägen", **overvejelse-n-r** „Erwägung, Überlegung", **veje op/opveje** „aufwiegen", **veje til** „schwer wiegen, ins Gewicht fallen".

③ **rutte med noget** „etwas verschwenden, mit etwas verschwenderisch umgehen". **rutten** „Verschwendung".

④ **slet ikke** „gar nicht, überhaupt nicht", **slet ingen** „gar keiner". Allein bedeutet **slet** „schlecht, ungenügend (Schulnote)", **slet og ret** „schlecht und recht, einfach nur".

⑤ **indhold-et** „Inhalt, Gehalt", **indeholde** „beinhalten".

9 Da hun drejede **ind** i **gå**gaden, hvor **fis**kehandleren **lå**, spekul**e**rede hun på at lave **fis**kefrikadeller, ⑥

10 men blev **e**nig med sig **selv om**, at **det** måske al**li**gevel var **for u**sselt **så**dan **li**ge **op** til en **week**-end.

11 **Fis**kehandleren havde **til**bud på **tung**er – både **sø**tunger og **rød**tunger.

12 **Sto**re og **ski**nnende **lå** de på **kø**ledisken i **ud**stillingsvinduet. **Sø**tungerne så **ud** til at være **bil**ligst. ⑦

13 – Hvad **kos**ter søtungerne, **spurg**te hun.

14 – **Fi**re for en hal**vtred**ser, **kom sva**ret **rapt**. **Flå**et og **ren**set, **li**ge til at lægge på **pan**den.

15 I **grønt**handlerbutikken, der **lå li**ge overfor kom**mu**neskolen købte hun kar**to**fler og lidt per**si**lle til **sov**sen.

16 **Køb**manden og **mæl**kehandleren ville hun **ta**ge på **hjem**vejen.

17 Da **klok**ken **snart** var **tre**, be**slut**tede hun at **ven**te på **bør**nene, der **snart** kom fra **sko**le.

18 **Så** kunne de **føl**ges ad **hjem** og må**ske** kikke **lidt** i bu**tik**ker, eller **hvad** de nu fik **lyst** til. ⑧

19 **Det** var **no**get, de **tit gjor**de om **fre**dagen som **så**dan en slags **hyg**geligt **ind**ledningsritual til **week**-enden.

UDTALE

[*9 ... **fiß**-g(e)-han-lO-r(e)n ... **fiß**-g(e)-frie-ga-dä-lOr* **12** *... **kö**-l(e)-diß-g(e)n ... **u(d)**-ßdi-lingß-win-du!-(e)(d)* **15** *... kO-**mu:**-n(e)-ßgo:-l(e)n ... **ßOo!(u)**-ß(e)n* **19** *... **in**-le!(d)-ningß-rie-tu-å!l ...*]

9 Als sie in die Fußgängerzone (Gehstraße) einbog, wo der Fischhändler lag, erwog sie, Fischfrikadellen zu machen,

10 kam aber zu dem Schluß (wurde sich mit sich selbst einig über), daß das vielleicht doch zu armselig war, so kurz vor (gleich auf zu) dem Wochenende.

11 Der Fischhändler hatte Schollen im Angebot (Angebot auf) – sowohl Seezungen als auch Rotzungen.

12 Groß und glänzend lagen sie auf dem Kühltisch im Schaufenster. Die Seezungen schienen (sahen aus) am billigsten zu sein.

13 – Was kosten die Seezungen, fragte sie.

14 – Vier für einen Fünfziger, kam die Antwort blitzschnell. Gehäutet und gereinigt, pfannenfertig (gleich in die Pfanne zu legen).

15 Im Gemüseladen (Gemüsehändlerladen), der direkt gegenüber der Gemeindeschule lag, kaufte sie Kartoffeln und etwas Petersilie für die Soße.

16 [Zum] Kaufmann und Milchhändler wollte sie auf dem Heimweg gehen (nehmen).

17 Da es bald drei Uhr war, beschloß sie, auf die Kinder zu warten, die bald von der Schule kommen [würden].

18 So könnten sie zusammen nach Hause gehen und vielleicht ein bißchen in die Geschäfte gucken, oder wozu sie sonst (nun) Lust bekämen.

19 Das war etwas, das sie freitags oft taten, wie eine Art gemütliches Einleitungsritual zum Wochenende.

ANMERKUNGEN

⑥ **dreje** „drehen", **dreje ind i** „einbiegen in", **dreje om** „umdrehen" davon: **omdrejning-en-er** „Umdrehung", **det drejer sig om**... „es geht/handelt sich darum...", **drejebog-en-bøger** „Drehbuch".

⑦ **udstilling-en-er** „Ausstellung, Auslagen" (im Schaufenster).

⑧ **følge** „folgen, befolgen, begleiten", **følges ad** „zusammen gehen. Das Substantiv heißt **følge-en-er** „Folge". Weitere Zusammensetzungen: **følge efter** „(nach)folgen", **følge med** „mitkommen, verstehen, Schritt halten", **følge en ud** „jdn. hinausbegleiten".

20 Men **nu** var **bør**nene **snart** så **sto**re, at de nok **hel**lere ville **føl**ges med deres **sko**lekammerater.

21 Den **ælds**te, **Jens**, var be**gyndt** at spille **fod**bold **hen**ne i **bold**klubben,

22 og den **yng**ste, Rie, **hav**de sine **spil**letimer at **pas**se. ⑨⑩

23 **Nå, den tid, den sorg**! **Ind**til **da** ville hun **stå** og **ven**te på dem **fre**dag **ef**termiddag

24 og **glæ**de sig **o**ver, at **den tid**, der **går godt**, kommer **ik**ke **il**de **igen**. ⑪

(UDTALE)

[*21* ... ***bO!ld**-klu-b(e)n* ... ***22*** ...***ßbi**-l(e)-tie:-mOr* ...]

FØRSTE ØVELSE: FORSTÅR DE DISSE SÆTNINGER?

❶ De fulgtes tit ad hjem om fredagen som et hyggeligt indledningsritual til week-enden. ❷ Hun besluttede sig til at lave fiskefrikadeller med kartofler og persille. ❸ Der var mange danskere, der levede usundt og døde af blodpropper. ❹ Både søtunger og rødspætter lå store og skinnende på køledisken i fiskehandlerens udstillingsvindue. ❺ Der stod i damebladet, at det ikke var sundt at have kød på bordet hver dag.

20 Aber jetzt waren die Kinder bald so groß, daß sie wohl lieber zusammen mit ihren Klassenkameraden gehen wollten.

21 Der Älteste, Jens, hatte begonnen (da) im [Fuß]ball-club Fußball zu spielen,

22 und der Jüngste, Rie, hatte seine Musikstunden (zu besorgen).

23 Nun, jetzt ist nicht die Zeit, sich darüber Sorgen zu machen (diese Zeit diese Sorgen)! Bis dahin wollte sie Freitag nachmittag (stehen und) auf sie warten

24 und sich darüber freuen, daß ihr die schönen Zeiten niemand nehmen konnte (die Zeit, die geht gut, kommt nicht schlecht wieder).

ANMERKUNGEN

⑨ **spilletime** (wörtlich: Spielstunde) bedeutet normalerweise „Musik-unterricht".

⑩ **passe** hat ein breiteres Bedeutungsspektrum als die deutsche Entsprechung „passen": „versorgen, beaufsichtigen" (Kinder/Tiere), „versehen, nachkommen" (Dienst/Aufgabe), „stimmen, zutreffen": **Det passer ikke** „Das stimmt nicht".

⑪ **ilde** „schlecht, übel" ist das Gegenteil von **god/godt** „gut".

FØRSTE ØVELSES LØSNING: HAR DE FORSTÅET?

❶ Sie gingen freitags oft zusammen nach Hause, als gemütliches Einleitungsritual zum Wochenende. ❷ Sie entschloß sich [da]zu, Fischfrikadellen mit Kartoffeln und Petersilie zu machen. ❸ Da waren viele Dänen, die ungesund lebten und an Blutgerinnseln starben. ❹ (Beide) [sowohl] Rotzungen (und) [als auch] Goldbutt lagen groß und glänzend auf dem Kühltisch im Schaufenster des Fischhändlers. ❺ [Es] (da) stand in der Frauenzeitschrift, daß es nicht gesund war, jeden Tag Fleisch auf dem Tisch zu haben.

ANDEN ØVELSE: INDSÆT DE MANGLENDE ORD!

❶ Auch (selbst) wenn das nicht gesund war, wollte Jens jeden Tag Butter auf dem Brot haben.

. . . . det ikke var . . . . . , ... Jens have smør . . brødet . . . .

❷ Sie entschloß sich [da]zu, den Gemüsehändler und den Milchmann auf dem Heimweg aufzusuchen (zu nehmen).

Hun . . . . at . . . . grønthandleren og mælkemanden . . . .

❸ Sie freute sich darüber, daß der Älteste angefangen hatte, Fußball zu spielen.

Hun . . . . , at . . . . var . . . . at . . . . fodbold.

▶ Otteoghalvtredsindstyvende (58.) lektion

Røg i køkkenet

1 – Nu **må** du altså **se** at få taget dig **sam**men til at gøre **no**get ved det **tag**!

2 Det **reg**ner **ind al**le **veg**ne. **Se her**, det **dryp**per **ned** i min **kaf**fekop!

UDTALE

[**2** ... ***drÖ***-*bOr* ...]

❹ In ihrer Kindheit war Freitag (fester) Fischtag.

. . . . var . . . . fiskedag.

❺ Lise erwog, Fleisch zum Abendessen zu kaufen.

Lise . . . . at købe . . . .

ANDEN ØVELSES LØSNING: DE MANGLENDE ORD.

❶ Selv om – sundt, ville – på – hver dag ❷ besluttede sig til – tage – på hjemvejen ❸ glædede sig over – den ældste – begyndt – spille ❹ I hendes barndom – fredag fast ❺ overvejede – kød til middagen.

Anden bølge: Gå tilbage til lektion 29!

Achtundfünfzigste Lektion

Dicke Luft (Rauch in der Küche)

1 – Jetzt mußt du aber [zu]sehen, daß du dich zusammennimmst (zusammengenommen bekommst), und was an diesem Dach machst (zu zu tun etwas an diesem Dach)!

2 Es regnet überall (alle Wege) rein. Guck hier, es tropft (herunter) in meine Kaffeetasse!

3 – Lad nu **vær**e at tage **så**dan på **vej**. Jeg **sy**nes efterhånder **ik**ke, du be**stil**ler **an**det end at **brok**ke dig. ①②

4 – **Brok**ke mig. Det er snart et **år si**den, du **lo**vede at gøre **no**get **ved** det,

5 men der er **ik**ke **sket** en **dis**se. Du snakker dig **ba**re **u**denom og lover **bod** og **bed**ring. ③④

6 Og **så** går det **el**lers på **bed**ste be**skub** til **næs**te **gang**, jeg **får** et hys**te**risk **an**fald, som du så **næn**somt **kal**der det. ⑤

7 Og **jeg** idi**ot** er **sta**digvæk fo**relsk**et **nok** til at hoppe på **lim**pinden **hver gang**.

8 Ja, **kær**ligheden **læn**ge **le**ve! **Rend** og **hop**! ⑥

9 **Kær**lighed og **kil**devand kan **gå** i **ung**dommen. Med **al**deren må der **me**re **fast fø**de **til**.

10 – Du må da **ik**ke **tro**, det morer **mig hel**ler. Men du **ved** jo, vi **ik**ke har **råd**.

11 Hvis jeg **hav**de **pen**gene, ville jeg få **la**vet det **tag** den **dag** i **mor**gen.

12 – Jeg **ved** det **godt**, **Hen**rik. Jeg **ved** det. **Glem**, hvad jeg **li**ge **sag**de.

UDTALE

[*3* ... *äf-dOr-hO!-n(e)n* ... ***brO**-g(e)* ... ***6*** ... *be-**ßgOob*** ... ***ga!ng*** ... *hüß-**te!**-rießg* ... ***7*** ... ***lie:m**-pi!-n(e)n* ...]

ANMERKUNGEN

① **tage på vej** „heftig werden, sich aufregen".

② **brokke sig** „meckern, nörgeln" ist abgeleitet von **brok-ket-=** „Unordnung, Pfusch"; **lave brok** „pfuschen", **brokke sammen** „zusammenbrauen". **Der er gået brok i det** „Es ist in die Brüche gegangen".

3 – Reg dich nicht so auf (laß nun sein zu ziehen so auf Weg). Ich finde allmählich (nicht), du tust [nichts] anderes als dich zu beklagen.

4 – Mich beklagen! Es ist bald ein Jahr her, [daß] du versprochen hast, etwas daran (bei dem) zu tun,

5 aber es ist nicht das Geringste geschehen. Du redest dich bloß raus und versprichst (Buße und) Besserung.

6 Und so geht das dann aufs Geratewohl weiter bis zum nächsten Mal, [wenn] ich einen hysterischen Anfall bekomme, wie du das so zartfühlend nennst.

7 Und ich Idiotin bin immer noch genug verliebt, um [dir] jedes Mal auf den Leim zu gehen (auf die Leimrute zu springen).

8 Ja, lang lebe die Liebe! Zum Teufel (renn und spring)!

9 Luft und Liebe (Liebe und Quellwasser) mag in der Jugend reichen (gehen). Mit dem Alter braucht man mehr feste Nahrung (muß da mehr feste Nahrung zu).

10 – Du mußt bloß nicht glauben, daß mir das (auch) Spaß macht. Aber du weißt ja, [daß] wir kein Geld haben.

11 Wenn ich das Geld hätte, würde ich das Dach schon morgen (den Tag morgen) machen lassen.

12 – Ich weiß das ja (gut), Henrik. Ich weiß das. Vergiß, was ich gerade gesagt habe.

ANMERKUNGEN

③ **disse** ist ein Metallknopf, der zum Spielen verwendet wird. Im übertragenen Sinne bezeichnet man damit etwas Wertloses, z.B. **Ikke en disse værd** „keinen roten Heller wert".

④ **udenom** „außen (herum), an der Außenseite".

⑤ Die wörtliche Übersetzung von **på bedste beskub** ist „aufs Geratewohl". Merken Sie sich auch **leve på bedste beskub** „in den Tag hineinleben".

⑥ **leve** ist hier nicht Infinitiv, sondern Konjunktiv. Der Konjunktiv ist formgleich mit dem Infinitiv und wird heute fast nur noch in festen Wendungen benutzt. Mehr dazu in Lektion 63.

13 Du må **ik**ke tage mig det **il**de **op**, men jeg **bli**ver **ba**re så depri**me**ret, **hver gang** jeg **tæn**ker **på**, at vi **ik**ke en**gang** har **salt** til et **æg**. ⑦

14 **Se** bare til **P**etersens f. eks.

15 **De** har **råd** til **fe**rie og **alt mu**ligt, mens **vi ba**re **går** og sutter på **tom**melfingeren på **fem**te **år nu**.

16 – **Ja**, **græs**set er jo altid **grøn**nere hos **na**boen.

17 – Må**ske**, men mens **græs**set **gror**, **dør hor**semor.

18 Pokker **ta**ge mig om jeg gider **pu**kle **da**gen **lang** til **in**gen **ver**dens **nyt**te! ⑧⑨

19 Og **jeg**, som **tro**ede, vi var **klar**synede, da vi **køb**te **hu**set **her**. Jo, god**mor**gen **mak**ker! ⑩

20 – **Tag** dig nu **sam**men og vær for**nuf**tig. Om nogle **år ven**der **bil**ledet. Så **sid**der vi i et **gæld**frit **hus**.

21 Og **så** skal jeg **lo**ve dig, du kommer **ud** at **rej**se. **Dan**mark rundt, Eu**ro**pa rundt... **bare** sig **til**. ⑪

UDTALE

[*13 ... de-prie-**me!**-r(e)(d) ... **15** ... **tO**-m(e)l-fi!(ng)O-r(e)n ... **19** ... **klar**-ßü!-n(e)-(d)(e) ...*]

13 Du darfst mir das nicht übelnehmen, aber ich werde einfach so deprimiert, jedesmal, wenn ich daran denke, daß wir so wenig Geld (nicht einmal Salz für ein Ei) haben.

14 Sieh nur (zu) Petersens, z.B.

15 Die haben Geld für Ferien und alles mögliche, während wir nun schon seit fünf Jahren leer ausgehen (gehen und lutschen am Daumen auf fünftes Jahr).

16 – Ja, das Gras ist ja beim Nachbarn immer grüner.

17 – Vielleicht, aber während das Gras wächst, stirbt das Pferd (Pferdemutter).

18 Der Teufel [soll] mich holen, wenn ich den ganzen Tag lang für nichts und wieder nichts (zu keinem der Welt Nutzen) schuften will!

19 Und ich (die) dachte, wir wären weitsichtig (hellsichtig), als wir das Haus hier kauften. Ja, dumm gelaufen (guten Morgen, Partner)!

20 – Nimm dich jetzt zusammen und sei vernünftig. In einigen Jahren wendet sich das Blatt (Bild). Dann sitzen wir in einem schuldenfreien Haus.

21 Und dann verspreche ich dir, [daß] du reisen wirst (rauskommst zu reisen). [Durch] Dänemark (herum), [durch] Europa (herum) ... sag nur Bescheid.

ANMERKUNGEN

⑦ **tage noget ilde op** „etwas übelnehmen" kommt von **ilde** „übel, schlecht, schlimm"; andere typische Wendungen: **være ilde faren** „schlimm dran sein", **høre ilde for noget** „getadelt werden für...".

⑧ **gide** „mögen, etwas über sich bringen, Lust haben" **Jeg gider ikke** „Ich habe keine Lust".

⑨ **pukle** „büffeln, schuften, malochen" ist abgeleitet von **pukkel-puklen-pukler** „Buckel"; das Adjektiv heißt **puklet** „bucklig".

⑩ **makker** „Kollege, Partner, Teamkamerad, Mitspieler". Übrigens, ein **blind makker** (wörtl.: „blinder Partner") ist ein „Strohmann".

⑪ **sige til** „sich melden, Bescheid geben". Mit **sige** „sagen" gibt es viele Zusammensetzungen, z.B. **sige imod** „widersprechen", **siger efter** „nachsprechen", **sige op** „kündigen".

22 – **Du** lover **al**tid **guld** og **grøn**ne **sko**ve.
23 Men **ind**til **da** må vi **nø**jes med **rej**seudsendelser i **fjern**synet.
24 – **Drøm**mene har man da **lov** at have – de er **li**ge så **skat**tefrie som **tan**ker er **told**frie.
25 Men **se** nu at blive **fær**dig med din **kaf**fe. **Jeg** skal på **ar**bejde!

FØRSTE ØVELSE: FORSTÅR DE DISSE SÆTNINGER?

❶ Pokker tage mig om jeg vil nøjes med at se rejseudsendelser i fjernsynet. ❷ Han lover guld og grønne skove, men vi har ikke engang salt til et æg. ❸ Bliv nu ikke deprimeret og vær fornuftig, næste år vender billedet! ❹ Se bare til Petersens, der sidder i et gældfrit hus. ❺ Du må ikke tro, det morer mig at pukle dagen lang til ingen verdens nytte!

ANDEN ØVELSE: INDSÆT DE MANGLENDE ORD!

❶ Hör auf (laß sein mit), dich zu beklagen!

. . . være . . . at . . . . !

❷ Wenn ich Geld hätte, würde ich Ferien machen.

. . . . jeg . . . . . penge, ... jeg tage . . . .

❸ Sieh nun [zu], mit diesem Dach fertig zu werden.

Se . . at . . . . med det . . . .

❹ Jedesmal, [wenn] sie Reisesendungen im Fernsehen sieht, wird sie deprimiert.

. . . . hun ser rejseudsendelser . . . . , ... hun . . . .

22 – Du versprichst immer das Blaue vom Himmel herunter (Gold und grüne Wälder).

23 Aber bis dahin müssen wir uns mit Reisesendungen im Fernsehen begnügen.

24 – Träumen ist doch erlaubt (Träume hat man doch Erlaubnis zu haben) – die sind genau so steuerfrei wie Gedanken zollfrei sind.

25 Aber sieh nun [zu], daß [du] fertig wirst mit deinem Kaffee. Ich muß zur Arbeit!

FØRSTE ØVELSES LØSNING: HAR DE FORSTÅET?

❶ Der Teufel soll mich holen (hole mich), wenn ich mich damit begnügen will, Reisesendungen im Fernsehen zu sehen. ❷ Er verspricht das Blaue vom Himmel herunter, aber wir haben keinen Pfennig Geld (nicht einmal Salz für ein Ei). ❸ Werde nun nicht deprimiert und sei vernünftig, nächstes Jahr wendet sich das Blatt! ❹ Sieh nur zu Petersens, die in einem schuldenfreien Haus sitzen. ❺ Du darfst nicht glauben, es macht mir Spaß, den ganzen Tag lang für nichts und wieder nichts zu schuften!

❺ Wenn du sagst, daß du kein Geld hast, bekommt sie einen hysterischen Anfall.

. . . . du siger, . . du . . . . har . . . , får hun et hysterisk . . . .

ANDEN ØVELSES LØSNING: DE MANGLENDE ORD.

❶ Lad – med – brokke dig ❷ Hvis – havde – ville – på ferie ❸ nu – blive færdig – tag ❹ Hver gang – i fjernsynet, bliver – deprimeret ❺ Hvis – at – ikke – råd – anfald.

Anden bølge: Gå tilbage til lektion 30!

Nioghalvtredsindstyvende (59.) lektion

En fødselsdagstale

1 **Nu** sidder du **her**, **Jør**gen, på **mid**ten af din **ba**ne gennem **li**vet. Og det er **jo e**gentlig u**fat**teligt.

2 Du har **al**tid haft **fart på**, som **om** du var **ban**ge for at komme for **sent**. Du var **kun** sytten, da du blev stu**dent**. ①

3 Du var **tre** og **ty**ve, da du **fik** din **em**bedseksamen. **U**hørt i **lan**det med de **lan**ge **ud**dannelser. ②

4 Mari**an**ne **ven**tede du **lidt** med.

5 Du ville være en **hol**den **mand** med **fo**den under **e**get **bord**, **før** du fandt **ti**den **in**de til at **fri**. ③

6 Så du var **tre**dive, da du blev **gift**. Til **gen**gæld **ven**tede du **ik**ke **læn**ge med at få **børn**.

7 **Næp**pe var I kommet **hjem** fra **bryl**lupsrejsen, før **Lars lå** i **vug**gen. **Skarpt** for**fulgt** af **Mads**, som **an**kom **hels**kindet **å**ret **ef**ter. ④⑤

8 Så **men**te I **å**benbart det kunne være **nok**. **Må**let var **nå**et: **ker**nefamilien med **to born**.

9 Men na**tu**ren **gik**, som så **of**te **før**, **o**ver **op**tugtelsen,

UDTALE

[... ***fÖ**-ß(e)lß-däß-tă:-l(e)* **1** ... ***mi**-d(e)n* ... **3** ... ***äm**-be!(d)ß-äg-ßă:-m(e)n* **7** ... ***brÖ**-lObß-rai-ß(e)n* ... **8** ... ***kär**-n(e)-fa-miel!-j(e)n* ... **9** ... ***Ob**-tOog-d(e)l-ß(e)n* ...]

ANMERKUNGEN

① Achtung: **fart** kann zwar auch „Fahrt“ heißen, meistens bedeutet es aber, wie hier, „Tempo, Geschwindigkeit“.

Neunundfünfzigste Lektion

Eine Geburtstagsrede

1 Nun sitzt zu hier, Jørgen, in der Mitte deiner Bahn durch das Leben. Und das ist ja eigentlich unfaßbar.

2 Du hattest immer [ein] Tempo drauf, als ob du Angst davor hattest, zu spät zu kommen. Du warst erst siebzehn, als du dein Abitur machtest.

3 Du warst dreiundzwanzig, als du dein Staatsexamen machtest. Unerhört in dem Land mit den langen Ausbildungen.

4 Mit Marianne hast du ein bißchen gewartet.

5 Du wolltest ein gemachter Mann sein, mit den Füßen (dem Fuß) unter dem eigenen Tisch, bevor du die Zeit reif (innen) zum Heiraten fandest.

6 Du warst also dreißig, als du geheiratet hast. Dagegen hast du nicht lange damit gewartet, Kinder zu bekommen.

7 Kaum wart ihr von der Hochzeitsreise zurück, da lag Lars in der Wiege. Dicht gefolgt von Mads, der ein Jahr später in perfektem Zustand ankam.

8 Da meintet ihr offenbar, das wäre genug. Das Ziel war erreicht: Die Kernfamilie mit zwei Kindern.

9 Aber die Natur war, wie so oft zuvor, stärker (ging über die Erziehung),

ANMERKUNGEN

② **embede-t-r** „Amt, Stellung im öffentlichen Dienst“, **embedsman** „Beamter“, **embedseksamen** „Staatsexamen“.

③ **fri** kennen Sie ja schon in der Bedeutung „frei“, hier heißt es aber „freien, einen Heiratsantrag machen“. Übrigens, auch die Dänen „gehen auf Freiersfüßen“: **gå på frierfødder**.

④ **Næppe ... før** „kaum ..., als/da“.

⑤ **helskindet** „mit heiler Haut“ (davonkommen usw.) setzt sich zusammen aus **hel** „ganz, heil“ und **skind-et-=** „Haut“.

10 og **An**ne **me**ldte sin **an**komst **to** tre **kvart år** **se**nere. Med us**vi**gelig præcisi**on** som de **an**dre. ⑥

11 **Plads**forholdene i **hu**set blev for **tran**ge. En **ud**videlse måtte der **til**.

12 Så du fik **byg**get **tre nye bør**neværelser, **sto**re og **ly**se som sig **hør** og **bør**. ⑦

13 Fru Mari**an**ne **fik** sit **e**get kon**tor**,

14 og **selv** fik du et **værk**sted, hvor du kan **gå** og **nør**kle med din **hob**by i **de få**, **le**dige **stun**der, du har til **o**vers til dig **selv**. ⑧

15 **Bør**nene slægtede deres **far på** og **spild**te ikke **ti**den. De fik **straks plads** i den lo**ka**le **vug**gestue, ⑨

16 hvorfra de **si**den **lang**somt, men **sik**kert, **trin** for **trin**, har arbejdet sig **op** gennem **gra**derne.

17 **In**gen **vak**len i ge**led**derne **her**. Den **skri**vende **Lars** får **ud**givet sin **før**ste **bog** til **vin**ter.

18 Den **stræb**somme **Mads** bliver **fær**dig som ingeni**ør** til **næ**ste **år**, og **An**ne bliver **sy**geplejerske til **som**mer.

19 **Nej**, man ligger **ik**ke på den **la**de **si**de i **den** fa**mi**lie.

20 **Ven**ner har det **hel**ler ikke **skor**tet **på**. **Ven**nernes **ven** har du **al**tid **væ**ret.

21 **Se**nere blev du kol**le**gernes kol**le**ga. **Sid**ste **år** blev du deres **chef**.

UDTALE

[***10*** *... u-**ßwie!**-j(e)-lie ...* ***11*** *...* ***u(d)****-wie!-(d)(e)l-ß(e) ...* ***15*** *...* ***wOo****-g(e)-ßdu:-(e)* ***17*** *... ge-**le!**-(d)Or-n(e) ...*]

10 und Anne meldete ihre Ankunft zweidreiviertel Jahre später. Mit unfehlbarer Präzision wie die anderen.

11 Die Platzverhältnisse im Haus wurden zu eng. Eine Erweiterung mußte her (da zu).

12 Deshalb hast du drei neue Kinderzimmer bauen lassen, groß und hell, wie es sich gehört (und muß).

13 Frau Marianne bekam ihr eigenes Büro,

14 und du selbst bekamst eine Werkstatt, wo du in den wenigen freien Augenblicken, die du für dich selbst übrig hast, (gehen und) mit deinem Hobby herumpusseln kannst.

15 Die Kinder kamen nach ihrem Vater und vergeudeten keine Zeit. Sie bekamen sofort einen Platz in der örtlichen Kinderkrippe (Wiegenstube),

16 von wo sie sich seitdem langsam, aber sicher, Schritt für Schritt die Stufen hochgearbeitet haben.

17 Kein Wanken im Glied hier. Der schreibende Lars gibt sein erstes Buch diesen Winter heraus.

18 Der strebsame Mads beendet nächstes Jahr seine Ingenieurausbildung, und Anne wird im Sommer Krankenschwester.

19 Nein, in dieser Familie liegt man nicht auf der faulen Haut (Seite).

20 An Freunden hat es auch nicht gefehlt. Du warst immer Freund [deiner] Freunde.

21 Später warst du Kollege der Kollegen. Letztes Jahr wurdest du ihr Chef.

ANMERKUNGEN

⑥ **svige** „betrügen, verraten, im Stich lassen"; **usvigelig** „unverbrüchlich, untrügbar".

⑦ **som sig hør og bør** setzt sich zusammen aus **høre sig** „sich gehören" und **burde** (Präsens **bør**) „müssen".

⑧ Erinnern Sie sich? **stund-en-er** heißt nicht „Stunde", sondern „Augenblick".

⑨ **slægt-en-er** „Geschlecht, Familie", **slægte en på** „nach jemandem kommen, jemandem ähneln".

22 **Fir**maets **tarv** har ligget dig på **sin**de, siden du for **seks**og**tre**dive **år si**den for **førs**te gang trådte **ind** ad **dø**ren.
23 **Of**te satte du **fir**maets **da**værende **le**der **grå hår** i **ho**vedet med dit **gen**tagne **krav** om demokra**ti** på **ar**bejdspladsen. ⑩
24 **Nu** kan du **selv** som **chef** for det **hæ**derkronede **fir**ma føre dine ideer **ud** i **li**vet.
25 Vær for**vis**set **om**, at vi står **last** og **brast bag** dig i **det**te som i **hint**. ⑪
26 **Alt** har en **en**de, **og**så **den**ne **ta**le.
27 Så lad os **al**le **rej**se os **op** og **ud**bringe et **tre**foldigt **le**ve for fødsel**a**ren, ⑫
28 **che**fen, **ægte**manden, **fa**deren, mo**del**flyvebyggeren og **ven**nen **Jør**gen **Han**sen i Nørre **Sne**de. ⑬
29 **Han læn**ge **le**ve! Hur**ra**! Hur**ra**! Og **så** det **lan**ge: Hur**raaaaaaa**!

UDTALE

[*22 ... ta!rw ... 24 ... he!-´d)Or-kro:-n(e)-(d)(e) ... 27 ... fÖ-ß(e)-**la!**-r(e)n 28 ... mo-**däl**-flü:-w(e)-bü-gO-r(e)n ...*]

FØRSTE ØVELSE: FORSTÅR DE DISSE SÆTNINGER?

❶ Da pladsforholdene i huset blev for trange, fik han bygget tre nye børneværelser. ❷ Lad os udbringe et trefoldigt leve for vor ven og kollega. ❸ Den stræbsomme Mads fik sin eksamen, da han var tre og tyve. ❹ Næppe var Anna kommet hjem fra bryllupsrejsen, før hun fik sit eget kontor. ❺ Vær forvisset om, at vi ikke ligger på den lade side i vores familie.

22 Das Wohl der Firma lag dir am Herzen (Sinn), seit du vor sechsunddreißig Jahren zum ersten Mal durch die Tür getreten warst.

23 Oft hast du dem damaligen Leiter der Firma mit deiner wiederholten Forderung nach Demokratie am Arbeitsplatz graue Haare bereitet (in den Kopf gesetzt).

24 Nun kannst du selbst als Chef dieser ruhmreichen Firma deine Ideen in die Tat umsetzen (ins Leben ausführen).

25 Sei versichert, daß wir fest hinter dir stehen, in allen Fällen (in diesem wie in jenem).

26 Alles hat ein Ende, auch diese Rede.

27 So laßt uns uns alle erheben und ein dreifaches Hoch (lebe) auf den Jubilar,

28 Chef, Ehemann, Vater, Modellflugzeugbauer und Freund Jørgen Hansen aus Nørre Snede ausbringen.

29 Er lebe hoch (lange)! Hurra! Hurra! Und jetzt das lange: Hurraaaaaaaa!

ANMERKUNGEN

⑩ **gentage** „wiederholen", die Vorsilbe **gen**- kann meistens mit „wieder" übersetzt werden: **genkende** „wiedererkennen", **genfinde** „wiederfinden", **genforening** „Wiedervereinigung".

⑪ **stå last og brast med**... „durch dick und dünn gehen mit..."

⑫ **fødselar** „Geburtstagskind, Jubilar" ist abgeleitet von **fødsel-en-er** „Geburt".

⑬ **ægtemand** „Ehemann" kommt vom Verb **ægte** „ehelichen", nicht zu verwechseln mit dem Adjektiv **ægte** „echt".

FØRSTE ØVELSES LØSNING: HAR DE FORSTÅET?

❶ Als die Platzverhältnisse im Haus zu eng wurden, ließ er drei neue Kinderzimmer bauen. ❷ Laßt uns ein dreifaches Hoch für [den] Freund und Kollegen ausbringen. ❸ Der strebsame Mads bekam sein Examen, als er dreiundzwanzig war. ❹ Kaum war Anna von der Hochzeitsreise heimgekehrt, (bevor) bekam sie ihr eigenes Büro. ❺ Sei versichert (um), daß wir in unserer Familie nicht auf der faulen Haut liegen.

ANDEN ØVELSE: INDSÆT DE MANGLENDE ORD!

1. Sie war erst siebzehn, als sie heiratete.

   Hun . . . . . . sytten, . . hun . . . .

2. Vor zwanzig Jahren trat er das erste Mal durch die Tür der Firma.

   . . . tyve år . . . . han . . . første . . . . firmaets . . . .

3. Sei versichert (um), daß sie keine Zeit vergeudete.

   Vær . . . . , at hun . . . . tiden.

4. Die neue Werkstatt wird zum nächsten Jahr fertig.

   . . . . . . værksted . . . . . . færdigt . . . . år.

5. Er fand die Zeit nicht reif zu heiraten (freien), bevor er ein gemachter Mann war

   Han . . . . tiden . . . . at . . . , . . . han var en . . . . . . mand.

▶ Tresindstyvende (60.) lektion

En mørk, regnfuld aften på en øde landsbygade et sted i Danmark ①

1 Det var en **mørk**, **regn**fuld **af**ten i **ef**teråret 1989. **Helt** præ**cist** den **ni**ende i **ti**ende.

UDTALE

[... ***Ö:**-(d)(e)* ... ***la!nß**-bü-gā:-(d)(e)* ...]

ANDEN ØVELSES LØSNING: DE MANGLENDE ORD.

❶ var kun – da – blev gift ❷ For – siden trådte – for – gang ind ad – dør ❸ forvisset om – ikke spildte ❹ Det nye – bliver – til næste ❺ fandt ikke – inde til – fri, før – holden.

Anden bølge: Gå tilbage til lektion 31!

Sechzigste Lektion

Ein dunkler, regnerischer Abend auf einer verlassenen Dorfstraße irgendwo in Dänemark

1 Es war ein dunkler, regnerischer Abend im Herbst 1989. Ganz genau der 9.10.

ANMERKUNGEN

① **landsby** (wörtllich: „Landstadt") „Dorf", **by** „Stadt".

2 **Rig**tigt **rus**kvejr, som **tvang or**dentlige **men**nesker til at **bli**ve **in**dendørs. ②③

3 **Ga**delyset var **tændt**, men kun en **tred**jedel af **lam**perne **brænd**te.

4 Kom**mu**nen fattedes **pen**ge og havde **ik**ke **råd** til at **ud**skifte **pæ**rerne. ④

5 Den **sid**ste **ud**flugt for kom**mu**nens **gam**le havde været **dyr**.

6 Jeg kom **gå**ende **ned** ad **ho**vedgaden, da jeg fik **øje på** han. Han **stod halvt** i **skyg**ge **o**vre ved **køb**mandens ciga**ret**automat. ⑤

7 Hans **bil** stod par**ke**ret **hen**ne ved ben**zin**tanken og ragede cirka **to fem**tedele **op** på **for**tovet.

8 Der var **lys** oppe i **køb**mandens **lej**lighed. Jeg hørte **stem**mer de**rop**pe **fra**; **hår**de, **vre**de **stem**mer.

9 **Or**dene faldt **tør**re som **rif**felskud. Jeg kunne **ty**deligt **hø**re dem **her u**de på **ga**den.

10 **Man**den havde forladt ciga**ret**automaten

11 og kom **lang**somt **gå**ende **o**ver mod **det sted**, hvor jeg havde stillet mig i **ly** for **reg**nen. ⑥

12 Der **kom** en **gur**glende **lyd ne**de fra **ren**destenen, der efter**hån**den ikke kunne **kla**re **alt det vand**. ⑦

UDTALE

[*2 ... **rußg**-wä!r ... **6** ... ßie-gä-**räd**-au-to-mä!d **7** ... bän-**ßie!n**-tank(e)n ... **ßier**-ka ... **9** ... **ri**-f(e)l-ßgu!(d) **12** ... **gur**-l(e)-n(e) ...*]

ANMERKUNGEN

② **ruskvejr-et-=,** auch **ruskregn-en** oder einfach **rusk-et-=** bedeutet „Sturm mit Regen“. Das zugehörige Verb **ruske** hat neben „regnen und stürmen“ auch die Bedeutung „rütteln, zerren, zausen“.

③ **indendørs** „drinnen, im Haus, zu Hause“.

2 Richtiges Sauwetter, das ordentliche Menschen zwang, drinnen zu bleiben.
3 Die Straßenbeleuchtung war eingeschaltet, aber nur ein Drittel der Lampen brannte.
4 Der Gemeinde fehlte Geld, und [sie] hatte keine Mittel, die Birnen auszuwechseln.
5 Der letzte Ausflug für die Alten der Gemeinde war teuer gewesen.
6 Ich kam die Hauptstraße herunter(gehend), als ich ihn erblickte. Er stand halb im Schatten, drüben beim Zigarettenautomaten des Kaufmanns.
7 Sein Auto war (da) bei der Tankstelle geparkt und ragte [zu] ca. zwei Fünfteln auf den Bürgersteig.
8 Da war Licht oben in der Wohnung des Kaufmanns. Ich hörte Stimmen von dort oben; harte, zornige Stimmen.
9 Die Worte fielen trocken wie Gewehrschüsse. Ich konnte sie deutlich hier draußen auf der Straße hören.
10 Der Mann hatte den Zigarettenautomaten verlassen
11 und kam langsam (gehend) zu der Stelle herüber, wo ich mich vor dem Regen (in den Schutz) untergestellt hatte.
12 Da kam ein gurgelnder Laut von unten aus dem Rinnstein, der inzwischen das ganze Wasser nicht mehr aufnehmen (schaffen) konnte.

ANMERKUNGEN

④ **fattes** „fehlen“ ist hier kein Passiv, sondern ein Deponens, ein Verb mit passivischer Form, aber aktivischer Bedeutung. Ebenso **jeg synes** „ich meine“, **jeg længes** „ich sehne mich“.

⑤ **gå ned ad** heißt „hinunter gehen“ oder „von Norden nach Süden gehen“.

⑥ **ly-et** „Schutz (vor Regen), Windschatten“, **stille sig i ly** „sich unterstellen“, **i ly af loven** „im Schutze des Gesetzes“. **husly** (wörtlich: „Hausschutz“) „Obdach, Unterschlupf“.

⑦ **klare,** hier „schaffen, verkraften“, hat viele Bedeutungen: „bestehen“ (Prüfung), „bezahlen“ (Schulden, Rechnung), **klare sig** „zurechtkommen“, **klare op** „aufklaren, aufhellen“ (Wetter, Stimmung).

13 **Stem**merne var for**stum**met **in**de hos **køb**manden. **U**de fra **mar**ken **hør**tes endnu **en**kelte **køer brø**le. ⑧

14 **Man**den kom **lang**somt **gå**ende **li**ge **hen imod** mig. Han havde skubbet **hat**ten **helt ned** i **pan**den.

15 **Kra**ven på hans **frak**ke var slået **op** i **nak**ken. Jeg kunne **ty**deligt **se** ham **her o**vre fra mit **skjul**.

16 **Glø**den fra hans ciga**ret op**lyste **un**deransigtet. ⑨

17 Han var **al**le**re**de nået **hen** til **Jen**sens; han **så** sig til **høj**re og **vens**tre og **fort**satte så **li**ge **ud**.

18 Han **smed** ci**garet**ten **ned** i **ren**destenen og kastede et **blik op** mod den **regn**tunge **nat**tehimmel. ⑩

19 Det **ø**sede **van**de **ned**. **Lang**somt stak han **høj**re **hånd in**denfor **frak**ken. ⑪

20 Mit **hjer**te **ham**rede **in**de i **brys**tet på mig. Det måtte kunne **hø**res **vi**den **om**. **Nu** stak han **ven**stre **hånd ned** i **frak**kelommen.

21 **Regn**vandet **drev** ned ad ham og **sam**lede sig til en lille **pyt om**kring hans **sko**. ⑫

22 **Nu** kom hans **høj**re **hånd** til **sy**ne **i**gen. Han **holdt no**get **i** den.

23 **Nu** trak han **ven**stre **hånd op** af **lom**men; han **holdt** en lille **gen**stand **i** den, som **lys**te me**tal**lisk. ⑬

UDTALE

[*20* ... ***brÖß**-d(e)(d)* ... ***wie:**-(d)(e)n* ***O!m*** ... ***23*** ... ***gän**-ßda!n* ...]

ANMERKUNGEN

⑧ **køer** ist der Plural von **ko-en** „Kuh“.

13 Die Stimmen drinnen beim Kaufmann waren verstummt. Draußen auf dem Feld hörte man noch einzelne Kühe brüllen.

14 Der Mann kam langsam genau auf mich zu. Er hatte den Hut ganz runter in die Stirn geschoben.

15 Der Kragen seines Mantels war im Nacken hochgeschlagen. Ich konnte ihn deutlich hier von meinem Versteck aus sehen.

16 Die Glut (von) seiner Zigarette beleuchtete den unteren Teils des Gesichts.

17 Er war bereits bis zu Jensens gekommen; er sah nach rechts und links und ging (setzte) dann geradeaus fort.

18 Er schmiß die Zigarette (hinunter) in den Rinnstein und warf einen Blick nach oben gegen den regenschweren Nachthimmel.

19 Der Regen goß [in Strömen] (Es goß Wässer herunter). Langsam steckte er [die] rechte Hand in den Mantel.

20 Mein Herz hämmerte in meiner Brust. Das mußte man weithin (umher) hören können. Jetzt steckte er die linke Hand in die Manteltasche (runter).

21 Das Regenwasser rann an ihm hinunter und sammelte sich zu einer kleinen Pfütze um seine Schuhe.

22 Jetzt kam seine rechte Hand wieder zum Vorschein. Er hielt etwas darin.

23 Nun zog er [die] linke Hand aus der Tasche heraus; er hielt einen kleinen Gegenstand darin, der metallisch leuchtete.

ANMERKUNGEN

⑨ **underansigt-et-er** ist der „untere Teil des Gesichts", der „obere Gesichtsteil" heißt **overansigt**.

⑩ **smed** ist das Präteritum von **smide** „schmeißen" (Partizip Perfekt: **smidt**).

⑪ **stak** ist das Präteritum von **stikke** „stecken, stechen" (Partizip Perfekt: **stukket**).

⑫ **drev** ist das Präteritum von **drive** „treiben, triefen".

⑬ **trak** ist das Präteritum von **trække** „ziehen" (Partizip Perfekt: **trukket**).

24 Der **lød** et lille **smæk**. En **svag flam**me blafrede **op**. ⑭

25 **Man**den satte sig i be**væ**gelse **igen**. Han skråede **o**ver **ga**den og **stil**lede sig **li**ge **fo**ran **mig**.

26 Han løftede **hån**den **op** mod **hat**ten, **åb**nede **mun**den, hostede og **sag**de:

27 – „Kan **du si**ge mig **vej**en til Ho**bro**?"

UDTALE

[*25* ... *be-***wä***-j(e)l-ß(e)* ...]

FØRSTE ØVELSE: FORSTÅR DE DISSE SÆTNINGER?

❶ Den femte i niende var en mørk, regnfuld aften, som tvang ordentlige mennesker til at holde sig indendørs. ❷ Ordene måtte kunne høres tydeligt viden om. ❸ Hun var nået hen til Jensens på den øde landsbygade. ❹ Der lød stemmer inde i lejligheden, som kunne høres helt herover. ❺ Han kastede et blik op mod den mørke himmel og satte sig i bevægelse igen.

ANDEN ØVELSE: INDSÆT DE MANGLENDE ORD!

❶ Am 9.10. war (da) Licht oben in der Wohnung des Kaufmanns.

Den . . . . var . . . lys . . . . i . . . . lejlighed.

❷ Ich fragte ihn, ob er mir den Weg nach Hobro sagen konnte.

Jeg spurgte . . . , om han kunne . . . . Hobro.

❸ Von meinem Versteck [aus] hörte ich wütende Stimmen von da oben.

. . . . . . skjul . . . . . jeg . . . . . stemmer . . . .

24 Es erklang ein leichter Schlag. Eine schwache Flamme flackerte auf.

25 Der Mann setzte sich wieder in Bewegung. Er kam schräg über die Straße und stellte sich direkt vor mich.

26 Er hob die Hand zum Hut, öffnete den Mund, hustete und sagte:

27 – „Kannst du mir den Weg nach Hobro sagen?“

ANMERKUNGEN

⑭ **lød** ist das Präteritum von **lyde** „klingen, erklingen, ertönen“ (Partizip Perfekt: **lydt**). Das Substantiv heißt **lyd-en-e** „Laut, Geräusch“.

FØRSTE ØVELSES LØSNING: HAR DE FORSTÅET?

❶ Der 5.9. war ein dunkler, regnerischer Abend, der ordentliche Menschen zwang, sich drinnen [auf]zuhalten. ❷ Die Worte mußten weithin (umher) deutlich [zu] hören sein (müssen können gehört). ❸ Sie war bis (hin) zu Jensens auf der verlassenen Dorfstraße gelangt. ❹ Es erklangen Stimmen drinnen in der Wohnung, die bis (ganz) hierher gehört werden konnten. ❺ Er warf einen Blick [nach oben] (hoch) gegen den dunklen Himmel und setzte sich wieder in Bewegung.

❹ Er ging schräg über die Straße und kam langsam auf mich zu (gehend).

Han . . . . gaden og . . . langsomt . . . . mig.

❺ Wo hatte er sich vor dem Regen untergestellt (gestellt in Schutz)?

. . . . han . . . . sig i . . . . . regnen?

▶ Enogtresindstyvende (61.) lektion

Hvo en kage bage vil... ①

1 **Når** man skal **ba**ge, **gæl**der det om at **fin**de det **ret**te **for**hold mellem de for**skel**lige ingredienser. ②

2 **To tred**jedele **vand** til en **fjer**dedel **gær** er **ik**ke **tre fem**tedele til en **tred**jedel og **så** frem**de**les.

3 Jeg **ved** det af **bit**ter er**fa**ring.

4 For **ik**ke så for**fær**delig **læn**ge **si**den havde jeg inviteret **ven**ner til **mid**dag.

5 Det var **helt** præ**cist lør**dag den **ty**vende a**pril**.

6 Jeg e**rin**drer **ty**deligt, at jeg havde præci**se**ret **da**toen: **lør**dag den **ty**vende i **fjer**de.

7 Jeg havde **sendt ind**bydelserne den **før**ste.

UDTALE

[*1 ... in-gre-**djä!n**-ßOr* **2** *... **fjä**:-rO-de!l gä!r ...* **3** *... **bi**-tOr* **7** *... **in**-bü:!-(d)(e)l-ßOr-n(e) ...*]

ANDEN ØVELSES LØSNING: DE MANGLENDE ORD.

❶ niende i tiende – der – oppe – købmandens ❷ ham – sige mig vejen til ❸ Fra mit – hørte – vrede – deroppe fra ❹ skråede over – kom – gående hen imod ❺ Hvor havde – stillet – ly for.

In dieser Lektion haben Sie einige statische und dynamische Ortsadverbien kennengelernt, von denen es im Dänischen etwa ebenso viele gibt wie im Deutschen. Prägen Sie sich diese immer als eine Einheit ein – eine Übersicht und weitere Informationen über Ortsadverbien finden Sie im grammatikalischen Anhang.

Anden bølge: Gå tilbage til lektion 32!

Einundsechzigste Lektion

Wer einen Kuchen backen will...

1 Wenn man backen will, gilt es (um) das richtige Verhältnis zwischen den verschiedenen Zutaten zu finden.
2 Zwei Drittel Wasser auf ein Viertel Hefe ist nicht drei Fünftel auf ein Viertel und so weiter.
3 Ich weiß das aus bitterer Erfahrung.
4 Vor nicht so furchtbar langer [Zeit] (seit) hatte ich Freunde zum Abendessen eingeladen.
5 Das war ganz genau Samstag, der 20. April.
6 Ich erinnere [mich] deutlich, daß ich das Datum präzisiert hatte: Samstag den 20.4.
7 Ich hatte die Einladungen am Ersten geschickt.

ANMERKUNGEN

① **Hvo** ist ein alter literatursprachlicher Ausdruck für **hvem** „wer".

② **forhold-et** „Relation, Verhältnis, Beziehung". **I forhold til** „im Verhältnis zu", **forholde sig** „sich verhalten", **forholdsvis/forholdsmæssig** „verhältnismäßig". Mit **parforhold** (wörtlich: „Paarverhältnis") bezeichnet man eine Zweierbeziehung/Partnerschaft.

8 **Si**den havde jeg **sendt** en re**min**der. **Den** blev **sendt** den fjerde. ③

9 Jeg havde be**slut**tet at bage **bol**ler. Med ro**si**ner **i**... Jeg kunne **ik**ke **hus**ke **op**skriften **helt** nø**jag**tigt. ④

10 Men jeg havde så **tit set** min **mor** bage **bol**ler, og det havde **al**tid **set** så **le**gende **let ud**.

11 Så **jeg** gik **ba**re i **gang**. **Mel**, **gær**, **vand**, **mælk**, **smør**, ro**si**ner.

12 **Det** vidste jeg, skulle **i**. Men i **hvil**ket **for**hold?

13 Jeg be**slut**tede at tage det **he**le på **slump**. ⑤

14 **To tred**jedele liter **vand** til tre **kvart** liter **mælk**; **tre ti**endedele **gær**,

15 **syv hun**drede og **fem**ogtyve gram **mel**, **fem** en kvart gram **salt** - eller **suk**ker? -

16 **tre hun**drede gram ro**si**ner. Det **he**le **æl**tes **godt**.

17 Så skal dejen stå og **hæ**ve en times **tid** eller **to**.

18 **Der**på **for**mes den til **små run**de **bol**de,

19 som sættes på **ba**gepladen og **ba**ges i **små tre**dive mi**nut**ter – lad os hellere sige **tre** kvar**ter** for at være på den **sik**re **si**de.

20 Jeg ville **ba**ge **bol**lerne **da**gen i **for**vejen. Jeg gik i **krig** ved **fem**tiden. ⑥

21 **Så** havde jeg **tid** til at **ta**ge et **bad**, mens de **stod** og **bag**te.

UDTALE

*[9 ... **bO**-lOr ... ro-**ßie!**-nOr ... **11 me!l** ... **13** ... **ßlOo!mb 17** ... da!-j(e)n ... **19** ... **bā:**-j(e)-plā-(ð)(e)n ... kwar-**te!r** ... **20** ... **krie!j** ... **21** ... **bā(d)** ...]*

ANMERKUNGEN

③ **reminder-en-e** „Erinnerungsnachricht“ ist ein englischer Ausdruck, der aber dänisch gebeugt wird.

8 Danach hatte ich eine Erinnerung geschickt. Die wurde am 10. geschickt.

9 Ich hatte beschlossen, Milchbrötchen zu backen. Mit Rosinen drin... Ich konnte das Rezept nicht ganz genau erinnern.

10 Aber ich hatte meine Mutter so oft Milchbrötchen backen sehen, und das hatte immer so spielend leicht ausgesehen.

11 So legte ich einfach los. Mehl, Hefe, Wasser, Milch, Butter, Rosinen.

12 Mußte rein, das wußte ich. Aber in welchem Verhältnis?

13 Ich beschloß, das Ganze aufs Geratewohl zu machen (nehmen).

14 Zwei Drittel Liter Wasser auf [einen] Dreiviertel Liter Milch; drei Zehntel Hefe,

15 725 Gramm Mehl, fünfeinviertel Gramm Salz – oder Zucker? –

16 300 Gramm Rosinen. Das Ganze wird gut geknetet.

17 Dann soll der Teig stehen und eine oder zwei Stunden gehen (heben eine Stunde Zeit oder zwei).

18 Danach wird er zu kleinen runden Kugeln geformt,

19 die auf das Backblech gesetzt werden und knapp (kleine) dreißig Minuten gebacken werden – laß uns lieber eine dreiviertel [Stunde] sagen, um sicherzugehen (um zu sein auf der sicheren Seite).

20 Ich wollte die Milchbrötchen am Vortag (den Tag im Vorweg) backen. Ich zog gegen fünf Uhr in den Kampf (Krieg).

21 So hatte ich Zeit, ein Bad zu nehmen, während sie (standen und) backten.

ANMERKUNGEN

④ **bolle-n-r** entspricht hier ungefähr einem „Milch-“ oder auch „Rosinenbrötchen“. Allgemein heißt es „Kloß“, wie in **fiskebolle** „Fischklößchen“, **kødbolle** „Fleischklößchen“.

⑤ **slump-en** „Menge, Batzen, Anzahl, Haufen“. **på en slump** „aufs Geratewohl, auf gut Glück“.

⑥ **i forvejen** „im voraus, vorher, ohnehin“. **Året i forvejen** „voriges Jahr“. **Det er dyrt nok i forvejen**. „Das ist ohnehin teuer genug“.

22 Jeg havde **a**ftalt med **Kir**sten at gå i bio**gra**fen om **af**tenen.

23 **Så** kunne vi **sma**ge **bol**lerne **ef**ter **fil**men.

24 **Bol**lerne var **fær**digbagte, da jeg kom **ud** fra mit **bad**.

25 Men **hvil**ke **bol**ler! **Små**, **sten**hårde **gnal**linger.

26 **Hvad nu**? Jeg kunne selvfølgelig have **rin**get til min **mor**, men **det** ville have været **for pin**ligt.

27 På den **an**den **si**de skal man **al**drig fo**rag**te et **godt råd**, fra **hvem** det så end **kom**mer. ⑦

28 Jeg skulle til at **dre**je **num**meret, da mit **blik faldt** på en **gam**mel **gul**net **bog**.

29 Jeg **bla**drede lidt i den; det var en **ko**gebog.

30 Med **føl**gende **glim**rende **op**skrift **i**: kar**tof**felbrød med **kom**men.

31 Man skal til **to brød bru**ge: halv**treds** gram **gær**, **to** en **halv de**ciliter **mælk**,

32 **to tes**kefulde **salt**, **fem hun**drede gram **kog**te, **mo**sede kar**tof**ler,

33 **to** til **tre tes**kefulde **kom**men, **fem de**ciliter **sig**temel, ⑧

34 **seks** til **syv de**ciliter **hve**demel, et **sam**menpisket **æg** til **pens**ling.

35 Jeg skal **hil**se fra **ven**nerne og **si**ge, at det **sma**ger **prag**tfuldt. ⑨

36 **Blot** skal De være op**mærk**som **på**, at **de**jen skal stå til **hæv**ning i **kø**leskabet **nat**ten **o**ver.

37 **God** appe**tit**!

UDTALE

[***25*** *...* ***ßden****-hOo:-r(e)* ***gna****-le-ngOr* ***31*** *...* ***de:****-ßie-lie-dOr ...* ***33*** *...* ***ßig****-d(e)-me!l* ***34*** *...* ***we****:-(d)(e)-me!l ...* ***pänß****-ling* ***36*** *...* ***hä(u)****-ning ...* ***37*** *... a-b(e)-****tiet***]

22 Ich hatte mit Kirsten verabredet, am Abend ins Kino zu gehen.
23 Dann konnten wir die Milchbrötchen nach dem Film probieren.
24 Die Milchbrötchen waren fertig gebacken, als ich aus dem Bad kam (raus von meinem Bad).
25 Aber was für Milchbrötchen! Kleine, steinharte Brocken.
26 Was nun? Ich hätte natürlich meine Mutter anrufen können, aber das wäre zu peinlich gewesen.
27 Andererseits soll man niemals einen guten Rat verachten, von wem er auch kommt.
28 Ich wollte gerade die Nummer wählen, als mein Blick auf ein altes vergilbtes Buch fiel.
29 Ich blätterte etwas darin; es war ein Kochbuch.
30 Mit folgendem hervorragenden Rezept darin: Kartoffelbrot mit Kümmel.
31 Für zwei Brote braucht man (soll brauchen): 50 Gramm Hefe auf einen halben Deziliter Milch,
32 zwei Teelöffel(voll) Salz, 500 Gramm gekochte, zerstampfte Kartoffeln,
33 zwei bis drei Teelöffel(voll) Kümmel, fünf Deziliter fein gesiebtes Roggenmehl,
34 sechs bis sieben Deziliter Weizenmehl, ein geschlagenes Ei zum Bepinseln.
35 Ich soll von den Freunden (grüßen und) ausrichten, daß es phantastisch schmeckt.
36 Sie müssen nur beachten (sein aufmerksam auf), daß der Teig zum Gehen (Heben) die Nacht über im Kühlschrank stehen soll.
37 Guten Appetit!

ANMERKUNGEN

⑦ **hvem/hvad/hvor det end er** „wer/was/wo es auch sei".

⑧ **sigtemel** setzt sich zusammen aus **sigte** „sieben" und **mel-et** „Mehl", in der Regel handelt es sich dabei um Roggenmehl.

⑨ **hilse (fra)** „grüßen (von)", **hilse og sige** „ausrichten, bestellen".

FØRSTE ØVELSE: FORSTÅR DE DISSE SÆTNINGER?

❶ Det havde altid set så legende let ud, når min mor bagte brød. ❷ Hun besluttede at invitere venner til middag den tiende i fjerde. ❸ Jeg havde aftalt med min mor at ringe ved femtiden. ❹ Husk at dejen skal stå til hævning en times tid eller to. ❺ Man skal aldrig foragte en god opskrift, hvem den så end kommer fra.

ANDEN ØVELSE: INDSÆT DE MANGLENDE ORD!

❶ Ich fand ein phantastisches (glitzerndes) Rezept für Kartoffelbrot mit Kümmel im Kochbuch.

Jeg fandt en . . . . kartoffelbrød . . . kommen . . . .

❷ Ich weiß aus bitterer Erfahrung, daß es gilt, das richtige Verhältnis zwischen den verschiedenen Zutaten zu finden.

Jeg . . . . . bitter . . . . , at . . . . at . . . . . det . . . . mellem . . . . ingredienser.

❸ Soll man zwei Drittel oder drei Fünftel Mehl verwenden?

. . . . man . . . . . to . . . . eller tre . . . . mel?

❹ Die Freunde sagen, daß das hervorragend schmeckt und wünschen allen guten Appetit.

. . . . siger, at . . . . pragtfuldt og ønsker alle . . . .

❺ Es wäre peinlich gewesen, das Ganze auf gut Glück zu machen (nehmen).

Det . . . . . have . . . . . pinligt at . . . . det . . . .

FØRSTE ØVELSES LØSNING: HAR DE FORSTÅET?

❶ Es hatte immer so spielend leicht ausgesehen, wenn meine Mutter Brot backte. ❷ Sie beschloß, am 10.4. Freunde zum Abendessen einzuladen. ❸ Ich hatte mit meiner Mutter vereinbart, gegen fünf Uhr anzurufen. ❹ Denke daran (erinnere), daß der Teig zum Gehen eine oder zwei Stunden stehen soll. ❺ Man soll nie ein gutes Rezept verachten, von wem es auch kommt.

ANDEN ØVELSES LØSNING: DE MANGLENDE ORD.

❶ glimrende opskrift på – med – i kogebogen ❷ ved af – erfaring – det gælder om – finde – rette forhold – de forskellige ❸ Skal – bruge – tredjedele – femtedele ❹ Vennerne – det smager – god appetit ❺ ville – været – tage – hele på slump.

Anden bølge: Gå tilbage til lektion 33!

Toogtresindstyvende (62.) lektion

Uventet besøg

1 Vi **sad** og **drak** **kaf**fe, da han kom **bra**sende **ind**.

2 **Rød** i **ho**vedet og til**sy**neladende **helt u**de af sig **selv** dumpede han **ned** i den **nær**meste **stol** og **suk**kede **dybt** og **in**derligt.

3 Vi **ven**tede med at **spør**ge, hvad der var i **ve**jen, før han var kommet så **no**genlunde til **hæg**terne. ①

4 – Jeg har **li**ge fået en tele**fon**opringning, **gis**pede han. ②

5 Fra US**A**. Hun **kom**mer i **mor**gen. **Bli**ver **tre** **da**ge.

6 – **Und**skyld, men **hvem kom**mer i **mor**gen og **bli**ver **tre da**ge?

7 – Min niece, min niece fra New **York**.

8 – Jeg vidste **ik**ke, **du** havde en niece i New **York**.

9 – **Det** vidste jeg **hel**ler **ik**ke. **Før nu**. Men det **har** jeg altså.

10 **Fly**veren **lan**der i **Kas**trup **fem** minutter i **halv seks** i morgen **tid**lig. ③④

11 Jeg har **lo**vet at **hen**te hende, men jeg **ved** **ik**ke, hvor**dan** hun ser **ud**.

12 – Du er **sik**ker på, det **ik**ke er en **and**?

13 – **Ja**, for **pok**ker. Jeg **har** noget fa**mi**lie, der **ud**vandrede til USA i 1906.

UDTALE

[**2** … *ti-**ßü:**-n(e)-lä!-(d)(e)-n'e)* … **4** … *te-le-**fo!n**-Ob-räng-ning* … **7** … *nie-**jä**:-ß(e)* … **13** … ***ni**-d'e)n-hun-r(e)-(d)(e)-O-ßägß*]

Zweiundsechzigste Lektion

Unerwarteter Besuch

1 Wir saßen und tranken Kaffee, als er hereingestürzt kam.

2 Mit rotem Kopf (rot im Kopf) und anscheinend ganz außer sich (selbst) ließ er sich auf (in) den nächsten Stuhl fallen und seufzte tief und inbrünstig.

3 Wir warteten [da]mit zu fragen, was los war, bis er sich einigermaßen erholt hatte.

4 – Ich habe gerade einen Telefonanruf bekommen, japste er.

5 Aus den USA. Sie kommt morgen. Bleibt drei Tage.

6 – Entschuldigung, aber wer kommt morgen und bleibt drei Tage?

7 – Meine Nichte, meine Nichte aus New York.

8 – Ich wußte nicht, [daß] du eine Nichte in New York hast.

9 – Das wußte ich auch nicht. Bis jetzt. Aber das habe ich also.

10 Der Flieger landet morgen früh um fünf vor halb sechs in Kastrup.

11 Ich habe versprochen, sie abzuholen, aber ich weiß nicht, wie sie aussieht.

12 – Bist du sicher, daß das kein Scherz (Ente) ist?

13 – Ja, zum Teufel. Ich habe (etwas) Familie, die 1906 in die USA ausgewandert ist.

ANMERKUNGEN

① **hægte-n-r** „Haken, Häkchen", **komme til hægterne** ist eine Redewendung, die „sich wieder erholen" bedeutet.

② In **opringning** „Telefonanruf" steckt **ringe op** „anrufen".

③ **flyver-en-e** „Flieger" von **flyve** „fliegen" wird wie im Deutschen oft auch als Bezeichnung für „Flugzeug" **fly-et-=** verwendet. Es kann aber auch den „Piloten, Flugkapitän" bezeichnen.

④ **Kastrup** ist der Kopenhagener Flughafen.

14 En **bror**søn til min **ol**defar. I **star**ten **hav**de de det **hårdt**, men de arbejdede sig **op**.

15 De **mis**tede efter**hån**den for**bin**delsen til **Dan**mark. Men **nu** vil den **yngs**te generati**on** altså **gen**optage for**bin**delsen.

16 Og **jeg** er den **e**neste, de kunne få **fat i**. Jeg **bor** jo i Køben**havn**.

17 I må **hjæl**pe mig med at **la**ve et tu**rist**program.

18 – **Det** skulle vi jo **nok** kunne finde **ud** af. Men Køben**havn** på **to da**ge! Det **bli**ver noget **pres**set. ⑤

19 Men **lad** os nu **se**: Vi be**gyn**der **tu**ren i Ny **Carls**berg Glypto**te**ket.

20 De har en **pragt**fuld e**trus**kisk **sam**ling foruden de **fran**ske impressio**nis**ter.

21 **Så** synes jeg, hun skal **se** det **gam**le Køben**havn**.

22 Vi **star**ter i **Ves**tergade og går **ned** mod **Gam**meltorv. Det er den **gam**le **lands**bygade.

23 **Der**, hvor Politikens **hus nu lig**ger, lå på **Hol**bergs **tid** de „Ve**ne**ris **bo**der ved **Vol**den“, ⑥

24 som **nær**mere be**stem**tes som „et **li**derligt **spil**lehus **fuldt** af **skø**ger“.

25 **Hu**sene i **ga**den blev **byg**get **li**ge **ef**ter den **sto**re **brand** i **år** 1800.

26 Skulle din nie**ce spør**ge, hvorfor **hu**sene er **li**ge **hø**je og ligesom vokser **sam**men til **en lang mur**,

UDTALE

*[15 ... ge-ne-ra-**ßjo!n** ... 20 ... em-**präß**-jo-nieß-dOr 24 ... **lie!**-(d)Or-liet **ßbi**-l(e)-hu!ß ... **ßgö:**-jOr]*

14 Ein Neffe (Brudersohn) meines Urgroßvaters. Am Anfang hatten sie es schwer (hart), aber sie haben sich hochgearbeitet.
15 Sie haben mit der Zeit den Kontakt zu Dänemark verloren. Aber jetzt will die jüngste Generation also den Kontakt wieder aufnehmen.
16 Und ich bin der einzige, den sie zu fassen kriegen konnten. Ich wohne ja in Kopenhagen.
17 Ihr müßt mir dabei helfen, ein Touristenprogramm zu machen.
18 – Das werden wir schon hinkriegen (Das sollen wir ja doch können finden aus von). Aber Kopenhagen in zwei Tagen! Das wird etwas hektisch.
19 Aber laß uns mal sehen: Wir beginnen den Rundgang in der Ny Carlsberg Glyptotek.
20 Die haben eine herrliche etruskische Sammlung [und] darüber hinaus die französischen Impressionisten.
21 Dann finde ich, soll sie das alte Kopenhagen sehen.
22 Wir beginnen in der Vestergade (Weststraße) und gehen runter zum Gammeltorv (Altplatz). Das ist die alte Dorfstraße.
23 Da, wo Politikens Haus jetzt steht, standen zu Holbergs Zeit die „Venus' Buden am Wall",
24 das genauer bezeichnet wurde als „ein liderliches Spielhaus voller Huren".
25 Die Häuser in der Straße wurden gleich nach dem großen Brand im Jahre 1800 gebaut.
26 Sollte deine Nichte fragen, warum die Häuser gleich hoch sind und gewissermaßen zu einer langen Mauer zusammenwachsen,

ANMERKUNGEN

⑤ **finde ud af** kann „herausfinden, herausbekommen, erraten" heißen oder „zurechtkommen mit, schaffen".

⑥ **Politiken** ist eine der bekanntesten dänischen Tageszeitungen. Die Schreibweise ist eine alte Form. Heute müßte das **k** am Ende in der bestimmten Form eigentlich verdoppelt werden: **politik** – **politikken** „Politik".

27 **så** kan du **sva**re, at det er fordi **hu**sene **ik**ke måtte være **hø**jere end **brand**stigerne kunne **nå**.

28 Det var i **den**ne **ga**de, i **et** af de **førs**te **hu**se til **vens**tre, men som nu **ik**ke **fin**des **me**re,

29 at Adam **Oeh**lenschläger **skrev** sit be**røm**te **digt** „**Guld**hornene". ⑦

30 Skulle du **glem**me det, **sid**der der en **mar**morplade til e**rin**dring.

31 **Så** kommer vi ned til Vor **frue** **Kir**ke og Universi**te**tet.

32 Vi slår **li**ge et **slag** om ad Fi**ol**stræde og standser **op** foran **det** **hus**, **Hol**berg boede i. ⑧

33 **Der**fra går vi **ned** mod **Run**detårn forbi Re**gen**sen. ⑨

34 Vi drejer **ned** ad **Køb**magergade og går **ned** mod Christian**sborg**, men slår **li**ge et **smut** om ad **Grå**brødretorv. ⑩

35 **Ef**ter Christian**sborg** be**sø**ger vi **Thor**valdsens mu**se**um og Natio**nal**museet. ⑪

UDTALE

[**27** ... ***bran**-ßdie:-jOr-n(e)* .. **29** ... ***ö!**-(e)n-ßlä:-jOr* ... **33** ... ***rO**-n(e)-tOo!rn* ... *re-**gä!n**-ß(e)n* **35** .. *naß-jo-**nä!l**-mu-ßä!-(e)(d)*]

27 dann kannst du antworten, daß es daran liegt, daß die Häuser nicht höher sein durften, als die Feuerleitern reichen konnten.

28 Es war in dieser Straße, in einem der ersten Häuser auf der linken Seite (zu links), was es jetzt aber nicht mehr gibt,

29 daß Adam Oehlenschläger sein berühmtes Gedicht „Guldhornene" geschrieben hat.

30 Solltest du das vergessen, ist (sitzt) da eine Marmortafel zur Erinnerung.

31 Dann kommen wir runter zu Unserer Frauenkirche und zur Universität.

32 Wir machen gleich einen Schlenker zur Fiolstræde und halten vor dem Haus an, in [dem] Holberg wohnte.

33 Von da gehen wir runter zum Rundturm, vorbei am Regensen.

34 Wir biegen in die Købmagergade ein und gehen in Richtung (runter) Christiansborg, machen aber kurz einen Abstecher zum Gråbrødretorv (Graubrüderplatz).

35 Nach Christiansborg besuchen wir das Thorvaldsen-Museum und das Nationalmuseum.

ANMERKUNGEN

⑦ **Adam Oehlenschläger** (1779-1850) ist der berühmteste Vertreter der dänischen Romantik. Er läutete diese Bewegung 1801 mit seinem Gedicht „Die Goldhörner" ein.

⑧ **slå et slag**, wörtlich: „einen Schlag/eine Schlacht schlagen", **slår et slag om ad** „einen Abstecher machen", aber: **slår et slag for noget** „sich für etwas einsetzen".

⑨ **Regensen** ist ein berühmtes, 1623 von Christian IV. errichtetes Studentenwohnheim in Kopenhagen.

⑩ Das 1907-1928 erbaute Schloß **Christiansborg** ist der Parlaments- und Regierungssitz. Im Keller finden sich noch Reste der alten Burg von 1167, die als Keimzelle von Kopenhagen gilt.

⑪ **Bertel Thorvaldsen** (1770-1844) erlangte als neoklassizistischer Bildhauer Weltruhm.

36 **An**dendagen kan vi **bru**ge til at be**sø**ge A**ma**lienborg. ⑫

37 **Der**fra **fortsæ**tter vi **ud** til **Ge**fionsspringvandet, **Fri**hedsmuseet og Den **lil**le **Hav**frue. ⑬

38 Om **ef**termiddagen kan vi **en**ten gå i bu**tik**ker eller køre en **tur** op langs **Ø**resund til Louisi**a**na og **Kron**borg. ⑭⑮

39 Så **hå**ber jeg **og**så hun har **få**et så **god** en **fors**mag på København, at hun får **lyst** til at komme til**bag**e og **se by**en **or**dentligt.

40 **Det** for**tje**ner **den**!

UDTALE

[*36 ... a-**må!l**-j(e)n-bOo!r 37 ... **ge!**-fie-On-ßbring-wa!-n(e)(d) ... 38 ... **kro!n**-bOo!r*]

FØRSTE ØVELSE: FORSTÅR DE DISSE SÆTNINGER?

❶ Familien mistede efterhånden forbindelsen til Danmark, men nu vil de tage den op igen. ❷ Oehlenschläger skrev sit berømte digt i et hus, som nu ikke findes mere. ❸ Jeg synes, at det bliver for presset med dette turistprogram på to dage. ❹ Han kom brasende ind, da jeg fik en telefonopringning. ❺ En brorsøn til min oldefar, der udvandrede til USA, havde det hårdt i starten, men han arbejdede sig efterhånden op.

ANDEN ØVELSE: INDSÆT DE MANGLENDE ORD!

❶ Seine Nichte aus New York kommt morgen mit dem Flieger und bleibt drei Tage.

.... niece ... New York kommer ... . i morgen og ...... tre .....

36 Den zweiten Tag können wir nutzen, um Amalienborg zu besuchen.
37 Von da aus gehen (fortsetzen) wir raus zum Gefionsspringbrunnen, Freiheitsmuseum und der kleinen Meerjungfrau.
38 Am Nachmittag können wir entweder in Geschäfte gehen oder einen Ausflug (hoch) den Öresund entlang nach Louisiana und Kronborg machen.
39 Dann hoffe ich (auch), sie hat einen so guten Vorgeschmack von Kopenhagen bekommen, daß sie Lust bekommt, wiederzukommen und die Stadt richtig anzusehen.
40 Das hat sie nämlich verdient (das verdient sie)!

ANMERKUNGEN

⑫ Schloß **Amalienborg** ist der Sitz der Königsfamilie.

⑬ Mit der berühmten kleinen Meerjungfrau **Den lille Havfrue** haben die Dänen dem gleichnamigen Märchen und seinem Dichter, **Hans Christian Andersen** (1805-1875), ein Denkmal gesetzt.

⑭ **Louisiana** ist ein wunderschön am Öresund zwischen Kopenhagen und Helsingör gelegenes Museum für moderne Kunst.

⑮ **Kronborg** in Helsingör wird auch oft als „Hamlet-Schloß" bezeichnet.

FØRSTE ØVELSES LØSNING: HAR DE FORSTÅET?

❶ Die Familie verlor allmählich den Kontakt zu Dänemark, aber jetzt wollen sie ihn wieder aufnehmen. ❷ Oehlenschläger schrieb sein berühmtes Gedicht in einem Haus, das jetzt nicht mehr existiert. ❸ Ich finde, daß das zu hektisch wird mit diesem Touristenprogramm für zwei Tage. ❹ Er kam hereingestürzt, als ich einen Telefonanruf bekam. ❺ Ein Neffe meines Urgroßvaters, der in [die] USA auswanderte, hatte es schwer (hart) am Anfang, aber er arbeitete sich allmählich hoch.

❷ Wir hoffen, du bekommst Lust, zurückzukommen und die Stadt richtig zu besichtigen (besuchen).

Vi . . . . . , du får . . . . at komme
. . . . og . . . . ordentligt.

❸ Das erste Haus auf der linken Seite (zu links) wurde nach dem großen Brand 1800 gebaut.

Det .... blev .... den ..... brand . 1800.

❹ Er hat versprochen, das Mädchen abzuholen, aber er weiß nicht, wie sie aussieht.

Han ... . at ..... pigen, men han ... ikke, ... hun ... .

❺ Am zweiten Tag können wir entweder die kleine Meerjungfrau sehen, oder Amalienborg besichtigen (besuchen).

På .... kan vi .... Den ..... Havfrue .... Amalienborg.

▶ Treogtresindstyvende (63.) lektion

Oversigt og anmærkninger

1. Zahlwörter

Brüche:

Brüche werden in der Regel durch Anhängen von **-del** (im Plural: **-dele**) an die Ordnungszahl gebildet:

en tredjedel „ein Drittel";
to fjerdedele „zwei Viertel";
en femtedel „ein Fünftel".

Ausnahmen bilden **halv** „halb" und **halvanden/halvandet** „anderthalb" sowie **en kvart** „ein Viertel", das man alternativ zu **en fjerdedel** verwenden kann.

Rechenarten:

Lægge sammen/addere „zusammenziehen/addieren":
2 + 2 = 4: **To plus to er fire.**

ANDEN ØVELSES LØSNING: DE MANGLENDE ORD.

❶ Hans – fra – med flyveren – bliver – dage ❷ håber – lyst til – tilbage – besøge byen ❸ første hus til venstre – bygget efter – store – i ❹ har lovet – hente – ved – hvordan – ser ud ❺ andendagen – enten se – lille – eller besøge.

Wir hoffen, daß diese Lektion Ihnen Lust auf Kopenhagen gemacht hat, zumal Sie sprachlich jetzt gut für einen Besuch der dänischen Hauptstadt gerüstet sind. Schon bei Ihrer Ankunft werden Ihnen Schilder, Hinweise und Plakate vertraut erscheinen und ihr geschultes Ohr wird überall Bekanntes aufschnappen. Sie werden bald merken, daß Ihr Wortschatz weit über das für die Verständigung in Alltagssituationen erforderliche Vokabular hinausreicht.

Anden bølge: Gå tilbage til lektion 34!

Dreiundsechzigste Lektion

Trække fra/subtrahere „abziehen/subtrahieren“:
5 – 2 = 3: **Fem minus to er tre.**

Gange/multiplicere „malnehmen/multiplizieren“:
2 x 3 = 6: **To gange tre er seks.**

Dele/dividere „teilen/dividieren“:
8 : 2 = 4: **To i otte er fire.** (umgekehrte Wortstellung!)

2. Datums- und Zeitangaben

Datum:

Das Datum kann auf folgende Arten angegeben werden:

den niende oktober;
den niende i tiende;
den 9. oktober;
den 9.10.(2002).

Uhrzeit:

Klokken er fem. „Es ist fünf Uhr".

5:05	**Klokken er fem minutter over fem.**
5:15	**Klokken er kvart over fem.**
5:25	**Klokken er fem minutter i halv seks.**
5:30	**Klokken er halv seks.**
5:35	**Klokken er fem minutter over halv seks.**
5:45	**Klokken er kvart i seks.**
5:50	**Klokken er ti minutter i seks.**

3. Konjunktiv

Der dänische Konjunktiv hat die gleiche Form wie der Infinitiv. Er kommt heute fast nur noch in einigen festen Wendungen vor:

Gud bevare Danmark!
„Gott schütze Dänemark!"

Fanden tage dig!
„Hol dich der Teufel!"

Kongen leve!
„Es lebe der König!".

Statt des Konjunktivs verwendet man für derartige Wünsche und Ausrufe normalerweise **bare**, **blot** usw.:

Var jeg bare hjemme igen.
„Wäre ich bloß wieder zu Hause."

Blot det bliver fint vejr i morgen.
„Wenn morgen bloß schönes Wetter ist."

Der deutschen Konjunktiv wird meistens, vor allem in Bedingungssätzen, mit einer Vergangenheitsform oder **skulle/ville** ausgedrückt:

Du kunne da have ringet.
„Du hättest doch anrufen können."

Jeg troede, i havde læst den.
„Ich dachte, ihr hättet sie gelesen."

Var han kommet, ville jeg være gået.
„Wenn er gekommen wäre, wäre ich gegangen."

Det ville være dumt af ham at gøre det.
„Es wäre dumm von ihm, das zu tun."

Jeg skulle have sagt det straks.
„Ich hätte das gleich sagen sollen."

4. Imperativ (Wiederholung)

In der 2. Person Singular und Plural entspricht der Imperativ dem Verbstamm:

Kom! „Komm!“
Sig! „Sag!“
Se! „Sieh!“.

In der 1. Person Plural wird der Imperativ mit **lad os** „laßt uns“ gebildet:

Lad os begynde.
„Laßt uns anfangen/fangen wir an.“

Lad os gå.
„Laßt uns gehen/gehen wir.“

Der negative Imperativ wird meistens mit **lad være (med at)** „Laß... sein“ gebildet:

Lad være med at sige...
„Sag/sagt nicht, daß...“.

Der Imperativ kann aber auch mit **ikke** verneint werden:

Kom ikke. „Komm nicht.“
Sig ikke... „Sag nicht...“.

5. Dänische Literatur

In den Lektionstexten sind Ihnen einige Namen dänischer Schriftsteller begegnet. An dieser Stelle möchten wir Ihnen einen kleinen zusammenfassenden Überblick geben und vielleicht damit auch Ihre Leselust wecken. Die meisten Werke der erwähnten Autoren sind auch auf Deutsch erhältlich. Vergleichen Sie doch mal das dänische Original mit der deutschen Übersetzung. Inzwischen sollten Sie auch in der Lage sein, dänische Literatur im Original zu lesen. Das erforderliche Grundwissen haben Sie ja in diesem Kurs erworben, und dank der großen Ähnlichkeit des Dänischen und Deutschen kann man auch Wörter und Strukturen, die man noch nicht gelernt hat, fast mühelos verstehen. Also, keine Angst, Sie werden sich schnell einlesen.

Der Beginn der modernen dänischen Literatur wird in der Regel mit **Ludvig Holberg** (1684-1754), dem „Vater der dänischen Komödie“, verbunden. Die gesamte Karriere des aus Bergen stammenden Norwegers vollzog sich in Kopenhagen – zu einer

Zeit, als Dänemark und Norwegen ein Doppelreich unter gemeinsamer Herrschaft bildeten. Holbergs populärste Stücke gehören immer noch zum Grundrepertoire dänischer Bühnen. Darüber hinaus war Holberg Philosoph, Historiker und Moralist und repräsentierte wie kaum ein anderer den Geist der Aufklärung.

Gegen Ende des 18. Jahrhunderts begann die Epoche der Romantik, die im frühen 19. Jahrhundert ihren Höhepunkt hatte, und zu deren herausragendsten Vertretern **Adam Oehlenschläger** (1779-1850) zählte. Um 1850 konnte sich das von seiner Größe eher bescheidene Kopenhagen gleich dreier sehr unterschiedlicher Genies rühmen: Der Kirchenphilosoph **Nikolai Frederik Severin Grundvig** (1783-1872), Prophet der nordischen Kultur und begeisterter Patriot. Der weltbekannte Erzähler **Hans Christian Andersen** (1805-1875), und schließlich der ebenfalls international gerühmte Philosoph **Søren Kierkegaard** (1813-1855).

In den letzten Jahrzehnten des 19. Jahrhunderts fand der aufkommende Naturalismus in **Jens Peter Jacobson** einen engagierten Fürsprecher (1847-1885). Zu den wichtigen Autoren, die

▶ Fireogtresindstyvende (64.) lektion

Kære læser!

1 **K**æ**re l**æ**ser**, **tro**faste, **ud**holdende og tål**mo**dige e**lev**.

2 Så **nå**ede vi til **vejs en**de i **den**ne **om**gang, og **ti**den **nær**mer sig, hvor vore **ve**je må **skil**les. ①

ihre Wurzeln in dieser Bewegung hatten, gehören außerdem **Herman Bang** (1857-1912), **Gustav Wied** (1858-1914) – sowie **Henrik Pontoppidan** (1857-1943) und der ab 1892 in Dresden lebende **Karl Gjellerup** (1857-1919). Die beiden letzteren erhielten 1917 gemeinsam den Nobelpreis für Literatur. Dem vom Darwinismus beeinflußten Romancier **Johannes Wilhelm Jensen** (1873-1950) wurde diese Ehre 1944 zu Teil. Der 1951 in die DDR emigrierte **Martin Andersen Nexø** (1869-1954) gelangte als Meister des proletarischen Romans zu Weltruhm. Am bekanntesten ist sein mehrfach verfilmter autobiographischer Roman **Pelle Eroberen** „Pelle der Eroberer“. Natürlich darf in unserer kleinen Übersicht auch **Karen Blixen** nicht fehlen, die vor allem mit ihrem Roman „Jenseits von Afrika“ internationale Anerkennung gewann.

Die Entdeckung der vielen interessanten neueren Autoren überlassen wir Ihnen und wünschen Ihnen viel Spaß bei der Lektüre, sei es im Original oder in der deutschen Übersetzung.

Anden bølge: Gå tilbage til lektion 35!

Vierundsechzigste Lektion

Lieber Leser!

1 Lieber Leser, treuer, ausdauernder und geduldiger Schüler.

2 Nun haben wir für dieses Mal das Ende des Weges erreicht, und der Zeit[punkt] nähert sich, an dem sich unsere Wege trennen müssen.

ANMERKUNGEN

① **omgang** „Runde, Umdrehung, Umgang, Durchgang“.

3 Vi **mød**tes i **in**te**res**sen for at lære **dansk**. Vi **hå**ber, du **ik**ke blev **skuf**fet. ②

4 Vi har for**søgt** at **gi**ve dig et so**lidt** **ud**gangs-punkt

5 samt et **ind**tryk af **dans**kerne, der **of**te be**teg**nes som et **små**drømmende f**ol**kefærd med **bli**de anar**kis**tiske ten**den**ser.

6 Vi er standset **op** ved de **sprog**lige ejen**dom**meligheder.

7 **Dans**kerne **selv** **mo**rer sig med at **me**ne, at deres **sprog** er u**mu**ligt at **ud**tale.

8 **Det** er selvfølgelig noget **slud**der. **Du**, kære **læ**ser, **skul**le **nu** være i **stand** til at be**vi**se det **mod**satte. ③

9 Og skulle du få **lyst**, kan du **nu** for**tæl**le dem nogle **sand**heder om dem **selv**, som de **ger**ne for**ti**er.

10 Der er **det sær**lige ved **dans**kerne, at de **of**te og **ger**ne **op**holder sig **ved**, hvad de **me**ner, er deres **fejl**.

11 Deres **for**trin, som dog er **man**ge og **sto**re, for**ti**er de. **Det** er noget selv**føl**geligt. **Ik**ke **no**get at **ta**le om.

12 **Der**for bliver de **ger**ne be**no**vede og står og **træ**der sig **selv** over **tæ**erne, når **an**dre **frem**hæver dem. ④

3 Wir trafen [uns,] um (im Interesse) Dänisch zu lernen. Wir hoffen, Sie wurden nicht enttäuscht.
4 Wir haben versucht, Ihnen einen soliden Ausgangspunkt
5 sowie einen Eindruck von den Dänen zu geben, die oft als etwas verträumtes Volk mit leicht anarchistischen Tendenzen bezeichnet werden.
6 Wir sind bei den sprachlichen Eigentümlichkeiten stehengeblieben.
7 Die Dänen selbst vergnügen sich damit vorzugeben, daß ihre Sprache unmöglich auszusprechen ist.
8 Das ist natürlich (etwas) Unsinn. Sie, lieber Leser, sollten nun imstande sein, das Gegenteil zu beweisen.
9 Und sollten Sie Lust bekommen, können Sie ihnen nun einige Wahrheiten über sie erzählen, die sie gern verschweigen.
10 Die Dänen haben die Besonderheit (das ist das Besondere bei den Dänen), daß sie sich oft und gern bei ihren vermeintlichen Fehlern aufhalten (was sie meinen, sind ihre Fehler).
11 Ihre Vorzüge, die doch zahlreich und groß sind, verschweigen sie. Das ist etwas Selbstverständliches. Nicht der Rede wert (nicht etwas zu sprechen über).
12 Deshalb werden sie oft (gern) verlegen und genieren sich (und stehen und treten sich selbst auf die Zehen), wenn andere sie loben.

ANMERKUNGEN

② **mødes** „sich treffen, begegnen". Das zugehörige Substantiv **møde-t-r** ist ein häufiger und vielseitig einsetzbarer Ausdruck: „Treffen, Begegnung, Sitzung, Konferenz, Versammlung, Kundgebung".

③ **det modsatte** „das Gegenteil" ist abgeleitet aus dem Partizip Perfekt **modsat** „entgegengesetzt" des Verbs **modsætte** „sich widersetzen". Weil es aus der Partizipform gebildet wird, kann der bestimmte Artikel nicht angehängt werden (s. Lektion 49).

④ **fremhæve** „hervorheben, betonen, auszeichnen" setzt sich zusammen aus **frem** „vor" und **hæve** „heben".

13 De **syn**ger **ger**ne om sig **selv**, at de **ik**ke er **skab**te til **høj**hed og **blæst**. Ved **jor**den at **bli**ve, det **tje**ner dem **bedst**. ⑤⑥

14 **Når** du - forhåbentlig **snart** - går i **gang** med at **læ**se deres litte**ratur**, vil du finde **bø**ger, der **nær**mest må kaldes flagel**lan**tiske.

15 Jo **vær**re, jo **bed**re! **Al**drig er **dans**keren **me**re **vel**skrivende end når han **gen**nemhegler sig **selv**.

16 **Jan**teloven er han **sær**lig **glad** for. Det er **den**, der **si**ger, at du da **ik**ke skal **tro**, du **er** noget. ⑦

17 Og skulle det **stik** mod for**vent**ning være til**fæl**-det, så **hen**vises der til paragraf **et** i **sam**me **lov**. ⑧⑨

18 Derfor er det **mest mær**kelige ved **dans**kerne, at de **sta**dig **fin**des og **le**ver i **bed**ste **vel**gåen-de. De bliver endog **fle**re og **fle**re.

19 **Dansk** er et **lil**le **sprog**,

20 men det er **det**, der **al**tid er blevet **talt** på **land**-tangen mellem **Ves**terhavet og **Kat**tegat samt på de **fe**de, **frugt**bare **ø**er, der til**sam**men **ud**gør **Dan**mark.

21 **Hvor frugt**bare, de **er**, **frem**går af **den**ne **lil**le his**to**rie om den **dans**ke **kvin**des **hæn**der,

ANMERKUNGEN

⑤ **blæst-en** „Wind“, **lave/gøre blæst af noget** „viel Wind machen, angeben“.

⑥ **tjene** „dienen, verdienen“; **tjene sit brød** „sein Brot verdienen“.

13 Sie verkünden (singen) gern über sich selbst, daß sie nicht zu Grandezza (Hoheit) und Prahlerei geschaffen sind. Am Boden zu bleiben, damit ist ihnen am besten gedient.

14 Wenn Sie – hoffentlich bald – beginnen, ihre Literatur zu lesen, werden Sie Bücher finden, die man beinahe masochistisch nennen muß.

15 Je schlimmer, desto besser! Nie schreibt der Däne besser (ist besser schreibend), als wenn er (durchhechelt) sich selbst schlecht macht.

16 Das Jantegesetz gefällt ihm besonders. Es besagt (das ist das, das sagt), daß man nicht glauben soll, man wäre etwas [besonderes].

17 Und sollte das ganz gegen [alle] Erwartung der Fall sein, so wird auf Paragraph eins des (gleichen) Gesetzes verwiesen.

18 Daher ist das erstaunlichste bei den Dänen, daß sie immer noch da sind und in bester Verfassung (Wohlergehen) leben. Sie werden sogar mehr und mehr.

19 Dänisch ist eine kleine Sprache,

20 aber es ist die, die immer auf der Landenge zwischen Nordsee (Westmeer) und Kattegatt sowie den fetten, fruchtbaren Inseln, die zusammen Dänemark ausmachen, gesprochen wurde.

21 Wie fruchtbar sie sind, geht aus dieser kleinen Geschichte über die Hände der dänischen Frau hervor,

ANMERKUNGEN

⑦ **Janteloven** bezieht sich auf die fiktive Stadt **Jante** aus dem Roman **En flygtning krydser sit spor** „Ein Flüchtling kreuzt seine Spur" (1933) von **Aksel Sandemose** (1899-1965), in der ein Gesetz (**loven-e**) gilt, dessen erstes von zehn Geboten lautet: „Du sollst nicht glauben, daß du etwas bist".

⑧ **stik** bedeutet „gerade, genau, direkt", **stik imod** „genau entgegen". Davon abgeleitet bezeichnet man z.B. einen „scharfen Gegenwind" als **stik modvind**.

⑨ **tilfælde-t-=** kann „Fall, Umstand", aber auch „Zufall" heißen. Davon abgeleitet ist **tilfældig** „zufällig".

22 som i **Jyl**land er **ru** og **bar**kede, fordi **jor**den **der** er **så** gen**stri**dig, at hun må **hjæl**pe **man**den i **mar**ken.

23 På **Fyn** derimod, er hendes **hæn**der **blø**de og **var**me, ⑩

24 fordi jorden **der** er **så frugt**bar, at hun **ik**ke har **an**det at be**stil**le end at **kær**tegne sin **mand da**gen **lang**.

25 Og **nat**ten **med** må**ske**. „Men **den** er jo vor **e**gen“, som **de si**ger **der**.

26 His**to**rien for**tæl**ler **om**, hvordan **lan**det har været **pant**sat, okku**pe**ret i **fle**re **om**gange.

27 Men det **lig**ger der **sta**dig, ⑪

28 og **de**, der **bor** der, **ta**ler **sta**dig det **sam**me **sprog**, der, som **nævnt** i **en** af **tek**sterne, **smel**ter **me**re end **an**dres **slår**.

29 Der kommer **fle**re og **fle**re **frem**mede ord **ind** i det,

30 men de slibes **til** og bøjes **af**, så det **sy**nes, som havde de **al**tid **væ**ret der.

31 **Dansk** er et **solidt sprog**!

32 Skulle **dans**kerne være et **folk** af opportu**nis**ter? **Næp**pe.

33 De har **så of**te taget **selv**morderiske be**slut**ninger **stik mod**, hvad alle **an**dre **men**te.

34 Man må **sna**rere **si**ge, at de er **stæ**digt **tro**faste mod visse prin**cip**per og ide**a**ler, de **al**drig **ta**ler om, men **nø**jes med at prakti**se**re i **hver**dagen.

35 Det er **den**ne deres **hver**dag, som jo, når det **kom**mer til **styk**ket, er **al**le **tings grund**, vi har for**søgt** at give dig et **ind**blik **i**. ⑫

ANMERKUNGEN

⑩ **i Jylland**, aber **på Fyn**. **På** wird für Inseln verwendet und **i** für das Festland.

22 die in Jütland rauh und schwielig sind, weil die Erde dort so widerspenstig ist, daß sie dem Mann auf dem Feld helfen muß.
23 Auf Fünen dagegen sind ihre Hände weich und warm,
24 weil die Erde dort so fruchtbar ist, daß sie nichts anderes zu tun hat, als ihren Mann den [ganzen] Tag lang zu streicheln.
25 Und [in] der Nacht auch (mit), vielleicht. „Aber das ist ja unsere [Sache] (unser eigenes)", wie sie dort sagen.
26 Die Geschichte berichtet (über), wie das Land mehrere Male verpfändet [und] besetzt war.
27 Aber es liegt immer noch da,
28 und die, die dort leben, sprechen immer noch dieselbe Sprache, die, wie es in einem (von) der Texte hieß, mehr [auf der Zunge] zergeht, während (als) andere posaunen (schlagen).
29 Es kommen mehr und mehr Fremdwörter hinein,
30 aber die werden abgeschliffen und zurechtgebogen (gebeugt/dekliniert), so [daß] es scheint, als wären sie immer da gewesen.
31 Dänisch ist eine solide Sprache!
32 Sollten die Dänen ein Volk von Opportunisten sein? [Wohl] kaum.
33 Sie haben so oft selbstmörderische Entscheidungen getroffen (genommen), ganz im Gegensatz zu dem, was alle anderen meinten.
34 Man muß eher sagen, daß sie gewissen Prinzipien und Idealen hartnäckig treu bleiben, über die sie nie sprechen, sondern sich damit begnügen, [sie] im Alltag zu praktizieren.
35 Es ist dieser (ihr) Alltag, der ja letztendlich (wenn es kommt zu dem Stück) die Basis aller Dinge ist, in den wir versucht haben, Ihnen einen Einblick zu geben.

ANMERKUNGEN

⑪ **stadig** „ständig, fortwährend, immer noch, noch, nach wie vor".

⑫ **stykke-t-r** „Stück", **når det kommer til stykket** „letztendlich, schließlich, letzten Endes, zu guter Letzt".

36 Vi ønsker dig **held** og **lyk**ke og **hå**ber, kære **læ**ser, vi **snart mø**des **igen** i en **an**den **bog**. ⑬

37 For**fat**terne.

FØRSTE ØVELSE: FORSTÅR DE DISSE SÆTNINGER?

❶ Vi må opholde os ved disse sproglige ejendommeligheder. ❷ Jeg er særlig glad for at jeg har andet at bestille. ❸ Har du forsøgt at bevise det modsatte? ❹ Tiden nærmer sig, hvor eleven er i stand til at læse danske bøger. ❺ Han morer sig med at tale om deres fejl.

ANDEN ØVELSE: INDSÆT DE MANGLENDE ORD!

❶ Das Merkwürdige ist, daß die Erde in Jütland so widerspenstig ist und so fruchtbar auf Fünen.

. . . mærkelige er, ... er . . genstridig . Jylland og . . frugtbar . . Fyn.

❷ Er ist imstande, ihnen einige Wahrheiten zu beweisen, die sie verschweigen.

Han er . . . . at . . . . . . dem . . . . . sandheder, som . . . .

❸ Ich meine, daß ihre Sprache nicht unmöglich auszusprechen ist.

Jeg . . . . . , at . . . . ikke er . . . . at . . . .

❹ Wir hoffen, daß du bald beginnst, dänische Bücher zu lesen.

Vi . . . . . , du . . . . . går . . . . at . . . . danske . . . . . .

❺ Warum sagst du, daß ihre (Pl.) Vorzüge nicht der Rede wert sind?

Hvorfor siger du at . . . . . fortrin . . . . er . . . . . at tale . . ?

36 Wir wünschen Ihnen [viel] Glück (und Glück) und hoffen, lieber Leser, [daß] wir uns bald in einem anderen Kurs (Buch) wiedersehen.

37 Die Autoren

ANMERKUNGEN

⑬ **held** und **lykke** bedeuten beide „Glück, Erfolg" und werden oft zusammen verwendet, um jemandem Glück zu wünschen: **Held og lykke!** „Viel Glück!". Achtung: Die entsprechenden Adjektive unterscheiden sich in der Bedeutung: **heldig** „Glück haben", **lykkelig** „glücklich sein".

FØRSTE ØVELSES LØSNING: HAR DE FORSTÅET?

❶ Wir müssen (uns) bei diesen sprachlichen Eigentümlichkeiten verweilen (aufhalten). ❷ Ich bin besonders froh darüber (für), daß ich [was] anderes zu tun habe. ❸ Hast du versucht, das Gegenteil zu beweisen? ❹ Der Zeit[punkt] nähert sich, wo der Schüler [da]zu imstande ist, dänische Bücher zu lesen. ❺ Er vergnügt sich damit, über ihre (Pl.) Fehler zu reden.

ANDEN ØVELSES LØSNING: DE MANGLENDE ORD.

❶ Det – at jorden – så – i – så – på ❷ i stand til – bevise – nogle – de fortier ❸ mener – deres sprog – umuligt – udtale ❹ håber – snart – i gang med – læse – bøger ❺ deres – ikke – noget – om.

Die „1. Welle" ist nun beendet. Lassen Sie jetzt bei der „aktiven Phase" nicht nach, und arbeiten Sie diese bis zur Abschiedslektion durch. Die Wiederholung ist sehr wichtig, denn wenn das Gelernte nicht gefestigt wird, ist bald alles vergessen, und die Arbeit war umsonst. Sie können den Lernerfolg noch steigern, wenn Sie mit Sprache und Texten spielen. Lesen Sie laut, als würden Sie die Texte auf der Bühne vortragen, bilden Sie eigene Sätze, hören Sie immer wieder die Aufnahmen an. Ist Ihnen etwas unklar, versuchen Sie, es anhand des grammatikalischen Anhangs oder des Wörterverzeichnisses zu klären. Und beschäftigen Sie sich weiter mit der dänischen Sprache und Kultur. Nutzen Sie dänische Bücher, Zeitungen, Rundfunk und Fernsehen, surfen Sie im Internet, und besuchen Sie in Ihrem nächsten Urlaub doch mal wieder unsere netten Nachbarn im Norden.

Anden bølge: Gå tilbage til lektion 36!

GRAMMATIKALISCHER ANHANG

INHALT

1 SUBSTANTIVE UND ARTIKEL

1.1 Deklination

	Singular		Plural	
	unbestimmt	**bestimmt**	**unbestimmt**	**bestimmt**
-er	**et bogstav** ein Buchstabe	**bogstavet** der Buchstabe	**bogstaver** Buchstaben	**bogstaverne** die Buchstaben
-r	**en have** ein Garten	**haven** der Garten	**haver** Gärten	**haverne** die Gärten
-e	**en dør** eine Tür **et hus** ein Haus	**døren** die Tür **huset** das Haus	**døre** Türen **huse** Häuser	**dørene** die Türen **husene** die Häuser
- =	**en sko** ein Schuh **et år** ein Jahr	**skoen** der Schuh **året** das Jahr	**sko** Schuhe **år** Jahre	**skoene** die Schuhe **årene** die Jahre

Anmerkungen:

-er: Die Mehrheit aller Substantive endet im Plural auf -**er**. Dabei handelt es sich vor allem um mehrsilbige Substantive, aber auch einige einsilbige sind darunter:

> **en bil** – **to biler** „ein Auto – zwei Autos";
> **et træ** – **to træer** „ein Baum – zwei Bäume".

-r: Wenn ein Wort auf **-e** endet, wird anstatt **-er** nur **-r** angehängt. Nur Wörter, die auf **-e** enden, können die Endung **-r** erhalten.

> **en have** – **haver**, **en kone** – **koner**
> „ein Garten – Gärten, eine Ehefrau – Ehefrauen".

-**e**: Eine nicht unerhebliche Anzahl von Substantiven erhält im Plural die Endung -**e**. Dabei handelt es sich vor allem um einsilbige Substantive.

Einige Substantive haben im Plural die gleiche Form wie im Singular. Hier eine Übersicht:

> **et æg** „ein Ei" – **to æg**;
> **et kort** „eine Karte" – **to kort**;
> **et år** „ein Jahr" – **to år**;

et glas „ein Glas" – **to glas**;
en mus „eine Maus" – **to mus**;
en ting „ein Ding" – **to ting**;
et tal „eine Zahl" – **to tal**;
et sprog „eine Sprache" – **to sprog**;
en sko „ein Schuh" – **to sko**;
et mål „ein Ziel" – **to mål**.

Wörter mit der Endung **-ende** (Endung des Partizip Präsens), die von Verben abgeleitet sind, haben ebenfalls im Plural die gleiche Form wie im Singular:

en gående „ein Fußgänger" – **to gående**;
en handlende „ein Händler" – **to handlende**...

1.2 Sonderfälle

a) Substantive mit der Endung **-er** oder **-el** können das **-e** vor der Pluralendung **-er** oder **-e** verlieren:
en vinter „ein Winter" – **to vintre**;
et kabel „ein Kabel" – **to kabler**;
en fabel „eine Fabel" – **to fabler**.

b) Substantive mit doppeltem Konsonanten + **-er** oder **-el** verlieren im Plural den zweiten Konsonanten:

en sommer „ein Sommer" – **to somre**;
en gaffel „eine Gabel" – **to gafler**;
en seddel „ein Zettel" – **to sedler**.

c) Änderung der Form im Plural:

et øje „ein Auge" – **to øjne**.

d) Die folgenden Substantive ändern im Plural den Vokal:

en and „eine Ente" – **to ænder**;
en bog „ein Buch" – **to bøger**;
en bonde „ein Bauer" – **to bønder**;
en broder „ein Bruder" – **to brødre**;
en datter „eine Tochter" – **to døtre**;
en fader „ein Vater" – **to fædre**;
en fod „ein Fuß" – **to fødder**;
en gås „eine Gans" – **to gæs**;
en hånd „eine Hand" – **to hænder**;
en klo „eine Klaue" – **to kløer**;
en ko „eine Kuh" – **to køer**;
en kraft „eine Kraft" – **to kræfter**;

en mand „ein Mann" – **to mænd**;
en moder „eine Mutter" – **to mødre**;
en nat „eine Nacht" – **to nætter**;
en rå „ein Reh" – **to ræer**;
en rod „eine Wurzel" – **to rødder**;
en so „eine Sau" – **to søer**;
en stad „eine Stadt" – **to stæder**;
en stang „eine Stange" – **to stænger**;
en tå „ein Zeh" – **to tæer**;
en tand „ein Zahn" – **to tænder**;
en tang „eine Zange" – **to tænger**;
et barn „ein Kind" – **to børn**.

e) Substantive mit der Endung **-um** erhalten im Plural **-er.** Hierbei handelt es sich um „Importe" aus dem Lateinischen:

Singular		Plural	
unbestimmt	**bestimmt**	**unbestimmt**	**bestimmt**
et gymnasium „ein Gymnasium"	**gymnasiet**	**gymnasier**	**gymnasierne**
et museum „ein Museum"	**museet**	**museer**	**museerne**
et verbum „ein Verb"	**verbet**	**verber**	**verberne**
et kollegium „ein Studenten-wohnheim"	**kollegiet**	**kollegier**	**kollegierne**

1.3 Geschlecht der Substantive – Verwendung und Stellung der Artikel

Im Dänischen gibt es zwei Geschlechter:

Utrum **unbestimmter Artikel: en**	**Neutrum** **unbestimmter Artikel: et**
en gade „eine Straße" **en dreng** „ein Junge"	**et hus** „ein Haus" **et menneske** „ein Mensch"

Wie im Deutschen gibt es keinen unbestimmten Artikel im Plural. Statt dessen wird **nogle** „einige" (Verneinung: **ikke nogen**) verwendet:

en dreng „ein Junge" –
nogle drenge „einige Jungen".

Verteilung von Utrum und Neutrum:

- Die meisten Wörter, die Menschen oder Tiere bezeichnen, sind Utrum-Wörter. Ausnahmen:

  et dyr „ein Tier",
  et får „ein Schaf".

- Substantive mit den Endungen **-dom**, **-else**, **-hed**, **-sion**, **-tion** sind Utrum-Wörter. Beispiele:

  en fattigdom „eine Armut",
  en vielse „eine Trauung",
  en enhed „eine Einheit",
  en læsion „eine Verletzung",
  en operation „eine Operation".

- Substantive mit den Endungen **-ri**, **-um** et **-skab** sind Neutrum-Wörter. Beispiele:

  et skænderi „ein Streit",
  et bryggeri „eine Brauerei",
  et verbum „ein Verb",
  et ægteskab „eine Ehe".

1.4 Bestimmter Artikel

Im Dänischen werden zwei unterschiedliche bestimmte Artikel verwendet, je nachdem, ob dem Substantiv ein Adjektiv vorangeht oder nicht.

1 Wenn kein Adjektiv vor dem Substantiv steht, wird der Artikel an das Substantiv angehängt:

Utrum	Neutrum	Pural
maskinen „die Maschine"	**maleriet** „das Gemälde"	**maskinerne**, **malerierne** „die Maschinen", „die Gemälde".
stolen „der Stuhl"	**huset** „das Haus"	**stolene**, **husene** „die Stühle", „die Häuser"

2 wenn dem Substantiv ein Adjektiv vorangeht, steht der Artikel vor diesem Adjektiv:

Utrum	Neutrum	Plural
den røde maskine „die rote Maschine"	**det røde maleri** „das rote Gemälde"	**de røde maskiner**, **de røde malerier** „die roten Maschinen", „die roten Gemälde"

den røde sko	**det sjældne sprog**	**de røde sko**, **de sjældne sprog**
„der rote Schuh"	„die seltene Sprache"	„die roten Schuhe", „die seltenen Sprachen"

Besonderheiten:

● Wörter mit der Endung -**um** verlieren dieses -**um**, wenn der bestimmte Artikel angehängt wird:

et gymnasium – **gymnasiet** und **verbum** – **verbet**.

● Wörter, die auf kurzen Vokal enden, verdoppeln den letzten Konsonanten, wenn ein Artikel angehängt wird:

en kop „eine Tasse" – **koppen**,
en butik „ein Geschäft" – **butikken**,
et stik „ein Stich" – **stikket**.

● Wörter auf -**e**/-**et**, -**er** verlieren das erste -**e**, wenn ein Artikel angehängt wird:

en fabel „eine Fabel" – **fablen**,
kabel „ein Kabel" – **kablet**.

Ausnahmen:
en søster „eine Schwester" – **søsteren**.
en finger „ein Finger" – **fingeren**;
en vinter „ein Winter" – **vinteren**;
en sommer „ein Sommer" – **sommeren**.

Der Gebrauch des Artikels

Bestimmter Artikel anstelle eines Possessiv- oder Demonstrativpronomens:

Hun tager frakken af. „Sie zieht ihren Mantel aus."
Tag skoene på! „Zieh deine Schuhe an!"

Kein Artikel: Es steht kein Artikel
● vor Eigennamen
● nach dem Genitiv:

pigens hund „der Hund des Mädchens".

● wenn das Substantiv als Teil des Verbs dient, um eine Aktivität auszudrücken:

vaske tøj „Wäsche waschen";
ryge pibe „Pfeife rauchen";
spille fodbold „Fußball spielen".

- in festen Wendungen

  gå i skole „zur Schule gehen",
  gå i kirke „in die Kirche gehen",
  gå til læge „zum Arzt gehen"

  Ausnahmen:
  gå i gymnasiet „auf das Gymnasium gehen",
  gå på universitetet „auf die Universität gehen"

- bei Verwendung der Adjektive: **første** „erster", **anden** „zweiter", etc., **sidste** „letzter", **samme** „selber", **højre** „rechter", **venstre** „linker", **øverste** „oberster", **nederste** „unterster" :

  Han bor på første sal.
  „Er wohnt im ersten Stock."

  Tredje dør på højre hånd.
  „Dritte Tür auf der rechten Seite."

  Han tog skeen i venstre hånd.
  „Er nahm den Löffel in die linke Hand."

  Han kom samme dag.
  „Er kam am selben Tag."

- Wenn es sich jedoch um klare Gegensätze handelt, wird der Artikel verwendet:

  Den første dør er stuen, den sidste er toilettet.
  „Die erste Tür ist das Wohnzimmer, die letzte Tür ist die Toilette."

1.5 Genitiv

Im Dänischen gibt es nur zwei Fälle, den Nominativ (Wer-Fall) und den Genitiv (Wes-Fall).
Der Genitiv wird gebildet, indem man ein **-s** an das Substantiv in der bestimmten/unbestimmten Form Singular oder Plural anhängt. Das Substantiv, das den 'Besitzer' anzeigt, steht vor dem Grundwort, das den 'Besitz' bezeichnet. Dieses Grundwort erhält keinen Artikel, da der Genitiv praktisch den bestimmten Artikel repräsentiert:

Singular	**Plural**
en piges bold „der Ball eines Mädchens"	
pigens bold „der Ball des Mädchens"	**pigernes bold** „der Ball der Mädchen"

et barns sprog „die Sprache eines Kindes“	børnenes sprog „die Sprache der Kinder“
Københavns universitet „Kopenhagens Universität“	

a) Substantive, die auf -s enden, erhalten im Genitiv kein -s, sondern ein Apostroph ('), das wie [*(e)ß*] gesprochen wird:

Hans' kammerater „Hans' Freunde“ wird gesprochen: [***hắn***-*ß(e)ß ka-m(e)-**ra!**-tOr*].

b) Der Genitiv kann durch eine Konstruktion mit Präpositionen ersetzt werden.
Generell gilt, daß **in der gesprochenen Sprache der Genitiv meistens Besitzverhältnissen mit Personen vorbehalten** bleibt:

Peters tag „Peters Dach“;
taget på huset „das Dach des Hauses“.

Eine Konstruktion mit Präposition ist obligatorisch:

- wenn vor dem Grundwort ein unbestimmter Artikel steht:

  en roman af J.P. Jacobsen
  „ein Roman von J.P. Jacobson“;

- wenn vor dem Grundwort ein Demonstrativpronomen steht:

  denne roman af J.P. Jacobsen
  „dieser Roman von J.P. J.“;

  denne del af huset
  „dieser Teil des Hauses“;

- bei einer Aneinanderreihung von Genitiven:

  højden på husene i gaden
  „die Höhe der Häuser in der Straße“.

c) Zeitangaben

Die Endung **-s** erhalten Zeitangaben nach der Präposition **i**, um zu kennzeichnen, daß der Zeitpunkt in der Vergangenheit liegt:

i morges „heute morgen“,
i aftes „gestern abend“,
i forgårs „vorgestern“,
i mandags „letzten Montag“,
i tirsdags „letzten Dienstag“.
Aber: **i går** „gestern“, **i nat** „heute nacht“.

d) Außerdem erscheint die Endung **-s** in einer Reihe von Ausdrücken nach der Präposition **til**. Zu den häufigsten gehören:

> **til bords** „zu Tisch", **til sengs** „zu Bett", **til dels** „zum Teil", **til fods** „zu Fuß", **komme til livs** „beikommen", **gå til værks** „zu Werke gehen", **til års** „alt", **spørge til råds** „um Rat fragen", **være til sinds** „gesonnen sein", **nu til dags** „heutzutage", **til lands** „zu Land", **til vands**, **til søs** „zu Wasser", **gå til vejrs** „aufsteigen".

Dazu kommen noch die Flüche: **pokkers**, **fandens**, die sowohl allein, als auch in Begleitung der Präposition **til** auftreten können:

> **det var pokkers/fandens** „verdammt!";
>
> **det var pokkers/fandens til roman** „ein verdammt guter Roman".

1.6 Zusammengesetzte Substantive

Zwei Substantive lassen sich wie im Deutschen zu einem neuen Wort zusammensetzen:

> **pige** + **skole** = **pigeskole** „Mädchenschule";
> **skole** + **pige** = **skolepige** „Schulmädchen".

Die Zusammensetzung erfolgt entweder direkt oder mit Hilfe eines Bindungselements (**-e**, **-s**).

a) Die direkte Zusammensetzung ist am häufigsten:

> **hus** + **mur** = **husmur** „Hauswand";
> **ord** + **bog** = **ordbog** „Wörterbuch".

Die zusammengesetzten Wörter folgen in Geschlecht und Deklination dem letzten Wort:

> **en skole** + **et barn** = **et skolebarn** „ein Schulkind" – **skolebarnet** – **det lille skolebarn** – **skolebørnene** – **skolebarnets**...

b) Eine Zusammensetzung mit -e erfolgt in der Regel dann, wenn das erste Substantiv einsilbig ist und eine Person, ein Tier oder eine Pflanze bezeichnet und mit einem Konsonanten endet:

> **dreng** „Junge" + **skole** „Schule" = **drengeskole** „Jungenschule";
>
> **ræv** „Fuchs" + **kage** „Kuchen" = **rævekage**, wörtl. „Fuchskuchen" = „politische Intrige";

bøg „Buche“ + **skov** „Wald“
= **bøgeskov** „Buchenwald“.

Aber: **frø** „Frosch“ + **lår** „Schenkel“
= **frølår** „Froschschenkel“.

c) Eine Zusammensetzung mit -s erfolgt normalerweise dann, wenn das erste Substantiv bereits zusammengesetzt ist, eine Vor- oder Nachsilbe hat oder ein Eigenname ist:

folketing „Parlament“ + **valg** „Wahl“
= **folketingsvalg** „Parlamentswahl“;

lastbil „Lastwagen“ + **chauffør** „Fahrer“
= **lastbilschauffør** „Lastwagenfahrer“;

Adam „Adam“ + **æble** „Apfel“
= **adamsæble** „Adamsapfel“.

Direkte Zusammensetzungen werden in folgenden Fällen gebildet:

- **Wenn das erste Substantiv mit -e oder -er endet:**

  drengeskole „Jungenschule“ + **forstander** „Leiter“
  = **drengekoleforstander** „Jungenschulleiter“;

  arbejdsgiver „Arbeitgeber“ + **forening** „Vereinigung“
  = **arbejdsgiverforening** „Arbeitgebervereinigung“.

- **Wenn das erste Wort mit -s oder -st endet:**

  avis „Zeitung“ + **dreng** „Junge“ = **avisdreng** „Zeitungsjunge“;

  indkomst „Einkommen“ + **skat** „Steuer“
  = **indkomstskat** „Einkommensteuer“.

2 ADJEKTIVE

2.1 Deklination der Adjektive

	Singular unbestimmt	**Singular bestimmt**	**Plural unbestimmt und bestimmt**
attributiv (vorangestellt)	**en ung mand** **et ungt træ**	**den unge mand** **det unge træ**	**(de) unge mænd** **(de) unge træer**
prädikativ (nachgestellt)	**en mand er ung** **et træ er ungt**	**manden er ung** **træet er ungt**	**mænd(ene) er unge** **træer(ne) er unge**

Anders als im Deutschen wird das nachgestellte Adjektiv ebenso dekliniert wie das vorangestellte.

2.2 Sonderfälle

1 Neutrale Adjektive ohne den Zusatz -t:

a) Adjektive die bereits auf **-t** enden:

kort „kurz“
et kort år (aber: **det korte år**)
„ein kurzes Jahr – „das kurze Jahr“;

b) Adjektive mit der Endung **-sk**:

dansk „dänisch“
et dansk produkt (aber: **det danske produkt**)
„ein dänisches Produkt – das dänische Produkt“.

2 Einige Adjektive sind unveränderlich:

a) Adjektive mit der Endung **-e** :

spændende „spannend“,
moderne „modern“,
bange „ängstlich“.

en spændende film „ein spannender Film“ –
det bange dyr „das ängstliche Tier“ –
de moderne huse „die modernen Häuser“.

b) Die meisten Adjektive, die mit einem Vokal enden, sind unveränderlich:

ædru – **et ædru selskab** „eine nüchterne Gesellschaft“;
de ædru selskaber „die nüchternen Gesellschaften“.

Ausnahmen:

ny: **et nyt hus** – **det nye hus**
„ein neues Haus – das neue Haus“.

c) Einige andere Adjektive sind ebenfalls unveränderlich:

stakkels „arm“, **ens** „gleich“:

et stakkels dyr – **de stakkels dyr**
„ein armes Tier – die armen Tiere“;

to ens hunde „zwei gleiche Hunde“.

d) **gift** „verheiratet“ ist unveränderlich, wenn es nachgestellt (prädikativ) verwendet wird, vorangestellt bekommt es das **-e** des unbestimmten Plurals sowie des bestimmten Singulars und Plurals:

De er gift. „Sie sind verheiratet";
de gifte folk „die verheirateten Leute".

3 Die Adjektive auf -en, -er und -et verlieren in der bestimmten Form das -e:

en moden mand „ein reifer Mann"	**den modne mand** „der reife Mann"	**de modne mænd** „die reifen Männer"
et åbent vindue „ein offenes Fenster"	**det åbne vindue** „das offene Fenster"	**de åbne vinduer** „die offenen Fenster"
en sulten hund „ein hungriger Hund"	**den sultne hund** „der hungrige Hund "	**de sultne hunde** „die hungrigen Hunde"
en doven kvinde „eine faule Frau"	**den dovne kvinde** „die faule Frau"	**de dovne kvinder** „die faulen Frauen"

Doppelkonsonanten werden dabei vereinfacht:

sikker „sicher" – **sikre**;
lækker „lecker, toll" – **lækre**;
gammel „alt" – **gamle**;
bitter „bitter" – **bitre**.

4 Die Adjektivendung -et wird in der bestimmten Form und im Plural zu -ede:

en speget affære – den spegede affære – de spegede affærer „eine verworrene Affäre – die verworrene Affäre – die verworrenen Affären".

en langhåret hund – den langhårede hund – de langhårede hunde „ein langhaariger Hund – der langhaarige Hund – die langhaarigen Hunde".

5 Die Adjektive blå und grå erhalten im Neutrum ein -t, aber kein -e im Plural:

et blåt hus – de blå huse
„ein blaues Haus – die blauen Häuser";

et gråt hav – de grå have
„ein graues Meer – die grauen Meere".

6 Konsonantenwechsel vor -t:

grov „grob" und **stiv** „steif" werden zu **groft** und **stift**.

7 Unregelmäßige Pluralform

Der Plural von **lille** heißt **små**:

et lille barn – de små børn
„ein kleines Kind – die kleinen Kinder".

8 Adjektive mit unregelmäßiger Konjugation:

Utrum unbestimmt	Neutrum unbestimmt	Plural unbestimmt
megen larm „viel Lärm"	**meget hår** „viel Haar"	**mange mennesker** „viele Leute".
den megen larm „der viele Lärm"	**det meget øl** „das viele Bier"	**de mange mennesker** „die vielen Menschen"

Genauso gebeugt werden **nogen** und **anden**.

2.3 Steigerung – Komparativ und Superlativ

1 Durch die Nachsilben -ere und -est

Adjektiv	Komparativ	Superlativ
glad „froh"	**gladere** „froher"	**gladest** „am frohesten";
ringe „gering"	**ringere** „geringer"	**ringest** (1) „am geringsten";
enkel „einfach"	**enklere** „einfacher"	**enklest** (2) „am einfachsten";
let „leicht"	**lettere** „leichter"	**lettest** (3) „am leichtesten";
fattig „arm"	**fattigere** „ärmer"	**fattigst** „am ärmsten";
langsom „langsam"	**langsommere** „langsamer"	**langsomst** (4) „am langsamsten".

Der Superlativ läßt sich durch den Zusatz **aller**- noch einmal steigern: **aller** + **lettest** = **allerlettest** „am allerleichtesten".

(1) Adjektive mit der Endung **-e** erhalten im Komparativ nur ein **-re** und im Superlativ ein **-st**.
(2) Adjektive mit den Endungen **-el**, **-en** oder **-er** verlieren im Komparativ u. Superlativ das **-e**. Doppelkonsonant wird vereinfacht.
(3) Adjektive, die auf kurzen Vokal + Konsonant enden, verdoppeln im Komparativ und Superlativ den Endkonsonanten.
(4) Adjektive mit den Endungen **-ig** oder **-som** erhalten im Superlativ nur **-st**.

Achtung: Die Konjunktion für den Komparativ heißt **end**:

Han er rigere <u>end</u> den rigeste mand i verden.
„Er ist reicher als der reichste Mann auf der Welt."

Unregelmäßige Formen:

Adjektiv **Mit Vokalwechsel**	**Komparativ**	**Superlativ**
lang „lang"	**længre**	**længst**
få „wenig"	**færre**	**færrest**
stor „groß"	**større**	**størst**
ung „jung"	**yngre**	**yngst**
gammel „alt"	**ældre**	**ældst**
god „gut"	**bedre**	**bedst**
ilde „schlecht"	**værre**	**værst**
lidt „wenig"	**mindre**	**mindst**
lille „klein"	**mindre**	**mindst**
megen/meget „viel"	**mere**	**mest**
mange „viele"	**flere**	**flest**
nær „nah"	**nærmere**	**nærmest**
ond „böse"	**værre**	**værst**
slem „schlimm"	**værre**	**værst** (**slemmere**, **slemmest**)

2 Komparativ mit mere, Superlativ mit mest:

Adjektiv	**Komparativ**	**Superlativ**
fremmed	**mere fremmed**	**mest fremmed**

Dieser Steigerungstyp tritt auf bei:

a) langen Adjektiven:

interessant – **mere interessant** – **mest interessant**;

b) als Adjektiv verwendeten Partizipien:

strålende „strahlend" – **mere strålende**;
brugt „gebraucht" – **mere brugt**.

c) allen Adjektiven mit der Endung -et:

snavset „schmutzig" – **mere snavset**;
langhåret „langhaarig" – **mere langhåret**.

d) mehrsilbigen Adjektiven mit der Endung -sk:

fantastisk „phantastisch" – **mere fantastisk**.

e) einigen kurzen Adjektiven:

ædru „nüchtern“, **stille** „still“, **bange** „ängstlich“, **lige** „gerade, gleich“, **grå** „grau“, **sulten** „hungrig“, **åben** „offen“, **vågen** „wach“, **voksen** „erwachsen“, **ens** „gleich“.

3 Vergleich:

lige så... som „genauso... wie“:

Han er lige så gammel som Hansen.
„Er ist genauso alt wie Hansen.“

mindre/mere... end „weniger/mehr... als“:

Filmen er mindre interessant end bogen.
„Der Film ist weniger interessant als das Buch.“

2.4 Stellung und Verwendung der Adjektive

a) Das attributive (vorangestellte) Adjektiv steht immer unmittelbar vor dem Substantiv, das es näher bestimmt. Nichts kann die beiden Wörter trennen, nicht einmal ein Genitiv:

en gammel mand – en gammel mands hus – en gamel mands røde hus „ein alter Mann – das Haus eines alten Mannes – das rote Haus eines alten Mannes“.

Die Anzahl der Adjektive, die einem Substantiv vorausgehen können, ist im Prinzip unbegrenzt. Sie werden durch Kommata und ein **og** vor dem letzten Adjektiv abgetrennt:

en gammel, fin og hurtig bil
„ein altes, feines und schnelles Auto“.

b) Das prädikative (nachgestellte) Adjektiv steht immer unmittelbar hinter dem Verb, außer wenn es zur besonderen Betonung vorangestellt wird:

Bilen er gammel. – Gammel er bilen.
„Das Auto ist alt. – Alt ist das Auto“.

c) Substantivierte Adjektive:

Ein Adjektiv kann fast immer substantiviert, d.h. als Substantiv verwendet werden. Es behält seine Adjektivform bei:

en død – den døde
„ein Toter – der Tote“;
en stakkel – staklen
„ein Armer – der Arme“.

- Ausdrücke mit substantivierten Adjektiven:

– ohne Endung:

på ny „aufs neue", **på skrå** „schräg";

– Endung **-e**:

med rette „mit Recht", **i det mindste** „zumindest", **for det første** „zum ersten", **med det gode** „im guten", **med det onde** „mit Gewalt";

– Endung **-t**:

i alt „insgesamt", **om lidt** „in Kürze", **for øvrigt** „übrigens", **i øvrigt** „außerdem".

3 PRONOMEN

3.1 Personalpronomen, Reflexivpronomen, Possessivpronomen, reflexive Possessivpronomen

Übersicht

(mask. = maskulin, Pl = Plural,
fem. = feminin, Pers. = Personalpronomen,
sächl. = sächlich, Refl. = Reflexivpronomen,
U = Utrum, Poss. = Possessivpronomen,
N = Neutrum, refl. Poss. = reflexive Possessivpronomen)

Person	**Pers. Subjekt**	**Objekt**	**Refl.**	**Poss. U/N/Pl**	**refl. Poss. U/N/Pl**
Singular					
1.	jeg	mig	mig	min/mit/mine	min/mit/mine
2.	du	dig	dig	din/dit/dine	din/dit/dine
3. mask.	han	ham	sig	hans	sin/sit/sine
3. fem.	hun	hende	sig	hendes	sin/sit/sine
	man	man	sig	ens	sin/sit/sine
3. sächl. U	den	den	sig	dens	sin/sit/sine
3. sächl. N	det	det	sig	dets	sin/sit/sine
Plural					
1.	vi	os	os	vor/vort/vore vores	vor/vort/vore vores
2.	I	jer	jer	jeres	jeres
höflich	De	Dem	Dem	Deres	Deres
3.	de	dem	sig	deres	deres

Anmerkungen

Anders als bei den Substantiven gibt es bei den Pronomen der 3. Person neben Utrum und Neutrum auch ein **maskulines und ein feminines Geschlecht**, die aber **nur für Personen** verwendet werden:

> **maskulin**: **Han tager bilen.** „Er nimmt das Auto."
> **feminin**: **Hun tager bilen.** „Sie nimmt das Auto."

Für Tiere, Dinge oder abstrakte Begriffe werden Pronomen im Utrum (**den**) und Neutrum (**det**) verwendet:

> **Hunden løber hjem. – Den løber hjem.**
> „Der Hund läuft nach Hause. – Er läuft nach Hause."
>
> **Lampen lyser. – Den lyser.**
> „Die Lampe leuchtet. – Sie leuchtet."
>
> **Ideen er god. – Den er god.**
> „Die Idee ist gut. – Sie ist gut."
>
> **Dyret er sultent. – Det er sultent.**
> „Das Tier ist hungrig. – Es ist hungrig."
>
> **Bordet er smukt. – Det er smukt.**
> „Der Tisch ist schön. – Er ist schön."
>
> **Digtet er godt. – Det er godt.**
> „Das Gedicht ist gut. – Es ist gut."

Possessivpronomen (besitzanzeigende Fürwörter)

Für die dritte Person gibt es zwei Arten von Possessivpronomen:

1. **sin/sit/sine**
2. **hans/hendes/dets/dens**

Sin/sit/sine wird immer dann verwendet, wenn sich das Pronomen auf das Subjekt des Satzes bezieht, aber nicht Teil des Subjekts ist:

> **Han tager sit tøj.**
> „Er nimmt sein [eigenes] Zeug."
>
> **Hun kommer med sin mand.**
> „Sie kommt mit ihrem [eigenen] Mann".
>
> Aber: **Hun og hendes mand kommer.** (Das Pronomen ist Teil des Subjekts: „Sie und ihr Mann".)

Hans/hendes/dets/dens wird also verwendet, wenn das Pronomen Teil des Subjekts ist, oder sich auf eine andere Person bezieht. Hier müssen Sie aufpassen: Wenn Sie sagen: **Han kysser sin kone** „Er küßt seine Frau", gibt es keine Probleme, denn er küßt seine eigene Frau. Sagen Sie dagegen **Han kysser hans kone**, so bedeutet das, daß er die Frau eines anderen küßt.

Das Possessivpronomen kann wie ein Adjektiv nach dem Substantiv stehen und erhält auch dann die dem Substantiv entsprechende Form:

Det er min hund.
„Das ist mein Hund."

Hunden er min.
„Der Hund ist meiner."

Det er dit ansvar.
„Das ist deine Verantwortung."

Ansvaret er dit.
„Die Verantwortung ist deine."

Det er mine penge.
„Das ist mein Geld."

Pengene er mine, hans, hendes, etc.
„Das Geld ist meins, seins, ihrs" etc.

3.2 Demonstrativpronomen (hinweisende Fürwörter)

	Subjekt	Objekt	Genitiv
Singular	**den/denne** **det/dette**	**den/denne** **det/dette**	**dens/dennes** **dets/dettes**
Plural	**de/disse**	**dem**	**deres**

Verwendung der Demonstrativpronomen

1 Das Demonstrativpronomen ist obligatorisch, wenn dem Substantiv ein Relativsatz folgt:

Jeg taler om den mand, du så i går.
„Ich rede von dem Mann, den du gestern gesehen hast."

2 Die kurze Form: **den-det-de** verweist auf Dinge, die weiter entfernt liegen. Oft wird noch **der** hinzugefügt:

Det bord der. „Der Tisch da".

3 Die lange Form: **denne-dette-disse** verweist auf Dinge in der Nähe. Oft werden sie von **her** begleitet:

Dette bord her. „Dieser Tisch hier".

Achtung: In der gesprochenen Sprache werden allerdings meistens nur die kurzen Formen gebraucht, wobei **her** dann auf Nähe und **der** auf Ferne verweist:

> **Den her bog er min. – Jeg tager den her.**
> „Das Buch hier ist meins. – Ich nehme das hier."
>
> **Den bog der er din.** „Das Buch dort ist deins."

Sådan und sikke:

> **Sådan en hund har jeg aldrig set før.**
> „So einen Hund habe ich noch nie gesehen."

Sådan et maleri... Plural: – **sådan nogen/nogle** „solche".

Sikke drückt Überraschung aus:

> **Sikke en pæn kjole!** „So ein schönes Kleid!"
> **Sikke noget sludder!** „So ein Quatsch!"

In der geschriebenen Sprache wird statt **sikke** eher **sikken** – **sikket** verwendet.

3.3 Det / der als Subjekt

Reales Subjekt:

> **Det er mig.** „Ich bin's."
> **Det er koldt.** (1) „Es ist kalt."
> **Det sner.** „Es schneit."
> **Det ringer.** „Es klingelt."
> **Det går ham godt.** „Es geht ihm gut."
> **Det varer længe.** (2) „Das dauert lange."
> **Der arbejdes.** „Es wird gearbeitet."
> **Der skal støvsuges.** (3) „Es muß staubgesaugt werden."
> **Der er kold i stuen.** (4) „Es ist kalt im Wohnzimmer."

Scheinbares Subjekt:

> **Det lykkedes mig at nå toget.**
> „Es gelang mir, den Zug zu erreichen."
>
> **Det er sundt at drikke mælk.** (5)
> „Es ist gesund, Milch zu trinken."
>
> **Det siges, at han er syg.** (6)
> „Es heißt, er sei krank."
>
> **Det er mig, der har gjort det.** (7)
> „Ich habe das getan."

Det er en værre en, den historie. (8)
„Das ist eine schlimme Geschichte."

Der sidder en mand i toget. (9)
„Es sitzt ein Mann im Zug."

Der er kun ham tilbage. (10)
„Da ist nur noch er."

Reales Subjekt:

(1) **det** ist das Subjekt des Verbs **være**, das zusammen mit einem Substantiv, Personalpronomen oder einem Adjektiv im Neutrum auftritt.
(2) **det** ist Subjekt eines anderen Verbs als **være**, das sich auf ein Wetterphänomen oder einen vagen psychischen oder physischen Eindruck bezieht.
(3) **der** ist Subjekt eines passiven Verbs.
(4) **der** ist Subjekt der Verben **være** und **blive**, wenn das Adjektiv mit einer Ortsangabe präzisiert wird:

Det er koldt. „Es ist kalt." – aber:
Der er koldt i stuen. „Es ist kalt im Wohnzimmer:"

Beachten Sie auch den Unterschied zwischen

Det står i avisen. „Das steht in der Zeitung."

Der står i avisen, at priserne stiger.
„Es steht in der Zeitung, daß die Preise steigen."

Scheinbares Subjekt:

(5) **det** dient als scheinbares Subjekt, wenn das eigentliche Subjekt ein Infinitiv oder
(6) ein Nebensatz ist.
(7) **det er**... dient zur besonderen Betonung und wird sehr häufig verwendet.
(8) **det** wird als scheinbares Subjekt verwendet, wenn ein Substantiv, zur Betonung ans Ende gestellt wird.
(9) **der** wird als scheinbares Subjekt verwendet, wenn das eigentliche Subjekt unbestimmt ist (mit unbestimmtem Artikel, einer Zahl oder einen unbestimmten Pronomen...).
(10) **der** wird als scheinbares Subjekt verwendet, wenn das eigentliche Subjekt durch ein Adverb oder einen Nebensatz modifiziert wird.

3.4 Fragepronomen

> **hvem** „wer, wen, wem“ (Singular und Plural);
> **hvad** „was“ (Singular und Plural);
> **hvilken** (Utrum), **hvilket** (Neutrum), **hvilke** (Plural) „welcher, welche, welches, welche“;
> **hvis** „wessen“ (Singular und Plural);
> **hvor** „wo“.

Hvem bezieht sich auf Personen, **hvad** auf Dinge und Abstraktes:

> **Hvem kommer**? „Wer kommt?“;
> **Hvad sker der?** „Was passiert?“.

Bei der Verwendung der Fragepronomen ist es wichtig, zwischen Haupt- und Nebensatz zu unterscheiden.
Im Nebensatz wird immer dann, wenn das Pronomen das Subjekt (Wer-Fall) ist, **der** eingefügt:

> Hauptsatz: **Hvem kommer?** „Wer kommt?“;
> Nebensatz: **Ved du, hvem der kommer?** „Weißt du, wer kommt?“.

Ebenso:

> **Ved du, hvad der sker?**
> „Weißt du, was passiert?“;
>
> **Ved du, hvilken bus der kører til Hellerup?**
> „Weißt du, welcher Bus nach Hellerup fährt?“.

Auch wenn das Pronomen ein Objekt (Wem-/Wen-Fall) ist, muß zwischen Haupt- und Nebensatz unterschieden werden. Hier ändert sich, wie im Deutschen, die Wortstellung:

> Hauptsatz: **Hvem ælsker han?** „Wen liebt er?“;
> Nebensatz: **Ved du, hvem han ælsker?** „Weißt du, wen er liebt?“.

Hvilken-hvilket-hvilke wird in der gesprochenen Sprache oft durch **hvad for** – **hvad for nogle** ersetzt:

> **Jeg ved ikke, hvilken bus jeg skal tage.** –
> **Jeg ved ikke, hvad for en bus jeg skal tage.**
> „Ich weiß nicht, welchen/was für einen Bus ich nehmen soll.“
>
> **Jeg ved ikke, hvilke bøger, jeg skal købe.** –
> **Jeg ved ikke, hvad for nogle bøger, jeg skal købe.**
> „Ich weiß nicht, welche/was für Bücher ich kaufen soll.“

3.5 **Indefinitpronomen** (unbestimmte Fürwörter)

	Utrum	**Neutrum**	**Plural**	**Genitiv**
„man/einer“	man/en	–	–	ens
„jemand/etwas“	nogen	noget	nogle nogen (1)	nogens
„niemand/nichts“	ingen ikke noget	intet ikke noget	ingen ikke nogen	ingens ikke nogens (2)
„andere(r/s)“	anden	andet	andre	andens andres
„jeder/alle“	hver enhver	hvert ethvert	alle alle og enhver	hvers enhvers – alle og enhvers
„viel/e“	megen	meget	mange	manges

(1) **nogen-nogle. Nogen** und **nogle** werden gleich ausgesprochen: [***no**-(e)n*].
Nogle kann nicht in verneinten Aussagen verwendet werden:

> **Jeg har ikke nogen venner.** „Ich habe keine Freunde.“
> Aber: **Jeg har nogle venner.** „Ich habe einige Freunde.“

(2) **Ingen** – **intet** – **ingen** ist vor allem in der geschriebenen Sprache verbreitet. In der gesprochenen hört man häufiger **ikke nogen**, **noget**, **nogen**:

> **Det gør intet.** „Das macht nichts.“ – **Det gør ikke noget.**
> **Der er intet i vejen for...** „Es steht nichts im Wege...“ –
> **Der er ikke noget i vejen for...**

3.6 Relativpronomen

> **som** „der/die/das/dem/den“;
> **der** „der/die/das“;
> **hvilken**, **hvilket**, **hvilke** „welcher/welches/welche“;
> **hvem/hvad** „was, worüber, wofür“ etc.;
> **hvis** „dessen/deren“;
> **hvor** „wo“.

1. Som und **der** sind die am häufigsten gebrauchten Relativpronomen. Oftmals können beide synonym verwendet werden. In einigen Fällen ist jedoch **der** obligatorisch:

a) Betonung mit **det er...**:

Det er mig, der har gjort det. „Ich habe das getan."

b) Wenn ein anderes **som**, Relativpronomen oder Komparativ, den vorausgehenden oder folgenden Satz einleitet:

<u>Det er</u> manden, <u>som</u> jeg fortalte dig om, <u>der</u> har gjort det. „Es ist der Mann, von dem ich dir erzählt habe, der das getan hat."

Det er som med månen, der skinner om natten.
„Das ist wie mit dem Mond, der nachts scheint."

In folgenden Fällen kann **der** nicht verwendet werden:

a) nach den Konjunktionen **og**, **men** und **eller**:

Elever, som (der) har gået på aftenskole og som har bestået eksamen, kan melde sig på kontoret. „Schüler, die die Abendschule besucht haben, und die die Prüfung bestanden haben, können sich im Büro melden."

b) Im Objektfall (Wem-Fall, Wen-Fall) kann nur **som** verwendet werden:

Pigen, som jeg tænker på.
„Das Mädchen, an das ich denke."

Im Gegensatz zum Subjekt kann das Pronomen als Objekt auch weggelassen werden:

Pigen, (som) jeg tænker på.
„Das Mädchen, an das ich denke."

Vor **som** darf keine Präposition stehen; diese wird nachgestellt, oder man verwendet **hvilken**, **hvilket** bzw. **hvilke**:

Den lænestol, som vi taler <u>om</u>.
„Der Sessel, über den wir sprechen."

Den lænestol, <u>om</u> hvilken vi taler.
„Der Sessel, über den wir sprechen."

2. Hvilken, **hvilket** (Sg.) „welcher", „welche", „welches" und **hvilke** (Plural) „welche" werden vor allem in der formelleren Sprache eingesetzt.

3. hvem-hvad:

Hvad wird vor allem zusammen mit **alt** verwendet:

Jeg ser alt, hvad der er i fjernsynet.
„Ich sehe alles, was es im Fernsehen gibt."

Han spiser alt, hvad jeg sætter på bordet.
„Er ißt alles, was ich auf den Tisch stelle.“

Han skriver altid op, hvad han skal bruge sine penge til.
„Er schreibt immer auf, wofür er sein Geld ausgibt.“

Hvad bezieht sich meistens auf einen ganzen Satz:

Han skrev til hende, hvad jeg var meget glad for.
„Er schrieb ihr, worüber ich sehr froh war.“

4. Hvis: Im Genitiv heißt das Relativpronomen im Singular, Plural, Utrum und Neutrum **hvis** (nicht zu verwechseln mit der Konjunktion **hvis** „wenn“!):

Der kommer kvinden, hvis barn er syg.
„Da kommt die Frau, deren Kind krank ist.“

5. Hvor verweist auf einen Ort:

Stedet, hvor bilen stod parkeret.
„Der Platz, wo das Auto geparkt ist.“

4 ZAHLEN

4.1 Kardinalzahlen, Ordnungszahlen

	Kardinalzahlen	**Ordnungszahlen**
1000	nul	
1001	en/et	første
1002	to	anden
1003	tre	tredje
1004	fire	fjerde
1005	fem	femte
1006	seks	sjette
1007	syv	syvende
1008	otte	ottende
1009	ni	niende
1010	ti	tiende
1011	elleve	ellevte (oder elvte)
1012	tolv	tolvte
1013	tretten	trettende
1014	fjorten	fjortende
1015	femten	femtende
1016	seksten	sekstende
1017	sytten	syttende
1018	atten	attende

1019	nitten	nittende
1020	tyve	tyvende
1021	enogtyve	enogtyvende
1030	tredive	tredivte
1040	fyrre	fyrreogtyvende
1050	halvtreds	halvtredsindstyvende
1060	tres	tresindstyvende
1070	halvfjerds	halvfjerdsindstyvende
1080	firs	firsindstyvende
1090	halvfems	halvfemsindstyvende
1100	hundrede	hundrede
1000	tusind(e)	tusinde

5 000	fem tusind
10000	ti tusind
1 000 000	en million
1000000000	en milliard
1 000 000 000 000	en billion
1 000 000 000 000 000	en billiard

1 225 wird gelesen: **et tusind to hundredeogfemogtyve**.

4.2 Ausdrücke mit Zahlen

1 Jahreszahlen können auf zwei Arten ausgedrückt werden:

1990: **nittenhundredeoghalvfems** oder **nitten halvfems**.

2 Auch das **Datum** kann auf zwei Arten ausgedrückt werden:

den 25. november: **den femogtyvende november**;
den 25.11.: **den femogtyvende i ellevte**.

3 Preise können auf zwei Arten ausgedrückt werden:

12,50: **tolv kroner og halvtreds øre** oder **tolv en halv**;
12,25: **tolv kroner og femogtyve øre** oder **tolv femogtyve**;
1,50: **halvanden krone**;
150,-: **halvandenhundrede kroner**.

4 Brüche (**brøker**):

1/2: **en halv**;
1/3: **en tredjedel**;
1/4: **en fjerdedel**, **en kvart**;
3/4: **tre fjerdedele**
1/9: **en niendedel**.

5 Dezimalzahlen:

7,40: **syv komma fyrre** oder **syv komma fire nul**.

6 Mengenangaben:

20 Einheiten: **en snes**;
10 Einheiten: **en halv snes**;
12 Einheiten: **et dusin**;
6 Einheiten: **et halvt dusin**.

7 Uhrzeit:

7:00 - **Klokken er syv**. / **Den er syv.**
7.05 - **Klokken (den) er 5 minutter over syv.**
7:15 - **Klokken (den) er kvart over syv.**
Klokken (den) er et kvarter over syv.
7:25 - **Klokken er fem minutter i halv otte.**
7:30 - **Klokken (den) et halv otte.**
7:40 - **Klokken er ti minutter over halv otte.**
7:45 - **Klokken (den) er kvart i otte.**
Klokken (den) er et kvarter i otte.
7:50 - **Klokken (den) er ti minutter i otte.**
8:00 - **Klokken er otte.**

5 ADVERBIEN

Adverbien beziehen sich auf ein Verb, ein Adjektiv, ein anderes Adverb oder einen ganzen Satz. Im Gegensatz zu den Adjektiven können sie nur eine Form haben. Man unterscheidet:

Adverbien der Zeit

ofte/tit „oft“, **aldrig** „nie“, **altid** „immer“, **da** „da/dann“, **så** „dann“.

Adverbien der Art und Weise, Kommentar und Begründung

vel/nok „wohl“, **gerne** „gerne“, **nemlig** „nämlich“, **jo** „ja/doch“, **netop** „genau“, **ikke** „nicht“, **så** „so“, **dog** „doch“.

Adverbien des Ortes

Viele Ortsadverbien weisen eine Besonderheit auf. Sie existieren in einer kurzen und einer langen Form, wobei die kurze Form auf die Frage „wohin“ und die lange Form auf die Frage „wo“ antwortet.

kurze Form	lange Form
bort „weg(gehen/fahren etc.)“	**borte** „weg“
ind „hinein“	**inde** „drinnen“
ud „nach draußen“	**ude** „draußen“
op „nach oben“	**oppe** „oben“
ned „nach unten“	**nede** „unten“
frem „nach vorn“	**fremme** „vorn“
over „hinüber“	**ovre** „drüben“
hjem „nach Hause“	**hjemme** „zu Hause“
om „um... herum“	**omme** („hinter“)
hen „hin“	**henne** („dort“).

Diese Ortsadverbien (außer **bort** und **frem**) können noch durch **her** „hier“ und **der** „dort“ ergänzt werden und drücken damit die Position des Sprechers im Verhältnis zu der Ortsangabe aus:

herind „herein“	**herinde**
derind „hinein“	**derinde**
herud „heraus“	**herude**
derud „hinaus“	**derude**
herop „herauf“	**heroppe**
derop „hinauf“	**deroppe**
herned „herunter“	**hernede**
derned „hinunter“	**dernede**
herover „herüber“	**herovre**
derover „hinüber	**derovre**
herhjem „hierher nach Hause“	**herhjemme**
derhjem „dorthin nach Hause“	**derhjemme**
herom „hier herum“	**heromme**
derom „dort herum“	**deromme**
herhen „hierher“	**herhenne**
derhen „dorthin“	**derhenne**

Die kurze Form bezeichnet eine Bewegung von einem Ort zu einem anderen (dynamisch):

Han går ud. „Er geht hinaus.“
Han går op. „Er geht hoch.“
Han star op. Er steht auf.“
Han rejser sig op. „Er erhebt sich.“
Han går over vejen. „Er geht über die Straße.“
Han går ud i kokkenet. „Er geht hinaus in die Küche.“
Han går ind i stuen. „Er geht hinein ins Wohnzimmer.“

Die lange Form ist eine Ortsangabe ohne Bewegung (statisch):

Han er ude i gården. „Er ist draußen im Hof."
Han er oppe på loftet. „Er ist oben auf dem Boden."
Han er oppe. „Er ist oben."
Han er fremme. „Er ist da."
Vi er fremme om en time. „Wir sind in einer Stunde da."

Steigerung der Adverbien

Fünf Adverbien lassen sich steigern:

	Komparativ	**Superlativ**
længe „lange"	**længere**	**længst**
vel „gut"	**bedre**	**bedst**
tit „oft"	**tiere**	**tiest**
ofte „oft"	**oftere**	**oftest**
gerne „gern"	**hellere**	**helst**

Adverbien als Ableitung vom Adjektiv

Viele Adverbien werden vom Adjektiv abgeleitet; dazu benutzt man einfach die neutrale Form:

Adjektiv neutrum	**Adverb**
godt „gut"	**godt**
skønt „schön"	**skønt**
vældigt „enorm"	**vældigt** (1)

(1) Adverbien mit der Endung **-ig** fügen kein **-t** an, wenn sie ein Adjektiv oder ein anderes Adverb bestimmen:

Det var en vældig dyr middag.
„Das war ein sehr teures Essen."

Det var vældig dyrt. „Das war sehr teuer."
Aber: **Det var vældigt.** „Das war enorm."

6 VERBEN

6.1 Konjugation der Verben

Wie im Deutschen unterscheidet man schwache Verben, die im Präteritum die Endungen **-ede** oder **-te** erhalten, und starke Verben, die im Präteritum keine Endung, aber oft einen anderen Stammvokal erhalten. Daneben gibt es noch eine Gruppe unregelmäßiger Verben, die durch Vokalwechsel und die Endung **-de** oder **-te** im Präteritum gekennzeichnet sind.

1 Schwache Verben:

Endung	**-ede/-et**	**-te/-t**
Infinitiv	**ligne** „ähneln"	**søge** „suchen"
Präsens	**ligner**	**søger**
Präteritum	**lignede** „ähnelte"	**søgte** „suchte"
Partizip Perfekt	**lignet** „geähnelt"	**søgt** „gesucht"
Partizip Präsens	**lignende** „ähnelnd";	**søgende** „suchend".

Unregelmäßige Verben (mit Vokalwechsel und Endung **-te/-de** im Präteritum):

Infinitiv	**Präteritum**	**Partizip Perfekt**
dølge „verbergen"	dulgte	dulgt
følge „folgen"	fulgte	fulgt
kvæle „(er)würgen"	kvalte	kvalt
række „reichen"	rakte	rakt
smøre „schmieren"	smurte	smurt
spørge „fragen"	spurgte	spurgt
strække „strecken"	strakte	strakt
sælge „verkaufen"	solgte	solgt
sætte „setzen"	satte	sat
træde „treten"	trådte	trådt
tælle „zählen"	talte	talt
vække „wecken"	vakte	vakt
bringe „bringen"	bragte	bragt
gøre „machen"	gjorde	gjort
lægge „legen"	lagde	lagt
sige „sagen"	sagde	sagt

b Modalverben:

Infinitiv	**Präsens**	**Präteritum**	**Part. Perfekt**
burde „müssen/sollen"	bør	burde	burdet
kunne „können"	kan	kunne	kunnet
måtte „müssen/sollen"	må	måtte	måttet
skulle „müssen/sollen"	skal	skulle	skullet
turde „wagen"	tør	turde	turdet
ville „wollen"	vil	ville	villet

c Verben mit mehreren Bedeutungen

Einige Verben mit mehreren Bedeutungen bilden das Präteritum, je nach Bedeutung,
mit -**ede** oder -**et**:

Infinitiv	Präteritum auf -ede	Präteritum auf -te
bage	„brennen, brüten" (Sonne)	„backen" (Brot)
hælde	„sich neigen"	„schütten, gießen"
lede	„führen"	„suchen"
længes	„länger werden"	„sich sehnen nach"
ramme	„einrammen"	„treffen" (in Schwarze)
rede sig	„sich aus der Affäre ziehen"	„sich kämmen"
skynde	„(+ **på**) antreiben"	„beeilen"
skænde	„schänden"	„schimpfen, streiten"
spøge	„spuken"	„scherzen"
stemme	„stemmen"	„stimmen"
trykke	„drücken"	„drucken"
vække	„wecken"	„erwecken, hervorrufen"

2 Starke Verben

Sie erhalten keine Endung im Präteritum; statt dessen wechseln die meisten den Vokal. Wenn man die starken Verben nach dem Vokal im Präteritum gruppiert, prägen sie sich besser ein:

1 Präteritum mit -e:

● i - e - e

Infinitiv	Präsens	Präteritum	Part. Perfekt
knibe „kneifen"	kniber	kneb	knebet
pibe „pfeifen"	piber	peb	pebet
slibe „schleifen"	sliber	sleb	slebet
gribe „greifen"	griber	greb	grebet
glide „gleiten"	glider	gled	gledet
gnide „reiben"	gnider	gned	gnedet
svide „sengen"	svider	sved	svedet
ride „reiten"	rider	red	redet
skride „schreiten"	skrider	skred	skredet
vride „wringen"	vrider	vred	vredet
snige „schleichen"	sniger	sneg	sneget
stige „steigen"	stiger	steg	steget
vige „weichen"	viger	veg	veget
skrige „schreien"	skriger	skreg	skreget
svige „betrügen"	sviger	sveg	sveget
hive „werfen, ziehen, keuchen"	hiver	hev	hevet
drive „treiben"	driver	drev	drevet
rive „reißen"	river	rev	revet
blive „bleiben"	bliver	blev	blevet

● i – e – i

bide „beißen“	bider	bed	bidt
lide „leiden“	lider	led	lidt
skide „scheißen“	skider	sked	skidt
slide „abnutzen“	slider	sled	slidt
smide „werfen“	smider	smed	smidt
stride „kämpfen“	strider	stred	stridt

2 Präteritum mit -a:

● i – a – i

briste „brechen“	brister	brast bristede	bristet
klinge „klingen“	klinger	klang klingede	klinget
stinke „stinken“	stinker	stank	stinket
gide „Lust haben“	gider	gad	gidet
tie „schweigen“	tier	tav	tiet
give „geben“	giver (gir)	gav	givet
sidde „sitzen“	sidder	sad	siddet

● i – a – u

finde „finden“	finder	fandt	fundet
binde „binden“	binder	bandt	bundet
spinde „spinnen“	spinder	spandt	spundet
svinde „schwinden“	svinder	svandt	svundet
vinde „gewinnen“	vinder	vandt	vundet
rinde „rinnen“	rinder	randt	rundet
tvinde „zwirbeln“	tvinder	tvandt	tvundet
stikke „stechen“	stikker	stak	stukket
drikke „trinken“	drikker	drak	drukket
tvinge „zwingen“	tvinger	tvang	tvunget
springe „springen“	springer	sprang	sprunget
svinge „schwingen“	svinger	svang svingede	svunget svinget

● e – a – e

bede „beten, bitten“	beder	bad bedede	bedt bedet

● æ-a-å

bære „tragen“	bærer	bar	båret
skære „schneiden“	skærer	skar	skåret
stjæle „stehlen“	stjæler	stjal	stjålet

● **æ – a – u**			
hjælpe „helfen“	hjælper	hjalp	hjulpet
sprække „bersten“	sprækker	sprak	sprukket
træffe „treffen“	træffer	traf	truffet
trække „ziehen“	trækker	trak	trukket

● **æ – a – æ**			
gælde „gelten“	gælder	gjalt	gældt
hænge „hängen“	hænger	hang	hængt
		hængte	hængt
kvæde „singen“	kvæder	kvad	kvædet (veraltet)

● **y – a – u**			
synge „singen“	synger	sang	sunget
synke „schlucken, sinken“	synker	sank	sunket

3 Präteritum mit å:

● **e – å – e**			
se „sehen“	ser	så	set

● **i – å – i**			
ligge „liegen“	ligger	lå	ligget

● **æ – å – æ**			
æde „fressen“	æder	åd	ædt

4 Präteritum mit -o:

● **e – o – e**			
le „lachen“	ler	lo	let (oder leet)

● **æ – o – æ/o**			
sværge „fluchen“	sværger	svor (sværgede	svoret sværget)

● **a - o - a**			
drage „ziehen“	drager	drog	draget
gale „krähen“	galer	gol	galet
fare „fahren“	farer	for	faret
jage „jagen“	jager	jog	jaget
lade „lassen, laden“	lader	lod ladede	ladet
tage „nehmen“	tager	tog	taget

● **å – o – å**

slå „schlagen"	slår	slog	slået
stå „stehen"	står	stod	stået

5 Präteritum mit -ø:

● **y – ø - y**

betyde „bedeuten"	betyder	betød	betydet
flyde „fließen"	flyder	flød	flydt
gyde „gießen"	gyder	gød	gydt
nyde „genießen"	nyder	nød	nydt
skryde „prahlen"	skryder	skrød	skrydet
snyde „betrügen"	snyder	snød	snydt
fnyse „schnauben"	fnyser	fnøs	fnyst
gyse „schaudern"	gyser	gøs	gyst
nyse „niesen"	nyser	nøs	nyst

● **y – ø – u**

bryde „brechen"	bryder	brød	brudt
byde „bieten"	byder	bød	budt
fortryde „bereuen"	fortryder	fortrød	fortrudt
skyde „schießen"	skyder	skød	skudt

● **y – ø – ø**

fyge „stöbern"	fyger	føg	føget
flyve „fliegen"	flyver	fløj	fløjet
krybe „kriechen"	kryber	krøb	krøbet
lyve „lügen"	lyver	løj	løjet
ryge „rauchen"	ryger	røg	røget
smyge „anschmiegen"	smyger	smøg	smøget
stryge „bügeln, streichen"	stryger	strøg	strøget

● **y – ø – o**

fryse „frieren"	fryser	frøs	frosset

6 Präteritum mit -i:

gå „gehen"	går	gik	gået
få „bekommen"	får	fik	fået

Verben ohne Vokalwechsel

falde „fallen"	falder	faldt	faldt
græde „weinen"	græder	græd	grædt
hedde „heißen"	hedder	hed	heddet

holde „halten“	holder	holdt	holdt
komme „kommen“	kommer	kom	kommet
løbe „laufen“	løber	løb	løbet
sove „schlafen“	sover	sov	sovet

Hilfsverben

have „haben“	har	havde	haft
være „sein“	er	var	været

6.2 Infinitiv (Grundform)

Der Infinitiv endet fast immer auf **-e**, einige einsilbige Infinitive enden auf einen anderen langen Vokal (z.B. **at gå** „gehen“). Normalerweise steht davor das Infinitivkennzeichen **at**:

Det er farligt at drikke for meget.
„Es ist gefährlich, zu viel zu trinken.“

In den folgenden Fällen steht allerdings kein **at**:

a) Nach Modalverben:

Jeg kann ikke sove. „Ich kann nicht schlafen“.

b) Nach den Verben bede, byde, gide, lade:

Jeg beder ham komme i morgen.
„Ich bitte ihn, morgen zu kommen“.

Jeg bød ham gøre det.
„Ich habe ihm befohlen, das zu tun.“

Jeg gider ikke arbejde.
„Ich habe keine Lust zu arbeiten.“

Jeg lod dem gøre det.
„Ich habe sie das tun lassen.“

c) Nach Verben der Wahrnehmung: se, høre, føle, mærke

Jeg ser ham komme.
„Ich sehe ihn kommen.“

Jeg hører fuglene synge.
„Ich höre die Vögel singen.“

Jeg føler angsten komme.
„Ich fühle die Angst kommen.“

Jeg mærker vandet løbe ned ad ryggen.
„Ich spüre, wie mir das Wasser den Rücken hinunterläuft.“

6.3 Imperativ (Befehlsform)

Der Imperativ in der 2. Person (Singular und Plural) entspricht dem Stamm des Verbs, also dem Infinitiv ohne **-e**:

Infinitiv	Imperativ (= Stamm)
tage **„nehmen“**	Tag! **„Nimm!/Nehmen Sie!“**
sige **„sagen“**	Sig! **„Sag!/Sagen Sie!“**

In der 2. Person Plural wird der Imperativ oft mit **lad os** + Infinitiv gebildet:

Lad os vente lidt!
„Laß(t) uns etwas warten!/Warten wir etwas!“.

Die verneinte Form wird meistens mit **lad være med at** „laß sein mit zu“ + Infinitiv gebildet:

Lad være med at gå derhen. „Geh da nicht hin.“

Der Imperativ kann aber auch mit **ikke** verneint werden:

Kom ikke. „Komm nicht.“
Sig ikke... „Sag nicht...“.

6.4 Präsens (Gegenwart)

Im Präsens erhält das Verb in allen Personen die Endung **-(e)r**.

jeg går, han går, vi går...
„ich gehe, du gehst, er geht, wir gehen...“

Um zu betonen, daß etwas gerade stattfindet, wird oft vor dem eigentlichen Handlungsverb ein Positionsverb benutzt:

Jeg sidder og skriver. „Ich schreibe gerade.“
Jeg ligger og sover. „Ich schlafe gerade.“
Jeg står og klæder mig på. „Ich ziehe mich gerade an.“

Eine ähnliche Funktion hat die Formel **være ved at** + Infinitiv:

Jeg er ved at skrive. „Ich schreibe gerade.“
Jeg er ved at klæde mig på. „Ich ziehe mich gerade an.“

6.5 Futur (Zukunft)

Das Futur wird in der Regel mit **vil**, **skal** oder **blive** gebildet.

Skal oder vil + Infinitiv:

Vi skal spise klokken syv.
„Wie werden um sieben essen.“

Han vil gøre det i morgen.
„Er wird das morgen machen."

Wenn der Infinitiv ein Verb der Bewegung ist, kann er vor einer Ortsangabe auch weggelassen werden:

Vi skal (flyve) til København i morgen.
„Wir fliegen morgen nach Kopenhagen."

Blive dient als Futur für **at være**:

Han bliver læge. „Er wird Arzt."

Wenn eine Zeitangabe den Zukunftsbezug verdeutlicht, wird wie im Deutschen oft das Präsens verwendet:

Han kommer i morgen klokken 10.
„Er kommt morgen um 10."

Jeg ringer i aften.
„Ich rufe heute abend an."

6.6 Präteritum (einfache Vergangenheit) und Perfekt (zusammengesetzte Vergangenheit)

Das **Präteritum** bezieht sich in der Regel auf eine Handlung, die in der Vergangenheit stattfindet und keine direkte oder ausdrückliche Verbindung zur Gegenwart hat. Im Deutschen würde man hier, vor allem in der gesprochenen Sprache, oft das Perfekt verwenden:

Vi kom for sent.
„Wir sind zu spät gekommen/kamen zu spät."

Das **Perfekt** drückt dagegen einen Bezug zur Gegenwart aus:

Der er kommet nye oplysninger frem.
„Es sind neue Informationen aufgetaucht."
(Diese sind in der Gegenwart relevant.)

Du har selv været ude om det! „Du hast es so gewollt!"
(Bezieht sich auf die Gegenwart im Sinne von: „... und jetzt mußt du die Konsequenzen tragen!")

Bei **Han har læst avisen** liegt die Handlung erst kurze Zeit zurück. **Han læste avisen** bezieht sich dagegen auf einen Zeitpunkt, der weiter in der Vergangenheit liegt.

Ein wichtiger Unterschied zum Deutschen besteht, wenn eine Handlung in der Vergangenheit begonnen wurde und bis in die Gegenwart andauert. Hier verwendet man im Deutschen normalerweise das Präsens, oft mit „seit“ oder „schon“, aber im Dänischen muß das Perfekt stehen:

Han har boet i Paris i 5 år. „Er wohnt seit 5 Jahren in Paris.“ (= Er wohnt immer noch dort).

Das deutsche Perfekt in: „Er hat 5 Jahre in Paris gewohnt“ muß dagegen mit dem Präteritum ausgedrückt werden:

Han boede i Paris i 5 år. (= Er wohnt dort nicht mehr).

Das Perfekt wird in den meisten Fällen mit dem Hilfsverb **have** „haben“ gebildet:

Jeg har inviteret... „Ich habe... eingeladen“.

Bei Verben, die eine Bewegung oder eine Zustandsänderung ausdrücken, wird das Perfekt mit **være** „sein“ gebildet:

Han er løbet. „Er ist gelaufen.“
Han er vågnet. „Er ist aufgewacht.“

Bei einigen Bewegungsverben kann auch **have** verwendet werden, und zwar immer dann, wenn man die Handlung (z.B. die Bewegungsart oder -Dauer) besonders betonen will:

Han er gået hjem. „Er ist nach Hause gegangen“.

Han har gået hele vejen.
„Er ist den ganzen Weg gegangen“ (= zu Fuß.
Hier wird die Aktivität des Gehens besonders betont.)

Han har løbet 5 kilometer. „Er ist fünf Kilometer gelaufen“.

Das Perfekt der reflexiven (rückbezüglichen) Verben wird, wie im Deutschen, immer mit **have** gebildet:

Jeg har kedet mig. „Ich habe mich gelangweilt“.

6.7 Partizip Perfekt

Die meisten Verben bilden das Partizip Perfekt durch Anfügen von **-et** oder **-t** an den Stamm (den Stamm erhält man, wenn man das **-e** am Ende des Infinitivs wegstreicht):

invitere – **inviteret** „einladen“ – „eingeladen“;
høre – **hørt** „hören“ – „gehört“.

Verben mit unregelmäßigen Partizipformen finden Sie in der Konjugationstabelle. Dort können Sie auch sehen, ob das Perfekt mit **have** oder **være** gebildet wird. Einige starke Verben bilden adjektivische Partizipien auch auf **-en**:

fryse „(ge)frieren": **frosset/frossen**;
binde „binden": **bundet/bunden**;
falde „fallen": **faldet/falden**;
stjæle „stehlen": **stjålet/stjålen**.

6.8 Partizip Präsens

Das Partizip Präsens trägt die Endung **-ende**. Es wird häufig als unveränderliches Adjektiv verwendet:

en charmerende dame „eine charmante Dame";
de sovende børn „die schlafenden Kinder."

Das Partizip Präsens kann auch als Substantiv verwendet werden; allerdings läßt sich dabei der bestimmte Artikel nicht ans Wortende anhängen:

en studerende „ein Student";
den studerende „der Student".

Komme, **blive** und **have** können eine Verbindung mit dem Partizip Präsens eingehen, die im Deutschen manchmal ebenfalls mit dem Partizip Präsens, meistens aber mit Infinitiv oder Partizip Perfekt wiedergegeben wird:

Han kom løbende/syngende/fløjtende...
„Er kam gelaufen (laufend)/singend/pfeifend...".

Han blev stående. „Er blieb stehen (stehend)".

Han har penge liggende i skuffen.
„Er hat Geld in der Schublade liegen (liegend)".

6.9 Plusquamperfekt (vollendete Vergangenheit)

Das Plusquamperfekt wird zusammengesetzt aus **havde** oder **var** und dem Partizip Perfekt:

havde sagt „hatte gesagt",
var gået „war gegangen".

6.10 Konjunktiv

Der Konjunktiv hat die gleiche Form wie der Infinitiv. Er kommt im heutigen Dänisch fast nur noch in einigen festen Wendungen vor:

Gud bevare Danmark! „Gott schütze Dänemark!";
Fanden tage dig! „Hol' dich der Teufel!";
Kongen leve! „Es lebe der König!".

Statt des Konjunktivs verwendet man für derartige Wünsche und Ausrufe normalerweise **bare, blot** etc.:

Var jeg bare hjemme igen.
„Wäre ich bloß wieder zu Hause."

Blot det bliver fint vejr i morgen.
„Wenn morgen bloß schönes Wetter ist."

Der deutschen Konjunktiv wird meistens, vor allem in Bedingungssätzen, mit Präteritum oder Plusquamperfekt oder **skulle/ville** ausgedrückt:

Du kunne da have ringet.
„Du hättest doch anrufen können."

Jeg troede, i havde læst den.
„Ich dachte, ihr hättet sie gelesen."

Var han kommet, ville jeg være gået.
„Wenn er gekommen wäre, wäre ich gegangen."

Det ville være dumt af ham at gøre det.
„Es wäre dumm von ihm, das zu tun."

Jeg skulle have sagt det straks.
„Ich hätte das gleich sagen sollen."

6.11 Passiv (Leideform)

Passiv auf -(e)s – einfache Form

Bei der einfachen Form wird **-(e)s** an die Aktivform angehängt, im Präsens fällt dabei das **-r** weg. Das einfache Passiv kann nur im Infinitiv, Präsens und Präteritum verwendet werden:

	aktiv	passiv
Infinitiv:	**købe** „kaufen"	**købes** „gekauft werden"
Präsens:	**Han køber** „Er kauft..."	**Huset købes.** „Das Haus wird gekauft."
Präteritum:	**Han købte** „Er kaufte..."	**Huset købtes.** „Das Haus wurde gekauft."

Passiv mit blive + Partizip Perfekt – zusammengesetzte Form

Diese Form, die dem deutschen Passiv (werden + Partizip Perfekt) entspricht, kann in allen Zeiten verwendet werden:

Infinitiv: **blive gjort** „gemacht werden";
Präsens: **bliver gjort** „wird gemacht";
Präteritum: **blev gjort** „wurde gemacht";

Perfekt:	**er blevet gjort** „ist gemacht worden";
Plusquamperfekt:	**var blevet gjort** „war gemacht worden";
Futur:	**vil blive gjort** „wird gemacht werden".

Im Infinitiv, Präsens und Präteritum hat man die Wahl zwischen dem einfachen und dem zusammengesetzten Passiv. Das Passiv auf **-s** wird dort meistens zur Bezeichnung eines Zustandes oder wiederholter Handlungen verwendet, während das Passiv mit **blive** einzelne abgeschlossene Handlungen bezeichnet:

Der drikkes meget øl i Danmark.
„In Dänemark wird viel Bier getrunken."

Der blev drukket meget øl i går aftes.
„Gestern abend wurde viel Bier getrunken."

Einige Verben bilden das Passiv nur in der einfachen Form:

ejes „besitzen", **haves** „haben", **vides** „wissen", **tænkes** „denken", **menes** „meinen", **skyldes** „schulden, herrühren von" und **behøves** „brauchen".

Das Passiv wird häufig verwendet, wenn:
- das Subjekt unbekannt oder nicht näher bestimmt ist;
- nach den Modalverben: **måtte**, **ville**, **skulle**, **kunne**, **burde**:

Der må ikke ryges i salen.
„Im Saal darf nicht geraucht werden."

Han vil ikke barberes.
„Er will nicht rasiert werden."

Wenn ein Objekt vorkommt, wird es mit **af** angeschlossen:

Aktiv: **Barnet spiser kagen.**
„Das Kind ißt den Kuchen."

Passiv: **Kagen spises af barnet.**
„Der Kuchen wird von dem Kind gegessen."

Andere Passiv-Konstruktionen:

Das Verb **få** + Partizip Perfekt wird oft als Passiv verwendet, um auszudrücken, daß etwas von einer anderen Person gemacht wird:

Han får malet sit hus.
„Er läßt sein Haus streichen."

Han har fået stjålet sin bil.
„Ihm wurde das Auto gestohlen."

6.12 Verbformen – Übersicht

AKTIV:			
Infinitiv	**arbejde**	**spise**	**lyve**
	„arbeiten“	„essen“	„lügen“
Präsens	arbejder	spiser	lyver
Futur	vil/skal arbejde	spise	lyve
Konjunktiv Gegenwart	ville arbejde	spise	lyve
Konjunktiv Vergangenheit	ville have arbejdet	spist	løjet
Präteritum	arbejdede	spiste	løj
Partizip Perfekt	arbejdet	spist	løjet
Partizip Präsens	arbejdende	spisende	lyvende
Perfekt	har arbejdet	spist	løjet
Plusquamperfekt	havde arbejdet	spist	løjet
PASSIV:			
Infinitiv	**arbejdes**	**spises**	**lyves**
Präsens	arbejdes	spises	lyves
	bliver arbejdet	spist	løjet
Futur	arbejdes	spises	lyves
	vil/skal blive arbejdet	spist	løjet
Konjunktiv Gegenwart	var blevet arbejdet	spist	løjet
Konjunktiv Vergangenheit	ville være blevet arbejdet	spist	løjet
Präteritum	arbejdedes	spistes	blev løjet
Perfekt	er blevet arbejdet	spist	løjet
Plusquamperfekt	var blevet arbejdet	spist	løjet

6.13 Liste der wichtigsten starken und unregelmäßigen Verben

Infinitiv	**Präs.**	**Prät.**	**Hilfsverb**	**Part. Perf.**	**Bedeutung**
bede	beder	bad	er/har	bedt	bitten, beten
betyde	betyder	betød	har	betydet	bedeuten
bide	bider	bed	har	bidt	beißen
binde	binder	bandt	har	bundet (bunden)	binden
blive	bliver	blev	er	blevet	werden
bringe	bringer	bragte	har	bragt	bringen
burde	bør	burde	har	burdet	müssen
bære	bærer	bar	har	båret	tragen
drikke	drikker	drak	har	drukket (drukken)	trinken

dø	dør	døde	er	død	sterben
falde	falder	faldt	er	faldet, falden	fallen
fare	farer	for	har/er	faret (faren)	fahren
flyde	flyder	flød	har	flydt	fließen
fortryde	fortryder	fortrød	har	fortrudt	bedauern
fryse	fryser	frøs	har	frosset (frossen)	(ge)frieren
fyge	fyger	føg	har/er	føget	stöbern
følge	følger	fulgte	har	fulgt	folgen
få	får	fik	har	fået	bekommen
gide	gider	gad	har	gidet	Lust haben
give	giver	gav	har	givet	geben
glide	glider	gled	er/har	gledet	gleiten
gnide	gnider	gned	har	gnedet	reiben
gribe	griber	greb	har	grebet	greifen
græde	græder	græd	har	grædt	weinen
gælde	gælder	gjalt	har	gældt	gelten
gøre	gør	gjorde	har	gjort	machen
gå	går	gik	er/har	gået	gehen
have	har	havde	har	haft	haben
hedde	hedder	hed	har	heddet	heißen
hjælpe	hjælper	hjalp	har	hjulpet	helfen
holde	holder	holdt	har	holdt	halten
hænge	hænger	hang	har	hængt	hängen
		hængte	har	hængt	
jage	jager	jog, jagede	har	jaget	jagen
komme	kommer	kom	er/har	kommet	kommen
kunne	kan	kunne	har	kunnet	können
kvæle	kvæler	kvalte	har	kvalt	(er)würgen
lade	lader	lod	har	lad(e)t	lassen
		ladede	har	lad(e)t	laden
le	ler	lo	har	let, leet	lachen
lide	lider	led	har	lidt	leiden
ligge	ligger	lå	har	ligget	liegen
lyde	lyder	lød	har	lydt	klingen
lyve	lyver	løj	har	løjet	lügen
lægge	lægger	lagde	har	lagt	legen
løbe	løber	løb	har	løbet	laufen
måtte	må	måtte	har	måttet	müssen, dürfen
nyse	nyser	nøs	har	nyst	niesen

ride	rider	red	har	redet	reiten
rive	river	rev	har	revet	reißen
ryge	ryger	røg	har	røget	rauchen
række	rækker	rakte	har	rakt	reichen
se	ser	så	har	set	sehen
sidde	sidder	sad	har	siddet	sitzen
sige	siger	sagde	har	sagt	sagen
skide	skider	sked	har	skidt	scheißen
skrige	skriger	skreg	har	skreget	schreien
skrive	skriver	skrev	har	skrevet	schreiben
skulle	skal	skulle	har	skullet	müssen, sollen
skyde	skyder	skød	har	skudt	schießen
skære	skærer	skar	har	skåret	schneiden
slå	slår	slog	har	slået	schlagen
slide	slider	sled	har	slidt	abnutzen
slippe	slipper	slap	har	sluppet	loslassen
smide	smider	smed	har	smidt	werfen
smøre	smører	smurte	har	smurt	schmieren
snyde	snyder	snod	har	snydt	betrügen
sove	sover	sov	har	sovet	schlafen
springe	springer	sprang	er/har	sprunget	springen
spørge	spørger	spurgte	har	spurgt	fragen
stå	står	stod	har	stået	stehen
stige	stiger	steg	er	steget	steigen
stikke	stikker	stak	har	stukket	stechen
stjæle	stjæler	stjal	har	stjålet	stehlen
stryge	stryger	strøg	har	strøget	bügeln
synes	synes	syntes	har	syntes	meinen
synge	synger	sang	har	sunget	singen
synke	synker	sank	er	sunket	sinken, schlucken
sælge	sælger	solgte	har	solgt	verkaufen
sætte	sætter	satte	har	sat	setzen
tage	tager	tog	har	taget	nehmen
træde	træder	trådte	har	trådt	treten
træffe	træffer	traf	har	truffet	treffen
trække	trækker	trak	har	trukket	ziehen
turde	tør	turde	har	turdet	wagen
tvinge	tvinger	tvang	har	tvunget	zwingen
tælle	tæller	talte	har	talt	zählen
vide	ved	vidste	har	vidst	wissen

ville	vil	ville	har	villet	wollen
vinde	vinder	vandt	har	vundet	gewinnen
vride	vrider	vred	har	vredet	wringen
vække	vækker	vakte	har	vakt	erwecken, hervorrufen
		vækkede	har	vækket	wecken
vælge	vælger	valgte	har	valgt	wählen
være	er	var	har	været	sein

7 KONJUNKTIONEN

Man unterscheidet nebenordnende Konjunktionen und unterordnende Konjunktionen. Nebenordnende Konjunktionen wie **og** „und“, **eller** „oder“, **men** „aber“, **for** „denn“ etc. verbinden gleichrangige Elemente (Wörter, Wortgruppen, Nebensätze, Hauptsätze). Unterordnende Konjunktionen wie **at** „daß“, **når** „wenn“, **som** „wie“, **mens** „während“ etc. leiten einen Nebensatz ein. Anders als im Deutschen ist die Wortstellung in Haupt- und Nebensatz annähernd gleich. Das Verb steht im Nebensatz nicht hinten:

> **Han kommer i morgen.**
> „Er kommt morgen.“
>
> **Jeg håber, at han kommer i morgen.**
> „Ich hoffe, daß er morgen kommt.“

Anreihende Konjunktionen:
Nebenordnend:

> **både... og** „sowohl... als auch“, **dels... dels** „teils... teils“, **desuden** „außerdem“ **og** „und“.

Ausschließende Konjunktionen:
Nebenordnend:

> **eller** „oder“, **enten... eller** „entweder... oder“, **hverken... eller** „weder... noch“.

Begründende, bedingende und zweckangebende Konjunktionen:
Nebenordnend:

> **thi/for** „denn“, **nemlig** „nämlich“, **ellers** „sonst“, **derfor** „darum“.

Unterordnend:

fordi/da/eftersom „weil“, **idet** „indem“, **hvis/om/når** „wenn“, **uden at** „ohne daß“ **medmindre** „wenn nicht“, **for at** „damit“, **at** „daß“.

Folgernde und einräumende Konjunktionen:
Nebenordnend:

altså „also“, **derfor** „daher“, **følgelig** „folglich“, **vist... men** „zwar... aber“.

Unterordnend:

at „daß“, **så at** „so daß“, **uden at** „ohne daß“, **selv om** „obgleich“, **skønt/trods** „obwohl“, **om... end** „wenn auch“.

Entgegenstellende und vergleichende Konjunktionen:
Nebenordnend:

dog „doch“, **men** „aber“, **som** „wie“, **end** „als“, **såvel... som** „ebenso... wie“.

Unterordnend:

mens/imens „während“, **i stedet for at** „anstatt daß“, **som** „wie“, **som om** „als ob“, **jo... jo** „je... desto“.

Zeitkonjunktionen
Unterordnend:

da „als“, **efter at** „nachdem“, **før/inden** „bevor“, **når** „wenn“, **siden** „seit“, **til** „bis“.

8 PRÄPOSITIONEN

Da wir hier keine vollständige Liste aller Präpositionen mit ihren unterschiedlichen Bedeutungen und Verwendungen angeben können, haben wir uns auf die Präpositionen beschränkt, die häufig Probleme bereiten

- **ad**

  komme gående ned ad vejen „den Weg entlang gehen“;
  le ad en „über jemanden lachen“;
  ad åre „mit der Zeit“;

- **af**

  komme af dage „sterben“.
  gå af vejen for en „jemandem aus dem Weg gehen“;
  le af glæde „vor Freude lachen“;
  tabe af syne „aus den Augen verlieren“.

af in Passivkonstruktionen:

Bilen købes af en mand.
„Das Auto wird von einem Mann gekauft."

- **for**

for tiden „derzeit";
for nylig „neulich";
for... siden „vor";
dag for dag „Tag für Tag";
komme for dagen „an den Tag kommen, zutage treten";
for mig „von mir aus/meinetwegen".

- **fra**

fra syv til ti „von sieben bis zehn";
avisen fra i dag/i går „die Zeitung von heute/gestern";
fra nu af „von jetzt an".

Han er helt fra den.
„Er ist ganz außer sich".

Jeg kan ikke komme fra det.
„Ich kann mich gar nicht davon losreißen."

- i

Zeitangaben mit i:

i mandags „letzten Montag",
aber **på mandag** „nächsten Montag";
i går „gestern";
i forgårs „vorgestern";
i morges „heute morgen";
i morgen „morgen";
i overmorgen „übermorgen";
i aften „heute abend";
i aftes „gestern abend";
i formiddags „heute Vormittag";
i eftermiddag(s) „heute Nachmittag";
i dag „heute";
i nat „heute Nacht";
i år „in diesem Jahr";
i timen/minuttet/sekundet
„in der Stunde/Minute/Sekunde";
i det samme „im selben Augenblick";
i 1946 „1946";

i denne uge/måned „in dieser Woche/diesem Monat";
Jeg har boet her i to år „... seit zwei Jahren";
Jeg har ferie i 14 dage „...14 Tage lang".

Andere Ausdrücke mit i:

gå i skole „zur Schule gehen,
gå i gymnasiet „aufs Gymnasium gehen" – aber:
gå på universitetet „auf die Universität";

Han underviser i dansk.
„Er unterrichtet Dänisch."

i live „am Leben";
i blinde „blindlings";
have i sinde „im Sinn haben";
have i hænde „in Händen haben";
i søvne/drømme „im Schlaf/Traum";
i tide „beizeiten, zeitig".

- **i/på:**

i wird im Zusammenhang mit **gade** verwendet, **på** mit **vej**:

De spiller bold på vejen.
„Sie spielen Ball auf dem Weg."

De spiller bold i gaden.
„... auf der Straße."

- **om = Wiederholungen:**

om søndagen „sonntags";
om vinteren/sommeren „im Winter/Sommer";
tre gange om dagen „dreimal am Tag".

- **om = Zukunft:**

om en time/uge/måned...
„in einer Stunde/Woche/Monat...".

- **over:**

Jeg kan ikke komme over det.
„Ich kann nicht darüber hinwegkommen."

- **på:**

Regningen var/lød på 50 kroner.
„Die Rechnung belief sich auf 50 Kronen."

en søn på 5 år „ein Sohn von 5 Jahren";
vente på en „auf jemanden warten";
kalde på en „jemanden rufen";
banke på døren „an die Tür klopfen";
på dansk, på svensk... „auf Dänisch, Schwedisch...";
komme på fode „auf die Beine kommen";
være på færde „sich ereignen, passieren";
tage på veje „aufbrausen, sich aufregen".

på als Ersatz für eine Genitivkonstruktion:

taget på huset „das Dach des Hauses".

Zeitangaben mit på:

De kom på samme tid. „Sie kamen gleichzeitig."
på den tid „zu der Zeit";
på det tidspunkt „zu dem Zeitpunkt";
langt ud på natten „spät in der Nacht".

● **til:**

til lands „zu Lande" – aber: **i luften** „in der Luft";
have til gode „etwas gut haben";
have til huse „wohnen";
gå til hånde „zur Hand gehen";
være til mode „zumute sein";
tage til orde „das Wort ergreifen";
sætte sig til rette „sich zurechtsetzen";
vise til rette „zurechtweisen, einweisen";
være til stede „zur Stelle sein";
komme til syne „erscheinen";
skaffe til veje „herbeischaffen".

Zeitangaben mit til:

til foråret/sommer/efteråret/vinter
„im nächsten Frühling/Sommer/Herbst/Winter';

til påske/pinse/jul „zu Ostern/Pfingsten/Weihnachten";
til næste år „im nächsten Jahr";
få gaver til sin fødselsdag
„Geschenke zum Geburtstag bekommen";
fra dag til dag „von Tag zu Tag";
natten til mandag „die Nacht auf Montag";
til og med „bis einschließlich";
fra og med „von... an".

- **under = „unter“:**

  under bordet „unter dem Tisch“.

- **under = „während“:**

  under krigen... „während des Krieges“.

- **ved:**

  sidde ved vinduet „am Fenster sitzen“;

  Han er ved at lave mad.
  „Er ist gerade dabei Essen zu machen.“

  Det er ved at være tiden.
  „Es wird Zeit.“

  Det er da ikke noget ved.
  „Das ist nichts wert.“

  ved siden af „neben“.

9 SATZBAU

9.1 Hauptsätze

Man unterscheidet Hauptsätze und Nebensätze. Hauptsätze sind selbständige Sätze, die allein stehen können. Die Wortstellung entspricht weitgehend dem Deutschen. Die normale Satzform ist Subjekt – Verb - Ergänzung:

Jeg køber en bil.
„Ich kaufe ein Auto.“

Wie im Deutschen können aber auch andere Elemente als das Subjekt am Anfang stehen:

I morgen køber jeg en bil.
„Morgen kaufe ich ein Auto.“

Ebenfalls wie im Deutschen rückt dann das Subjekt an die dritte Stelle, also hinter das Verb (Inversion). Wichtig ist, daß das Verb an der zweiten Stelle bleibt.

Unterschied zum deutschen Satzbau:

Wenn ein Verb aus mehreren Teilen besteht, stehen die nicht konjugierten Elemente des Verbs direkt hinter dem konjugierten Teil und nicht am Ende; lediglich ein Adverb wie **ikke** oder **ofte** kann noch dazwischen stehen:

Han <u>har</u> ikke <u>givet</u> bogen til Peter i går.
„Er <u>hat</u> Peter das Buch gestern nicht <u>gegeben</u>.“

9.2 Nebensätze

Nebensätze sind unselbständige Sätze, die nicht allein stehen können. Im Satzbau entsprechen sie weitgehend den Hauptsätzen. Eine Besonderheit besteht allerdings bei den Satzadverbien, die den ganzen Satz verneinend, bezweifelnd, bejahend etc. modifizieren, (**ikke** „nicht", **aldrig** „nie", **tit** „oft", **sikkert** „sicher", **nemlig** „nämlich" etc.). Diese stehen im Hauptsatz normalerweise nach dem Verb und im Nebensatz vor dem Verb:

Han kommer ikke med i biografen.
„Er kommt nicht mit ins Kino."

Han sagde, at han ikke kommer med i biografen.
„Er sagt, daß er nicht mit ins Kino kommt".

Unterschied zum deutschen Satzbau:

Die Wortstellung entspricht weitgehend der des Hauptsatzes. Das Verb steht daher im dänischen Nebensatz nicht am Ende:

Hauptsatz: Han har købt bilen i går.
„Er hat das Auto gestern gekauft."

Nebensatz: Han siger, at han har købt bilen i går.
„Er sagt, daß er das Auto gestern gekauft hat."

9.3 Satzbau – Beispiele

Han kommer. „Er kommt."

Han kommer til byen. „Er kommt in die Stadt."

Han kommer til byen i morgen.
„Er kommt morgen in die Stadt."

Kommer han til byen i morgen?
„Kommt er morgen in die Stadt?"

I morgen kommer han til byen.
„Morgen kommt er in die Stadt."

Han kommer ikke til byen i morgen.
„Er kommt morgen nicht in die Stadt."

Han siger, at han kommer til byen i morgen.
„Er sagt, daß er morgen in die Stadt kommt."

Han siger, at han ikke kommer til byen i morgen.
„Er sagt, daß er morgen nicht in die Stadt kommt."

Han tror ikke, at han kommer til byen i morgen.
„Er glaubt nicht, daß er morgen in die Stadt kommt."

Han siger, det ikke er i morgen, han kommer til byen. „Er sagt, daß er morgen nicht in die Stadt kommt."

Han taler med manden, der sidder ved vinduet. „Er spricht mit dem Mann, der am Fenster sitzt."

Er det manden, der sidder ved vinduet, han taler med? „Ist es der Mann, der am Fenster sitzt, mit dem er spricht?"

Det er manden, der sidder ved vinduet, han taler med. „Es ist der Mann, der am Fenster sitzt, mit dem er spricht."

Han siger, det ikke er manden, der sidder ved vinduet, han taler med. „Er sagt, daß er nicht mit dem Mann spricht, der am Fenster sitzt."

Hvis det er manden, der sidder ved vinduet, han taler med, går jeg hjem. „Wenn er mit dem Mann spricht, der am Fenster sitzt, gehe ich nach Hause."

Er det manden, der sidder ved vinduet, han taler med, går jeg hjem. „Ist es der Mann, der am Fenster sitzt, mit dem er spricht, [dann] gehe ich nach Hause."

Taler han med manden, der sidder ved vinduet, går jeg hjem. „Spricht er mit dem Mann, der am Fenster sitzt, gehe ich nach Hause."

Ved du, om det er manden, der sidder ved vinduet, han taler med? „Weißt du, ob es der Mann ist, der am Fenster sitzt, mit dem er spricht?"

GRAMMATIKALISCHER INDEX

In diesem grammatikalischen Index können Sie gezielt Informationen zu einem bestimmten Grammatikthema nachschlagen. Zahlenangaben in **Fettdruck** verweisen auf Absätze des grammatikalischen Anhangs, die anderen beziehen sich auf die Wiederholungslektionen, wobei die erste Zahl die Lektion und die zweite den Absatz bezeichnet (42.1 bedeutet also Lektion 42, Absatz 1).

WÖRTERVERZEICHNIS DÄNISCH – DEUTSCH

Im folgenden Wörterverzeichnis finden Sie alle Wörter wieder, die Sie in den Lektionen und Anmerkungen von „Dänisch ohne Mühe" gelernt haben. Beachten Sie, daß die angegebene deutsche Übersetzung den Sinn des Wortes im jeweiligen Kontext der Lektion wiedergibt und daß zahlreiche Wörter neben diesem Sinn noch weitere Bedeutungen haben können.

Die alphabetische Sortierung entspricht der, wie Sie sie in jedem dänischen Wörterbuch vorfinden; die Buchstaben Æ, Ø und Å bilden den Schluß des Alphabets. Die Buchstaben V und W haben bei uns jeweils ihre eigene Rubrik, was in vielen Wörterbüchern nicht der Fall ist.

Substantive

Bei allen Substantiv-Einträgen finden Sie
a) die unbestimmte Form des Singular;
b) die Endung für die bestimmte Form des Singular;
c) die Endung für die unbestimmte Form des Plural.

Beispiel:

dansker-en-e (dansker – danskeren – danskere)
„ein Däne – der Däne – Dänen".

Ein Gleichheitszeichen (**=**) anstelle der letzten Endung bedeutet, daß das Substantiv keine eigene Pluralendung hat bzw. die Pluralform mit der unbestimmten Form des Singular identisch ist:

æg-get = (**æg – ægget – æg**) „ein Ei – das Ei – Eier".

Bei Substantiven, bei denen die Endungen nicht an die unbestimmte Form des Singular, sondern an den Wortstamm angehängt werden, wird die Stammendung durch das Zeichen | kenntlich gemacht:

advars|el-len-ler (**advarsel – advarslen – advarsler**)
„eine Warnung – die Warnung – Warnungen".

Geht mit der Pluralbildung eine Vokaländerung des Stamms einher, so ist dies folgendermaßen gekennzeichnet:

hånd-en-hænder (hånd – hånden – hænder)
„eine Hand – die Hand – Hände".

Verben

Bei den Verben finden Sie jeweils die Formen für:
a) den Infinitiv;
b) das Präteritum;
c) das Partizip Perfekt:

> **lande-de-t** (**lande – landede – landet**)
> „landen – landete – gelandet";
>
> **bo-ede-et** (**bo – boede – boet**)
> „wohnen – wohnte – gewohnt".

Bei Verben, bei denen die Endungen nicht an die Infinitivform, sondern an den Verbstamm angehängt werden, wird die Stammendung durch das Zeichen | kenntlich gemacht:

> **send|e-te-t** (**sende – sendte – sendt**)
> „schicken – schickte – geschickt".

Geht mit der Konjugation eine Vokaländerung des Stamms einher, so ist dies folgendermaßen gekennzeichnet:

> **spørge-spurgte-spurgt** „fragen – fragte – gefragt".

In den wenigen Fällen, in denen die konjugierte Präsensform vom Infinitiv abweicht, lautet die Angabe:

> **være-**(Präs. **er**)**-var-været**
> „sein – (bin, bist, ist, ...) – war – gewesen".

Eine Gesamtübersicht über die Deklination der Substantive und die Konjugation der Verben bietet der grammatikalische Anhang.

Folgende Abkürzungen werden in diesem Wörterverzeichnis verwendet:

Adj. = Adjektiv
Adv. = Adverb
Art. = Artikel
Dem.pron. = Demonstrativpronomen
Komp. = Komparativ
Konj. = Konjunktion (Bindewort)
männl. = männlich
od. = oder
Pers. pron. = Personalpronomen
Pl. = Plural
Präp. = Präposition
Präs. = Präsens
Pron. = Pronomen
Sup. = Superlativ
unv. = unveränderlich
vgl. = vergleiche
weibl. = weiblich

A

absolut (*Adj., Adv.*) absolut, unbedingt
adresse-n-r Adresse
advars|el-len-ler Warnung
af (*Präp.; Adv.*) von, aus, auf, vor, ab, an usw.
affære-n-r Affäre, Angelegenheit
afgift-en-er Abgabe, Steuer, Gebühr
afgrøde-n-r Feldfrucht, Ackerertrag
afholdt beliebt
aflevere-de-t abliefern, abgeben
afsend|e-te-t abschicken
afskedige-de-t verabschieden, entlassen
afsted los, auf! vorwärts!
aftage (vgl. **tage**) abnehmen
aftale-n-r Verabredung, Vereinbarung
aftale (vgl. **tale**) verabreden, vereinbaren
aften-en-er Abend
ak ach
aktieselskab-et-er Aktiengesellschaft
aktiv aktiv
al, **alt** alles
alder-en-aldre Alter
alderdom-en Alter
alderdomshjem-met = Altersheim
aldrig nie
alen (unv.) Elle
alkohol-en-er Alkohol
allerede schon
alligevel trotzdem, dennoch
almindelig gewöhnlich, allgemein, üblich
alt siehe **al**
alter-et altre Altar
altid immer
alting alles
altsammen alles
altså also, somit
alverden (unv.) alle Welt
amerikaner-en-e Amerikaner
analyse-n-r Analyse
anarkistisk anarchistisch
anbefale-de-t empfehlen
and-en-ænder Ente
anden, **andet** zweiter, -e, -es
anden, **andet**, **andre** anderer, -e, -es
anderledes anders
andre siehe **anden**
anfald-et = Anfall
angst-en-er Angst
angst angst, bange
ankomme (vgl. **komme**) ankommen
ankomst-en-er Ankunft
anledning-en-er Anlaß
anmærkning-en-er Bemerkung, Anmerkung
ansigt-et-er Gesicht
anstand-en Anstand, Würde
anstreng|e-te-t sig sich anstrengen
anstrengelse-n-r Anstrengung
ansvar-et Verantwortung
ansætte (vgl. **sætte**) einstellen, anstellen
ansættelse-n-r Einstellung, Anstellung
antage (vgl. **tage**) annehmen, vermuten, einstellen
apost|el-elen-le Apostel
appetit-en Appetit
april April
arbejde-t-r Arbeit
arbejde-de-t arbeiten
arbejder-en-e Arbeiter(in)
arbejdsløs arbeitslos
arbejdsmand-en-mænd (ungelernter) Arbeiter, Hilfsarbeiter
arkiv-et-er Archiv
arm-en-e Arm
artik|el-elen-ler Artikel
asparges-en = (od. **-er**) Spargel
at 1. *Infinitivkennzeichen*; 2. (*Konj.*) daß
atten achtzehn

attende achtzehnter, -e, -es
attentat-et-er Attentat
august August
automat-en-er Automat
autorisere-de-t autorisieren, genehmigen, zulassen
avec Schnaps (zum Kaffee)
avis-en-er Zeitung

B

bad-et-e Bad
bade-de-t baden
bag hinter, hinten
bagage-n Gepäck
bagagerum-met = Kofferraum
bag|e-te-t backen
bagefter hinterher, danach
bageplade-n-r Backblech
bager-en-e Bäcker
baglæns rückwärts, rücklings
bagmand-en-mænd Hintermann, Drahtzieher
bagside-n-r Rückseite
bagud(e) (nach) hinten, nachträglich
bakke-n-r Hügel
bakke-de-t rückwärts gehen/fahren
bal-let-ler Ball, Tanzfest
balalajka-en-er Balalaika
balance-n-r Balance
banan-en-er Banane
bane-n-r Bahn, Laufbahn
bange bange, ängstlich
bank-en-er Bank
bankbog (vgl. **bog**) Sparbuch (siehe **bog**)
banke-de-t klopfen, schlagen
barbere-de-t rasieren
bare 1. (*Adv.*) nur, bloß; 2. (*Konj.*) wenn... bloß
bare-de-t bare sig for sich etwas verkneifen
barket borkig, schwielig
barn-et-børn Kind
barndom-men Kindheit
barnebarn (vgl. **barn**) Enkelkind
barnebarnsbarn Urenkel
barnløs kinderlos
batteri-et-er Batterie
bebo-ede-et bewohnen
bede-bad-bedt bitten, beten
bedre besser
bedring-en-er Besserung
bedst am besten
bedstefa(de)r (vgl. **fader**) Großvater
bedstemo(de)r (vgl. **moder**) Großmutter
befinde sig (vgl. **finde**) sich befinden
befippet verwirrt, verlegen
befri-ede-et befreien
befriende befreiend
begge beide
begive sig (vgl. **give**) sich begeben
begrænsning-en-er Begrenzung
begynd|e-te-t anfangen
begære-de-t begehren, wünschen
begå (vgl. **gå**) begehen
behandle-de-t behandeln
bekræfte-de-r bestätigen
bekræftelse-n-r Bestätigung
beløb-et = Betrag
bemærkning-en-er Bemerkung
ben-et = Bein
benovet beklommen, verlegen
benzin-en Benzin
berømt berühmt
bese (vgl. **se**) ansehen, besichtigen
besked-en-er Bescheid, Auskunft
beskub (unv.) **på bedste beskub** aufs Geratewohl
beskytte-de-t beschützen
beslutning-en-er Entschluß, Beschluß
beslutte-de-t beschließen
bestem|me-te-t bestimmen, entscheiden
bestil|le-te-t bestellen, machen, schaffen
bestræb|e-te-t sig sich bemühen
bestå (vgl. **stå**) bestehen
bestå af bestehen aus

besætte (vgl. **sætte**) besetzen
besøg-et = Besuch
besøg|e-te-t besuchen
betal|e-te-t bezahlen
betegne-de-t bezeichnen
betingelse-n-r Bedingung
betjen|e-te-t bedienen
betjene sig af sich einer Sache bedienen
betragte-de-t betrachten
bevare-de-t bewahren
bevis|e-te-t beweisen
bevægelse-n-r Bewegung
bibel-en-bibler Bibel
bibliotek-et-er Bibliothek
bide-bed-bidt beißen
bil-en-er Auto
bilist-en-er Autofahrer
billede-t-r Bild
billig billig
binde-bandt-bundet binden
biograf-en-er Kino
bitter bitter
bivej-en-e Nebenstraße
bjerg-et-e Berg
blad-et-e Blatt
bladre-de-t blättern
blafre-de-t flackern, flattern
blandt unter, zwischen
blanket-ten-ter Formular
blid weich
blik-ket-ke Blick
blikstille windstill
blind blind
blinklys-et = Blinklicht
blive-blev-blevet bleiben, werden
blive ved weitermachen, fortfahren
blod-et Blut
blodprop-pen-per Blutgerinnsel
blomst-en-er Blume
blot (*Adj.*) bloß; (*Adv.*) bloß, nur; (*Konj.*) wenn nur
bly-et Blei
blyfri bleifrei
blæst-en Wind; **gøre blæst af** viel Wind machen
blød weich
blå blau
bo-ede-et wohnen
bod-en-er Bude, Verkaufsstand, Laden
bod-en Buße, Sühne
bog-en-bøger Buch
bold-en-e Ball
bolle-n-r Kloß, Milchbrötchen
boltre-de-t sig sich tummeln
bonde-n-bønder Bauer
bone-de-t bohnern
bord-et-e Tisch
bort(e) weg, fort
bov-en-e Bug (Schiff, Rind)
branche-n-r Branche
brand-en-e Brand
brase-de-t braten, schmoren
brasede kartoffler Bratkartoffeln
brase ind i hineinplatzen
brast (unv.) **stå last og brast med** durch dick und dünn gehen mit
bremse-n-r Bremse
bremse-de-t bremsen
brev-et-e Brief
briks-en-er Pritsche
briller Brille
bringe-bragte-bragt bringen
brochure-n-r Broschüre
bro(de)r-en-brødre Bruder
brokke-de-t sig nörgeln, schimpfen
bronkitis-en Bronchitis
bror Bruder
bro(de)rson (vgl. **søn**) Neffe
brud-en-e Braut
brud-et = Bruch
brudepar (vgl. **par**) Brautpaar
brudevals-en-e Brautwalzer
brug-et (od. **en**) **=** Gebrauch, Bedarf, Brauch
brug|e-te-t (ge)brauchen, zu tun pflegen
brun braun
bryde-brød-brudt brechen
bryde ud ausbrechen
bryde sig om sich kümmern um; mögen
bryllup-pet-per Hochzeit

bryllupsmarch-en-er Hochzeitsmarsch
bryst-et-er Brust
brændevin-en-e Branntwein, Schnaps
brøle-de-t brüllen
brød-et = Brot
buket-ten-ter Strauß
bukser Hose
bund-en-e Boden
burde-(Präs. **bør**)-**burde-burdet** sollen, müssen
bus-sen-ser Bus
butik-ken-ker Geschäft
by-en-er Stadt
byde-bød-budt (an)bieten; einladen
bygge-de-t bauen
bytte-t Tausch; Beute
bytte-de-t tauschen
bænk-en-e Bank
bær-et = Beere
bære-bar-båret tragen
bære sig ad sich benehmen, sich anstellen
bøde-n-r Geldbuße
bøde-de-t büßen, Geldbuße zahlen
bøf-fen-fer Beefsteak
bøg-en-e od. **bøgetræ-et-er** Buche
bøje-de-t biegen, beugen; deklinieren
bølge-n-r Welle
bølge-de-t wogen, wallen
bør siehe **burde**
børn siehe **barn**
båd-en-e Boot
både... og sowohl... als auch

C

centr|um-et-er Zentrum
check-en-s Scheck
checkhæfte-t-r Scheckbuch
chef-en-er Chef
chokolade-n-r Schokolade
charmere-de-t bezaubern
charmerende charmant
cigaret-ten-ter Zigarette
cirkus-en (od. **et**)**-er** Zirkus
citron-en-er Zitrone
cocktail-en-s Cocktail
culottesteg-en-e Rinderbraten
cyk|el-len-ler Fahrrad
cyklist-en-er Radfahrer

D

da (*Adv.*) da, dann, denn, doch; (*Konj.*) als, da, weil
dag-en-e Tag
daglig täglich
dame-n-r Dame
dameblad (vgl. **blad**) Frauenzeitschrift
damp-en-e Dampf
damplokomotiv-et-er Dampflokomotive
Danmark Dänemark
dansk dänisch
dansker-en-e Däne, Dänin
dase-de-t dösen, faulenzen
dasse „kom så dasse!“ „komm schon, Kleiner!“
dato-en-er Datum
datter-en-døtre Tochter
dav(s) Hallo, Tag
daværende damalig
de (*Art. Pl. vor Adj.*) die; (*Dem.pron.*) dieser, -e, -es; (*Pers.pron.*) sie
De, **Dem**, **Deres** Sie, Ihnen, Ihr(e) (*Höflichkeitsform*)
debat-ten-ter Debatte
december Dezember
dejlig herrlich, hinreißend, lecker
del-en-e Teil
dels... dels teils... teils
Dem siehe **De**
demokrati-et-er Demokratie
demokratisk demokratisch
den det (*Art. vor Adj.*) der, die, das; (*Dem.pron.*) dieser, -e, -es; (*Pers.pron.*) er, sie, es
dengang damals

denne, **dette**, **disse** dieser, -e, -es
deprimere-de-t deprimieren
derefter danach
deres ihr(e)
Deres Ihr(e) (*Höflichkeitsform*)
derfor deshalb, darum
derhen(ne) dorthin (dort)
derimod dagegen, hingegen
derop(pe) dort hinauf (dort oben)
derovre drüben
derpå darauf, daran, danach
dertil bis dahin, soweit, dazu
des siehe **jo**
dessert-en-er Nachtisch, Dessert
desuden außerdem
desværre leider
det siehe **den**
dette siehe **denne**
dig dich, dir
digt-et-e Gedicht
digte-de-t dichten
digter-en-e Dichter
dilemma-et-er Dilemma
din, **dit**, **dine** dein(e)
direktør-en-er Direktor
disk-en-e Tisch
diskotek-et-er Diskothek
diskutere-de-r diskutieren
disse siehe **denne**
disse, „ikke en disse“ „keinen roten Heller“
dit siehe **din**
dobbelt doppelt
dog doch, jedoch, aber, denn
doktor-en-er Doktor
doven faul, träge
dovendidrik-ken-ker Faulpelz
drage-drog-draget ziehen, losziehen
dreje-de-t drehen
dreng-en-e Junge
drikke-drak-drukket trinken
drift-en-er Trieb, Antrieb, Betrieb, Gang
drille-de-t necken, aufziehen
drive-drev-drevet treiben, betreiben, bummeln, faulenzen
drivrem-men-me Treibriemen
dronning-en-er Königin
dryppe-de-t tropfen, triefen
drøm-men-me Traum
drøm|me-te-t träumen
drømmer-en-e Träumer
drømmerske-n-r Träumerin
drømmeri-et-er Träumerei
dråbe-n-r Tropfen
du du
dukkert-en-er tage en dukkert untertauchen
dumpe-de-t plumpsen, fallen, durchfallen
dyb(t) tief
dygtig tüchtig, geschickt, fähig
dyne-n-r (Feder-)Bett
dyr-et = Tier
dyr teuer
dyrlæge-n-r Tierarzt
dyst-en-er Streit, Kampf
dække-t-r Decke, Belag, Schicht
dække-de-t decken, bedecken
dø-de-død (od. **døet**) sterben
død tot
død-en Tod
dør-en-e Tür
dårlig schlecht

E

efter nach, hinter, gemäß
efterhånden nach und nach, allmählich
eftermiddag-en-e Nachmittag
eftersyn-en (od. **-et**) Durchsicht, Besichtigung, Inspektion
efterår-et = Herbst
egen/eget/egne eigener, -e, -es
egenskab-en-er Eigenschaft
egentlig eigentlich
eje-de-t besitzen
ejendom-men-me Eigentum,
ejendomskompleks Wohnanlage
ejendommelig eigentümlich
ejer-en-e Eigentümer

eksam|en-enen (od. -**inen**) (-**mener** od. -**miner**) Examen, Prüfung
eksem|pel-plet-pler Beispiel
ekspedere-de-t bedienen, abfertigen, abschicken, erledigen
ekspedient-en-er Verkäufer, Schalterbeamter
element-et-er Element
elementær elementar
elev-en-er Schüler
eller oder
ellers sonst, übrigens
elleve elf
ellevte elfter, -e, -es
elske-de-t lieben
elv-en-e(r)/„**elverhøj**" Elfe/„Elfenhügel"
embedseksamen (vgl. **eksamen**) Staatsexamen
en, **et** (*Art.*) ein(e)
en, **et** (*Zahl*) eins
end/**mindre end** als (nach Komp.)/ weniger als
ende-n-r Ende
endelig endlich
endnu noch
endog sogar
ene allein
enebarn (vgl. **barn**) Einzelkind
eneste einzig
enfoldig einfältig
engang einmal, einst
engelsk englisch
England England
englænder-en-e Engländer
enig einig
enkel einfach
enkelt/**den enkelte**/**det enkelte menneske** einzeln/der Einzelne, das Individuum
enlig allein
enten... eller entweder... oder
entré-en-er Eingang
er siehe **være**
erfaring-en-er Erfahrung
erhverve-de-t erwerben
erindre-de-t erinnern
erindring-en-er Erinnerung
erobrer-en-e Eroberer
erotisk erotisch
erstatte-de-t ersetzen, erstatten
et ét siehe **en én**
etruskisk etruskisch
Europa Europa
eventyr-et Abenteuer
evne-n-r Fähigkeit, Gabe, Mittel

F

fad-et-e Schüssel, Platte, Faß
fadøl (vgl. **øl**) Faßbier
fa(de)r-en-fædre Vater
faderskab-et Vaterschaft
faktisk tatsächlich, in der Tat
fald-et = Fall, Sturz
fald|e-t-et fallen
familie-n-r Familie
fanden-en Teufel
fange-de-t fangen
fantasi-en-er Phantasie
far siehe **fader**
fare-for-faret sich schnell bewegen, rasen, stürzen
fare ind hineinstürmen
fare-n-r Gefahr
faretruende bedrohlich
farlig gefährlich
farmo(de)r (vgl. **moder**) Großmutter (väterlicherseits)
farsere-de-t farcieren
fart-en-er Geschwindigkeit, Eile, Fahrt
farve-n-r Farbe
farvel Auf Wiedersehen
fase-n-r Phase
fast fest
fast|er-eren-re Tante (väterlicherseits)
fat (Adv.) **få fat på/i** erreichen, zu fassen bekommen
fatte-de-t (er)fassen, verstehen
fattelig erfaßbar, begreiflich
fatt|es-edes-edes fehlen
fattig arm

e-en-er Fee
ebruar Februar
ed fett
eje-de-t fegen, kehren
ejl-en = Fehler
ejl (*Adj., Adv.*) falsch
ejle-de-t irren, Fehler machen
ejning-en-er Fegen, Kehren
ejre-de-t feiern
.eks. (for eksempel) zum Beispiel
em fünf
emte fünfter, -e, -es
emten fünfzehn
emtende fünfzehnter, -e, -es
erie-n-r Ferien
erm tüchtig
est-en-er Fest
estbord (vgl. **bord**) Festtafel
estlig festlich, feierlich, in Partylaune
ilet-en-er Filet
ilm-en = (od. **-s**) Film
in fein, zart, ausgezeichnet
inansiering-en-er Finanzierung
inde-fandt-fundet finden
inde ud af verstehen, herausfinden
ing|er-eren-re Finger
ire vier
irma-et-er Firma
irs achtzig
irsindstyvende achtzigster, -e, -es
irspring-et = Galopp
isk-en = (od. **-e**) Fisch
iske-de-t fischen
iskebolle-n-r Fischklößchen
jer-en =/komme ud af fjerene Feder/aus den Federn kommen
jerde vierter, -e, -es
jerdedel-en-e Viertel
jern fern
jernsyn-et = Fernsehen
joget einfältig, dämlich
jorten vierzehn
jortende vierzehnter, -e, -es
lagellantisk masochistisch
lamme-n-r Flamme
flaske-n-r Flasche
flere mehr, mehrere
flest am meisten
flintre-de-t/flintre af sted vorbeipreschen
flittig fleißig
flot schick
flynder-en-e Butt, Scholle
flytte-de-t umziehen, verrücken, verlagern
flyttemand (vgl. **mand**) Möbelpacker
flyve-fløj-fløjet fliegen
flyver-en-e Flieger, Pilot, Flugzeug
flæsk-et Schweinefleisch
fløde-n = Sahne
fløjt-et = Pfiff
flå-ede-et enthäuten, abziehen
fod-en-fødder Fuß
fodbold (vgl. **bold**) Fußball
folk-et = Volk, Leute
folkefærd-et = Volk, Völkerschaft
folkepensionist-en-er Rentner
folketing-et das dänische Parlament
folkevise-n-r Volkslied
for (*Präp.:*) vor, für, bei, auf, gegen, um; (*Adv.:*) vorn, zu; (*Konj.*) denn, weil
for... siden vor
foragt-en Verachtung
foragte-de-t verachten
foran vor, vorn
forbande-de-t verfluchen
forbandet verflucht, verdammt
forbi/gå forbi vorbei, vorüber/ vorbei gehen
forbindelse-n-r Verbindung, Beziehung
forbud-et = Verbot
forbud(t) verboten
forbyde-bød-budt verbieten
fordelagtig vorteilhaft
fordi weil
foregående vorhergehend, vorig
forekomme (vgl. **komme**) vorkommen

forelske sig (vgl. **elske**) sich verlieben
forestå (vgl. **stå**) leiten, vorstehen
forfatter-en-e Schriftsteller
forfærdelig entsetzlich
forføje-de-t (over) verfügen
forføje sig sich begeben, sich fortmachen
forfølge (vgl. **følge**) verfolgen
forgårs/i forgårs vorgestern
forhjulstræk Vorderradantrieb
forhold-et = Verhältnis, Beziehung, Gegebenheit, Bezug
forhåbentlig hoffentlich
forhåbning-en-er Hoffnung
forkert verkehrt
forklare-de-t erklären
forklaring-en-er Erklärung
forlade (vgl. **lade**) verlassen, verzeihen
forlang|e-te-t verlangen
forleden neulich
forlove-de-t sig sich verloben
forlovelse-n-r Verlobung
forlystelse-n-r Vergnügung
formiddag-en-e Vormittag
forme-de-t formen, gestalten
formode-de-t vermuten
fornuft-en Vernunft
fornuftig vernünftig
fornøjet vergnügt
forret-ten-ter Vorspeise
forretning-en-er Geschäft
forrettighed-en-er Vorrecht
forskel-len-le Unterschied
forskellig verschieden
forsmag-en (på) Vorgeschmack
forstumme-de-t verstummen
forstyrre-de-t stören
forstå (vgl. **stå**) verstehen
forsvinde-svandt-svundet verschwinden
forsyning-en-er Versorgung, Lieferung, Sendung
forsøge (vgl. **søge**) versuchen
fortab|e-te-t verlieren
fortjen|e-te-t verdienen
fortid-en/i fortiden Vergangenheit
fortie-de-t verschweigen
fortov-et-e Bürgersteig
fortrin-et = Vorzug
fortsætte (vgl. **sætte**) fortsetzen
fortælle-talte-talt erzählen
foruden außerdem
forundre-de-t (ver)wundern, befremden
forurette-de-t kränken, benachteiligen
forvejen/i forvejen im voraus
forventning-en-er Erwartung
forvisse-de-t überzeugen, vergewissern
forældre Eltern
forære-de-t schenken
foræring-en-er Geschenk
forøgelse-n-r Erhöhung
forår-et = Frühling
fra von, aus, ab, seit
frakke-n-r Mantel
frankere-de-t frankieren
Frankrig Frankreich
fransk französisch
franskmand (vgl. **mand**) Franzose/Französin
fredag-en-e Freitag
fredelig friedlich
frederikshavner Friedrichshafener
frem(me) vorn, vorwärts, hervor
fremdeles des weiteren
fremgå (vgl. **gå**) hervorgehen
fremhæve-de-t hervorheben, betonen
fremmed fremd
fremmedartet fremdartig
fri-ede-et freien
fri frei
frigørelse-n-r Befreiung
frihed-en-er Freiheit
frikadelle-n-r Frikadelle
frimærke-t-r Briefmarke
frisk frisch
friste-de-t in Versuchung führen
fristil-en-e Aufsatz
frokost-en-er Mittagessen

front-en-er Front

frossen gefroren

frost-en Frost

frue-n-r/fru Frau

frugt-en-er Frucht

frugtbar fruchtbar

fryse-frøs-frosset frieren, gefrieren

frøk|en-nen-ner Fräulein

fugl-en-e Vogel

fuglerede-n-r Vogelnest

fuld voll

fyge-føg-føget stöbern (Schnee)

fyld-et (od. **-en**) Füllung

fyld|e-te-t füllen

Fyn Fünen

fynbo-en-er Einwohner Fünens

fyr-en-e Typ, Kerl, Bursche

fyr-et = Feuer, Leuchtturm

fyrre vierzig

fyrretyvende vierzigster, -e, -es

fyrværkeri-et-er Feuerwerk

fælles gemeinsam, gemein

færdig fertig

færdsel-en Verkehr

færge-n-r Fähre

færre weniger

fært-en Fährte, Spur

Færøerne Färöer Inseln

fød|e-te-t ernähren, gebären

fødes geboren werden

føds|el-elen-ler Geburt

fødselar-en-er Geburtstagskind

fødselsdag-en-e Geburtstag

føl|e-te-t fühlen

følelse-n-r Gefühl

følge-n-r Folge

følge-fulgte-fulgt folgen

følgende folgendes

følges ad zusammen gehen, begleiten

før (*Präp.:*) vor; (*Adv.:*) früher, vorher; (*Konj.:*) bevor, ehe

før|e-te-t führen

først erster, -e, -es; (*Adv.:*) zuerst

førtidspension-en-er Frührente

få wenige

få-fik-fået bekommen

G

gade-n-r Straße

gaf|fel-len-ler Gabel

galopere-de-t galoppieren

gamle siehe **gammel**

gammel alt

gang-en-e Gang; Mal

ganske ganz, sehr, ziemlich

gardin-et-er Gardine

gas-sen-ser Gas

gave-n-r Geschenk, Gabe

gavnlig nützlich

gear-et = Gang, Getriebe

gearkasse-n-r Getriebe(kasten)

gebyr-et-er Gebühr

geled-det-der Glied (Reih und Glied)

gemyse-n-r Gemüse

Genfersøen Genfer See

gengæld/til gengæld Vergeltung/andererseits, als Ersatz/Gegenleistung

genial genial

gennem durch

gennemhegle-de-t durchhecheln

gennemrode-de-t durchwühlen

genoptage (vgl. **tage**) wiederaufnehmen

genstand-en-e Gegenstand

genstridig widerspenstig

gensyn-et =/på gensyn Wiedersehen/auf Wiedersehen

gentage (vgl. **tage**) wiederholen

gerne gerne

gibbernakker-en-e kleiner Schnaps/Gläschen

gid (*Adv.:*) wenn doch/nur

gide-gad-gidet Lust haben, mögen

gift verheiratet

gifte-de-t sig (od. **giftes**) heiraten

gildestue-n-r Festsaal, Partykeller

giro-en Giro

giroblanket (vgl. **blanket**) Giro-Formular

gisne-de-t vermuten

gispe-de-t japsen, nach Luft schnappen
give-gav-givet geben
glad glücklich
glas-et = Glas
glem|me-te-t vergessen
glimrende glänzend, hervorragend
glæde-de-t sig sich freuen
gløden-er Glut
gnalling-en-er Happen, Bissen
god gut
godartet gutartig
goddag Guten Tag
godvillig gutwillig
gok-ket = Schlag auf den Kopf
grad-en-er Grad
gram-met = Gramm
gravid schwanger
gratis gratis
gribe-greb-grebet greifen
grin|e-te-t grinsen, lachen
gro-ede-et wachsen
grund-en-e Grund, Boden, Ursache
grundbog (vgl. **bog**) Grundbuch
grundig gründlich
grundskole (vgl. **skole**) Grundschule
gruppe-n-r Gruppe
græde-græd-grædt weinen
grænse-n-r Grenze
græs-set-ser Gras
grød-en Brei
grøn grün
Grønland Grönland
grøn(t)sager Gemüse
grå grau
gud-en-er Gott
gudsjammerlig gotterbärmlich
gudstjeneste-n-r Gottesdienst
guide-n-r Führer
gul gelb
guld-et Gold
gule|rod-roden-rødder Karotte
gulne-de-t vergilben
gulv-et-e Fußboden
gummi-en (od. **-et**)**-er** Gummi
gurgle-de-t gurgeln
gyde-n-r Gäßchen
gyde-gød-gydt gießen, schütten
gymnasi|um-et-er Gymnasium
gæld-en Schulden
gælde-gjaldt-gældt gelten
gæsst-en-er Gast
gøre blæst af viel Wind machen
gøre-gjorde-gjort machen, tun
gøren/gøren og laden Tun/Tun und Treiben
gå-gik-gået gehen
gå af abgehen, weggehen
gå bort weggehen, sterben
gå frem vorgehen
gå ind hineingehen
gå med mitgehen mit
gå ned untergehen, sinken, hinuntergehen
gå omkring umhergehen
gå op hinaufgehen
gå op for én begreifen
gå til gehen zu; zugehen, vor sich gehen
gå ud hinausgehen, ausgehen, erlöschen
gågade (vgl. **gade**) Fußgängerzone
går/i går gestern
gård-en-e Hof
gårdbrug-et = landwirtschaftlicher Betrieb
gårdmand (vgl. **mand**) Hofbesitzer, Bauer

H

had-et Hass
hakke-de-t hacken
hallo hallo
halse-de-t bellen; stürzen (schnell laufen)
halv halb
halvanden anderthalb
halvfems neunzig
halvfemsindstyvende neunzigster, -e, -es

halvfjerds siebzig
halvfjerdsindstyvende siebzigster, -e, -es
halvtreds fünfzig
halvtredser-en-e Fünfziger (50-Kronen-Schein)
halvtredsindstyvende fünfzigster, -e, -es
halvø (vgl. **ø**) Halbinsel
ham ihn, ihm
hamre-de-t hämmern
han er
handel-en-er Handel
handle-de-t handeln, agieren, einkaufen
handle om handeln von
hanke-de-t/hanke op hochziehen, aufraffen
hans sein, seine, seines
har siehe **have**
harpe-n-r Harfe; alte Hexe
hastighed-en-er Geschwindigkeit
hat-ten-te Hut
hav-et-e Meer
have-n-r Garten, Park
have (pr. har)-havde-haft haben
havn-en-e Hafen
havørred-en-er Meerforelle
hed heiß
hedde-hed-heddet heißen
hej hallo, tschüß
hel(t) ganz
held-et Glück
heldig Glück haben
heldigvis glücklicherweise
heller/heller ikke auch... nicht
hellere lieber
helskindet mit heiler Haut
helst am liebsten
hen(ne) hin
hende sie, ihr
hendes ihr, ihre, ihres
henholdsvis beziehungsweise
henseende-n-r Hinsicht, Beziehung
hensigt-en-er Absicht
hensyn-et = Rücksicht
hente-de-t holen
henvis|e-te-t (til) verweisen (auf)
her hier
herlig herrlich
herop hier (oben)
herre-n-r/hr. Herr/Hr.
herud(e) hier (draußen)
hest-en-e Pferd
hid hierher
hidkalde (vgl. **kalde**) herbeirufen, hinzuziehen
hils|e-te-t grüßen
hilsen-en-er Gruß
himmel-him(me)len-himle Himmel
hin, **hint hinne/dette og hint** jener/dies und jenes
hinanden einander
hindre-de-t hindern
hist/hist og her dort/hier und dort
historie-n-r Geschichte
hive-hev-hevet ziehen; werfen; nach Luft schnappen
hjem(me) nach Hause (zu Hause)
hjem-met = Heim, Zuhause
hjemmefra von zu Hause
hjerne-n-r Gehirn
hjerte-t-r Herz
hjul-et = Rad
hjælp-en Hilfe
hjælpe-hjalp-hjulpet helfen
hjørne-t-r Ecke
hobby-en-er Hobby
holde-holdt-holdt halten
holde af gern haben, mögen
holde op aufhören
holde ved lige unterhalten, pflegen
holden wohlhabend
hoppe-de-t hüpfen
horn-et = Horn; Hupe
horsemor (vgl. **moder/mor**) Stute
hos bei
hoste-de-t husten
hotel-let-ler Hotel
house warming-en-s Wohnungseinweihung
hov he, hoppla

hoved-et-er Kopf
hovedret (vgl. **ret**) Hauptgericht
hovedperson (vgl. **person**) Hauptperson
hovedrolle (vgl. **rolle**) Hauptrolle
hovedvej (vgl. **vej**) Hauptverkehrsstraße
hoven hochmütig
hovere-de-t triumphieren
hoverende triumphierend
huje-de-t johlen, schreien
hun sie
hund-en-e Hund
hundrede hundert
hurtig schnell
hurra Hurra
hus-et-e Haus
hushjælp (vgl. **hjælp**) Haushaltshilfe
huske-de-t (sich) erinnern
husleje (vgl. **leje**) Wohnungsmiete
husrum (vgl. **rum**) Unterkunft
hutle-de-t sig/ hutle sig igennem sich durchschlagen/durchwurschteln
hvad was
hvad end was auch immer
hvad der was
hvede-n-r Weizen
hvedemel Weizenmehl
hvem wer
hvem end wer auch immer
hvem der wer
hver jeder
hverdag (vgl. **dag**) Alltag
hverken... eller weder... noch
hvid weiß
hvilken, **hvilket**, **hvilke** welcher, -e, -es
hvilken end welcher, -e, -es auch immer
hvirvle-de-t wirbeln, drehen
hvis (*Pron.:*) dessen/deren; (*Konj.:*) wenn, falls
hvo wer (veraltet)
hvor wo
hvor end wo auch immer
hvordan wie
hvorfor warum
hvorfra woher
hvornår wann
hyggelig gemütlich
hyle-de-t heulen
hysterisk hysterisch
hæder-en Ehre
hæderkronet ruhmreich
hæfte-t-r Heft
hæfte-de-t heften
hægte-n-r Haken
hægterne, **komme til hægterne** wieder auf die Beine kommen
hænd|e-te-t geschehen
hænge-te-t hängen, hängte, gehängt
hænge-hang-hængt hängen, hing, gehangen
hæve-de-t heben, erhöhen, abheben (Geld), gehen (Teig), (auf)lösen (Verlobung, Vertrag)
hævne-de-t rächen
hævning-en-er Hebung, Erhebung, Abhebung (Geld)
høj-en-e Hügel
høj hoch
højhed-en-er Hoheit
højre rechts
højtryk (vgl. **tryk**) Hochdruck
højtstående hochstehend
høne-n-r Huhn
høns (*Pl.*)/**hønsekødsuppe** (vgl. **suppe**) Hühner (*Pl.*) (*männl. und weibl.*)/Hühnersuppe
hør|e-te-t hören
høre efter zuhören
høvding-en-er Häuptling
høvl-en-e Hobel
høvle-de-t hobeln
håb-et = Hoffnung
håbe-de-t hoffen
hånd-en-hænder Hand
hår-et = Haar
hård hart

I

i (*Pron.:*) ihr: (*Präp.:*) in, zu, an usw.
idé-en-er Idee
ideal-et-er Ideal
ifølge zufolge, laut
igen wieder
igennem durch, hindurch
ikke nicht
ild-en Feuer
ilde übel, schlecht
imens während, unterdessen
imod gegen, wider, zu, nach, vor
impressionist-en-er Impressionist
ind(e) hinein (drinnen)
indblik (vgl. **blik**) Einblick
indbrud-et = Einbruch
indbydelse-n-r Einladung
indeholde (vgl. **holde**) beinhalten
inden (*Präp.*) binnen, vor; (*Konj.:*) ehe, bevor, bis
indeni innen, inwendig
indelukke (vgl. **lukke**) einschließen
indendøre, **indendørs** drinnen, im Haus
indenfor drinnen
inderlig innig, herzlich, inbrünstig
indfald-et = Einfall
indgående eingehend
indhold-et Inhalt
indkøb (vgl. **køb**) Einkauf
indledning-en-er Einleitung
indre inner-, innen-
indrette-de-t einreichten
indrømme-de-t einräumen, zugeben
indsætte (vgl. **sætte**) einsetzen
indtage (vgl. **tage**) einnehmen
indtil bis
indtryk (vgl. **tryk**) Eindruck
indvandrer-en-e Zuwanderer, Neubürger
information-en-er Information
ingen kein
ingeniør-en-er Ingenieur
ingrediens-en-er Zutat, Bestandteil
insekt-et-er Insekt
insinuere-de-t unterstellen
insistere-de-t bestehen auf, insistieren
interesse-n-r Interesse
invitation-en-er Einladung
invitere-de-t einladen
iransk persisch
irritere-de-t irritieren, reizen, stören
is-en Eis
isbod (vgl. **bod**) Eisbude
istid (vgl. **tid**) Eiszeit
især besonders, insbesondere
Italien Italien
italiener-en-e Italiener, Italienerin

J

ja ja
jage-de (od. **jog**)**-t** jagen
jagt-en-er Jagd
jalousi-et-er Rolladen
jamen (ja,) aber
jammerlig jämmerlich
januar Januar
jeg ich
jer ihr
jeres eurer, eure, eures
jo doch; ja, sicher doch
jo... jo (od. **des**) je... desto
job-bet = (od. **-s**) Job, Arbeit, Stellung
jolle-n-r Jolle
jord-en-e Erde
jordbær-ret = Erdbeere
jub|el-len Jubel
jul-en Weihnachten
juli Juli
juni Juni
jyde-n-r Jütländer(in)
Jylland Jütland
jæger-en-e Jäger
jævnlig öfter, häufig

K

kafé-en-er Café, Kaffeehaus
kaffe-n Kaffee
kage-n-r Kuchen
kald|e-te-t rufen, nennen
kalv-en-e Kalb
kam-men-me Kamm
kammerat-en-er Kamerad, Genosse
kan siehe **kunne**
kanin-en-er Kaninchen
kanon-en-er Kanon, Kanone
kant-en-er Kante, Rand, Saum, Seite
karakter-en-er Charakter, Schulnote
karakterbog (vgl. **bog**) Zeugnisbuch
karburator-en-er Vergaser
karry-en Curry
kartof|fel-len-ler Kartoffel
kasse-n-r Kasse, Kiste
kaste-de-t werfen
kat-ten-te Katze
kaviar-en Kaviar
ked (af) müde, überdrüssig, ärgerlich, traurig
kede-de-t (sig) (sich) langweilen
kedelig langweilig
kend|e-te-t kennen; wissen
kennel-en-er (Hunde)zwinger
kerne-n-r Kern
kig-get Blick
kigge-de-t gucken
kik-ket = siehe **kig**
kikke-de-t siehe **kigge**
kilde-n-r Quelle
kildevand (vgl. **vand**) Quellwasser
kilo-et = Kilo
kilometer-en = Kilometer
kirke-n-r Kirche
kjole-n-r Kleid
klage-de-t klagen, sich beschweren
klar(t) klar, fertig, bereit
klare-de-t klären; schaffen; aufklaren (Himmel)
klare sig zurechtkommen
klarsynet hellsichtig
klasse-n-r Klasse
klassiker-en-e Klassiker
klik-ket = Klicken
klikke-de-t klicken
klint-en-er Steilufer, Steilküste
klippe-n-r Felsen, Klippe
klippe-de-t schneiden
klippe ud ausschneiden
klistre-de-t kleben
klokke-n-r/hvad er klokken? Glocke, Klingel, Uhr/ wie spät ist es?
klovn-en-er (od. **-e**) Clown
klæder (Pl.) Kleider, Kleidung
klæd|e-te-t (sig) (sich) kleiden
knage-de-t/sa det knager krachen, knarren/so daß es kracht
kniv-en-e Messer
ko-en-køer Kuh
kog|e-te-t kochen
kogebog (vgl. **bog**) Kochbuch
kold kalt
kolesterol-et Cholesterin
kollega-en-er Kollege
komme-kom-kommet kommen
komme ud herauskommen
kommode-n-r Kommode
kommune-n-r Kommune
koncept-en (od. **et**) **-er/bringe fra koncepterne** Konzept/aus dem Konzept bringen
kone-n-r Ehefrau
konge-n-r König
kongelig königlich
kongerige-t-r Königreich
konsekvens-en-er Konsequenz
konto-en-er (od. **konti**) Konto
kontor-et-er Büro
konvolut-ten-ter Briefumschlag
kop-pen-per Tasse
korrekt korrekt
kort-et Karte
kort kurz
kost-en-e Besen
kost-en Kost

koste-de-t kosten
kotelet-ten-ter Kotelett
krabat-en-er Bursche, Kerl
krable-de-t/det kribler og krabler i mig krabbeln, es juckt mir in den Fingern...
kraft-en-kræfter Kraft
krage-n-r Krähe
krat-et = Gebüsch
krav-et = Anspruch, Forderung
krave-n-r Kragen
kredit-ten-ter Kredit
kreditkort (vgl. **kort**) Kreditkarte
krible-de-t kribbeln (siehe auch **krabble**)
krig-en-e Krieg
krog-en-e Wirtshaus; Ecke; Haken
krone-n-r Krone
krone-de -t krönen
krydre-de-t- würzen
kræfter siehe **kraft**
kuffert-en-er Koffer
kulde-n Kälte
kun nur
kunde-n-r Kunde
kunne-(Präs. **kan**) **=-t** können
kunst-en-er Kunst
kur-en-e Kur
kurs-en-er Kurs
kurs|us-(us)et-er (od. **=**) Kursus, Lehrgang
kuvert-en-er Kuvert
kvart-en-er Viertel
kvarter-et-er (od. **=**) Viertel; Viertelstunde
kvik lebhaft, munter, flink
kvinde-n-r Frau
kvæk-ket =/ikke et kvæk Quaken/kein Laut
kvæste-de-t verletzen, quetschen
kysk keusch
kyst-en-er Küste
kæp-pen-pe Stock, Stab
kær lieb
kærlig liebevoll
kærlighed-en Liebe
kærtegne (vgl. **tegne**) streicheln
kø-en-er Schlange
køb-et = Kauf
køb|e-te-t kaufen
København Kopenhagen
københavner-en-e Kopenhagener(in)
købmand-en-mænd Kaufmann, Händler
kød-et Fleisch
køkken-et-er Küche
køle-de-t kühlen
køleskab-et-e Kühlschrank
kør|e-te-t fahren
køre med fahren mit/etwas transportieren

L

labyrint-en-er Labyrinth
lad faul
lad os se laß(t) uns sehen, sehen wir mal
lade-n-r Scheune
lade-lod-ladet lassen; scheinen, vorgeben; (be)laden
lade være (med) at etwas sein lassen
laden/gøren og laden Lassen/ Tun und Treiben
lage-n-r Lake
laks-en = Lachs
lam-met = Lamm
lampe-n-r Lampe
land-et-e Land
lande-de-t landen
landsby (vgl. **by**) Dorf
landskab-et-er Landschaft
landtange-n-r Landenge
lang lang
langs entlang
langsom(t) langsam
lap-pen-per Lappen, Fetzen
lappe-de-t flicken
last-en-er Last (siehe auch **brast**)
latter-en Lachen
lav niedrig, tief
lavtryk (vgl. **tryk**) Tiefdruck

lave-de-t machen
i lave/af lave in Ordnung/ in Unordnung
le-lo-let (od. **leet**) lachen
leder-en-e Leiter, Führer; Leitartikel
ledig frei, offen, unbesetzt, arbeitslos
leg-en-e Spiel
lege-de-t spielen
leje-n-r Miete
lejlighed-en-er Wohnung
lektion-en-er Lektion
let leicht
lette-de-t erleichtern, lüften (Schleier, Geheimnis)
leve-de-t leben
leve-t = Hoch(ruf)
levende lys Kerzenlicht, Kerze
levn-et = Überrest
levne-de-t übriglassen
levning-en-er Rest, Überrest
lide-led-lidt/kunne (godt) lide leiden/(gut) leiden können
liderlig liederlich, geil
lidt etwas
lige (*Adj.*) gerade, gleich; (*Adv.:*) gerade, soeben, direkt
lige ved direkt bei/an
ligesom wie, gerade als, gleichsam
ligge-lå-ligget liegen
ligne-de-t gleichen
lille (Pl. **små**) klein
limpind-en-e/gå/hoppe på limpinden Leimrute/ auf den Leim gehen
lindetræ-et-er Linde
lindre-de-t lindern
linie/linje-n-r Linie
liter-en-e = Liter
litteratur-en-er Literatur
liv-et = Leben
livlig lebhaft
livsfarlig lebensgefährlich
loft-et-er Dachboden; Zimmerdecke
logi-et-er Logis, Unterkunft
lokomotiv-et-er Lokomotive
lomme-n-r Tasche
lort-en-e Dreck, Scheiße
lov-en-e Gesetz
lov-en Erlaubnis
love-de-t versprechen; loben
luft-en Luft
lugte-de-t riechen
lukke-de-t schließen
lukke op aufschließen, öffnen
lune-t-r Laune
lunge-n-r Lunge
ly-et = Schutz
lyd-en-e Geräusch, Laut
lyde-lød-lydt (er)klingen, (er)tönen; gehorchen
lydpotte-n-r Auspufftopf
lykke-n-r Glück
lykkelig glücklich
lykk|es-edes-edes gelingen
lyn-et = Blitz
lys-et =/levende lys Licht/Kerze
lys|e-te-t leuchten; Aufgebot bestellen
lyst-en-er Lust
lytte-de-t lauschen, zuhören
læge-n-r Arzt
læg|e-te-t heilen
lækker herrlich, wunderbar, prima, lecker
lænestol-en-e Lehnstuhl, Sessel
længe lange
lære-n-r Lehre
lær|e-te-t lehren; lernen
lærer-en-e Lehrer
lærerinde-n-r Lehrerin
læs|e-te-t lesen; studieren
læser-en-e Leser
løbe-løb-løbet laufen
løfte-t-r Versprechen
løfte-de-t (er)heben; lüften (Geheimnis)
løgn-en-e Lüge
lørdag-en-e Samstag
løsning-en-er Lösung
løs los(e), locker, frei
lån|e-te-t leihen, verleihen

M

mad-en Essen
mad(d)er belegte Brote, 'Smørrebrød'
magt-en-er Macht
magte-de-t bewältigen, schaffen
makker-en-e Kollege, Partner
maj Mai
male-de-t mahlen
mal|e-ede (od. **te**)**-et** (od. **t**) malen
Mallorca Mallorca
man man
mand-en-mænd Mann
mandschauvinistisk chauvinistisch, macho-
mandag-en-e Montag
manege-n-r Manege
mange viele
mangle-de-t fehlen, mangeln
marchere-de-t marschieren
marinere-de-t marinieren
mark-en-er Feld, Acker
marmelade-n-r Marmelade
marmor-et Marmor
marts März
masse-n-r Masse
mayonnaise-n-r Mayonnaise
med mit
medalje-n-r Medaille
medicin-en-er Medizin; Medikament
megen, **meget** viel
mekaniker-en-e Mechaniker
mel-et Mehl
meld|e-te-t melden
mellem zwischen
mellemtid Zwischenzeit
men aber
men|e-te-t meinen
mening-en-er Meinung
menneske-t-r Mensch
menneskelig menschlich
mens während
mere mehr
mest meist-; am meisten
mest|er-eren-re Meister
metallisk metallisch
meteorolog-en-er Meteorologe
meter-en = Meter
middag-en-e Abendbrot; Mittag (Tageszeit)
midnat-ten Mitternacht
midt mitten
mig mich, mir
mild mild, sanft
min, **mit**, **mine** mein, meine, meiner, meines
minde-t-r Erinnerung; Andenken; Andenken
minde-de-t (sich) erinnern; ermahnen
mindre weniger, kleiner
mindst am wenigsten, am kleinsten
minsandten wahrhaftig, fürwahr
minus minus
minut-tet (od. **-ten**)**-ter** Minute
misforstå (vgl. **forstå**) mißverstehen
miste-de-t verlieren
mod-et Mut
mod gegen, wider, nach, vor, in Richtung
mode-n-r Mode
model-len-ler Modell
mo(de)r-en-mødre Mutter
moderne modern
modifikation-en-er Modifikation
modig mutig
modsat entgegengesetzt; gegensätzlich
modsætte sig (vgl. **sætte**) sich widersetzen
molbo-en-er Einwohner von Mols
MOMS/merværdiomsætningsafgift Mehrwertsteuer
mon wirklich? nicht wahr? glaubst du? ob..?
mor siehe **moder**
mord-et = Mord
more-de-t (sig) sich vergnügen, amüsieren
morgen-en-er/i morgen/i [går] morges Morgen/morgen/gestern morgen

morgenmad (vgl. **mad**) Frühstück
mormo(de)r (vgl. **moder**) Großmutter mütterlicherseits
morsom lustig, amüsant
mose-n-r Moor
mose-de-t pürieren, zerquetschen
moster-en-mostre Tante mütterlicherseits
motor-en-er Motor
mousse-n-r Mousse
mulig möglich
mulighed-en-er Möglichkeit
mund-en-e Mund
mundharmonika-en-er Mundharmonika
munter heiter, fröhlich
mur-en-e Mauer
muse|um-et-er Museum
musik-ken Musik
musikanlæg-et = Stereoanlage
mystisk merkwürdig, verdächtig, hintergründig
mægtig mächtig
mælk-en Milch
mærke-t-r Marke, Zeichen, Fleck
mærke-de-t (be)merken, spüren; kennzeichnen
mærkelig merkwürdig
mætte-de-t sättigen
møb|el-let-ler Möbel
møde-t-r Begegnung, Treffen, Versammlung
mød|e-te-t treffen
mørk dunkel
må siehe **måtte**
måde-n-r Art, Weise
måge-n-r Möwe
mål-et = Maß; Ziel
mål|e-te-t messen
måling-en-er Messung
måne-n-r Mond
måned-en-er Monat
måske vielleicht
måtte (Präs. **må)-måtte-måttet** müssen, sollen, dürfen

N

nabo-en-er Nachbar
nakke-n-r Nacken
nat-ten-nætter Nacht
natur-en-er Natur
narkotika (Pl.) Drogen, Rauschgift
navn-et-e Name
navnlig namentlich, besonders
ned(e) hinunter (unten)
nej nein
nem einfach
nemlig nämlich, und zwar
nevø-en-er Neffe
ni neun
niece-n-r Nichte
niende neunter, -e, -es
nitten neunzehn
nittende neunzehnter, -e, -es
nogen, **noget**, **nogle** jemand, etwas, einige
noget etwas, ein bißchen
nogenlunde einigermaßen
nogensinde jemals, je
nok genug; wohl, schon, noch
norsk norwegisch
november November
nu nun, jetzt
nul Null
num|mer-eret-re Nummer
ny neu
nydelig niedlich, nett, hübsch
nyhed-en-er Neuigkeit, Nachricht
nylig neulich, kürzlich
nytte-n Nutzen
nytte-de-t nützen
nytår (vgl. **år**) Neujahr
nægte-de-t leugnen; verweigern
nænne-de-t etwas übers Herz bringen
nænsom schonend, zart
næppe kaum
nær nah, in der Nähe, beinahe, fast
nærmere näher
nærmest der/die/das nächste, am nächsten
nærme-de-t (sig) (sich) nähern

nærsynet kurzsichtig
næse-n-r Nase
næste der nächste
næsten beinahe
nævn|e-ede(od.**-te**)**-et**(od.**-t**) nennen, erwähnen
nævning-en-er Geschworener
nød-en Not, Elend
nødblinklys (vgl. **lys**) Warnblinkanlage
nød-den-der Nuß; Kopf (scherzhaft)
nødvendig notwendig
nøjagtig genau, präzise
nøje genau, gründlich
nøje|s-des-des sich begnügen mit
nøjsom anspruchslos, genügsam
nørkle-de-t werkeln
nå na, nun, so, nanu, ach so
nå-ede-et erreichen
når wann, wenn

O

ofte oft
og und
også auch
okkupere-de-t besetzen
okse-n-r Ochse
oktober Oktober
oldebarn (vgl. **barn**) Urenkel
oldefa(de)r (vgl. **fader**) Urgroßvater
oldemo(de)r (vgl. **moder**) Urgroßmutter
oldtid (vgl. **tid**) Altertum, Vorzeit
oldtidslevning-en-r Überbleibsel der Vorzeit
olie-n-r Öl
om (*Präp.:*) um, an, in, von, über, auf; (*Adv.:*) um, umher; (*Konj.:*) ob, wenn, falls
omgang-en-e Umgang, Umdrehung, Runde (im Sport, Verhandlungs-, Lokal-)
omkranse-de-t umkränzen, umsäumen
omkring um, um... herum, umher
omrids-er = Umriß
omringe-de-t umringen, umzingeln
OMS (omsætningsafgift) Umsatzsteuer
omsider endlich, schließlich
omstændighed-en-er Umstand
omsætning-en-er Umsatz
omtale-n-r Erwähnung, Hörensagen
omtale (vgl. **tale**) erwähnen, besprechen
ond böse
ondartet bösartig
onsdag-en-e Mittwoch
op(pe) nach oben (oben)
opfindsomhed-en Erfindungsgabe
opfør|e-te-t sig sich benehmen, sich aufführen
opgive-gav-givet aufgeben; angeben
ophidse-de-t aufregen
ophold|e-te-t sig sich aufhalten
oplader-en-e Ladegerät
opleve-de-t erleben
oplevelse-n-r Erlebnis
oplys|e-te-t erklären, informieren; beleuchten
oplysning-en-er Auskunft; Beleuchtung
opmærksom aufmerksam
opportunist-en-er Opportunist
opringning-en-er Telefonanruf
oprydning-en-er Aufräumen
opsparing-en-er Sparen
opstå (vgl. **stå**) entstehen
opsyn-et Aufsicht
opspile-de-t aufsperren, aufreißen
opstille (vgl. **stille**) aufstellen
optage (vgl. **tage**) aufnehmen; besetzen
optugtelse-n Erziehung
opvakt aufgeweckt, intelligent
opvask-en Abwasch, Geschirrspülen
ord-et = Wort
ordbog (vgl. **bog**) Wörterbuch

orden-en-er Ordnung; Orden
ordentlig ordentlich
ordinær ordentlich (Mitglied); gewöhnlich, ordinär
ordne-de-t ordnen, regeln, erledigen
ork (ja) ach (ja)
orke-de-t bewältigen, verkraften
os uns
ost-en-e Käse
osv. (og så videre) und so weiter, usw.
otte acht
ottende achter, -e, -es
ovenikøbet obendrein
ovenover über, oben, oberhalb
ovenpå obendrauf, oben; obenauf (wieder auf dem Damm)
over über, vorbei, hindurch
overall überall
overansigt (vgl. **ansigt**) oberer Teil des Gesichts
overfald (vgl. **fald**) Überfall
overfart (vgl. **fart**) Überfahrt
overfor gegenüber
overgreb-et = Übergriff
overhovedet überhaupt
overhøre (vgl. **høre**) abhören (Schule); überhören (nicht hören)
overhøring-en-er Abhören, Prüfung
overraskelse-n-r Überraschung
oversigt-en-e Übersicht
oversætte (vgl. **sætte**) übersetzen
overveje-de-t erwägen, bedenken
ovre = her ovre /der ovre drüben, dort/hier

P

pakke-n-r Paket
pande-n-r Stirn; Pfanne
panere-de-t panieren
pant-et-er Pfand
pantsætte (vgl. **sætte**) verpfänden
papir-et-er Papier
par-et = Paar
paradis-et-er Paradies
paragraf-fen-fer Paragraph, Abschnitt
parfume-n-r Parfum
park-en-er Park
parkere-de-t parken
parkering-en-er Parken
part-en-er Teil, Part
parti-et-er Partei
passe-de-t sich kümmern um; verrichten (Arbeit); passen
patient-en-er Patient
peber-et Pfeffer
pejs-en-e Kamin
penge Geld
pengepung-en-e Portemonnaie
pengestærk finanzkräftig
pension-en-er Pension, Rente; Hotelpension
pensionist-en-er Rentner
pensling-en-er Pinseln, Pinselei
persille-n Petersilie
person-en-er Person
pibe-peb-pebet pfeifen, winseln
pige-n-r Mädchen
pille-de-t sammeln, pellen, schälen, zupfen
piske-de-t schlagen (Sahne); peitschen
pivtøj-et = Kram, Krempel
pjat-et = Geschwätz, Quatsch
plade-n-r Platte
pladre-de-t quatschen, schwätzen
plads-en-er Platz
plante-n-r Pflanze
pleje-de-t pflegen
plejer-en-e Pfleger
plejerske-n-r Pflegerin
plet-ten-ter Fleck
pludselig plötzlich
plukke-de-t pflücken; rupfen, zupfen
plus plus
pochere-de-t pochieren
pokal-en-er Pokal
pokker Teufel
politik-ken Politik

politiker-en-e Politiker
politisk politisch
porcelæn-et = Porzellan
port-en-e Tor, Pforte
portier-en-er Portier, Pförtner, Hausmeister
portvin (vgl. **vin**) Portwein
pose-n-r Tüte, Beutel, Sack
post-en-er Post; Posten, Stellung; Pfosten
postbud-et-e Postbote
postgirokonto (vgl. **konto**) Postgirokonto
posthus (vgl. **hus**) Postamt
potte-n-r Topf
pragtfuld prachtvoll
praktisere-de-t praktizieren
praktisk praktisch
presse-de-t pressen; drängen
princip-pet-per Prinzip
prioritet-en-er Priorität
pris-en-er Preis
problem-et-er Problem
procent-en-er Prozent
profet-en-er Prophet
program-met-mer Programm
protestere-de-t protestieren
provst-en-er Probst, Superintendent
præcis präzise, genau
præcisere-de-t präziseren
præcision-en Präzision
prædiken-en-er Predigt
præsentere-de-t präsentieren
præsident-en-er Präsident
præst-en-er Pfarrer, Geistlicher, Priester
præstegård (vgl. **gård**) Pfarrhof
prøve-de-t versuchen
publikum-met Publikum
puds-et = Streich, Schabernack
pudse-de-t putzen
pukle-de-t büffeln, malochen
pumpestok/„fanden og hans pumpestok“ weiß der Teufel was noch alles
punkt-et-er Punkt
pust-et (od. **en**) **=** Hauch
pynte-de-t schmücken
pyt-ten-ter Pfütze, Wasserlache
pæn hübsch, nett
pære-n-r Birne
på auf, an, bei, in, für usw.
påbyde (vgl. **byde**) verordnen, befehlen
påskønne-de-t würdigen, anerkennen
påstå (vgl. **stå**) behaupten

R

radering-en-er Radierung
rage-de-t wühlen; rasieren; angehen
ram|me-te-t treffen; betreffen
ramme-de-t rahmen; einrammen
rand-en-e Rand
rap flink, forsch, blitzschnell
rasen-en Wüten, Toben, Raserei
rationalisere-de-t rationalisieren
realeksamen (vgl. **eksamen**) Mittlere Reife, Realschulabschluß
reb-et = Seil
redde-de-t retten
rede-n-r Nest
red|e-te-t ordnen, klären; sich frisieren
redning-en-er Rettung
refræn-et-er Refrain
reg|el-len-ler Regel
regere-de-t regieren
regering-en-er Regierung
regn-en Regen
regne-de-t regnen
regnfuld regnerisch
regning-en-er Rechnung; Rechnen
reje-n-r Garnele, Krabbe
rejse-n-r Reise, Fahrt
rejs|e-te-t reisen, (ab)fahren
rejsebureau-et-er Reisebüro
religiøs religiös
reminder-en-e Erinnerung, Mahnung
ren rein

rend|e-te-t/du kan rende og hoppe rennen/du kannst mir den Buckel runterrutschen
rendesten-en = Rinnstein
rengøring-en-er Reinemachen
rense-de-t reinigen
reol-en-er Regal
repræsentant-en-er Vertreter
rest-en-er/for resten Rest/ übrigens
restaurant-en-er Restaurant
resultat- et-er Ergebnis
ret gerade, recht, richtig
ret-ten-ter Recht
rev-et = Riff
ride-red-redet reiten
rif|fel-len-ler Gewehr
rig reich
rigtig richtig
ringe-de-t klingeln, läuten
ringe op anrufen
ringe af auflegen (Telefon)
risikere-de-t riskieren
risle-de-t rieseln, plätschern
ritual-en-er Ritual
ro-en Ruhe
ro-ede-et rudern
rolig ruhig
rolle-n-r Rolle
roman-en-er Roman
ros-en Lob
rosin-en-er Rosine
ru rauh
rug-en Roggen
rulle-de-t rollen
rulle sammen zusammenrollen
rum-met = Raum
rund(t) rund; herum, umher
rundt om/omkring ringsum
rundstykke (vgl. **stykke**) Brötchen
rusk/ruskvejr (vgl. **vejr**) Sturm und Regen, Sauwetter
russisk russisch
rutte-de-t (med) verschwenderisch sein (mit)
ryge-røg-røget rauchen
rykke-de-t rücken, zucken, ziehen
rykke frem vorrücken
rygning-en-er Rauchen
ryste-de-t schütteln; erschüttern
ræds|el-len-ler Entsetzen, Schrecken
rædselsfuld schrecklich
række-rakte-rakt reichen, erreichen, darreichen, ausreichen
række tungen ud die Zunge rausstrecken
rækkevidde-n-r Reichweite
rød rot
rødme-de-t erröten
rødspætte-n-r Goldbutt, Scholle
rødtunge-n-r Rotzunge, kleine Scholle
røg-en Rauch
røgter-en-e Viehknecht
rør|e-te-t rühren, berühren, bewegen
råb-et = Ruf
råb|e-te-t rufen, schreien
råd-et = Rat
rådhus (vgl. **hus**) Rathaus
rådne-de-t verfaulen, verrotten

S

sag-en-er Sache
sal-en-e Saal; Stockwerk
salat-en-er Salat
salt-et-e Salz
samfund-et = Gesellschaft
samle-de-t sammeln; montieren
samling-en-er Sammlung; Sitzung
samme/med det samme gleiche, selbe/sofort
sammen zusammen
sammenhæng-en (od. et)-e Zusammenhang
sammenligne (vgl. **ligne**) vergleichen
samt samt, nebst, sowie
samtale-n-r Gespräch
samtidig gleichzeitig; zeitgenössisch
samtlige sämtliche

sand wahr
sandhed-en-er Wahrheit
sand-et Sand
sang-en-e Gesang; Lied
savne-de-t vermissen, entbehren
se-så-set sehen
se ud aussehen
se på betrachten
sejle-de-t segeln; mit einem Boot fahren
seks sechs
seksten sechzehn
sekstende sechzehnter, -e, -es
selskab-et-er Gesellschaft
selv selbst, selber
selv om obwohl, wenn auch
selvfølgelig selbstverständlich
selvmord (vgl. **mord**) Selbstmord
selvmorderisk selbstmörderisch
sen spät
senere später, nachher
send|e-te-t schicken
seng-en-e Bett
sennep-(p)en-(p)er Senf
september September
serie-n-r Serie
servostyring-en Servolenkung
sgu wirklich, weiß Gott
sidde-sad-siddet sitzen, stecken, haften
side-n-r Seite
sidegade (vgl. **gade**) Seitenstraße
siden/for... siden (*Präp.:*) seit; (*Konj.*) seitdem, weil; (*Adv.:*) später, darauf, nachher/vor
sidst letzt; zuletzt
sig sich
sige-sagde-sagt sagen
sigtemel (vgl. **mel**) feingesiebtes (Roggen-)Mehl
sikke(n) so einer, -e, -s; dieser, -e, -es
sikker sicher
sild-en = Hering
sile-de-t sickern, strömen, gießen (Regen)
simpelthen/simpelt hen einfach
sind-et =/have i sinde/være i syv sind Gemüt, Sinn, Gesinnung/ etwas vorhaben, im Sinne haben/ durcheinander sein
sindelag-et = Gesinnung
situation-en-er Situation
siv-et = Schilf
sjette siebter, -e, -es
sjov lustig, komisch
sjælden selten
sjældent selten
Sjælland Seeland
sjællander-en-e Seeländer(in)
skab-et-e Schrank
skab|e-te-t erschaffen
skal siehe **skulle**
skam-men Schande
skamme-de-t jem. dazu bringen, sich zu schämen
skamme sig sich schämen
skarp scharf
skat-ten-te Schatz; Steuer
ske-en-er Löffel
ske-te-t geschehen
skefuld-en-e ein Löffel voll
skele-de-t schielen
skeløjet schieläugig, schielend
skidt-et Schmutz, Dreck
skifte-de-t wechseln; umsteigen
skiftende wechselnd
skiftevis abwechselnd
skil|le-te-t scheiden, trennen
skimte-de-t undeutlich sehen, erkennen
skind-et = Haut, Fell, Leder
skinke-n-r Schinken
skinne-de-t scheinen
skive-n-r Scheibe
skjul-et = Versteck; Unterschlupf, Obdach
sko-en = Schuh
skole-n-r Schule
skorte/„det skorter på" mangeln, fehlen/es fehlt an
skov-en-e Wald
skraldespand-en-e Mülleimer
skrive-skrev-skrevet schreiben

skrivebord (vgl. **bord**) Schreibtisch
skrue-n-r Schraube
skrue-de-t schrauben
skræmme-de (od. **skræmte**-**t** (od. **skræmt**) erschrecken, einschüchtern
skrå-ede-et schräg schneiden, schräg die Straße überqueren
skubbe-de-t stoßen, schubsen
skud-det = Schuß
skuespiller-en-e Schauspieler
skuffe-n-r Schublade
skuffe-de-t enttäuschen; täuschen
skuffende (ent)täuschend
skulle-(Präs. **skal**)-**skulle-skullet** sollen, müssen (*Hilfsverb des Futurs und Konjunktivs*)
skulptur-en-er Skulptur
skum-met Schaum
skumsprøjt-et = Gischt
sky-en-er Wolke
skygge-n-r Schatten
skyld-en Schuld
skyld, **for en gangs skyld** (nur) einmal
skynde-te-t antreiben, drängen
skyndsom eilig, schnell
skyndsomst eiligst, schleunigst
skæbne-n-r Schicksal
skænke-de-t schenken; einschenken
skæv schief
skød-et = Schoß
skøge-n-r Hure
skøjte-n-r Schlittschuh
skøn schön
skønt obwohl
skål-en-e Schale, Schüssel
skål! Prost!
slag-et =/små slag Schlag; Schlacht;/immer mit der Ruhe
slags-en = Art
slet/slet ikke überhaupt nicht
slibe-sleb-slebet schleifen
slid-det Verschleiß, Abnutzung; Schufterei, harte Arbeit
slide-sled-slidt abnutzen; schuften
slippe-slap-sluppet loslassen
slips-et = Schlips
sludder-en Schwätzchen, Plauderei
sludder-et Quatsch, Unsinn
sludre-de-t plaudern; Unsinn reden
slump-en/på slump Haufen, Menge/aufs Geratewohl
slunken leer (Magen, Portemonnaie), schlaff
slæb|e-te-t schleppen
slægt-en-er Geschlecht, Familie, Verwandtschaft
slægte-de-t nach jemandem schlagen, ähneln
slå-slog-slået schlagen
slå op aufschlagen (Buch, Zelt usw.)
slås sich schlagen
smag-en Geschmack
smag|e-te-t schmecken
smage godt gut schmecken
smart schick; gerissen, geschäftstüchtig
smelte-de-t schmelzen
smerte-n-r Schmerz
smide-smed-smidt schmeißen, werfen
smil-et = Lächeln
smil|e-ede (od. **-te**) (od. **t**) lächeln
smiske-de-t (for) schmunzeln; schmeicheln
smuk schön, hübsch
smut-tet = Sprung, Abstecher
smæk-ket = Schlag, Klaps
smør-ret Butter
smøre-smurte-smurt schmieren
smørrebrød (vgl. **brød**) belegtes Brot
små *Pl. von* **lille**
snak-ken Unsinn; Plauderei, Gespräch
snakke-de-t reden, plaudern
snakkesalig redselig, geschwätzig
snaps-en-e Schnaps
snart bald
sne-en Schnee

sne-ede-et schneien
snus-en Schnupftabak
sofa-en-er Sofa
sogn-et-e Gemeinde
sol-en-e Sonne
sole-de-t (sig) sich sonnen
solid solide; zuverlässig; fest
som (*Pron.:*) der, die, das usw.; (*Konj.:*) wie, als
som om als ob
sommer-en-somre Sommer
sorg-en-er Kummer, Leid, Trauer
sort schwarz
sortagtig schwärzlich
sort-en-er Sorte, Art
sove-sov-sovet schlafen
sovs-en-e Soße
sovseske (vgl. **ske**) Soßenlöffel
sovepose (vgl. **pose**) Schlafsack
spadsere-de-t spazieren
Spanien Spanien
spankulere-de-t stolzieren
sparsommelig sparsam
spejl-et-e Spiegel
spekulere-de-t spekulieren, nachdenken
spild|e-te-t verschütten; verschwenden
spille-de-t spielen
spillehus (vgl. **hus**) Spielhaus
spiritus-en Alkohol
spis|e-te-t essen
spisekort (vgl. **kort**) Speisekarte
spiseske (vgl. **ske**) Eßlöffel
spiseskefuld (vgl. **skefuld**) Eßlöffelvoll
spred|e-te-t verbreiten, ausbreiten
spring-et = Sprung
springe-sprang-sprunget springen
springvand (vgl. **vand**) Springbrunnen
sprog-et = Sprache
sproglig sprachlich
sprængt/sprængt kød gepökeltes Fleisch
spænd|e-te-t spannen
spændende spannend
spørge-spurgte-spurgt fragen
stadig ständig
stadig væk immer noch, immerzu
stak|kel-len-ler armer Teufel
stamkunde (vgl. **kunde**) Stammkunde
stand-en-e Stand
standse-de-t stehenbleiben, anhalten, stillegen
start-en-er Start
starte-de-t starten
stat-en-er Staat
statistik-ken-ker Statistik
sted-et-er/i stedet for Stelle/anstatt
steg-en-e Braten
steg|e-te-t braten, schmoren
stel-let = Tafelgeschirr, Service
stemme-n-r Stimme
sten-en = Stein
steril steril
stige-n-r Leiter
stige-steg-steget steigen
stik/stik (i) mod gegen, entgegensetzt
stikke-stak-stukket stechen; stecken
stikke tungen ud die Zunge rausstrecken
stikken/lade i stikken im Stich lassen
stilfærdighed-en-er Ruhe, Bescheidenheit
stille ruhig, still
stille-de-t stellen
stjerne-n-r Stern
stjerneskud (vgl. **skud**) Sternschnuppe
stjæle-stjal-stjålet stehlen
stol-en-e Stuhl
stor groß
stork-en-e Storch
storm-en-e Sturm
straks sofort
strand-en-e Strand
streng streng

stræbsom strebsam
strøm-men-me Strom
strømfordeler-en-e Stromverteiler
strompe-n-r Strumpf
student-en-er Abiturient
studentereksamen (vgl. **eksamen**) Abitur
studere-de-t studieren
studs/på en studs auf der Stelle, sofort
stue-n-r Zimmer, Stube; Erdgeschoß
stum stumm
stund-en-er Moment
stykke-t-r/når det kommer til stykket Stück/schließlich, letztendlich
styrte-de-t stürzen
stædig eigensinnig, störrisch
stærk stark
stævne-t-r Treffen, Zusammenkunft
stød-et = „stød“ Stoß
større, **størst** *Komp. und Sup. von* **stor**
støtte-n-r Stütze
støtte-de-t stützen
støv-et Staub
støve-de-t stauben; stöbern
støvle-n-r Stiefel
støvsuge-de-t staubsaugen
støvsugeren-e stehen
stå/gå i stå stehenbleiben, stocken, anhalten
stå-stod-stået stehen
stå op aufstehen
stå til/Hvordan står det til? Wie geht's?
sukke-de-t seufzen
sukker-er Zucker
summen Summen, Brummen
sund gesund
sund-et-e Meerenge
supermarked-et-er Supermarkt
suppe-n-r Suppe
suppedas-en Schlamassel
sut-ten-ter Schnuller, Sauger
sutte-de-t saugen, lutschen
svag schwach
svale-n-r Schwalbe
svamp-en-e Schwamm; Pilz
svare-de-t antworten
svensker-en-e Schwede, Schwedin
Sverige Schweden
svige-sveg-sveget betrügen, verraten
svigerdatter (vgl. **datter**) Schwiegertochter
svigerfa(de)r (vgl. **fader**) Schwiegervater
svigerinde-en-e Schwägerin
svigermo(de)r (vgl. **moder**) Schwiegermutter
svigersøn (vgl. **søn**) Schwiegersohn
svin-et = Schwein
svog|er-eren-re Schwager
svungen geschwungen
svuptag/i et svuptag mit einem Schwupps
svær schwer, schwierig
svær-en = Schwarte
svømme-de-t schwimmen
syg krank
sygdom-men-me Krankheit
sygeplejerske-n-r Krankenschwester
syn-et = Sehvermögen; Ansicht, Meinung; Anblick; Erscheinung
syn|es-tes-tes scheinen; meinen
synes om mögen
synge-sang-sunget singen
synspunkt-et-er Gesichtspunkt
system-et-er System
sytten siebzehn
syttende siebzehnter, -e, -es
syv sieben
syvende siebter, -e, -es
sædvanlig üblich, gewöhnlich
sælge-solgte-solgt verkaufen
særlig besonders,
sætte-satte-sat setzen
sætte ud aussetzen, versagen

sø-en-er See
sød süß
søg|e-te-t suchen
sølv-et Silber
sølvtøj-et = Tafelsilber
søløve-n-r Seelöwe
søn-nen-ner Sohn
søndag-en-e Sonntag
Sønderjylland Nordschleswig
Søren/„hvad for Søren“ Sören/ „verflixt“
sørgelig traurig, kläglich
søsport-en-er Wassersport
søst|er-en-re Schwester
søsterdatter (vgl. **datter**) Nichte
søtunge-n-r Seezunge
søvn-en Schlaf
søvnig schläfrig, müde
så Prät. von **se**
så (*Adv.:*) dann, so, deshalb; (*Ausruf:*) so?, ach!, aha
så/i så fald in diesem Fall
sådan solch; so, auf diese Weise
sågar sogar
sågerne/oder så gerne gern, sehr gern
såmænd eigentlich, wirklich

T

tab|e-te-t verlieren
tag-et-e Dach
tag-et = Griff
tage-tog-taget nehmen
tage af abnehmen
tage en dukkert untertauchen
tage med mitgehen; mitbringen; mitnehmen
tage sig sammen sich zusammennehmen
tage sådan på vej aufbrausen
tage ud herausnehmen
tak-ken = Dank
takke-de-t danken
tal-let = Zahl
tale-n-r Rede
tal|e-te-t sprechen
tallerk|en-nen-ner Teller
tand-en-tænder Zahn
tandlæge (vgl. **læge**) Zahnarzt
tank-en-e Tank
tankbil (vgl. **bil**) Tankwagen
tanke-n-r Gedanke
tarv-en (od. **-et**) Nutzen, Wohl, Interesse
taxa-en-er/taxi-en-er Taxi
teat|er-ret-re Theater
tegn-et = Zeichen
tegne-de-t zeichnen; unterzeichnen; sich abzeichnen
tekst-en-er Text
telefon-en-er Telefon
telt-et-e Zelt
temmelig ziemlich
tendens-en-er Tendenz
terrin-en-er Schüssel, Terrine
teske (vgl. **ske**) Teelöffel
teskefuld (vgl. **skefuld**) Teelöffelvoll
ti zehn
tid-en-er/i tide Zeit/beizeiten, zeitig
tidlig früh
tidspunkt-et-er Zeitpunkt
tie-tav-tiet schweigen
tiende zehnter, -e, -es
til (*Präp.:*) nach, zu, bis, an, für, in usw.; (*Adv.:*) noch mal, noch (einer), dazu; (*Konj.:*) bis
tilbage zurück; übrig
tilbyde (vgl. **byde**) anbieten
tilfreds zufrieden
tilfælde-t = Fall; Zufall
tilfældigvis zufällig
tilkalde (vgl. **kalde**) hinzuziehen, rufen
tillade-lod-ladt zulassen, erlauben
tilsammen zusammen
tilstand-en-e Zustand
tilsyneladende scheinbar; anscheinend
time-n-r Stunde, (Unterrichts)stunde
ting-en = Ding
tirsdag-en-e Dienstag

tit oft
tit|el-len-ler Titel
tjen|e-te-t dienen, nützen; verdienen
tjener-en-e Kellner; Diener
to zwei
tog-et = Zug
toilet-tet-ter Toilette
told-en Zoll
tolk-en-e Dolmetscher
tolv zwölf
tolvte zwölfter, -e, -es
tomat-en-er Tomate
tommelfinger (vgl. **finger**) Daumen
tone-n-r Ton
top-pen-pe Spitze
torsdag-en-e Donnerstag
torsk-en = Dorsch; Idiot
torv-et-e Markt, Marktplatz
trang eng; schwer, schwierig, hart
trang-en Drang, Bedürfnis
trappe-n-r Treppe
travl sehr beschäftigt, arbeitsreich, viel zu tun haben
tre drei
tredive dreißig
tredivte dreißigster, -e, -es
tredje dritter, -e, -es
trefoldig dreifach
trekant (vgl. **kant**) Dreieck
tres sechzig
tresindstyvende sechzigster, -e, -es
tresserne die 60er Jahre
tretten dreizehn
trettende dreizehnter, -e, -es
trin-et = Schritt; Stufe
trist traurig
tro-en Glaube
lro-ede-et glauben
trods trotz
trofast treu
true-de-t drohen
tryk-ket = Druck
træ-et-er Baum; Holz
træde-trådte-trådt treten
træde til hinzutreten; eingreifen
træffe-traf-truffet treffen
træg träge
trækfugl (vgl. **fugl**) Zugvogel
trække-trak-trukket ziehen
træls mühselig
tung schwer
tunge-n-r Zunge; Seezunge
tungnem begriffsstutzig
tur-en-e Ausflug, Spaziergang, Tour
turde-(Präs. **tør**)**-turde-turdet** wagen
turist-en-er Tourist
tusind tausend
tusind-et-er Tausend
TV Fernsehen
TV-avis (vgl. **avis**) Fernsehnachrichten
tvinge-tvang-tvunget zwingen
tvivl-en = Zweifel
tvivle-de-t zweifeln
tydelig deutlich
tyk dick
tysk deutsch
tysker-en-e Deutscher, Deutsche
Tyskland Deutschland
tyv-en-e Dieb
tyve zwanzig
tyveri-et-er Diebstahl
tælle-talte-talt zählen
tænd|e-te-t anzünden
tænk|e-te-t denken
tæppe-t-r Decke; Teppich; Vorhang
tærsk/give - få tærsk Prügel/Prügel austeilen – einstecken
tøj-et-er Zeug; Stoff; Kleidung
tør trocken
tør *Präs. von* **turde**
tørre-de-t trocknen
tørre af abtrocknen
tå-en-tæer Zeh
tål|e-te-t ertragen
tålmodig geduldig

når-en/en tår kaffe Schluck; Tropfen/ein Schluck Kaffee
tåre-n-r Träne
tårn-et-e Turm

U

ubeboet unbewohnt
ud(e) nach draußen, (draußen)
udbene-de-t entbeinen, entgräten
udbetaling-en-er Auszahlung; Anzahlung; Abzahlung
udbringe (vgl. **bringe**) ausbringen (Toast); bringen, zustellen
udbryde (vgl. **bryde**) ausrufen, ausbrechen
uddannelse-n-r Ausbildung
uden ohne, außer
udenfor draußen, außerhalb
udenom um... herum,
udflugt-en-er Ausflug
udfylde (vgl. **fylde**) ausfüllen
udgang (vgl. **gang**) Ausgang
udgangspunkt (vgl. **punkt**) Ausgangspunkt
udgive (vgl. **give**) herausgeben
udgøre (vgl. **gøre**) ausmachen, betragen
udholdende ausdauern, belastbar
udmale (vgl. **male**) ausmalen
udover über... hinaus
udrangere-de-t ausrangieren
udseende-t-r Aussehen
udsendelse-n-r Aussendung; Ausgabe; Sendung (TV)
udsigt-en-er Aussicht
udskifte (vgl. **skifte**) auswechseln
udslagen/hele den udslagne dag den lieben langen Tag
udstilling-en-er Ausstellung; Auslage (im Schaufenster)
udtale-n-r Aussprache
udtale (vgl. **tale**) aussprechen; äußern
udtryk-et = Ausdruck
udvandre-de-t auswandern
udvidelse-n-r Erweiterung
udvikling-en-er Entwicklung
udånde-de-t ausatmen
ufattelig unfaßbar
uge-n-r Woche
ugift unverheiratet
uheld (vgl. **held**) Unglück
uhørt ungehört; unerhört
umiddelbar unmittelbar
umulig unmöglich
under-et-e Wunder
under unter, während
underansigt (vgl. **ansigt**) unterer Teil des Gesichts
underlig sonderbar
underskud-et = Defizit
understøttelse-n-r Unterstützung
undersøge (vgl. **søge**) untersuchen
undervisning-en Unterricht
undgå (vgl. **gå**) entgehen, (ver)meiden
undskyld|e-te-t entschuldigen
undskyld Entschuldigung, Verzeihung
ung jung
ungdom-men Jugend
ungersvend-en-e Jüngling
universitet-et-er Universität
upopulær unbeliebt
uret (vgl. **ret**) Unrecht
ussel elend, erbärmlich
usund ungesund
usvigelig untrüglich, unverbrüchlich
uventet unerwartet
uvidende unwissend

V

vakle-de-t wanken, schwanken
vaklen-en Wackeln
vand-et-e Wasser
vandre-de-t wandern
vandscooter-en-e Jetski, Wasserskooter
vang-en-e Wiese

vant/være vant til at gewohnt/gewohnt sein zu
vanære-n Schande
vare-n-r Ware
vare-de-t dauern
varm warm
varme-n Wärme
varme-de-t wärmen, heizen
varmemester-en-mestre Heizer, Hausmeister
vase-n-r Vase
vaske-de-r waschen
vaske op abwaschen
ved *Präs. von* **vide**
ved/blive ved (*Präp.:*) bei, an, durch, um, auf, zu/fortfahren, weitermachen
være ved at dabei sein, etwas zu tun
vegne (Pl.) **alle vegne/på mine vegne** überall/in meinem Namen, für mich
vej-en-e Weg
veje-de-t wiegen
vejr-et =/til vejrs Wetter/noch oben
veksle-de-t wechseln
vel wohl, gut, doch, ziemlich
velgående-t Wohlergehen
velkommen willkommen
ven-nen-ner Freund
vend|e-te-t wenden, drehen
veninde-n-r Freundin
venlig freundlich
venstre links
vente-de-t warten
verden-en-er Welt
vest Westen
vesten for westlich von
vest-en-e Weste
Vesterhavet Nordsee
vi wir
vid weit
vide-(Präs. **ved**)**-vidste-vidst** wissen
viden/viden om weit herum, umher
videnskab-en-er Wissenschaft
videnskabelig wissenschaftlich
video-en-er Video
videre weiter
og så videre (osv.) und so weiter (usw.)
vigtig wichtig
vild wild
vilkår-et = Bedingung, Umstände
ville-(Präs. **vil**)**-ville-villet** wollen (*Hilfsverb für Futur und Konjunktiv*)
vin-en-e Wein
vind-en-e Wind
vindue-t-r Fenster
vint|er-eren-re Winter
virke-de-t wirken; tätig sein; funktionieren
virkelig wirklich
vis (Pl. **visse**) sicher; gewiß
vise-n-r Lied
vis|e-te-t (sig) (sich) zeigen
vision-en-er Vision
visitats-en-er kirchl. Visitation
vist sicher, gewiß
vistnok sicher, gewiß, wahrscheinlich
vogn-en-e Wagen
vokse-de-t wachsen
vokse sammen zusammenwachsen, verwachsen
voksen/de voksne erwachsen/die Erwachsenen
vold-en-e Wall
vold-en Gewalt
vor, **vort**, **vores** unser, unsere, unseres
vove-de-t wagen
vred wütend, zornig
vrimle-de-t wimmeln
vugge-n-r Wiege
vuggestue (vgl. **stue**) Kinderkrippe
væk/jage væk weg/wegjagen
vække-de-t wecken
vække-vakte-vakt erwecken
vælge-valgte-valgt wählen
vælling-en-er Milchsuppe
vænge-t-r Koppel, kleines Stück Weideland

værdi-en-er Wert
værdig würdig, würdevoll
værdige-de-t würdigen
værdiges würdigen, sich herablassen zu
være-(Präs. **er**)**-var-været** sein
værelse-t-r Zimmer
værk-et-er/gå til værks Werk/ zu Werke gehen, verfahren
værksted (vgl. **sted**) Werkstatt
værn-et = Schutz, Wehr
værtshus (vgl. **hus**) Wirtshaus, Kneipe

W

weekend-en-er Wochenende
wienerschnitz|el-elen-ler Wienerschnitzel
windsurfer-en-e Windsurfer

Y

yngre, **yngst** jünger, am jüngsten, *Komp. und Sup. von* **ung**
ytre-de-t äußern

Æ

æble-t-r Apfel
æg-get = Ei
ægte echt
ægte-de-t ehelichen, heiraten
ægtemand (vgl. **mand**) Ehemann
ægtepar (vgl. **par**) Ehepaar
ægteskab-et-er Ehe
ækel ekelhaft
ældre älter, *Komp. von* **gammel**
ældreklubben Seniorenclub
ælte-de-t kneten
ærlig ehrlich
ært-en-er Erbse
æstetisk ästhetisch

Ø

ø-en-er Insel
øde öde, wüst, leer
ødelægge (vgl. **lægge**) zerstören
øj|e-et-ne Auge
øjebilk-ket-ke Augenblick
øjekast-et = Blick
økonomi-en-er Ökonomie, Wirtschaft
økonomisk wirtschaftlich, ökonomisch
økseskaft-et-er Axtstiel
øl-let-ler Bier
ønske-de-t wünschen
øre-n = Öre (100 Öre = 1 Krone)
øre-t-r Ohr
øs|e-te (od. **-ede**)**-t** (od. **-et**) schöpfen; gießen, schütten
øse ned stark regnen
øst Osten
østen for/om östlich von
Østersøen Ostsee
øvelse-n-r Übung
øvrig /for/i øvrigt übrig/übrigens

Å

åbenbar offenbar, offensichtlich
åbne-de-t öffnen
åh oh! ah! ach!
ånd-en-er Geist
ånde-de-t atmen
åndelig geistig
år-et = Jahr
åre-n-r Ruder

LITERATURHINWEISE

Sie möchten mehr über die dänische Sprache, über Land und Leute erfahren?

Dann finden Sie hierfür in der folgenden Literaturliste bestimmt das Richtige!

Lexika und Nachschlagewerke

Gyldendals Miniordbøger: **Tysk-Dansk/Dansk-Tysk Ordbog – Mini**. 2. Auflage, Gyldendal, Kopenhagen 2003, ISBN 978-8-7020-1743-4.

Henrik Bergstrøm-Nielsen, u.a.: **Tysk-Dansk Ordbog – Stor (Gyldendals Store Røde Ordbøger)**. 1. Auflage, Gyldendal, Kopenhagen 2005, ISBN 978-8-7004-0058-0.

Grammatiken

Fix-Bonner, Hans: **Kompaktgrammatik Dänisch**. 1. Auflage, Klett, Stuttgart 1936, ISBN 978-3-1252-7910-0.

Fix-Bonner, Hans: **PONS Grammatik kurz und bündig Dänisch: einfach, verständlich, übersichtlich**. 1. Auflage, Klett, Stuttgart 2008, ISBN 978-3-1256-1410-9.

Reiseliteratur

Roland Hoffmann: **Dänisch – Wort für Wort**. 8. Auflage, Reise Know-How Verlag, Bielefeld 2007, ISBN 978-3-8941-6051-7.

Christoph Schumann: **Dänemark Handbuch. Von den Stränden Jütlands bis zur Kulturmetropole Kopenhagen**. 4. Auflage, Reise Know-How Verlag Bielefeld 2004, ISBN 978-3-9237-1613-5.

Knoller, Rasso: **Kopenhagen CityGuide mit Malmö und Öresund**
1. Auflage, Reise Know-How Verlag, Bielefeld 2007,
ISBN 978-3-8317-1514-5.

Titz, Barbara Christine u.a: **Island. Färöer-Inseln: Vulkaninseln unter dem Polarkreis – das komplette Reisehandbuch für Reisen in Island und auf den Färöer-Inseln**.
5. Auflage, Reise Know-How Verlag, Bielefeld 2008,
ISBN 978-3-8317-1652-4.

Lektüre

Peter Høeg: **Fräulein Smillas Gespür für Schnee**.
Dänischer Titel: Frøken Smillas fornemmelse for sne
1. Auflage, Rowohlt Verlag, Reinbek 2004,
ISBN 978-3-4992-3701-0.

Helle Helle: **Haus und Heim**.
Dänischer Titel: Hus og hjem
1. Auflage, Deutsche Verlags-Anstalt (DVA), Stuttgart 2001,
ISBN: 978-3-4210-5378-7

Hans Christian Andersen: **Andersens Märchen**.
Dänischer Titel: Eventyr fortalte for børn
1. Auflage, Droemer Knaur Verlagsgruppe, München 2003,
ISBN 978-3-4266-6111-6.